Werner Taesler

Flüchtling in drei Ländern

Ein Bauhaus-Architekt und Sozialist in Deutschland,
der Sowjetunion und Schweden

Herausgegeben, kommentiert und mit einem Nachwort versehen
von Ekkehard Henschke

Dr. Ekkehard Henschke

1940 in Berlin geboren, promovierte 1972 in Geschichte an der Freien Universität Berlin und arbeitete dort über Wirtschafts- und Sozialgeschichte. Nach der Ausbildung zum wissenschaftlichen Bibliothekar war er in Stuttgart und Leipzig tätig, zuletzt als Direktor der Universitätsbibliothek Leipzig. Seit 2005 lebt er überwiegend in Oxford.

Werner Taesler

Flüchtling in drei Ländern

Ein Bauhaus-Architekt und Sozialist in Deutschland,
der Sowjetunion und Schweden

Kommentierte Edition seiner Aufzeichnungen
Herausgegeben, kommentiert und mit einem Nachwort versehen von

Ekkehard Henschke

Edition Amici

im Verlag opus magnum

Bibliografische Information der Deutschen Nationalbibliothek
Die Deutsche Nationalbibliothek verzeichnet diese Publikation in der Deutschen Nationalbibliografie; detaillierte bibliografische Daten sind im Internet über www. dnb.d-nb.de abrufbar
© 2019 by opus magnum, Stuttgart (www. opus-magnum.de)
Version 1.01 Alle Rechte vorbehalten
Umschlaggestaltung, Grafik und Layout: Ekkehard Henschke / L. Müller
Titelgrafik: Werner Taesler, Bauskizze (ohne Ortsangabe), Sowjetunion 1934
Herstellung: Book on Demand GmbH., Norderstedt
ISBN 13: 978-3-95612-108-1

Inhalt

Einleitung

Die Anfänge der vorliegenden Edition lagen buchstäblich im „Grünen." Vor wenigen Jahren traf ich mitten im schwedischen Wald mit dem Ehepaar Dr. Inger und Prof. Roger Taesler zusammen. Dort, nahe Örebro, hatte vor etwa 50 Jahren der Architekt und Sozialist Werner Taesler mit Unterstützung seines Sohnes zwei Blockhäuser gebaut und eingerichtet. Vor allem das zuerst errichtete Haus mit der Inneneinrichtung verriet noch die klaren Linien des Bauhausstils. Hier entstand die Idee, die hinterlassenen Aufzeichnungen des Vaters zu veröffentlichen.

Werner Taesler (WT) war – wie er sich selbst bezeichnete – Flüchtling in drei Ländern: Deutschland, Russland und Schweden. Seine bislang unveröffentlichten Aufzeichnungen umfassen die spannende Zeit von 1928 bis 1943. Sie handeln von den Prägungen durch die naturbetonte Jugendbewegung, den Erlebnissen in der Welt von Worpswede und der Ausbildung als Künstler und Architekt in Kassel, Frankfurt, Dessau und Berlin, um sich im Hauptteil der architektonischen Praxis für den Neuen Menschen in der Sowjetunion zu widmen. Die Aufzeichnungen schließen mit der ruhigeren, aber nicht minder produktiven Zeit in Schweden.

Sie geben einerseits Auskunft über sein Denken und Handeln in den schwierigen 1920er und 1930er Jahren und stellen sowohl wertvolle politische als auch kunst- und architekturgeschichtliche Zeitzeugnisse dar. Sie zeichnen andererseits das Bild eines Deutschen, der stets auf der Suche nach seiner Identität war. Der Wert von Taeslers Aufzeichnungen für die Zeitgeschichtsforschung besteht auch darin, wie er seine leidenschaftliche Hinwendung zum Sozialismus in Deutschland reflektierte und wie sich seine Einstellung in der Sowjetunion sowie im demokratischen Schweden veränderte.

Einige Fragen, die sich in dem Zusammenhang der biographischen Arbeit auftaten: Wie konnte ein junger Mensch wie WT in derart extremen Zeiten als Persönlichkeit reifen? Wer oder was bewog den jungen Künstler WT, sich dem Sozialismus und nicht – wie viele arbeitslose deutsche Architekten und Künstler – dem Nationalsozialismus zuzuwenden? Wer oder was prägte seine Ästhetik?

Die folgenden Kapitel enthalten die knapp kommentierten, autobiographischen Aufzeichnungen. Mein abschließender Aufsatz zeichnet Taeslers Leben, Denken und Werk inmitten der großen politischen, ökonomischen, sozialen und kulturellen Entwicklungen nach, die in der ersten Hälfte des 20. Jahrhunderts auch andere Zeitgenossen in Deutschland, Russland und Schweden erlebten. Durch den Vergleich mit diesen Anderen gewinnt das Profil Werner Taeslers an Schärfe und Bedeutung – auch für die Architekturgeschichte jener Zeit.

Zuvor ein biographischer Abriss, der notwendig ist, weil WT in seinen Aufzeichnungen die Chronologie der Ereignisse zugunsten sachlicher Zusammenhänge nicht immer sichtbar gemacht hat: Seinen eigenen Angaben zufolge wurde Werner Taesler am 05. November 1907 in Teupitz, Brandenburg, geboren. Er legte 1927 das Abitur in Strausberg bei Berlin ab und erwarb handwerkliche Praxis als Maler in Berlin, bevor er 1928 an die Kunstakademie Kassel ging, um Bildhauerei und Architektur zu studieren. 1929 wechselte er an das Bauhaus Dessau und studierte dort Möbeldesign und Architektur. 1929 bis 1931 studierte er an der Technischen Hochschule Berlin, wo er sich im Fach Architektur einschrieb. Von 1931 bis 1935 war WT als Architekt in einem staatlichen Planungsbüro in Moskau und Sibirien unter der Leitung von Ernst May* tätig, das Wohnungs-, Industrie- und Kulturbauten in der Sowjetunion plante und durchführte. Anschließend emigrierte er aus politischen Gründen nach Schweden, wo er als Architekt, Künstler und Publizist tätig war. Im Jahre 1947 erwarb WT die schwedische Staatsbürgerschaft. Er starb am 02. März 1994 in der schwedischen Stadt Örebro.

Werner Taesler hat nach Auskunft seines Sohnes, Roger Taesler (Norrköping, Schweden) in den letzten zehn Jahren seines Lebens, d.h. zwi-

8

schen 1984 bis 1994 (im Folgenden als „spätere Zeit" bezeichnet), Material für eine Autobiographie gesammelt. Dieses Material besteht im Wesentlichen aus Tagebucheintragungen und späteren Zusammenstellungen von früheren Tagebucheintragungen. Das Tagebuch, das WT von 1928 bis 1943 mit der Hand schrieb, umfasst etwa 340 Seiten. Es enthält gelegentlich handschriftliche Anmerkungen WTs aus späterer Zeit. Zu den späteren Zusammenstellungen von Tagebucheintragungen gehört ein Konvolut von 256 Seiten, das z.T. handschriftlich, z.T. maschinenschriftlich von WT beschrieben wurde und die Zeit von 1928 bis 1940 unter sachlich-chronologischen Aspekten behandelt. WT legte dieses Konvolut als eine Vorstufe für eine gedruckte Autobiographie an. Es ist gebunden und trägt den Titel „Memoarer" (Memoiren). Neunzehn Kapitel waren geplant.

Aus diesen Materialien wurden die nachfolgenden Auszüge für die Veröffentlichung gewonnen. Die Kunstwissenschaftlerin Astrid Volpert erstellte davon freundlicherweise zahlreiche Abschriften und verhalf zu wertvollen Informationen aus Moskauer Archiven. Allzu persönliche Ausführungen wurden im Einvernehmen mit dem Sohn ausgelassen. Meine Bemühungen als Herausgeber, das Material Taeslers sachlich-chronologisch aufzubereiten, machten kleine Wiederholungen unvermeidlich. Die schwedische Ausdrucksweise, die WT selbst in späterer Zeit oder seine Sekretärin, verantwortlich für die maschinenschriftlichen Texte, gelegentlich benutzten, wurde der deutschen Orthographie weitgehend angepasst. Stilistische Unebenheiten, die in späterer Zeit durch das Schwedische hineinkamen, wurden in der Regel nicht bereinigt. Dagegen wurden Eigen- und Ortsnamen der heutigen Schreibweise nach Möglichkeit angepasst.

Die Fotografien stammen, soweit nichts anderes angegeben ist, aus dem Nachlass von Werner Taesler und befinden sich im Besitz von Inger Taesler. Sie wurden von mir ebenso reproduziert wie die Kunstwerke von WT. Die Fotos von Gebäuden der Gegenwart stammen ebenfalls von mir. Die Inhaber der Rechte an einigen Fotos der 1930er Jahre konnten allerdings nicht mehr ermittelt werden.

Die originären Tagebucheinträge und die Aufzeichnungen aus späterer Zeit, d. h. den zwischen 1984 und 1994 entstandenen, wurden kursiv gesetzt und ihre jeweilige Herkunft im Text und im Anmerkungsteil deutlich gemacht. Meine Kommentare als Herausgeber wurden in Normalschrift, Zusätze und Korrekturen in eckige Klammern gesetzt. Die Orthographie (einschließlich der Groß- und vor allem der Kleinschreibung, die WT zeitweise nutzte) und die Zeichensetzung wurden den gegenwärtig geltenden Regeln angeglichen. Die in Taeslers Text und im Nachwort erwähnten Personen sind durch * gekennzeichnet, wenn es zu ihnen Kurzbiographien im Anhang gibt.

Neben den Aufzeichnungen von WT waren es die Besuche bei Roger und Inger Taesler in Norrköping sowie in Vissboda bei Örebro, auf denen ich zusätzlich eine Vielzahl von mündlichen und schriftlichen Informationen erhielt. Weitere Details zu WTs Biographie stammen aus Recherchen in Bibliotheken in Berlin, München und Oxford, im Bundesarchiv Berlin, im Archiv der deutschen Jugendbewegung sowie aus Internet-Quellen, insbesondere von Wikipedia (nicht extra belegt). Das schwedische Reichsarchiv in Stockholm steuerte Scans von Taeslers Einbürgerungsakten bei.

Wertvolle Hinweise erhielt ich von Prof. Helmut Müssener, Östhammar (Schweden), der auch eine frühe Manuskriptversion las. Bei Übersetzungen aus dem Schwedischen halfen außer Helmut Müssener und Roger Taesler auch Prof. Lars Olaf Larsson, Kiel. In Oxford bereitete Alice Watanabe insbesondere die alten Fotos für den Druck vor. Unterstützung bei der Herstellung dieses Buches erhielt ich auch von Hans Fredriksson, Inger Taesler, Ann und Eve O'Kelly sowie Prof. Toshio Watanabe. Prof. Marion Hermann-Röttgen nahm das kleine Werk in die Edition Amici auf. Ihnen allen und – last but not least – meiner Frau, Prof. Helen Watanabe-O'Kelly, sage ich herzlichen Dank.

Roger Taesler, der Sohn, konnte noch die erste Version des vorliegenden Werkes lesen und kommentieren. Er starb im Februar 2018. Ihm, dem Freund, widme ich diese Arbeit.

Ekkehard Henschke, Dezember 2018

1 Werner Taesler – Flüchtling in drei Ländern
Kommentierte Edition seiner Aufzeichnungen

1.1 Lehr- und Wanderjahre im Kaiserreich und in der Weimarer Republik

Die Zeit von 1913 bis 1923 bezeichnete WT in dem Entwurf seiner Autobiographie selbst als „Lehr- und Wanderjahre." Sie waren äußerlich geprägt vom Ersten Weltkrieg und seinen Folgen: Von Revolution, Versailler Vertrag, wirtschaftlichen, sozialen und politischen Krisen sowie von dem Aufkommen des Nationalsozialismus. WTs innere Entwicklung wurde auch von der Auseinandersetzung mit dem Vater und der Krankheit der Mutter beeinflusst.

Von der Vorkriegszeit hatte Werner Taesler, der am 05. November 1907 im brandenburgischen Ort Teupitz[1] geboren worden war, eine relativ gute Erinnerung:

KAISERREICH – WELTKRIEG

Meine ersten 6 Lebensjahre verbrachte ich in 4 Städten, sämtlich in der Provinz Brandenburg, wo mein Vater für die bautechnische Unterhaltung der staatlichen Bauten verantwortlich war. Mein Großvater väterlicherseits war Maurerpolier gewesen für laufende Arbeiten an den kaiserlichen Schlössern in Potsdam und Sanssouci. Mein Großvater mütterlicherseits war Obstzüchter in Werder[2] – Obstkammer Berlin[s] – und dazu eigene Exportfirma für frisches Obst. Mein Großvater in Potsdam wohnte in einer Souterrain-Wohnung (mit 10 Kindern). Er starb während des Weltkriegs wie auch Großmutter bald darauf. Mein Großvater in Werder hatte ein eigenes zweistöckiges Haus. Er hatte 5 Kinder und starb erst 1936.

Dieser Hintergrund meiner Kindheit prägte bei mir die Begriffe „arm" und „reich", wenn auch stark überdimensioniert.

Es lag [vor 1914] so etwas wie Kriegsgeist auch in der Jugend. Straßenweise (oder stadtteilweise) „bewaffneten" sich Jugendliche mit Holzknüppeln und „besiegten" sich! Auch die Erwachsenen schienen verblendet von allem, was Militär hieß. Uns Kindern sagte man, dass wir, wenn wir einen Offizier mit breiten roten Streifen an den Hosen träfen, so sollten wir die Mütze abnehmen; das sei ein General o.ä. Sonntags sollten wir Matrosen-Anzug mit dito Mütze tragen!

KRIEGSERKLÄRUNG

Und dann kam der schreckliche 1. August 1914. Mein Onkel mütterlicherseits wurde sofort eingezogen und fiel im Oktober an der Ostfront, sein Bruder (18 Jahre) folgte ihm als Freiwilliger und fiel im November. Ich höre noch heute den Schrei der jungen „kriegsgetrauten" Frau des ersteren. Und noch lange bewunderte ich meine Großeltern, wie sie nach alter Sitte uns Kindern einen Weihnachtsbaum mit lebenden Lichtern machten – mit Gedichtaufsagen und Weihnachtsliedsingen vor der Bescherung. Begriffe wie „Leben" und „Tod" wurden rund um uns zur Wirklichkeit.

Unser Großvater musste nach dem Tode seiner beiden Söhne die Obstexportfirma aufgeben und den größten Teil seiner Obstplantagen nach und nach verkaufen. Mit seinem Tod 10 Jahre später verlor ich mehr als einen Verwandten; er war für mich stets ein weiser Mann.

Und nicht zuletzt hatte ich Respekt vor seinem verglasten Bücherschrank mit einem – ich glaube – 10-bändigen Lexikon. Ich blätterte gerne darin jedes Mal, wenn wir unsere Ferien in Werder verbrachten, fragte mich wohl auch, warum wir bei uns keine Bücher hätten außer einigen technischen. Auch eine illustrierte Zeitschrift DIE GARTENLAUBE[3] hielt sich mein Großvater.

Schließlich versuchte ich Landschaft zu malen, mit Wasserfarben. Motiv dazu war die Havel-Landschaft. Die dazu zweckmäßige Feldstaffelei erhielt ich auch nicht.[4] So ging mein Großvater mit mir und einigen meiner Aquarelle zu einem Künstler in Werder, einem „Hofmaler" Anno 1920, der ihm meine Begabung beglaubigte. Ich hab sein Gutachten – ich weiß nicht warum, nie sonderlich wichtig genommen.

Unter der Überschrift „DIE VATERLOSE – DIE MUTTERSCHWERE ZEIT"[5] berichtete WT dann über die kriegsbedingte Abwesenheit des Vaters und Krankheit und Tod der Mutter im Jahre 1919. In der Kleinstadt Strausberg[6] (östlich von Berlin) hörte auch der zwölfjährige WT von dem Ende des Krieges mit der Revolution und deren politischen Folgen:

DIE WEIMARER REPUBLIK[7]

Von Berlin aus (36 km) erreichten uns Berichte von Straßenkämpfen. Geschosseinschläge an der Straßenseite des Polizeipräsidiums zeugten davon. Als führende Persönlichkeiten lehrte man sich die Namen Karl Liebknecht* und Rosa Luxemburg*, beide 1919, bei der Gründung des Spartakusbundes, ermordet, sie erschossen, ihn in der Spree ertränkt. Die Spaltung der deutschen Mittelklasse merkt es an der politischen Stellungnahme unserer Lehrer, die sich oft im Unterricht bemerkbar machte, obwohl oder g[e]rade <u>weil</u> alle politische Propaganda im Unterricht von der Schulbehörde verboten war. Da gab es Konflikte zwischen Schülern und Lehrern, zwischen Lehrern und Lehrern oder sogar Eltern und Schulleitung.

Ich hatte z.B. zur Gewohnheit, im Geschichtsunterricht mitzuschreiben und vor der nächsten Geschichtsstunde nochmal nachzulesen, was der konservative Geschichtslehrer für richtig hielt, aber <u>nicht</u>, was im behördlich genehmigten neuen Lehrbuch stand. Ich erhielt stets „Gut" oder „Sehr gut." Nach der Revolution aber hatte ich mir „Quellen der deutschen Geschichte" gekauft, die wesentlich weniger nationalistische, aber mehr sachlich belegte Geschichte enthielt. Im nächsten Zeugnis hatte ich noch „Genügend." Das neue Geschichtsbuch wurde von Lehrern offen als „rot" bezeichnet. Begleitet von Unruhen in Berlin tagte am 1.1.1919[8] die erste DEUTSCHE VOLKSVERTRETUNG in Weimar. Die neuen Namen waren Noske*-Ebert*-Scheidemann*, von Kindern mit allerlei Spottnamen lächerlich gemacht, Zeichen der „unvollendeten Revolution."

Gleichzeitig [am 28. Juni 1919; in Kraft getreten 1920] wurde der VERSAILLER FRIEDENSVERTRAG unterzeichnet, gefolgt von der großen INFLATION 1919-1923[9]. Ersterer hatte keine unmittelbaren Folgen für unser alltägliches Leben, letztere umso mehr. Warenknappheit – Beamtengehälter wöchentlich ausbezahlt. Wir Kinder mussten Montagmorgen „Schlange stehen" vor Lebensmittelläden, bis jemand kam mit Vaters Wochengehalt. Dann wurde eingekauft für das ganze Geld, ehe es seinen Wert verlor. Ein Laib Brot kostete nach und nach mehrere Billionen Mark. Neue Banknoten wurden laufend gedruckt. Größere Städte druckten ihr eigenes „Notgeld", oft mit sehr künstlerisch ausgeführten Geschichtsbildern der betreffenden Stadt. NOTGELD-SAMMLUNGEN waren beliebt, weil sie wegen ihrer schnellen Entwertung leicht zu ergänzen gingen.

„Notgeld" klingt wie ein Symbol für eine Zeit, die Ersatz suchte für einen entwerteten Lebensstil in allem: Verhältnis von Eltern und Kindern, Erwachsenen und Jugend, Mädchen und Jungens, in Kleidung für Freizeit und Fest – vor allem für einen Sinn der

Freizeit; mit konsequenter Befreiung von der Autorität der Eltern in Form und Inhalt: kurze Hosen statt langer mit Bügelfalten, „Schillerkragen" statt weißem Hemd mit steifem Kragen und Schlips, keinen Hut, stattdessen längere Haare. Man geht auf „Fahrt" (wie fahrende Gesellen des Mittelalters), man tanzte Volkstänze statt Charleston und nannte uns „Wandervögel."[10]

Als solche brauchte man ein „Nest", gern in einem älteren Gebäude mit historischem Schimmer, das man selbst nach eigenem Geschmack malen und möblieren konnte. In jeder Stadt bildeten sich Wandervögel (WV)-Gruppen für Jungens und Mädels, die sich im „Nest" trafen und gemeinsam sangen, mehrstimmig, meist polyphone Volkslieder aus vier Jahrhunderten, desgleichen Madrigale und stets ein Dutzend Kanons in Bereitschaft. Man schrieb im Nestbuch auch Erlebnisse und Gedanken nieder.

Abbildung 1: Werner Taesler (helle Jacke) um 1922

Abbildung 2: Jugendbewegt bei Weimar (um 1922)

„Damals 1923 interessierten mich Verfasser und Titel:

*PAULA BECKER-MODERSOHN** [11]

BRIEFE UND TAGEBUCHBLÄTTER "

In sein Tagebuch schrieb WT:[12]

> *Das Buch ist so meine Bibel [für] Kunst, und wenn es gar zu eng wird in meinem Innern, dann helfen nur ein paar Blicke in die Frauenseele über vieles hinweg. [...] Ich glaube sogar, dass sie ihre Berühmtheit mehr ihren Tagebuchblättern als ihren Bildern verdankt. [Zusatz aus späterer Zeit].*

Heute 1928 denke ich über deren Inhalt nach.
„ und eigentlich ist das schönste meines Lebens
viel zu fein, und sensibel,
als dass es sich aufschreiben ließe.
Das was ich Euch schreibe ist nur das Drum und Dran,
Es ist das Gefäß, darinnen der Duft vieler
köstlicher Augenblicke ruht. "

Damals, 1923, auch der Verfasser Hans am Ende* und der Titel
TIEF IM MOOR. *Gedanken über ein Bild.*

Noch heute, 1928, weckt das Bild eine gleich starke Ausstrahlung
wie damals, als ich es zum ersten Mal sah: Ein Durchblick links
im Bilde wie ein Gewölbe zum Eingang eines heiligen Gartens
zwischen drei hellen mächtigen Birkenstämmen an dessen Tor.

WORPSWEDE! Dies Zauberwort! Ich weiß noch, als ich das
erste Mal an einem Herbstabend auf dem Kleinbahnhof ankam,
neben einer leeren Koppel und dahinter die weite herbstfarbe-
ne Marsch in der Dämmerung, auf der anderen Seite das Dorf
am Weyerberg unter alten Eichen, das Ganze „tief im Moor". So
glaubte ich Worpswede zu kennen als Malerkolonie. Heute aber
erfuhr ich, dass schon 1895 eine Malergruppe sich um HEIN-
RICH VOGELER* gesammelt hatte, die heute unter Leitung des
FRANCISKUS DER REVOLUTION UNSERER ZEIT nicht
nur mit Ausstellung seiner Bilder sondern auch mit Verkauf von
Möbeln aus der Werkstatt BARKENHOFF mit Erfolg an ver-
schiedene Kunstzentren Europas sowie auch ans Bremer Rathaus
geliefert hatte.

Bei Kriegsschluss gründete er die Arbeiterkommune BARKEN-
HOFF und als deren soziales Werk ein Kinderheim für die ROTE
HILFE[13] (wegen politischer Tätigkeit und trotz Krankheit als Fa-
milienvater zu Gefängnisstrafe Verurteilte).

LEHR- UND WANDERJAHRE

Nach meinem Abitur [1928] wollte mein Vater nichts von einer Ausbildung zum Zeichenlehrer wissen: „Von Kunst ist noch keiner satt geworden"! Stattdessen schloss er seinen Lehrlingsvertrag ab für mich bei der großen Malerfirma PLÄTKE* in Berlin-Charlottenburg. Ich fuhr also täglich um 5.30 Uhr von Strausberg nach Berlin auf irgendeine größere Baustelle als Malerlehrling. Im Materiallager, auf Baugerüsten im Inneren öffentlicher Gebäude oder auf Neubauten. Ich erhielt ein Fahrrad von der Firma als Transportmittel für schwere Eimer mit Farbe und Malergeräten aller Art (unter anderem hölzerne 2 m lange Malerleitern) für Innenarbeiten. Dies in den 20-er Jahren durch Berlins Straßenbahnschienen zu transportieren, war eine halsbrecherische Sache. Einmal mussten zwei Polizisten, als ich mit dem Rad in einer Schiene festgefahren war und zwischen Bahn und Autos auf dem Asphalt lag, mich wieder befreien.

Neben meiner Handwerkslehre hatte ich an der KUNSTAKADEMIE[14] [BERLIN] 2mal wöchentlich Aktzeichnen belegt, einmal Chorgesang mit der MÄRKISCHEN SPIELGEMEINDE[15], besuchte aktuelle Diskussionsabende wie die konsequenten Schulreformer[16] oder der sozialistischen Arbeiterjugend und besonders jede neue private Kunstausstellung.

Die Nächte wurden kurz: 5 Uhr aufstehen, um mit der Vorortbahn den Arbeitsplatz bis 7 Uhr zu erreichen. Abends hatte ich oft meine Sternkarte mit im Zug und suchte durchs Fenster Sternbilder des Monats.

Das Frühjahr 1928 erlebte WT als „Meines Lebens Peripetie", d.h. als einen Wendepunkt in seinem Leben. Auslöser war eine heftige Auseinandersetzung mit seinem Vater, einem Beamten, der ihm sein politisches Engagement vorwarf. WT war sich sehr wohl der sozialen Herkunft seiner Familie bewusst.

Das Zerwürfnis mit dem Vater führte dazu, dass WT mit geheimer Unterstützung seiner Schwester und Freunden auszog und vorübergehend Unterkunft im Dachboden einer Berliner Mietskaserne fand.

Unerwartet besuchte mich dort mein [Schul-]Rektor Dr. Kahle*. Ich gab ihm ein Bild meines Bruchs mit meinem Vater und meine Absicht, nach Kassel auf die Kunstakademie zu gehen, wo ich nach eingesandten Arbeiten als Student angenommen war. Seine positive Reaktion gab mir Freude und neue Kraft. Ich hatte ihn vor einiger Zeit porträtiert, das Porträt hatte er gekauft. Dies und einige weitere Bildverkäufe hatten meine Reserven auf über 300,- verstärkt. Eine Ausstellung meiner Bilder in der Aula meines früheren Gymnasiums, auf Initiative Doktor Kahles organisiert, ließ noch weitere Einkommen erwarten und damit mit ca. 500 M als Sprungbrett zu meinem Salto Mortale in die weite Welt der Kunst zur Verfügung standen.

Die letzte Woche im März war ausgefüllt mit „Packen", doch alles im Geheimen: Koffer geliehen und gepackt: Spirituskocher und Kochtopf geliehen, Schlafdecke, Strümpfe, Kleidungsstücke bis zu Taschentüchern – alles wurde mit Hilfe meiner Schwester Ilse in den Koffer gestopft. Derselbe wurde als Eigentum eines Freundes auf der Durchreise ungesehen aus dem Haus geschafft und dann nach Berlin in eine Gepäckbewahrung abgegeben.

Meinen Eltern wurde dann erzählt, ich sei zu Freunden nach Breslau gefahren und anschließend eine Wanderung in die Worpsweder Heide machen. Letzteres war die Wahrheit. Nachdem Koffer und Gepäck bei Freunden in Hannover untergestellt waren, ging ich in meine geliebte Heide zwei Wochen „auf Fahrt" und dann am 15. April 1928 nach Kassel. Nun schrieb ich mit Tonny

Dühmke als Deckadresse meinem Lehrmeister Plätke und bat
um Übersehen meines Brechens des Lehrvertrages und mich von
150 Mark Kaution zu befreien, was er auch bewilligte.*

Parallel zu dem Zerwürfnis und der Trennung vom Elternhaus befasste
sich WT 1928[17] sowohl mit der Kunst und der Natur von Worpswede
als auch mit Literatur:

*„Knulp"[18] von Hermann Hesse, ein Büchlein voll unendlich fei-
ner zartester Poesie, ein Menschenschicksal hingeworfen in 3
großen Bildern: Frühling, Sommer und Winter (3), eines jener
Sonntagsmenschen, die in einer Art tiefster Naturverbundenheit
Menschen und Dinge aus dem unmittelbaren Erlebnis eines kind-
haft[en] Herzens besehen, ohne sie nach Gesichtspunkten der
Nutzbarkeit zu werten oder zu gestalten. ...*

Bereits als 21-Jähriger setzt sich WT mit seinem Engagement bei der
Jugendbewegung kritisch auseinander, in der er sich – ohne gewählt
zu sein – drei Jahre lang als Führer behauptete. Er bekennt in seinem
Tagebuch:

*... meine Zeit lag in der Aufbruchszeit des Wandervogels vorm
Kriege 1918[19]: Mein Weg durch die Jugendbewegung ist beendet. Innerlich und äußerlich kann ich ihr nicht mehr genügen,
kann sie mir nicht mehr genügen. Für Jahre trug sie meine Ent-
wickelung über Höhen und Tiefen jugendlichen Erlebens, des
Glücks und der Freude, der Selbstgenügsamkeit und inneren
Konflikte! Das Alles ist nun heut nicht mehr. Nicht wie ein schöner Jugendtraum liegt es hinter mir, bedeutender, größer: wie
ein weiterdrängendes, verpflichtendes Stück Leben, verpflich-
tend zu der Erkenntnis, dass es etwas Wesentlicheres letzthin
gibt als Jugend-bewegung, sagen wir: Erwachsenen-bewegung.
Das Richtbild aber des aufgeschlossenen tätigen und schlichten
Menschen ist bestimmend geblieben, nur mit dem Bewusstsein*

der Verschuldung, die das Leben dem erwachsenden Menschen abfordert. –

Und wenn ich jetzt so überdenke die letzten Jahre meiner Arbeit in der Jugendbewegung an mir und an einem kleinen Kreis junger Menschen, wenn ich denke an die Unvollkommenheit, mit der ich dieser Führeraufgabe gegenübertrat, an die vielen harten Kämpfe gegen unsachliche Opposition, rücksichtslose Quertreibereien und berechtigte Widerstände, an die vielen polemischen Debatten und die selteneren Stunden, in denen Menschen so ganz unbeschwert von allem Krampf und aufgeschlossen zueinanderfanden, wenn ich mich erinnere der unbewussten und echten Bestätigung für die Erfolge dessen, was ich getan hatte oder vorlebte, wenn es mir aus den Augen oder Haltung oder ganz wenigen Worten meiner Freunde in stillen Stunden gemeinsamen Fahrtenerlebens entgegenstrahlte und als Ergebnis diesen Kreis junger aufgeweckter Menschen, frei und steifnackig – dann überkommt mich zuweilen ein Gefühl ehrlichen Dankes dem Schicksal gegenüber, das mich und diese Menschen zusammenführte, auf dass wir aneinander wachsen und reifen durften, das uns eine Jugend erschloss, die zwar bewegt und konfliktreich, doch aber schön und inhaltsreich war. So sage ich Dank allem, was in diesen Jahren bestimmend in meiner Entwicklung eingegriffen hat, ob Freud oder Leid, Freund oder Feind, denn an allem durften meine Kräfte wachsen.[20]

Im folgenden Jahr 1929 besuchte WT allerdings den Bundestag des Bundes der Wandervögel und Kronacher[21]:

Ich ging mit der entscheidenden Frage hin, ob in diesem Bunde für meine weltanschauliche Haltung überhaupt noch Platz sei und musste erkennen, dass nach dem Zusammenschluss mit den „Kronachern" sicher viel revolutionäre Kräfte in mein Gesichtsfeld getreten sind, deren reife und starke Haltung mir den Glauben gegeben haben, dass unser Bund der Frage nach dem pro-

letarischen Schicksal unserer Zeit nicht wird entgehen können. Wie diese Frage ja überhaupt die Schicksalsfrage der Bünde ist. Die reformistischen Tendenzen waren mir zu belanglos [durchgestrichen], als dass ich dafür mein Wirken hätte wieder einstellen können, das Revolutionäre wird mir wieder Wirkung [...unleserlich] werden.[22]

Seinem ehemaligen Schuldirektor Kahle berichtete WT über seine ersten Eindrücke vom Bauhaus[23]: „60 % der Studierenden wenigstens sind vom Wandervogel gekommen."[24]

1.2 Begegnungen mit Kunst und Menschen: Kassel, Worpswede, Frankfurt, Dessau und Berlin

Nach dem Revolutionsjahr 1919, in dem auch das Bauhaus als Kunstschule in Weimar (ab1925 in Dessau) mit Walther Gropius* an der Spitze gegründet worden war, gab es wohl keinen Kunst- und Architekturstudenten in den 1920er Jahren, der sich nicht in irgendeiner Weise mit dem Bauhaus auseinandergesetzt hätte. Konnte man doch fragen: „Was für eine Architektur welcher Gesellschaft?"[25]

WT zog es nach dem Abitur jedoch nicht sofort zum Bauhaus.

Am 27.Februar 1928 jubelte er:

Hurra! Meine Aufnahme in die Kasseler Kunstakademie[26] aufgrund meiner eingesandten Arbeiten ist vollzogen ... Nur meine Schwester ist eingeweiht! Ein Koffer auch bereits heimlicherweise von einem Bekannten geborgt, alle nötigen Vorbereitungen getroffen und Erkundigungen eingezogen, 250,- zusammengespart. ... Am 31.3. geht's ab nach Kassel, erst noch 14 Tage in die Heide, einmal wieder ganz einsam in einsamer Natur, dann geht's den schweren Weg zu sonnigen Höhen der Welt![27]

In Kassel besuchte WT auch Veranstaltungen der Volkshochschule[28]:

Gestern in der Volkshochschule Diskussionsabend Dr. Klatt – Arbeiterdichter Heinrich Lersch*: Kunst u. Dichtung im Leben der Gegenwart. Nach halb durchwachter Nacht noch ganz fiebrig aufgeregt, froh, hab die Klasse heut auf den Kopf gestellt und alle Mitmenschen mit verruchten Liedern zugesetzt. Wie der Kerl, der Lersch, schon reinkam: Klein, untersetzt, der Kopf fast unmittelbar am Rumpf, ein Arbeiterwrack, Gesicht von Not, Kampf, Geist zerklüftet, gefurcht, gekerbt, wie ein riesiger Birkenstamm, Risse als Zeichen innerer Spannkraft. Dr. Klatt dagegen: Gentle-*

man, abgeklärt, ruhig, fast satt. Scheinbar nichtssagend nestelte Lersch an seinen Kleidern, als er reinkam, steif auf seinem Stuhl, wie ein junger unbeholfener Löwe, seines Geschlechts und seiner Kraft aber bewusst. (Ende Tagebucheintrag)

Klatt begann in geschichtswissenschaftlicher Art über „ Dichtung und Leben während des Krieges und in den Jahren danach. " ZU SPRECHEN: Lersch setzte dem mit persönlicher Teilnahme die Wirklichkeit des proletarischen Schicksals entgegen. Als er nach dem ruhigen, selbstsicheren Vorredner begann, ging es wie eine leise Beklemmung durch den Saal, er selbst wirkte zurückhaltend. Dann aber wuchs er mehr und mehr, und aus dem kleinen Proletarier wuchs ein kämpfender Riese, ein siegender Kämpfer.

IN KASSEL

DER KAMPF UMS LEBEN – KASSEL 1928

Die Zeit der freien Berufswahl war zu gefährlicher Wirklichkeit geworden. Umgehend musste ich für mein tägliches Auskommen sorgen. Zuerst ging ich zum Maschinendirektor Wasmuth am Staatstheater betreffs Kulissenmalerei – nicht ganz ohne die Romantik der Bretter etwas zu erforschen. Eine Zeitungsrezension war angenommen und honoriert: Überall zeigte man mir – besonders wenn ich persönlich verhandeln durfte, großes Entgegenkommen und gar Freundlichkeit. So auch bei meinen Besuchen zu fünf Direktoren der höheren Schulen, stellte mich ihnen vor als Kunststudent, der etwas nebenbei verdienen müsste durch Hilfsstunden. Mein Abgangszeugnis vom Gymnasium in Mathematik zeigte ich vor und nannte, dass ich vielen während meiner Schuljahre Nachhilfe erteilt hätte. Ihre Hilfe sagte man mir bereitwillig zu.

AN DER KUNSTAKADEMIE KASSEL

In den ersten Wochen an der Akademie sollte man sich für Sachgebiete entscheiden. Ich wählte Kopfzeichnen bei Prof. Witte* und wenn möglich auch Architektur. Ich lernte sehr bald zu unterscheiden zwischen autoritärer Kritik und einer Autorität des Beispiels. Die Vorlesungen Prof. Söders* zur Raumlehre gaben überzeugende Einblicke in Kunsterziehung und Kunstphilosophie. Er empfahl uns, unsere Kenntnisse in Europas Baudenkmälern zu erweitern und zu befestigen – selbst mit Versäumen eines Semesters Vorlesungen in der Akademie. Ich selbst wählte nach einigen Monaten die Bildhauerwerkstatt, wo ich meist einem der Meisterschüler in seinem Atelier mit den technischen Vorbereitungen beim Gipsgießen seiner Plastiken zu Hilfe war.

Ich zeigte Witte einmal ein gemaltes Fliederbild und sagte etwas von „Impressionismus" im Duft des Flieders. Witte darauf: „Das hier duftet auch, aber nach Ölfarbe."

Kunststudentens Ausbildung und Berufsreife sind im Allgemeinen variierend, weil er meist die eigene Begabung durch Vergleich mit anderen versucht zu beurteilen. Mich zog es wieder nach der Künstlerkolonie in Worpswede. Ich weiß nicht, was mich immer wieder dorthin zog wie damals vor fünf Jahren zum ersten Mal. Ich setzte mich wieder aufs Fahrrad für 200 km in Richtung Weyerberg und Worpswede zu den Gehöften unter den Eichen an der Hanne als einzige Erhöhung in dieser weiten Marschlandschaft.

In sein Tagebuch schrieb er[29]:

Rilke*, „Worpswede"[30] ein tiefes und lebendiges Buch, unsagbar fein in der Empfindung, unsagbar lebhaft im Kolorit. Und dabei doch jene großatmige Ruhe, die aus den Worpswedern wie aus der Landschaft an der Hanne immer wieder zu mir spricht. Dieses

Ahnende in den unendlichen Weiten Modersohns oder am Ende,
das jedem Nacherlebenden Raum gewährt, auszuschwingen, das
gleichsam uns den Grundton gibt auf dem je nach Veranlagung
der Lebensakkord des Einzelnen gesucht werden muss! In den
Bildern geht's um, „die sind mit Herzklopfen gemalt." – Rilke hat
Recht. Ich selbst habe auch die Erfahrung machen müssen, dass
wir in Zeiten der inneren Konflikte und Unruhen Bilder stärksten
Erlebens malen. Aber Worpswede und sein alter Preis ist eine
Macht und Symbol für mich, der ich mich nicht entziehen kann
noch will. Kurz: Das Niederdeutsche das Nordisch-Verschlossene
und Herbe darin! O, wie ich das liebe.

Drastisch fallen mitunter WTs Schilderungen der Dozenten der Kasseler Kunstakademie aus:

Missgunst und Intrigen unter den Künstlern. Davon hab ich jetzt
einen leisen Auftakt erlebt. Wie missgünstige Köter sich um ei-
nen Knochen streiten, so feilschen sie um die Schüler. Und ihren
„Professor" tragen sie wie einen alten Pelz, dem die Haare aus-
gehen. Eine Ausnahme scheint Nebel* zu machen. Diese Miss-
gunst ist nur erklärbar aus dem ungleich brutalen Lebenskampf,
den der Beruf des Künstlers mit sich bringt. [31]

Abgemildert formulierte WT die Eindrücke mehrere Jahrzehnte später:

Als ich mich da diesem Kreis bürgerlicher Intellektueller gegen-
über sah, als ich spürte, wie ihre Exklusivität, ihre Standes- und
Titelarroganz in die Binsen gingen vor der Aggressivität dieses
„jungen Revolutionärs", als selbst Kompetenzen wie der Direk-
tor des Frankfurter Rundfunks sich nicht scheute, eindeutig für
mich – besser: für meine Argumente – einzutreten, da wusste ich
nach Monaten des Zweifels wieder, dass es armselig und unver-
antwortlich ist, sein Können hinter den engen Fachgrenzen zu
verschanzen, wie jene Könner, die da 8, 10, 12 Semester studie-

ren, um die eigene Kompetenz aufweisen zu können. Aber es gibt neben enger Fachkompetenz auch Kompetenz in weiterer Perspektive.

Und dies ins Persönliche gewendet: Ich weiß, dass ich in der Malerei jetzt ungefähr das notwendige Handwerkszeug beherrsche: Ich glaube aber auch, dass ich nach weiteren 2 Jahren das Notwendigste von der Architektur mir angeeignet haben werde. Denkbar, dass mein experimentierender Wissensdrang mich vielleicht einmal zur Bühnengestaltung führen könnte. Ich suche weniger <u>mich</u>: Ich suche Sprungbretter – Einsatzpunkte.

Im Frühjahr 1929 befindet sich WT bereits am Bauhaus in Dessau und vertraut seinem Tagebuch an:

... und so steht auch das Bauhaus-Dessau zunächst als größere Aufgabe meinen jungen Kräften gegenüber. – In Kassel eine Atmosphäre eng bürgerlicher Ruhe, [... unleserlich] Ruhe, so lebensfern – schulmäßig-bürokratisch-gleichmäßig, so ganz ordentlich und außerordentlich. Professoren wie Schüler-Gewohnheit, Gewohnheit! Das war immer so, das wird immer so sein! Das Wappen Wilhelm II.* steht nicht umsonst noch heute über dem Portal. ... Vom Vater für diesen Monat 80- [Mark] bewilligt. 72- als Studiengebühr im Bauhaus zu bezahlen. Da gehe ich Arm in Arm mit Schmalhans Küchenmeister und lache der Satten, die mich bedauern. Fragen bei der Aufnahme:

1) Einige Antiquabuchstaben nach gegebenem Muster.
2) Was ist das Bauhaus? Graphisch, bildlich oder mit einem kurzen Aufsatz.
3) Den eigenen Namenszug erst hinten in die Ecke des Bildes, dann auf die gesamte Blattbreite verbreitert, dann gegen eine horizontale Achse gespiegelt zu schreiben.

4) Einen bekannten Namenszug aus dem Gedächtnis zu wieder-holen.[32]

Bald darauf aber:

Ich hab noch <u>nicht das Bauhaus, doch das Bauhaus hat mich!</u> Es <u>hat: Atmosphäre und in diese sich einzuleben währt Zeit</u> ... Das große Neuartige dieser Luft aber geht durch bis ans Mark. Wie „einem Schwächeren" im Quackpack und [... unleserlich] so zwickt mich fast der Geist des Bauhauses. Was es ist, weiß ich noch nicht. Wie es auf mich wirkt nur, das <u>weiß ich</u>. Alte Maßstäbe wanken, neue tun sich auf. ... <u>70</u> Prozent hier <u>kommen aus der Jugend</u>bewegung und sind wohl gerade deshalb von einer fast sturen Sachlichkeit – ganz auf „Neues" gerichtet. ... Die Eindrücke bedrücken mich zuweilen. Heute war ich erstes Mal mit der BAUHAUS-KPD zur 1.Mai-Demonstration, und dazu schon 14 Tage trocken Brot. Und dennoch: „Ich lasse Dich nicht. Du überzeugest mich denn."[33]

Im Herbst 1929 entschloss sich WT, für ein Semester an die Kunstge-werbeschule in Frankfurt am Main zu gehen.[34]

KUNST ALS ANKLÄGER FRANKF[URT], 29.11.29

Heute hielt John Heartfield* Vortrag über Photomontage. Eigent-lich weniger über diese Technik, sondern mehr über revolutionä-re Kunst. Wie dieser körperlich kleine Mensch bezwingend groß wird in seinem Glauben an den Menschen. Unlängst hörte ich ei-nen Vortrag von Tucholsky* – eiskalt und beißend. Selten schlug die Flamme spontanen Gefühls so durch einen Panzer scharfer Satire. In John Heartfield lebte der Mensch bis in die Fingerspit-zen. Jedes Wort war ein greller Schrei des Hasses einer größeren Liebe willen.

Eindringlich zeigt Heartfield eine neue Form künstlerischen Schaffens, die gegen l'art pour l' art und __für__ eine menschlichere Ausdrucksform kämpfte.

Ich sah im Schauspielhaus CYANKALI[35] – BRUELLE CHINA[36] – und DIE ANDERE SEITE[37]. Heute Abend werde ich in BRAHMS – EIN DEUTSCHES REQUIEM im Chor mitsingen.

In sein Tagebuch trug WT – alles in Kleinschrift[38] – ein:

„Brülle China" Schauspielhaus Frkft. 16/11.29. Ich habe gezittert, gehasst und gejubelt, __nicht__ weil dort auf den Brettern eine Handvoll Schauspieler „Weltproletarier" mimten, __nicht__ weil es „furchtbar" war, __nicht__ aus Trauer oder Freude am Stück. Es war, als schlüge eine Welle unser gegenwärtigen Lebens ins Schauspielhaus, als trete die kalte Macht und die zwingende Liebe der proletarischen Weltrevolution vor die satten der Logen und des Parketts. Ein Zittern ging durchs Auditorium, jene letzte spontane Energieentfesselung miterlebten Leidens in mir selbst, ich wollte rufen, brüllen so laut ich konnte: „Rot Front!", „Wählt K.P.D." einen Tag vor der Wahl: – Ich blieb stumm! Ich trat auf den Außenbalkon und schrie den Volksgenossen zu: „Brülle Frankfurt", „Brülle Deutschland" – Doch nur in Gedanken. Am Ausgang jammerten einige „Damen", über „Cyankali", „den 14. Juli", „Brülle China" und ohne dass ich ihnen zurief: „Das alles wird einmal Wirklichkeit werden bis [... unlesbar] nur grausamer, wahrer, schöner."

Zwei Tage später:

Und heut „Zyankali." Das Stück hat Qualität, mit Nerv und Blut. Zart im Persönlichen, stark im Zeitlichen. Kontrastreich, blutend, lebendig, ein einziger Aufschrei. Still ging ich heim, im innersten stolz, dass man Zeit wieder [für] die Bodenständigkeit und ge-

sunde Brutalität aufbringt, statt an „Tendenz-Dramen" Shake-
speares* oder Schillers* sich zu erbauen, eigene Not und eigenes
Glück anklagen zu überwinden. „Ein Kunstwerk muss heut eine
Ohrfeige sein." Lersch hat Recht, und wenn man einmal recht
glücklich ist, müsste man eigentlich Selbstmord begehen.[39]

WT sah im Herbst 1929 die Stücke „Zyankali", „Brülle China"
und „Die andere Seite" gleich zweimal.[40] Seinen Lebensunterhalt
musste er – wegen der Auseinandersetzung mit dem Vater – durch
Gelegenheitsarbeit weitgehend selbst finanzieren. Als er sich 1930 in
akuter Geldnot an seine Strausberger KPD-Bezirksleitung und dann an
die Redaktion der „Roten Fahne" wendet, erhält er die Mitteilung:

Die Aufgabe unserer Zeitung ist es nicht, gemaßregelte Genos-
sen über Wasser zu halten. Solche Situationen sind Konsequenzen
des Klassenkampfes! Im Übrigen gebe ich dir den Rat: Versöhne
dich mit deinem Vater, es ist unverantwortlich, das Geld in sei-
ner Tasche zu lassen, wenn wir es für unsere Arbeit gebrauchen
können." Ich kann nicht sagen, dass mich diese kaltschnäuzige
Ar[r]oganz als politischer Heroismus berührte; immerhin sah ich
ein, dass diese Härte Prinzip war, und dass auch in der Partei
persönl[iche] Initiative höher geschätzt werden als Protektion.[41]

KÜNSTLER MIT EIGENEM ATELIER IN FRANKFURT

9.1.29 [09.01.1930]

Sechs Wochen habe ich nun ein Atelier gehabt. Als ich meinen
Olymp am Opernplatz bezog, schien es mir fast wie ein Wende-
punkt meines Lebens: Zum ersten Mal ein eigenes Atelier in der
Großstadt. Doch habe ich sehr bald gemerkt, dass die Genies
auch unter Glasdach nicht billiger sind als anderswo. Immerhin
habe ich fleißig in der wenigen freien Zeit gearbeitet und Eini-
ges zustande gebracht und so waren die 55 Mark Monatsmie-

te nicht umsonst. Doch wochenlange Januarluft im ungeheizten Glashaus, ohne die Möglichkeit, sich morgens oder zur Nacht etwas Warmes zu kochen, bei Brot mit Margarine und Obst – und dennoch ein Atelierfest: Tagelang dekoriert und gemalt, dann mit 16 Personen bis 4 Uhr morgens gefeiert – was machte sonst der Mitwelt Spaß? So maskiert man seine kleine Lebensnot mit der lachenden Gläubigkeit der Jugend und vergisst für Stunden, Atem zu holen: Morgen ziehe ich ins Studentenheim.

DISKUSSION ZUR UMBAUFRAGE DER FRANKFURTER OPER

5.12.29 [05.02.1930]

Die „alte Oper"⁴² war eine Neigung zum gefälligen Plaudern, zu luxuriöser Verherrlichung gesellschaftlicher Formen und Mentalität, also nicht gegen die Oper überhaupt, sondern gegen diese Oper, die als Ausdrucksform der heutigen Wirklichkeit Sinn und Gültigkeit verloren hat, und deshalb weder „wahr" noch „schön" ist. – Für eine neue „Oper des Volkes" – so meine Argumente in der Diskussion: Welche Oper des Volkes, welches Volk, welches sind die Dinge, die da konfrontiert werden sollen? Die Oper ist heute eine Blume im Rock, den wir nicht haben, ein Zeichen der gesellschaftlichen Unwahrheit, damit ungültig für eine Oper des Volkes d.h. für die proletarische Oper: Nur so kann der Weg der Oper sein, wenn sie der wirklichen gesellschaftlichen Umgruppierung Rechnung tragen will.

Alle meine Zweifel, die nach der weiteren Diskussion in Zugeständnissen endete. Wenn heute der Schwerpunkt unseres Lebens die sachgebundene praktische Arbeit ist, wenn weiter die Theaterkunst heute dieser Wirklichkeit Ausdruck geben will, d.h. das Arbeitsthema zur Diskussion stellt, so wird notwendigerweise nur der arbeitende Mensch daran interessiert sein. Und erst dann, wenn alle Menschen wahrhaft arbeitende Menschen sind, kann die Oper des Arbeits-Ethos ein Bild des ganzen Volkes sein. Bis dahin kann sie nur entweder rückblickend oder vorausschauend Oper einer Klasse sein.

DELAVILLA*, PROF. AN DER KUNSTGEWERBESCHULE

FRANKFURT, 13.12.29

Er selbst ein gelungenes Gemisch von Wiener Lebensfreude und menschlichem Ernst; seine Korrekturen vernichten nicht, sie helfen. „Die Natur ist so unendlich reich, warum wollen wir uns durch Abstraktionen verarmen?" Er spricht von Ewigkeitswerten in der Kunst und der Bedeutung schöpferischer Intuition schon bei der Wahl des Objektes. Es gilt, auch Augen zu haben, das Nur-Gekonnte, das Manierierte vom Gestalten unterscheiden zu können.

Nach mehreren Besuchen bei mir hörte ich Delavillas zusammenfassende Beurteilung: „Sie werden mindestens einen guten Aquarellmaler abgeben, und noch einiges mehr. Ansonsten geschickt in den Farben; Sie haben einen Fond von Möglichkeiten, müssten nur 2 Jahre haben, sich zu entscheiden", und dieser Entscheidung werd ich durch die Architektur auch nicht ausweichen! Im Übrigen bedauerte er, dass wir uns trennen müssten.

FRANKFURT, 4.1. 1930

Heute war BAUMEISTER* bei mir im Atelier. Er war mit allem einverstanden; jedenfalls hatte er nicht Lust zu tadeln. Das war nicht nach meinem Wunsch; diese abstrakten Konstruktivisten müssen, um der Berechtigung ihres eigenen Schaffens willens, alles gelten lassen. Aus gleichem Grunde tadelte auch Kandinsky* im Unterricht nie. Das ist die Freiheit einer Kunst, die statt der Kraft eines eindeutigen Bekenntnisses nur dekadente Toleranz aufbringt. Ihre künstlerischen Thesen sind nichts als Apologien.

LEBEN UND ARBEIT AM BAUHAUS 1928-1929

In Berlin hatte ich vor 1929 nur sporadisch das Wort BAUHAUS gehört. In Kassel hatte ich meinen Professor Söder (Raumlehre) sich kritisch äußern gehört: Man hätte am BAUHAUS ein Problem isoliert, die Funktion, alle anderen Werte der Architektur als Teil der Kunst der Technik geopfert.

In Kassel herrschte eine eng-bürgerliche Ruhe, eine beunruhigende Ruhe. Saß doch das Kaiserwappen Wilhelms II. noch immer über dem Portal der Akademie. BAUHAUS suchte – schien mir – eine Synthese von Kunst und Handwerk, so wie der Graphiker DUERER auch Goldschmied war und MICHELANGELO auch Steinmetz.

Bei seiner Gründung in Weimar 1919 unter Gropius war das Ziel des BAUHAUSES eine Integration von Kunst und Technik. Man sprach vom Gesamtkunstwerk das eine Mal, von Wohnmaschine ein anderes Mal. Ich dachte dabei an den Maler HEINRICH VOGELER in Worpswede, der bereits 1908 seine Worpsweder Möbelwerkstatt BARKENHOFF gegründet hatte, die dann 1923 ein Kindererholungsheim der ROTEN HILFE wurde.

Am BAUHAUS wollte man nicht vom BAUHAUS-STIL sprechen, obwohl es diesen gab. Man war mehr oder weniger Sozialist, wusste jedoch nicht, wie dies auf das Neue Bauen wirken könnte. Bauhausmeister ALBERS* unterstrich mehrmals in seinen Vorlesungen, dass alles, was wir anfertigen, müsste den Prägel des Vervielfachten, zumindest des Vervielfachbaren tragen. Also Uniformierung? Standardisierung? Oder „das Handwerk der Zukunft, Vorarbeit für die industrielle Produktion?"

1928 wurde HANNES MEYER* Nachfolger von WALTER GROPIUS als Schulleiter und Lehrer der Architekturklasse. Er führte

35

auch einen neuen Lehrplan ein, in welchem im Gegensatz zu Gropius Wissenschaft statt Intuition dominierte. Architektur war für Hannes Meyer Funktion mal Ökonomie gleich Bauwissenschaft. Er hatte auch eine Definition für „MARXISTISCHE ARCHITEKTUR" als weder schön noch hässlich, sondern „vollkommen oder unvollkommen", d.h. für den Volksbedarf geeignet statt für Luxusbedarf.

*Albers, s[eines].z[zeichens].s. Hannes Meyers Adjutant, war wesentlich überzeugender, ja bewundernswerter. „Unsre Arbeit, das Material so recht an und in die Pfoten zu bekommen, unser Mühen um den Charakter des Materials wendet sich letzthin zu einer Arbeit an uns selbst. Wenn wir unsere Arbeit disziplinieren, disziplinieren wir uns selbst am besten und lernen, nicht auf halbem Wege stehen zu bleiben, das Ding allem Überflüssigen zu entkleiden, so nackt, dass es nicht mehr unanständig wirkt."
(Zitat vom Unterricht)*

Einen weiteren Ausspruch, der Albers Einstellung zu seinen Studenten kennzeichnete, notierte WT später:

Wo Kritik im tiefsten [... unleserlich] nicht ehrliche Hilfsbereitschaft betont, ist sie jeder wahren Kollektivität fremd.[43]

Dazu eine Definition von Struktur, Faktur und Textur. Mehr als einmal habe ich zu mir gesagt: „Seines Geistes hab ich einen Hauch verspürt", wenn es Albers galt, aber „ein rätselhaftes Talent", wenn es Hannes Meyer galt. Dagegen schien mir, hatte Meyer ein stärkeres soziales Gewissen.

BAUHAUS wollte wie alles Gebaute einerseits Schutz bieten und andererseits eine Stätte ästhetischer Formgebung sein, in privaten oder öffentlichen Bauten. Wir jungen Bauhäusler wurden immer wieder gezwungen, uns mit der Kunst Kandinskys, Klees*

und Feiningers* u. a. auseinanderzusetzen, weniger durch ihren Sinn als durch ihre programmmäßige Sinnlosigkeit. Und doch liegt ja in deren Bildkunst eine selbstwirkende Kraft, eine unkontrollierbare Eigenwilligkeit.

Wie sollte aber der moderne Mensch unsere tägliche Wirklichkeit in sein blutiges Leben einordnen? Wie Lersch formulierte, sollte jedes Kunstwerk heute eine Ohrfeige sein. Kunstwerke sind wie Worte: Formen einer geistigen Mitteilung, Relationsschemata der Dinge, formale Abbildungen, wie Dinge untereinander verknüpft sind; Banknoten also, die einlösbar sein müssen. Kandinskys Banknoten schienen mir oft ungedeckt von seelischem Erleben. Dem kam Klee viel näher.

Mit seinem Freund Reinhold Rösler* diskutierte er über Kandinsky:

Was uns immer wieder zwingt, uns mit seiner Kunst auseinanderzusetzen, da sie uns beide nicht überzeugend ist. Die Selbstverständlichkeit, mit der ihm seine Anhängerschaft begegnet. Und immer wieder stellt sich die Situation, dass wir ihn theoretisch rechtfertigen können, wo seine Werke unserem praktischen Erleben nicht standhalten. Kandinsky bannt uns nicht durch seinen Sinn, sondern durch seine Sinnlosigkeit, nicht durch selbstwirkende Stärke und Kraft, sondern durch unkontrollierbare Eigenwilligkeit. Mir selbst ist dieser Versuch, den Wert und Sinn einer „Kunstart" aus den Absichten des Gestaltenden herzuleiten, im innersten zuwider. Wie soll der Mensch unserer täglichen Wirklichkeit diese faden Abstraktionen in sein blutiges Leben einordnen. „Ein Kunstwerk soll Leute[n] eine Ohrfeige geben" (Lersch), soll bekennen, anklagen, am Leben gestalten, wie all unser geistiges Tun."[44]

Wie konnte Lerschs „Anwendung" eines Kunstwerkes auf den gleichen Nenner gebracht werden wie dem [mit dem des] Millio-

näre[n]s und Sozialisten WALDENS* „Kunst hat mit dem Leben nichts zu tun" anno 1928? Unter Bauhäuslern hörte man 1928/29 zuweilen, dass es so etwas wie einen Bauhauskater gäbe. Dazu kann ich versichern, dass ich Kater nach Alkohol am BAUHAUS nie gesehen habe. Sicher meinte man einen geistigen „Kater" als Folgen so vieler und so häufiger Umwertungen und Umgestaltungen unserer Umwelt von gestern auf heute und Zielen für eine neue Zukunft.

Als Gegengewicht zu dem abstrakten Mosaik unseres Gestaltens wollten wir auch gegenständliches Zeichnen (Aktzeichnen) haben. Ein älterer unserer Bauhäusler wurde hiermit betraut. Er hielt folgende Installationsrede: „Ich soll euch nun in gegenständlichem Zeichnen unterrichten, weiß aber nicht wie – schlagt mal vor wie? Wir wollen ja hier nicht zeichnen wie die Zeichenlehrer. Das kann ich auch gar nicht. Wir müssen die Gegenstände von einer anderen Seite packen – macht heute erst mal, wie ihr wollt, es wird sich dann schon bald eine gemeinsame Linie finden." Sie fand sich aber nicht. Ich nahm deshalb meinen Aquarellblock und ging, um „Gegenständliches" an der Elbe zu finden. Und dann geschah dies:

DESSAU UND BACH*

Noch wenig bekannt in der Gegend, streifte ich eines Nachmittags in der schönen Buschlandschaft bei der Mündung von Elbe und Mulde, um eventuell etwas zu aquarellieren. Da traf ich einige meiner Kommilitonen, d.h. BAUHAUS-„Genossen." Bist Du hier? fragte man mich. „Wo sollt ich denn sonst sein?" In Leipzig – wieso – da ist doch dieser Tage Abschluss der BACH-Woche. Konzerte jeden Tag im Gewandhaus und morgen (Sonntag) in der Thomaskirche: Ich sah auf eine Karte. Bis Leipzig 60 km und in mein[em] Portemonnaie: 4 Mark. Ich setzte mich aufs Fahrrad und war in Leipzig etwa ½ Stunde vor Beginn des großen

Gewandhauskonzertes. Natürlich waren auch alle inoffiziellen Stehplätze verkauft. Ich versuchte es mit dem Musikereingang und wollte auf einer Hintertreppe sitzend zuhören. Ob ich denn Musiker wäre, fragte man mich. Nein, aber ein großer Bach-Verehrer – komme vom BAUHAUS per Rad. Ja, sagte mein Partner, ich bin vom Musikverlag BREITKOPF UND HÄRTEL[45], da können Sie von mir ein Freibillet[t] bekommen. So setzte ich mich in Fahrradfahrerkluft in die zweite Sitzreihe des Gewandhaussaales. Die Nacht brachte ich in der Jugendherberge zu, und am Sonntag hörte ich dann Bach in der Thomaskirche in Leipzig und fuhr per Rad wieder zurück nach Dessau.

POSITIVISTEN AM BAUHAUS

Die Frage nach einer Synthese von Kunst und Handwerk lag in der Luft. Man suchte nach einer neuen Sachlichkeit, ohne in einer „sachten Neuligkeit"[46] stecken zu bleiben. Dazu hatte man einen Vertreter der Wiener Philosophenschule[47] der Positivisten gewonnen, die Probleme des Bauhauses unter der Lupe erkenntnistheoretischer Wissenschaft zu prüfen. Die Positivisten akzeptierten nur sinnlich gewonnene Erfahrungen – <u>sehen, tasten, riechen, hören</u> – als <u>objektive SACHURTEILE</u>, dagegen lehn[t]en sie nicht empirisch gewonnene Erfahrungen als <u>metaphysische WERTURTEILE</u> ab.

In der lebhaften Diskussion stellte ich dann die Frage – teilweise an mich selbst – wie kann man denn in diesem Rahmen soziale, politische oder ästhetische Sachverhalte unterbringen? Basierte alles Soziale auf Sachurteilen oder Werturteilen oder beides? War Kunst ein Werturteil? Aber in der Technik angewendet ein Tatsachenurteil? Kandinsky hatte einmal zu uns gesagt, dass die meisten seiner Bilder oft bis zu 96 % intellektuelle Produkte waren – also logisch, nicht empirisch gewonnene „metaphysische Werturteile." – Und die restlichen 4%? fragten wir. Das waren *die wichtigsten, die emotionellen, metaphysischen impulsgebundenen – war Kandinskys Antwort. Aber, wie ist es mit der Architektur? Für diese hatte Hannes Meyer seine eigene Bauskala: messbare – sichtbare – wägbare – also empirische Tatsachen: eine Kenntnislehre der Baumaterialien. Wichtig auch für mich war, wie Musik in meinem neuen Weltbild unterzubringen war. Und die Antwort kam. BAUHAUS hatte einen der besten Blockflötenmeister PETER HARLAN* eingeladen zu einem Abend mit Renaissance-Musik. Überraschend konnte ich konstatieren, dass der sonst so zurückhaltende PAUL KLEE am längsten applaudierte. Die Vielseitigkeit der kulturellen Impulse am Bauhaus gab zu denken und zu danken.*

Im November 1929 hatte WT aus ganz praktischen Gründen das Bauhaus verlassen, um an der Kunstgewerbeschule in Frankfurt für zunächst ein Semester zu studieren, und begründete dies:

Weil in der Wandmalerei keine prakt[ischen] Aufträge für den Winter vorliegen und man für freies Schaffen am Bauhaus wenig Raum hat. Vorkursprüfung bestanden, sogar eine halbe Freistelle für den Winter bewilligt. Und doch ist meines Bleibens hier im Augenblick weder möglich noch zweckmäßig: Ein „Verhältnis" muss still gelöst werden, das trotz der Stärke des Augenblicks keine Zukunft, nur Gegenwartswerte für mich hat, und so meinen Blick vom Weiten auf das Enge zwingt. Ich will im nächsten Sommer wiederkommen, denn das soziale Gewissen des Bauhauses steht trotz aller Mängel seiner praktischen Durchführung immer noch groß und einzig neben dem Banausentum anderer Geistesstätten.[48]
(Ende Tagebucheintrag)

Am 6.4. [1931] verließ ich Frankfurt. Vater hatte trotz meiner Telegrammbitte kein Geld gesandt. Ich musste also mit einigen Mark in der Tasche per Rad eine Studienreise – Anschauungsbesuch – durch Westfalen nach Berlin ab[s]trampeln. Statt mangelndem

Geld hatte ich die Tasche voll Empfehlungsschreiben von ERNST MAY an die Stadtbauämter in Köln, Duisburg, Düsseldorf, Hagen, Essen und an Haesler* in Celle. Sie öffneten manche Tür und dieser Art hatte ich Gelegenheit, mich genau von der großen einheitlichen Tendenz zu überzeugen: DIE WOHNUNG FÜR DAS EXISTENZMINIMUM.

Dies war genau das Thema des zweiten Kongresses für Neues Bauen im Oktober 1929 in Frankfurt gewesen, auf dem Ernst May ebenso wie Walter Gropius ihre Gedanken und Erfahrungen vorgetragen hatten.[49]

Bei Haesler in Celle machte ich einen Tag Aufenthalt. Er war ja der Schöpfer der HALLENSCHULE.[50] Die Ähnlichkeit unserer Namen gab unserem Gespräch etwas Scherzhaftes. Ich habe auch später – in Sibirien und in Schweden – diesen Schultyp anwenden können.

Aus der Radfahrerperspektive konnte ich das Ruhrgebiet als das Land kennenlernen, das auf einer Strecke von 100 km keine Grünzone damals aufzuweisen hatte, stattdessen eine lückenlose Kette von Industrie- und Wohnbauten, wo der Himmel über unzähligen Schornsteinen grau von Staub ist, das Wasser in den kleinen Flüssen immer zementfarbiger und die Arbeiter immer „röter" wurden. Hier steht eine moderne Landesplanung hoch auf der Liste wichtigster Umweltfragen.

Auf der Strecke nach Celle überquerte ich den Teutoburger Wald, landschaftlich so schön wie historisch interessant.

1930 und 1931 waren die Jahre, in denen sich WT als Roter Student der Architektur auch politisch engagierte (vgl. Kap. 1.3). Im Juni 1931 hörte er in Berlin den bekannten Städteplaner Ernst May, der über sein Engagement in der Sowjetunion berichtete. WT war begeistert und beschloss, May dorthin zu folgen.

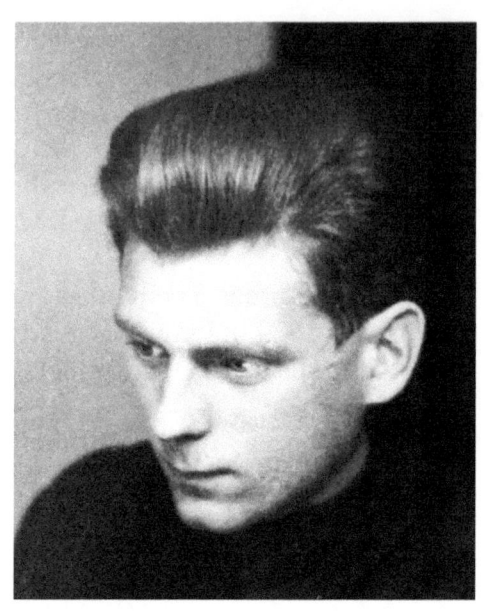

Abbildung 3: Werner Taesler 1931

Im September 1931, als WT auf die Ausreise in die Sowjetunion wartete, nutzte er die Zeit, um in der Ostseestadt Stettin Kunstwerke anzusehen und darüber zu reflektieren:

GEDANKEN IM STETTINER KUNSTMUSEUM

Warte auf mein Visum. Arbeite am Tage praktisch bei einem Malermeister. Abends im Stettiner Kunstmuseum. Losgelöst von allem, was hinter mir liegt, die Erwartung des Neuen, das unbekannt noch vor mir liegt – in einem solchen Interregnum von Hoffnung und Verzweiflung reagierte ich stark im Museum. Ich ließ sie gerne zu mir sprechen: Van Gogh*, Gauguin*, auch die Politischen, Rethel*, Daumier* sowie die Modernen, Zille*, Grosz*, Kollwitz* und Dix*. Ich hatte wiedergefunden, was ich glaubte verloren zu haben: das Herzklopfen vor der Farbe, vor der großen Form. Wie aber diese Modernen alle groß sind und tragische Individuen zugleich in ihrer gesellschaftlichen Einsamkeit, entwurzelt im Alten ohne die Vorstellung eines neuen Gesellschaftstyps. So nahm *der eine die Südsee, der andere die Ekstase und die Vorahnung künstlerischer Werkgemeinschaft. .... Van Gogh – Landstreicher, Prediger unter Kohlenarbeitern oder Dirnen, von der ganzen Bürgerschaft verlacht und verachtet, – [wurde] schließlich laut Polizeibefehl ins Irrenhaus gebracht. Schlag auf Schlag auf diesen struppigen Rotkopf, wie man einen räudigen Hund mit Füssen tritt. Er verliert die Eltern, die Heimat, verliert Gauguin und die Gesundheit, schließlich den Verstand – bis zuletzt aber nicht seine Kunst. Kein Abstrich, kein Aufgeben in der größten Not, und bis zuletzt sein Bruder Theo, dieser herrliche Bruder, der ihn ernährte, bis zuletzt leitete, ihn als einziger liebte, bis die tödliche Kugel schon in seiner Brust saß und er ihn nur um 6 Monate überlebte. „Ja, Bruder, Du hast Missliches in Fülle gehabt und das ist das Glück deiner Bilder geworden – – – viele Menschen haben ein mittleres Maß an Leid und Last erlitten und sind blöde lächelnd und des Öfteren seufzend über die Erde geschlichen, bis sie einen Winkel fanden, der sie noch kleiner machte." Mir gingen die Gedanken so hin und her im Kunstmuseum: Sind Bilder weiter nichts anderes als zufällige Attribute, gelegentlicher Ersatz für die tiefe gesellschaftliche Diskrepanz, statt Manifeste zu deren Überwindung wie etwa bei Grosz?*

Stettin, 10.9.31

Ich habe in dieser Wartezeit ein doppeltes Leben geführt, habe mich in Hafenviertel[s] Lastadi[e](Ladeplatz) und bei anderen Genossen herumgetrieben, habe skizziert und habe mir ihre großen und kleinen Nöte erzählen lassen oder in einer Versammlung der KPD diskutiert. Ich habe auf Neubauten Wände gestrichen, habe im Museum einen Gauguin als Aquarell kopiert, mit dem Kustos über Dr. Ganthners* Idee eines <u>Kulturmuseums der Gegenwart</u> gesprochen, war einige Male auf dem Stadtbauamt oder habe in Varietés oder Nuttenkneipen skizziert – und fühle mich wie ein Fisch auf dem Trocknen: nur bis an die Epidermis leben?

1.3   Sozialismus und Sozialfürsorge – als Roter Student in Frankfurt und Berlin

WTs politisches Engagement hatte sich während der künstlerischen Ausbildung in Kassel und Dessau verstärkt. Besonders in Frankfurt und Berlin gewann er direkte Eindrücke von der sozialen Realität.

SOZIALISMUS UND SOZIALFUERSORGE FRANKFURT

15.12.29

> *Arbeitslosendemonstration. Zu Tausenden (410-500 000 Einwohner) zogen sie durch die Innenstadt – das Heer derer, deren Verhängnis es ist, durch eigene Produktion erwerbslos zu werden. Ich stellte mich zum ersten Mal in die konkrete Wirklichkeit heutigen Klassenkampfes in die Reihen der Massenkundgebungen unter der Ordnung des Gummiknüppels und des Steinhagels mit Verwundeten und die Flucht in das Dunkel der Altstadt. Da hörte man die Überheblichkeit der Asphaltphilister und die Brutalität der Schupo (Schutzpolizei), die auf Frauen und Kinder gleichermaßen einschlugen. Ich erkannte klar die Front, in der ich zu stehen hatte: Diese Stunden der Straßenkämpfe machten meinen Vorsatz zum Entschluss: Ich trat in die Kommunistische Partei (KPD) ein.*

> *Heiligabend 1929*

> *Ich war zum ersten Mal zu Weihnachten nicht nach Hause gefahren, weil ich diese bürgerliche Tradition als eine große Lüge empfand. So stand ich heute in der Reihe der heimatlosen, ohne Liebe empfangen oder geben zu können. Als sich meine Wirtsleute zur Bescherung anschickten und sich bei mir ein Gefühl sentimentaler Verlassenheit einzustellen drohte, packte ich meine*

Mappe mit Äpfeln und Kuchen und ging in die Altstadt, wo Gassen und Menschen noch heute so zu finden sind, wie zu Zolas*[51] Zeit vor 30 Jahren. Im schwachen Schein einer Gaslichtlampe an der Ecke spricht mich ein Mädchen an: „Weihnachten – schlechtes Geschäft für Dirnen" – irgendwo aus einem schmutzigen Loch kreischt ein altes Grammophon „Stille Nacht." In einer Kneipe, Rauch und Musik „Hoch Heidelberg", irgendwo schreien Menschen: „Hier müssen wir mal Luft machen." Eine Tür wird aufgerissen, ein kleines Mädel stolpert auf die Straße in den nächsten Hausflur. Ich packe meine Tasche fester mit Herzklopfen – kann man hier mit einer Hand voll Süßem Freude wecken? Aus dem Wirtshaus holt eine Frau ihren „Alten", eine andere, schwangere flüstert ihr etwas ins Ohr und verschwindet. Aus einem dunklen Schuppen kommt ein Mann, hinter ihm unsichtbar ruft eine Frau: „Komm ja nich ohne." Kinder kommen und gehen an mir vorüber, Opfer eines unverstandenen, unverschuldeten Unglücks. Vier- oder fünfmal will ich meine Tüte einer Kleinen in die Hand drücken.

EIN DEUTSCHES REQUIEM DEZEMBER 1929 FRANKFURT

Ich lief um einen Freimittagstisch von der Künstlerküche zur Frankfurter Zeitung, von dort zur Zentralstelle für private Fürsorge, von dort wieder zur Redaktion: Telefongespräche, Erkundigungen in der Kunstschule, Besuch bei der Leiterin der Privaten Fürsorge. Ein Wartezimmer: Männer, Frauen, abgearbeitete, brutale oder unsichere Gents und Kinder. Ein feiner Herr setzt sich nicht zu uns auf einen der zerschlissenen Stühle, die die Angst, Not, Hoffnung und Verzweiflung so vieler Menschen getragen haben müssen. Er wartet an der Durchreiche, die den Besucherraum vom Dienstraum trennt. Er spricht leise und sicher mit der Beamtin, kurz und freundlich auch die Antwort. Im Lächeln der Beamtin etwas abstoßend Verbindliches. Er bedankt sich und geht als zuletzt Gekommener zuerst wieder weg. –

Mir gegenüber sitzt einer von jenen, die im tiefsten Elend nicht mehr bitten und danken können, sondern nur noch fordern und hassen. Er sitzt dumpf verbissen da (hinter ihm seine Schuld oder sein Schicksal). Zweimal schon hat ihn die Sozialbeamtin vorgeladen, er brütet – „bitte." er brütet: Dann ein Wort, eine Frage „Ich?" Und er springt vor, springt, geht nicht, stößt Worte hervor von Hass gedämpft, als wären sie dreimal erst im Munde gekaut – – – Polizeilich gemeldet? Nein. – „Wo wohnen Sie denn?" Nirgends – ich war gemeldet – können im Adressbuch --- Pause --- jetzt zum Winter brauch ich eine – – – da war ich ja überall schon." (Nicht wie eine Antwort, mehr wie ein letzter dumpfer Schrei der Verzweiflung. – – – Pause. „Ja, wir können leider nichts für Sie tun." Der Mann ging, einer von denen, die ihren Zukunftsglauben am Hass zur Gegenwart verloren haben. Die Beamtin: „Der Nächste, bitte."

Ende der 20er Jahre war Frankfurt ein Hexenkessel, oder richtiger ein Kessel, in dem sich Kräfte verschiedenster Richtung durch gegenseitige Ergänzung attackierten. Ich kam vom Bauhaus mit meiner funktionalistisch-technokratischen Struktur in ein politisches Schachbrett mit Figuren, Bauern und Damen, doch ohne König, [die] geeignet für einen kulturellen Gedankenaustausch waren.

1930-31 ROTER STUDENT IN BERLIN

Das 3. Semester an der TH[52] geht zu Ende – ein Jahr, seit ich das Elternhaus verließ – ich habe es längst überwunden. Und habe auch Strausberg überwunden, alle die jungen Menschen, die einst diese Stadt zu „unserer" Stadt machten und die auch ihren Weg ins Leben gefunden haben. So erweist sich auch, dass das, was man „Vaterhaus-VATERSTADT" nennt, etwas an die Menschen und ihre Tätigkeit gebunden ist. Ich habe Berlin kennen gelernt, davon 4 Monate an seinen dunkelsten Stellen, am Schlesischen Bahnhof, an der „Münze." Ich habe gerade diese Menschen und

Winkel schätzen gelernt, in all ihrer Hässlichkeit und Kraft, in ihrem Elend, das auch das meine war, und ihrem politischen Kampf, der auch mich ergriffen hat. Ich machte „Zellenarbeit", verteilte und klebte Zettel, erlebte Straßendemonstrationen unter Gummiknüppeldruck in der Zeit der „Notverordnungen" und Universitätskrawalle. –

Saß einen Tag im Polizeipräsidium in Haft, saß als Zuhörer im Reichstag, hielt Referate im roten Studentenclub, lernte die Parteiinstanzen kennen, deren stete Überwachung durch die Komintern und die politische Taktik des ZK der KPD. Ich versuchte zu begreifen, dass der einzelne Parteigenosse unwichtig ist gegenüber der politischen Aufgabe der Partei.

Als unsere roten Studenten zum 1. Mai 1928 auf dem Dach der Berliner Universität die rote Fahne aufmontiert hatten, wurde der dortige Gruppenleiter der roten Studenten exmatrikuliert. Der 18-jährige Junge erschoss sich darauf. Seine Eltern in Eberswalde erlaubten uns nicht, bei seiner Beerdigung einen Kranz niederzulegen. Als ich das alles der Parteizentrale rapportierte, antwortete man mir: „Für solche Bürgerlichkeiten haben wir kein Verständnis."

Es gab aber damals auch schon Konflikte zwischen Sozialdemokraten und nationalistischen Kampfgruppen. Ich war damals 1928 befreundet mit Hilde Assmann* in Friedrichshagen am Müggelsee (beliebter Badesee für die Berliner). Als sie eines Tages [im Juli 1933][53] verabredungsgemäß nicht erschien, suchte ich sie in ihrer Wohnung auf: gänzlich aufgelöst: Ihr Vater war Ortsführer der sozialdemokratischen BEAMTENVEREINI-GUNG REICHSBANNER SCHWARZ ROT GOLD.[54] Er war am Sonnabend zu einem Vortrag in der Nähe, aber nicht zurückgekommen. Nach langem Suchen fand man ihn tot zugebunden in einem Sack im Wasser des Müggelsees.

Die Ruhe der Studienkammer ging verloren, die Straße sah mich mehr als der Hörsaal. „Gute Fachmänner kann man sich kaufen, gute Politiker aber nicht." An der TH war ich bald der bekannteste Kommunist – der „Rote Hund." Alle Freunde aus der Jugendbewegung ignorierten mich. Mein Abteilungsleiter hatte es schon jetzt abgelehnt, mich zu prüfen, sogar in Aussicht gestellt, dass ich 2 Semester zurückgestuft werden könnte, bestritt meine Begabung, ohne auch nur eine Arbeit von mir gesehen zu haben. Mein freier Mittagstisch in der Mensa wurde mir entzogen. Von NS-Kommilitonen wurde mir gesagt, wenn ich nicht aufhörte mit meiner kommunistischen Propaganda, so würde die SS dafür sorgen. Ich hatte Grund, diese Drohung ernst zu nehmen.

Im Mai 1933 stand Taeslers Name auf der Liste der relegierten Studenten der Technischen Hochschule Berlin.[55] [Von späterer Hand geschrieben:] „Erst in Sibirien wurde mir bekannt, dass damals ... [Name fehlt] gleichzeitig mit mir an der TH in Berlin studierte."

Von der Jugendbewegung hatte sich WT seinem Tagebuch zufolge schon 1928 gelöst.[56]

Abbildung 4: Werner Taesler:
Selbstbildnis 1930 (Bleistiftzeichnung)

BOHÈMEMILIEU IN BERLIN ANNO 1930

*Um meine bedrängte Situation etwas zu erleichtern, wollte ich
an einem Studentenball teilnahmen, vor allem am Akademieball.
Dort sah man das Mondänste vom Mondänen, aber auch recht
lustige Künstlerjugend. Meist jedoch dekadentes Volk, darunter einige unserer Minister und Professoren, viel Intimität, wenig Charme, Inflation des Kusses in unversteckt heißem Tanzen,
bis morgens 5 Uhr die Musiker ihre Instrumente einpackten. Ich
saß auf einer Fensterbank der Kunstakademie und sah, wie der
Rausch in gebrochenen Wellen weiter wirkte, auf dem Musikpodium ein Paar ohne Musik weiter tanzte. In Ecken und auf Treppenabsätzen sah man stets noch die letzten Paare wie schlafend*

umschlungen, wie Eulen bei hereinbrechendem Tag. Bei diesen Akademiebällen konnte man damals in den 30-er Jahren des Öfteren auch Marlene Dietrich* treffen.

Sein Studentenleben in Berlin schilderte WT 1930 recht anschaulich:

Im Studentenheim! Baracken aus Holz, Wände und Decke aus Gipsdielen, Zentralheizung, einen Tag heiß, nachts saumäßig kalt. Zu 5 in einem Zimmer von 26 qm, 2 übereinander gestaffelten Betten, ein einzelnes, alle ohne jede Federung mit Decken. Jede dieser „Buden" ist eine Welt für sich, manche sind nicht einmal das, nur eine Schlafstelle. Da sitzen sie dann zum Abendessen jeder auf „seinem" Bettrand, an „seinem" Nachttisch, so ähnlich wie junge Hunde, die einen Knochen ängstlich bewachen. Ungesehen, ungeliebt, grau und verschämt fließt ihr privates Leben dahin, sie übernehmen gleichsam die Baracken auch ins geistige. ... immerhin ist es an einigen Stellen anders, so auch in unserer „Bude 7" („Busi"). Ich war noch keine 14 Tage hier, da verband uns schon ein unangebotenes selbstverständliches „Du." Jöbchen*, ein kleiner lieber Kerl aus dem Rheinland, mit der Wurzel 28 Jahre, äußerlich wie 22, Fernmeldetechniker, kronischer [!] Zigarrenraucher, nebenbei Mathe[matik] Genie. Auf dem Wirbel glänzt eine kleine Tonsur, nicht weil er kath[olisch] ist, sondern als Erinnerung an die Zeit, wo er noch „aktiv" war. Ist längst über solche atavistischen Gewohnheiten hinaus. Jöbchen hat auch Volksschulbildung als Elektriker, dann als Hospitant auf der Hochschule angefangen[57], das Abitur nachgemacht. – Also ein Kerl mit Herz und Genick. Egon, Bauingenieur, ein stiller Schlesier auch ohne Abitur aus der Praxis gekommen, nationalsozialistisch infiziert, in seiner Denkart noch reaktionär, aber ein guter Kamerad. Mehrmals wöchentlich machen wir – er und ich – unsern Waldlauf 5-7 km durch den Tiergarten. Anton, Bergbauer, ein stiller Schwerenöter aus Rumänien und schließlich „Menard." Sein bürgerlicher Name ist Mergard*, mit dem Vater *verkracht, seitdem er 18jährig ein Mädel vermütterlicht hat, im Übrigen ein Phantast mit westfälischem Dickkopf. Hat nachts Salzstangen in Berlin-O verkauft, hat an 1 Schule Werkunterricht im Flugzeugbau erteilt, hat Frauen zur Freundin und Mädels zur Frau gehabt, besitzt Fleiß Zeugnisse mit „sehr gut" und arbeitet „nichts." Von ihm existiert ein Aktenstück: „Sensationsmeldungen und Honorarverrechnung" aus der Zeit, wo er bei der Telegraphen-Union*[58] *angeblich „Redakteur" war. Nachts bleibt er meist lange unsichtbar, morgens pennt er oft bis gegen Mittag. Da bei uns ein Kollektiv-Abkommen besteht, uns gegenseitig rauszuschmeißen, haben wir ihn neulich – nachdem alle anderen Versuche, ihn um 12 Uhr aus dem Bett zu bekommen, gescheitert waren – sanft und grausam im Hemd unter die Dusche gestellt. Er hat sich pitschnass wieder ins Bett gelegt und weitergepennt – aus Opposition! – Und trotz dieser Verschiedenartigkeit nach Landschaft, Beruf, polit[ischer] Einstellung und Karakter [!] bilden wir doch ein „<u>Fähnlein der 5 Aufrechten.</u> "*[59] *Wir essen zusammen, wir hungern zusammen, wir pumpen uns gegenseitig Geld, Freitisch- oder Stadtbahnkarten, nur unsere Mädel nicht; da verduftet sich jeder, wenn ein anderer beischläfrig wird. Manchmal dröhnt unsere Bude von politischen Diskussionen, manchmal vom Singen, vom Lachen, vom Fluchen, von Pingpong und Skat, und manchmal ist sie still – vom Arbeiten! Und manchmal ganz still, wenn 2 auf ihrem Bettrand sitzen und über ihre soziale Lage nachdenklich miteinander reden. Diesen Jungs fehlt nichts als die politische Initiative, politischer Realismus. Sie lassen sich zu gern durch eigene Wünsche oder gesellschaftliche Forderungen über ihre eigene Situation hinwegtäuschen. Jetzt zu Weihnachten haben wir Weihnachtsmelodien mit Texten von Kästner* gesungen, oder ich habe ihnen den „Jahrgang 1899" rezitiert. Und dann ist es manchmal still – wenn sie nachdenken.*[60]

Durch die Platzvermittlung für Werkstudenten an der TH hatten Jöbchen und ich etwas für unsere bedrohlich leeren Brieftaschen

verdient mit einer Verkehrszählung in Charlottenburg am Knie.
Es galt, den Gehalt an Abgasen der Autos zu ermitteln. Als wir
dabei eine Woche lang auch unsere Lungen mit Abgasen gefüllt
hatten, setzten wir uns selbst in ein Auto und besuchten entfernte
Verwandte von mir, die in ALT LIETZEGÖRICKE[61] *eine Was-*
sermühle besaßen. Der Platz war in einer Gegend, wo die Warthe
in die Oder mündet und dort weite Sümpfe bildet, so dass die
Landschaft oft einem einzigen See mit vereinzelten Büschen äh-
nelt.

Wir kamen dort spät am Ostermontag, den 6.4.31, an. Wir ver-
ließen gerne unser Auto und nahmen Platz in einem der Nachen
meines Großonkels. Der Abend war sternenklar und windstill.
Der ORION stand mit einem Bein schon untern Horizont und
SIRIUS verblasste gerade im Dunst am Horizont; über uns fast
im Zenit und unter uns im kristallklaren Wasser stand der FUHR-
MANN mit dem STIER. Wie dunkle feste Punkte schwebte[n]
eine Fischreuse und unser Nachen in der Unbegrenztheit zwei-
er Sternbilder. Ich musste denken an LAMARTINES* LE LAC
Stimmungsbild über dem Wasser „Un soir t'en souviens tu. Nous
voyions en silence ...on entendait au loin sur l'onde et sous les
cieux... "[62] *etc. – auch an die indischen Fischer in BONSELS IN-*
DIENFAHRT [63] *und fühlte mit Dankbarkeit, dass Landschaftsly-*
rik mehr sein kann als Sentimentalität.

VON HANNES MEYER ZU BRUNO TAUT*

VON DESSAU NACH BERLIN 1930

Nachdem WT bei der KPD-Bezirksleitung als gemaßregelter Student
keine Hilfe bekommen hatte[64], packte ihn die Not sehr direkt:

Ich verbrachte Stunden der nächsten Tage im Fernsprechautoma-
ten, um Hilfe dringend einer Art zu finden. Ich schlief einige Male

im Wartesaal, wo ich dann abends nach Hochschulschluss auch noch arbeiten konnte. Schließlich landete ich bei einem Genossen aus der Kunstakademie auf der Strohmatratze in einer Nebenkammer von seinem Atelier. Das Atelier war von zwei Malern bewohnt (von gelegentlichen Pärchen abgesehen). Da wohnte ich nun kostenfrei mit Koffer, Fahrrad und Matratze in einem fast leeren Raum mit Telephon und Radio [und] Gram[m]ophon sowie gemeinsamer Küche und verbotenem Dachgarten. Wir saßen bei Wasser gefüllten Sektgläsern zwischen Haufen von politischer Literatur und tauschten Erfahrungen und Hoffnungen miteinander aus.

Der NEUE DEUTSCHE VERLAG[65] *hatte meine Besprechung von Barbusse*: 150 [MILLIONEN] BAUEN EINE NEUE WELT angenommen – bei WELT AM ABEND lagen einige Reportagen und in der russischen Handelsvertretung hatte ich DEUTSCH zu unterrichten, und bei PISCATOR* sollte ich demnächst anfangen. Geld jedoch stand überall noch aus. Nur DR. GANTNER* hatte mir 50 Mark und einen netten Brief geschickt.*

Das Barbusse-Werk berichtete von Gesprächen mit Maxim Gorki* und Klara Zetkin*, vom Zustand der sowjetischen Landwirtschaft, insbesondere in Georgien, um 1927 und bot WT eine Fülle von – wohlwollenden – Informationen über die Sowjetunion unter Josef Stalin*.

Anfang 1931 berichtete WT aus Berlin:

... komme gerade aus einer Gruppe von Arbeitersportlern, wo ich ein Referat über „sozialistischen Städtebau“ hatte, guter Erfolg. Ansonsten arbeite ich mit Architekt Korn* in einem Kollektiv über das gleiche Gebiet zusammen. Wir werden uns am Wettbewerb „Großmoskau“ und möglicherweise an dem diesjährigen Kongress für neues Bauen in Moskau beteiligen.[66] *(Ende Tagebucheintrag)*

53

Unsere Architektengruppe an der TH hatte unter Leitung eines ungarischen Architekten Korn eine SOZIALISTISCHE BAU-AUSSTELLUNG[67] zusammengestellt. Diese gewann wenig Publikum. Eines Tages wurde ich von einer Dame mit Bleistift und Notizbuch in der Hand befragt über den Hintergrund unserer „roten Ausstellung." Wir führten sie darauf zu Bruno Tauts Hufeisensiedlung als sein[en] Versuch eines Wohnungstyps für das „Existenzminimum." Aus unserem Gespräch erfuhr ich, dass sie Viola Markelius* hieß und ihr Mann, SVEN MARKELIUS* einer der bekanntesten modernen Architekten Schwedens war. Ich sollte sie besuchen, wenn ich mal nach Stockholm käme.

BRUNO TAUT ALS LEHRER UND SOZIALPOLITIKER

ICH ALS BERLINER OBDACHLOS IN BERLIN

Da <u>mein</u> Seminarprofessor es abgelehnt hatte, mich zu prüfen, immatrikulierte ich mich in BRUNO TAUTS SEMINAR. Ich hatte ihn gerade bei den ROTEN STUDENTEN eine Vorlesung halten lassen. Im Anschluss daran ließ Taut kleine Arbeitsgruppen wochenweise in verschiedenen Wohnungsämtern Wohnungsrecherchen durchführen – eine wirklich neue Studienform für angehende Architekten. Unter seiner Anleitung konnten wir dann eine Woche täglich von 8-15 Uhr in Altstadtwohnungen Beobachtungen machen und diese auswerten in Berlin.

Da gab es Wohnungen von 8 m² mit Löchern in weiß gekalkten Wänden für 6 Personen in 3 Betten, Küche von 4,5 m² – das nennt man Heim? Und Familienwohnung? Die Straße ohne Sonne mit Kindern ohne Brot und ohne Pflege. Die gleichen Kinder sah ich in einigen Fällen wieder im Jugendheim erwerbsloser Familien. Einer von ihnen wurde gerade in jenen Tagen zum politischen Mörder. Ich dachte an ZILLE. In Weißensee eine „Laubenwoh-

nung." – Stube, Kammer und Küche von zusammen 29 m² mit Raumhöhe 160 cm für 10 Personen. Darunter ein Gewohnheitssäufer, der diese Höhle niemals verlässt, um der Kontrolle der Sozialverwaltung zu entgehen.

Im Untersuchungsgefängnis in Moabit war ich mit der ROTEN HILFE einige Genossen zu besuchen. Beim Zettelverteilen zu diesem Thema vor der Hochschule wurde ich beinahe verhaftet. Mit Seminar TAUT durch Berliner Siedlungen per Auto (150 km) zu fahren, gab uns Studenten einen Gesamtüberblick und für Taut eine Freude: Wie in einem Bilderbuch zu blättern und auf jeder Seite Werke von sich zu finden.

Der sowjetische Volkskommissar Anatoli Lunatscharski*, der 1930 u.a. die von Bruno Taut geplante Hufeisensiedlung in Berlin-Britz besichtigte, bezeichnete sie bewundernd als „gebauter Sozialismus."[68] Taut selbst reiste ab 1925 häufig in die Sowjetunion und berichtete darüber in der Fachpresse[69]. Nicht nur Taut gehörte zu den deutschen Architekten, die mit großem Interesse die Entwicklungen in der Sowjetunion verfolgten und Verbindungen dorthin knüpften. Dazu gehörten auch Hannes Meyer und Ernst May.

Ich besuchte ERNST MAY und beschrieb ihm meine Lage. Er sagte mir, ich sollte die Vorlesungen besuchen, die mir wichtig erschienen und auf den „Diplomingenieur„ verzichten. Er hätte ihn auch nicht, ebenso die meisten damals bekannten Architekten nicht. Ende der 20-er Jahre war ERNST MAY und Frankfurt ein Mekka der gesamten liberalen Intelligenz.– 1928 [richtig: 1930] schloss die USSR einen Kontrakt mit dem Frankfurter Stadtbauamt ab, die ganze Städteplanung in der Sowjetunion zu übernehmen. Mays alle Mitarbeiter mit Familien nahmen darauf ihren Wohnsitz in Moskau. Gehälter verteilte die Gruppe unter sich in variierenden Anteilen Valuta.

May, der sich selbst als unpolitischer Fachbeamter sah[70], folgte dem Ruf der sowjetischen Regierung. WT hörte May 1931 in Berlin und war begeistert:

So kam dann 1930 der INTERNATIONALE KONGRESS FÜR NEUES BAUEN[71] und im Juli 1931 [richtig: 05.Juni 1931[72]] Mays durchschlagender Vortrag im Herrenhaus in Berlin. Wie dieser Kerl in fast militärischer Knappheit von dem großen Aufbau in Russland berichtete, nicht ohne Kritik – aber gerade dadurch überzeugend – ein rhetorisches Meisterwerk [Ernst] Mays: „Einige Tage vor meiner Abreise hörte ich in einem Speisewagen einen jener unenglischen Engländer sich über einige Flecken im Tischtuch zu mockieren. Auch ich habe in Russland Flecken gesehen und sicher bedeutendere als dieser Engländer. Ich sah sogar das, was die beste Möglichkeit einer internationalen Verständigung abgeben könnte: Einen neuen Bürokratismus. Und doch stehe ich zu dem, was da drüben nicht nur geplant, sondern auch verwirklicht wird."[73]

May versprach mir, bei der russischen Handelskammer eine Einreiseerlaubnis für mich zu beantragen. Anfang Juli [1931] reichte ich meinen Antrag bei der russischen Botschaft in Berlin um Einreisegenehmigung ein. Ende Juli gingen meine Koffer von Berlin nach Moskau ab. Anfang August startete ich am Knie[74] ([Berlin-] Charlottenburg) per Fahrrad mit viel Gepäck und Gitarre hintendrauf für meine größte „Große Fahrt" nach einem herzlichen Abschiedsschoppen mit Jöbchen. In der Dämmerung ging es längs der wohlbekannten Schrebergärten in Weißensee, dann die Berliner Rieselfelder, und die letzten Zeichen der Großstadt verschwanden hinter mir – vor mir die Nacht und 360 km BERLIN-STETTIN-KOLBERG, im Ganzen 24 Stunden.

Als ich sie hinter mir hatte, erlebte ich 6 glückliche und volle Tage mit meiner Schwester Ilse und einigen Studienfreunden an der Ostsee. Auf der Rückfahrt nach Stettin machte ich einen Besuch bei Leutnant SCHERINGER*, politischer Gefangener auf der Festung Gollnow (NS[A]-Oppositioneller).

1.4 Planen und Bauen für den Neuen Menschen – unter Ernst May in der Sowjetunion

WT kam Anfang der 1930er Jahre erwartungsvoll in ein Land, das – wie Deutschland – äußerlich wie innerlich von Spannungen geprägt war. Die Sowjetunion und Deutschland übten auf vielen Gebieten eine wechselseitige Anziehung aus, bis durch die Etablierung der dortigen Gewaltherrschaften der intellektuelle und künstlerische Austausch fast völlig zum Erliegen kam.[75]

NOVICE I SOVJETRIKE 1931-1935

Am 3. [richtig: 01.] November 1931 passierte ich die finnisch-russische Grenze und damit den folgenschwersten Einschnitt meines Lebens. Bereits im Zuge spürte ich etwas von politischer Spannung. Ich unterhielt mich im Korridor des Schlafwagens mit einem russischen Offizier höheren Ranges über die russischen Versorgungsschwierigkeiten, die er zu quittieren versuchte mit der Freiheit des russischen Volkes von kapitalistischer Aussaugung, als plötzlich vor unseren Füssen eine Putzfrau kommentierte: „Golodnaja svoboda" (hungrige Freiheit): – eine Stimme der Not oder des Aufruhrs.

Ich kam nach Moskau am 3. November 1931 und konnte somit die große Parade auf dem Roten Platz am 7. November mit Stalin und dem Politbüro auf dem Mausoleum stehend erleben. Der gefürchtete Tyrann machte auf mich einen eher jovialen Eindruck.

Am 03.11.1931 wurde WT bei dem Trust für Städte- und Wohnungsbau in Moskau angestellt. Die Tagebucheinträge, die WT ein Jahr nach seiner Ankunft in der Sowjetunion schrieb, klangen ernüchternd:

Wir kamen her – viele meiner Art – mit großen Ideen! Heute haben wir die goldenen Standarten des Sozialismus etwas niedriger gehängt, wir haben schweigen gelernt und wissen nur, hier gibt es viel Arbeit für gute Fachleute, hier ist entwicklungsfähiger junger Boden.

Wir waren verzweifelt manchmal, wir mussten umlernen, unsere oppositionelle, im Klassenkampf geschulte Kritik umstellen auf eine kritische Rechtfertigung des sowjetischen Aufbaus. So z.B. haben wir dort [in Deutschland] die Ak[k]ordarbeit bekämpft und hier mussten wir sie wiederfinden unter anderen Bedingungen und gelten lassen, haben wir dort die wirtschaftliche Notlage der arbeitenden Bevölkerung zum Ausgangspunkt unserer Gesellschaftskritik und politischen Propaganda gemacht, hier mussten wir einen noch tieferen Lebensstandard zum Ausgangspunkt einer sozialistischen Zukunft machen.— Ich konnte darüber nicht schreiben, ich fand vor mir selbst keine Lösung bis auf den heutigen Tag. – Ich wusste nicht, liegt die Beschränktheit bei mir, meiner geringen Erkenntnis oder bei den russischen Verhältnissen, zu denen ich auch die russischen Menschen rechne.

„Wenn zwei dasselbe tun, so ist es nicht das gleiche." Russland + Deutschland, dort „Schwierigkeiten des Untergangs", hier „Schwierigkeiten des Aufbaus"! Es ist alles zu rechtfertigen vor den lebenden Zeitgenossen! Das Urteil aber spricht die Geschichte! Und da weiß ich nur, dass die 15 Jahre der sowjet-russischen Entwicklung unter den besonderen außenpolitischen Bedingungen noch nicht ausreichen, ein geschichtliches Urteil abzulesen.

Freunde von mir (und auch ich) waren zuweilen so weit kopflos, dass sie davonrennen wollten. Sibirische Eisenbahn entlang, mussten wir im Winter irgendwohin. Alte gewerkschaftlich organisierte Arbeiter haben mir in Kusnezk[76] gesagt: „Was der Kapitalismus in 25 Jahren bei mir nicht geschafft hat, das haben die hier in 6 Monaten fertig gebracht: Ich bin politisch desinteressiert, mir können sie alles erzählen, ich glaube nichts mehr." Oder ein anderer, einer der besten und aktivsten Jüngeren: „Man hat uns gesagt: „die Heimat der Werktätigen", aber was ich hier sehe --- ich weiß ja gar nicht, was aus dem Land noch wird, der politische Kampf in Deutschland steht mir viel höher." – Viele von ihnen sind zurückgefahren, darunter beste Kampfbundgenossen aus dem Ruhrgebiet: „Nun, du wirst ja selbst sehen, hier ist ein Land, da darf man ja nichts sagen!" – Wir haben trotz allem den Kampf – wie hochtrabend selbst dies Wort schon klingt – und die Hoffnung nicht aufgegeben, wir haben im Mantel im Neubau-Büro gearbeitet, wo der Wind uns die Zeichnungen vom Tisch fegte, wir haben mit 41° Fieber bis 45° Außentemperatur im ungeheizten Zimmer gelegen, nur den Petroleumkocher mit einer Blechplatte unterm Bett, wir haben gesellschaftliche Arbeit geleistet oft Tag für Tag und meist bis nach Mitternacht, und wir haben Enttäuschungen erlebt im Kampf mit dem Bürokratismus und manchmal auch die Genugtuung zu sehen, wie die Kontrolle von unten doch einem „Natschalnik" [Chef] das Bürokratengenick brechen konnte. Im Ganzen aber fehlt uns (und scheinbar auch den Russen heute) jener revolutionäre Elan, jene wirklich echte Begeisterung, mit der wir in Deutschland Teddy Thälmann* ein „Rot-Front" oder der Schupo [Schutzpolizei in Berlin] „Bluthunde" zubrüllten. Überall Müdigkeit, ein scheinbares Mitmachen.[77]

Am 14.07.1932 heiratete WT die Übersetzerin Irene Wurster*, Deutsch-Russin aus Odessa, und machte mit ihr die Hochzeitreise ins zentralasiatische Pamirgebirge.

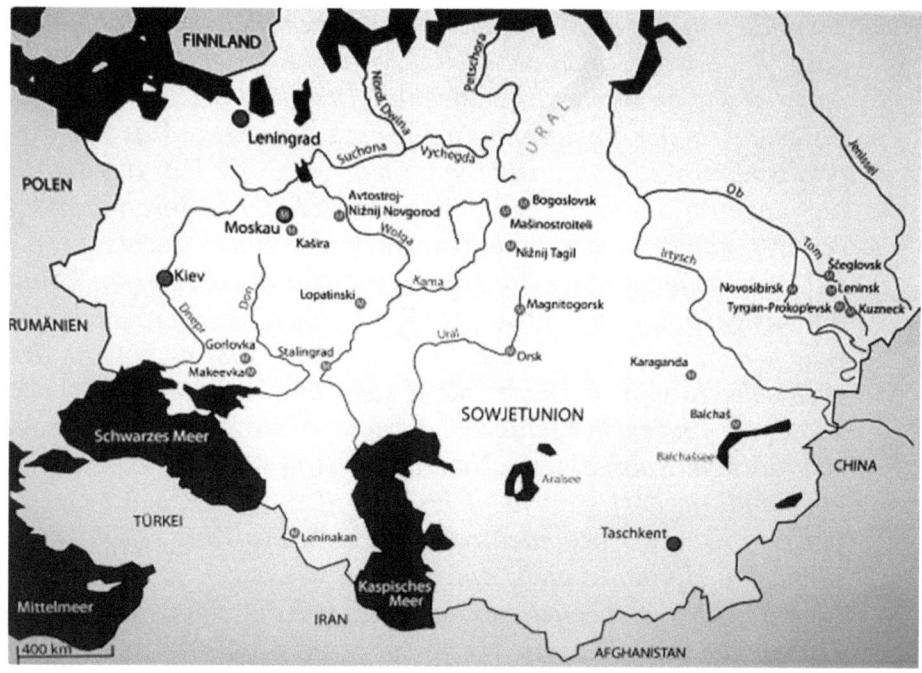

Abbildung 5: Pläne und Projekte Ernst Mays in der Sowjetunion 1930-1933

Am 01.11.1932 erfolgte Taeslers Versetzung zur Großbaustelle Kusnezk.
Wenige Monate, 1933, später notierte er:

Die für uns gültigen Sinnbilder des revolutionären Kampfes sind
längst verblichen hier. Ich habe in den 1 1/4 Jahr nicht ein-mal
die Internationale singen gehört. Sie wird von der Kapelle bei
allen möglichen Gelegenheiten gespielt, meist nur als Tusch, die
ersten Takte gewöhnlich. Als ich am 1. August zur „Antikriegs-
demonstration" ging mit rotem Schlips, wurde mir von überall
nachgerufen: „Seht den großen „Pionier" – nur für Kinder ist
also das rote Halstuch noch glaubwürdig. – In der Demonstra-
tion kommt der „Kolonnenführer" und kündigt an „dort an der
Ecke steht einer vom Stadtsowjet[78] und wird uns eine Losung

zurufen. Da müsst ihr hurra! rufen." Das sollte in Deutsch-
land passieren, ein brüllendes Gelächter wär die Antwort.[79]
(Ende Tagebucheintrag)

Aber der ersten Wochen überraschender Eindrücke gab es mehr.
Es war etwa 30 Grad kalt und mehrere Dezimeter Neuschnee. Ich
promenierte langsam und aufmerksam am Bolschoi-Theater ent-
lang, als plötzlich ein gut eingepelzter Russe sich mir in den Weg
stellte und lebhaft auf mich einredete. Als er merkte, dass er einen
Ausländer vor sich hatte, hob er beide Hände mit Schnee auf und
rieb mir damit beide Gesichtsseiten. (Frostschäden im Gesicht
sollte ich noch kennenlernen.)

Andere handgreifliche Überraschungen konnten wir Neuange-
kommenen erleben. Ein holländischer Bauingenieur besuchte
seine Frau im Krankenhaus, ich leistete ihm Gesellschaft. Wir
waren auf die Straßenbahn angewiesen, trotzdem die stets prop-
penvoll war. Nur mit Schwierigkeit konnte man nach dem Bezah-
len die Hand aus der Manteltasche wieder nach einem Handgriff
(zum Festhalten) an der Wagendecke ausstrecken. Als wir dann
beim Krankenhaus ein paar Blumen kaufen wollten, konstatierten
wir, dass die Brieftasche des Holländers verschwunden war – das
Mantelfutter war an der unteren Naht aufgeschnitten (offenbar
mit einer Rasierklinge) von einem der „Besprisornis", jenen
zahlreichen 8- bis 12-jährigen elternlosen Jungens, die nach der
Liquidierung der „Kulaken" (Bauern mit eigenem Besitz) eltern-
los sich selbst versorgen mussten.[80]

Arbeitsfreie Tage brachte ich gern im „Park für Sport und Kul-
tur" zu. Als ich mich mit meinen Kunstlauf-Schlittschuhen einmal
auf eine Eisbahn wagte, kam ungebeten ein Instrukteur zu mir
und gab mir Anweisungen zum Ansatz der Füße für gewisse Fi-
guren, die dann auch richtiger und leichter auszuführen gingen:

Bald waren wir eine kleine Gruppe, deren einziger Fehler mein noch allzu schlechtes Russisch war.

Die dunklen und kalten Monate November und Dezember in Moskau aber gaben reichliche Möglichkeiten zu Abwechslungen. Zu jener Zeit hatte die Sowjetunion ungewöhnlich viele ausländische „Spezialisten" eingestellt offenbar in Hinsicht auf den ersten Fünfjahrplan (1929-1933)[81] – „Einholen und Überholen."

Es waren ihrer recht verschiedener Nationen – mit Deutschen in Majorität.

Selbstbetrachtungen im Elfenbeinturm der Künstler oder Bauhäusler machten Platz für einfache technische Arbeitszeichnungen, die uns zugeteilt wurden im TRUST FÜR WOHNUNGS- UND STÄDTEBAU. Das waren zunächst Details für Türen und Fenster, wie sie im Westen fabrikfertig hergestellt wurden. Weniger bekannt oder praktiziert war die sozialistisch-kollektive Produktionsweise. Derartige Aktivitäten mussten wir „ausländische Spezialisten" lernen, u.a. auch der Sprache wegen. Aber gerade Sprachschwierigkeiten machten diese abendlichen Kurse höchst langweilig. Ich gewöhnte mir dabei das Rauchen an. Hier das Programm für 11 Tage im Dezember 1932 (Weihnachten war abgeschafft):

20. Polizeistunde für ausländische Spezialisten im Trust
21. Offene Parteiversammlung (Rechenschaftsbericht)
22. Vorbereitung für „Spezialistenabend" – 5–Jahr[es]plan
23. Besprechung im Stadtsowjet (zum gleichen Thema)
24. Freier Tag (man hatte 6-Tage-Woche + 1 freien Tag eingeführt)
25. Offene Parteiversammlung (Rechenschaftsbericht)
26. Politkursus im Trust (Sowjethandel)
27. Vorbereitung zur Brigadensitzung
28. Politkursus für alle ausländischen Spezialisten im Stadtsowjet

29. Referat im Haus der Roten Armee. Politische Lage in
Deutschland
30. Referat im Klub (12. Plenum der EKKI-Ökonom. Kom.[82])

*Ich fragte die Parteisekretärin, wann wir uns denn auch mal mit
aktuellen Fragen der Architektur bekanntmachen könnten?*

*Wir suchten nach einem Café, um plaudern zu können, aber es
gab nur Teestuben. (Russland hat keinen eigenen Kaffee.) So
wurde der Ausländerklub unser Treffpunkt und unsere Informati-
onsquelle zum Vorteil mit stets gemischtem Auditorium mit etwa
50% Parteikommunisten. Wir hörten von dem akuten Konflikt
zwischen Stalinisten und Trotzkisten, vom Parteiführer Pieck*
und seinen Intrigen, vom weinenden Lunatscharski, von Lunat-
scharskis Kampf gegen das Abreißen der Erlöserkathedrale – der
orthodoxen Kirche größtes Kulturdenkmal, um Platz zu schaffen
für den geplanten Sowjetpalast. Wir hörten auch mit Irritation
vom „sozialistischen Realismus" in der Architektur. Dazwischen
großartiges russisches Puppentheater mit einem Schauspieler
der Oper als souveränen Puppen-Sprecher.*

*In dieser Periode verwirrter Kulturpolitik tauchte auch Heinrich
Vogeler auf, um seine Kunst in den Dienst der Kolchosgründungen
zu stellen mit seinen Erfahrungen von der Kommune Barkenhoff in
Worpswede. Was wir heute wissen, aber damals noch nicht: Dieser „Franziskus der Revolution unseres Jahrhunderts" wurde auf
Stalins Order in die kasachstanische Steppe verschickt, wo er 1941
[richtig: 1942] starb. Man berichtet, dass man von seinem Gesicht
und steinhartem Leib die „Läuse abpflücken musste."*

*Uns interessierten vor allem die großen Bauobjekte im Donbass
(Ukraine), Magnitogorsk[83] (Ural) und Kusbass (West-Sibirien).
In jedem dieser Bezirke (Bas[s]) waren Städte im Bau als An-*

nexe zu den neuen gewöhnlich platzgebundenen Industrieanlagen. Viel diskutierten wir die Bandstadt-Idee[84] mit parallelen Zonen: EISENBAHN-INDUSTRIE-GÄRTEN-WOHNGEBIETE-PARK-FLUSS/MEER, was indessen nur diskutiert, aber nie verwirklicht wurde.

In diesen Wochen voll Anregungen und Perspektiven fand ich einen netten Freund. Wir waren derselben Arbeitsgruppe zugeteilt worden. Er hieß Albert [Moritz]* und war aus Frankfurt. Er hatte schon ein Jahr praktischer Bauprojektierung in einer Frankfurter Wohnungsbaugesellschaft hinter sich und somit einen beruflichen Vorsprung vor mir, beide aber fanden wir es verlockend, auf einer der Großbaustellen zu arbeiten. Unsere diesbezügliche Anfrage bei unserem Trust wurde gerne bewilligt, denn es war gewöhnlich schwer, Fachleute für Sibirien mit längeren Kontrakten zu gewinnen. Man wollte uns ins KUSBASS (im westlichen Sibirien) einsetzen. Unser Gepäck war gering. Wir sollten „weichen Wagen", d.h. erster Klasse, fahren mit einer Fahrzeit von drei Tagen bei einer Entfernung von ca. 3000 km.

Wir sollten bald an russische Dimensionen gewöhnt werden, nicht zum Wenigsten auch in unserem Fach: STÄDTEBAU IN UNBEWOHNTER STEPPENLANDSCHAFT.

Im Februar und März 1933 hielt sich WT in Deutschland, überwiegend in Berlin, auf, musste aus politischen Gründen jedoch über Stockholm wieder in die Sowjetunion, nach Nowosibirsk, zurückkehren. Von dort zog er im Jahre 1934 zu der Baustelle in der westsibirischen Stadt Kemerowo[85] um.

Von dort machte er große Exkursionen (in die Taiga, nach Leningrad[86], Archangelsk[87], Kirowsk[88], Nishni Nowgorod[89], Magnitogorsk). Im Oktober 1934 traf er mit Mart Stam* in Moskau zusammen.

Abbildung 6: Stalinsk-Kusnezk (um 1930)

Abbildung 7: Fundamentlegung mit Holz (ohne Ortsangabe), Sowjetunion 1931

Abbildung 8: Mobile Wohnbaracken bei Stalinsk-Kusnezk 1931-1933

Um die Fehler, Unbegreiflichkeiten und Überraschungen bei diesen Bauten resp. einiger Bauten, an denen ich selbst beteiligt war, etwas begreiflicher zu machen, will ich hier ein Gespräch mit MART STAM 1934 retrospektiv zitieren.

Stam – holländischer Architekt – war einer der meist geschätzten Mitarbeiter der Gruppe May, die 1928 [richtig: 1930] von der russischen Regierung berufen wurde. (Stams Siedlung in Frankfurt ist zum Kulturdenkmal in den [19]70er Jahren erklärt worden.)[90] 1934 hatte ich im Dzierzynski-Klub in Moskau ein längeres Gespräch mit Stam.

WT in seinem Tagebuch von 1934:

Hatte mit Mart Stam im Arbeiterklub eine Unterredung, ca. 30 Minuten im Flüsterton im Lesesaal. Stam fährt am 20. ganz zurück nach Holland. „Es hat hier keinen Zweck, länger für mich zu bleiben", meinte er, „ich möchte endlich wieder einmal ein Haus <u>bauen</u>, wirklich <u>bauen</u>; ich habe immer wieder gebeten, man soll mir *einen Bau geben – man ließ mich aber die ganze Zeit projektieren, nur projektieren. Ich möchte eine Sache mal zu Ende machen + wenn es ein Möbel ist! – Ich habe ein Jahr in Makiewka[91] gearbeitet u. jetzt sollte unser Trust auch die technische Drecksarbeit [?] meines Projekt[s] übernehmen und hat sich abgesagt [?]!*

Nun wird das wieder irgendein Anderer machen – Orte, die werden da bauen ohne techn. Projekt[ierung]! Und was wird herauskommen? --- Ich war jetzt in Holland im Urlaub, da hab ich doch wirklich gefühlt, dass ich wieder am Platz bin, dass ich politisch und fachlich wirklich arbeiten kann ... aber hier ist das nicht so! Dreimal war von mir ein Vortrag angesetzt, einmal im Dzierzynski-Klub, einmal im Klub der deutschen Bauarbeiter und einmal hier im deutschen Klub. Man wusste natürlich, was ich sagen wollte und hat kein Mal meinen Vortrag zustande kommen lassen." – *Auf meine Frage, wie er im Ausland die Situation der sowjet-russischen Architektur dargestellt hat und wie er sie darzustellen gedenkt:* „*Ich habe natürlich darüber gesprochen und werde auch darüber schreiben, dass dies ein Durchgangsstadium ist ...* " – *Es folgten die bekannten Hinweise auf die bisher mangelnde Qualität der Baumaterialien und Facharbeiter –* „*Aber ich glaube, dass diese Strömung keine Modesache von einigen Jahren ist, denn das ist nämlich der Geschmack von denen, die heute hier entscheidend sind, von Kaganowitsch*, von Molotow* und den allen. Diese Strömung wird hier erst überwunden sein, wenn diese Generation hier ausgestorben ist. --- Im vorigen Jahr hatte ich hier die Farbskizzen zu machen für die Renovierung des Klubs. Da hab ich für den ganzen Saal einen gelben Ton vorgeschlagen. In der Sitzung war auch einer der maßgebendsten Männer hier aus Moskau dabei – der Name spielt ja keine Rolle – ein ganz bekannter Mann, der sagte: ja den gelben Ton muss man unbedingt liquidieren! Auf meine Frage warum, sagte mir dieser Genosse: ja wissen sie denn nicht, dass es gelbe Gewerkschaften gibt! Und alle waren mit ihm* *einverstanden, denn er hatte zu viel Autorität. Ich erwiderte etwas erschrocken: „Ja, nun, es tut mir ja außerordentlich leid, aber es gibt doch schließlich nur 3 Farben, wenn man davon noch eine streicht, dann bleiben eben nur noch zwei übrig. Und so ist das immer und so hat das keinen Sinn länger für mich. ..." Ich sagte Stam, ich glaube, dass wir jetzt als Reaktion auf das Versagen der ausländischen Architekten einen verstärkten Einfluss der alten russischen techn[ischen] Intelligenz zu verzeichnen haben, dass der aber schon im Überwinden begriffen ist. Stam darauf: „Ja, aber gerade wie diese alte Intelligenz mit den maßgebenden Stellen <u>K</u>ontakt gefunden hat ... das hatten wir nie, eben weil <u>sie</u> dem Geschmack jener entscheidenden Instanzen näher kommen als wir."*[92] (Ende Tagebucheintrag)*

Abbildung 9: Ernst Mays Projekt der Arbeiterstadt in Stalinsk-Kusnezk (Zeilenbauweise) am 01.01.1933

In sein Tagebuch klebte WT eine zeitgenössische Karikatur aus der offiziösen sowjetischen „Pravda", die in Schweden wieder abgedruckt wurde mit der Bemerkung: In der Sowjetunion gibt es eine rege Bautätigkeit, damit neue Arbeiter zu gesunden Wohnungen kommen. Das Bild zeigt Besonderheiten für bestimmte Tätigkeiten. Die Aufgabe des kleinen Hauses kann nicht missverstanden werden...

68

Det lilla huset·

I Sovjetunionen pågår en livlig byggnadsverksamhet i syfte att skaffa arbetarna nya och sunda bostäder. Att verksamheten i fråga har sina små egenheter framgår av denna bild, som vi klippt ur den officiösa tidningen Pravda. Ändamålet med det lilla huset mitt på gatan kan ju icke missförstås.

★

Abbildung 10: „Das kleine Haus." Schwedische Karikatur des sowjetischen Wohnungsbaus um 1935[93]

Abbildung 11: Teil der Hochofenzeche bei Stalinsk-Kusnezk (um 1934)

Abbildung 12: Kokszeche bei Kemerowo (um 1932)

Abbildung 13: Wohnbauten in Kemerowo 1932 (Architekt unbekannt)

Abbildung 14: Werner Taesler: Bauskizze (ohne Ortsangabe), Sowjetunion 1934

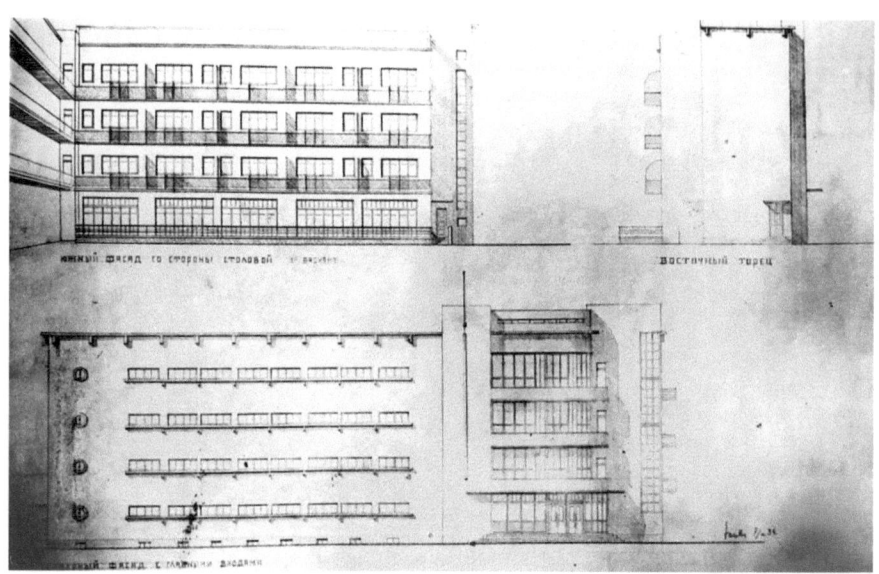

Abbildung 15: Werner Taesler: Zeichnung für die Fassade eines Häuserblocks (ohne Ortsangabe), Sowjetunion 1934

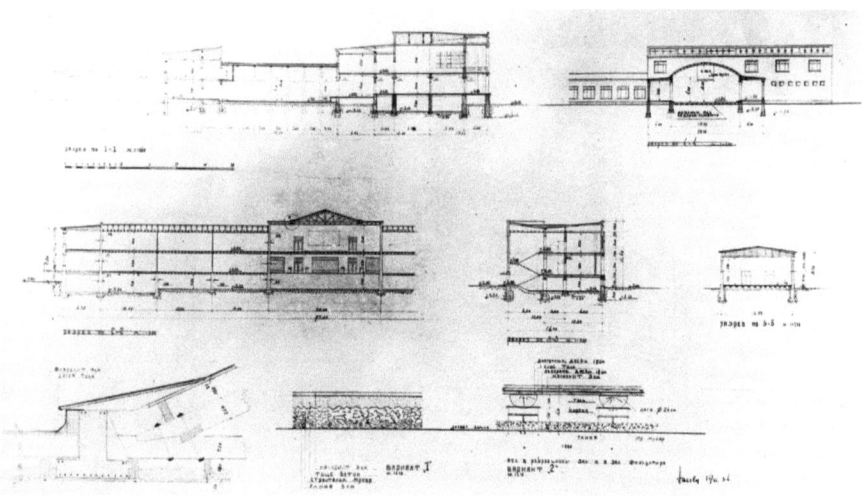

Abbildung 16: Werner Taesler, Zeichnung für einen Industriebau 1934 in Stalinsk-Kusnezk

Aber waren nicht die Leute der Gruppe May und May selbst schuld daran? Wenn man Stalinsk, die ersten Quartale nach dem May-Schwagenscheidtschen* Projekt sieht, das ist doch uneingeschränkt Mist? Stam: „Ja, aber das wurde damals doch von den Russen gefordert: 27 Städte in 3 Monaten! Ich bin damals mit May zusammen losgefahren bis Magnitogorsk und bin dann dageblieben. May sagte mir damals: Stam kommen sie noch mit nach Tscheljabinsk.[94] *Bleiben sie da eine Nacht und machen sie das Schema für den Stadtplan ..., ich lehnte das natürlich ab! Geben sie mir 8 bis 10 Mann hier für Magnitogorsk, nach einem halben Jahr können sie dann 5 davon wegnehmen nach Tscheljabinsk oder Kusnezk, aber in einem Tag kann ich nicht eine Stadt planieren. Aber später schob man diese Frühgeburten alle dem May in die Schuhe. Er hätte es ablehnen müssen, so zu arbeiten...“*

Auf meine Frage schließlich, ob er nicht auch der Meinung sei, dass das monumentale, das repräsentative Element in der Architektur eines proletarischen Staates eine andere Berechtigung + Bedeutung hätte, als im Westen in der verfallenden kapitalistischen Gesellschaft? Stam: „Die Parteidirektiven (Ausnützung des Erbes, Verschönerung der sozialistischen Städte, das Wiederherstellen der Beziehung zwischen Architektur und den anderen darstellenden Künsten) sind natürlich ganz richtig. ..., aber die „Monumentalität“ liegt doch gar nicht in diesen Fassaden, wie man sie heute macht ... Wenn ich ein Stadion für 80.000 Menschen baue, wie sie hier notwendig sind und wie sie kein anderes Land hat, so liegt darin die Monumentalität, in der Größe der Fabriken, in der Größe der Aufgaben überhaupt. ... Aber was hat der Arbeiter von diesen Fassaden? So kann man die Frage überhaupt nicht stellen! Was gibt ihm das Bewusstsein von der neuen klassenlosen sozialistischen Gesellschaft? Das natürlich, was ihm am meisten befreiend, am vollkommensten seinen praktischen Lebensbedürfnissen angepasst erscheint. ...

Stattdessen opfert man die Hygiene, wenn man die W.C. in das In-nere des Hauses verlegt, weil man nicht die kleinen Fenster in der Fassade haben will, stattdessen macht man hohe, schmale Fens-ter oder quadratische, statt breite praktische, weil es die Fassa-de so fordert usw. ... Ich glaube ja, nach 1 – 1 1/3 Jahren wird sich das hier in Moskau ändern, dann wird die Metro fertig sein und dann wird man alle Kräfte auf den Wohnbau werfen müssen, denn der Wohnungsmangel wird doch hier immer schlimmer in Moskau. Und dann wird man keine Schaltowski-Häuser [?] mehr bauen können, in der gleichen Zeit wird man 100 andere Wohn-häuser bauen. ...

Aber für mich hat es keinen Sinn hier zu warten, die Kollegen in Holland haben ja viel weniger zu tun gehabt, aber sie haben dann auch jedes Projekt wirklich bis zu Ende <u>gebaut</u> und [sind] mit jedem ein Stück weitergekommen. Was ich hier gelernt habe, ist das, dass ich viele Dinge politisch klarer sehe als damals, aber eben deshalb möchte ich wieder im Westen richtig mitmachen.

Nach Mart Stam schob die sowjetische Seite alle Unzulänglichkeiten

... dem May in die Schuhe – GIGANTOMANIE À LA STALIN. Man hatte einen Waggon als rollendes Zeichenbüro für May – dem städtebauenden Djingiskhan* – eingerichtet und zur Verfü-gung gestellt.

So informiert kam[en] Albert und ich spät an einem Spätherbst-tag in Kusnezk (Stalinsk) an, eine jener Großbaustellen auf nahe-zu gleichem Breitengrad wie Berlin, aber mit ausgesprochenem Landklima. Unsere Ausweise zeigten wir dem Kutscher, wohin er uns fahren sollte. Taxi gab es noch nicht, Straßenbahn noch weniger, also war man auf Pferdeschlitten angewiesen. Der Bau-platz halb Stadt – halb Steppe und das große Schmelzwerk lagen in einem Riesenkessel in der Steppenlandschaft im Dunkel des

Abends von Tausenden von Lichtern ausgefüllt. Wir wurden in einem Junggesellenhotel abgesetzt und erhielten ein Doppelzimmer ohne Wasser oder Toilette in einem der 4-geschossigen „Bauzeilen" (Zeilenbau), die mitten im Winter unten schon oft bewohnt, in den oberen Geschossen aber noch im Bau waren.

Inmitten von allerhand Gerümpel standen die sogenannten Trockenklosette mit zwei Löchern im hölzernen Fußboden über einer Aufsammlungsgrube, für Beleuchtung musste man selbst sorgen – auch für Papier (eine Mangelware). Die Wintertemperatur um minus 30 Grad zwang uns stets zur Beschleunigung. Die Kleidung war unbequem und führte zu Verschmutzungen, was mit „jedem Mal" mehr und mehr problematisch wurde, besonders wenn in der Mitte eine Eispyramide über den Holzboden emporwuchs. Von diesen „kleinen Häuschen" (für ein oder zwei Personen) gab es viele, je nach Anzahl [von] Zeilenbewohnern.

Wasser zum Waschen in unserer Wohnung musste man vom „Wassermann" jeden Tag im Eimer holen und Acht geben, dass es im Eimer nicht gefror bis zum nächsten Morgen. Nun hatte ich das Pech, an einem der ersten Tage magenkrank zu werden mit 39 Grad Fieber und 25 Grad minus draußen. Wie man Hilfe holen konnte, hatten wir noch nicht erkundet. Es blieb nur der Eimer in der „Roten Ecke" (Lesezimmer) übrig. Am nächsten Tag konnte man am „Schwarzen Brett" lesen: „Um uns Wissen beizubringen, benutzen ausländische Spezialisten unsere „Rote Ecke" als Klosett." (Es war zugleich eine Kritik an der Partei.)

Am nächsten Tag zeigte man uns, wo wir baden könnten (auch Sauna), wo die Wäscherei, die Bibliothek, Klub, Arzt – Zahnarzt-Lazarett, vor allem aber, wo die Stadtverwaltung war, die uns Kaufausweise ausstellen sollte und [der] Platz des Ausländerladens und dessen Öffnungszeiten, sowie die auf verschiedene

Stadtteile verteilten Kantinen (Stolowaja) und schließlich unser Baubüro.

Letzteres verdient einige besondere Bemerkungen. Die Büroräume waren in zwei zusammengeschlagenen Wohnungen untergebracht, also zugänglich von zwei Treppen. Wie für alle Wohn- und Arbeitsräume war die Erwärmung dieser eine primäre Frage. Wir hatten je zwei Feuerstellen, so stellte man zwei Koksöfen auf – Koks konnte man vom Hochofenwerk, das fast fertig gebaut war, jeder Zeit erhalten. Der Koks war jedoch zum größten Teil Pulverkoks und musste in Wasser angefeuchtet werden, um eine Staubexplosion zu verhüten. Diesen durchnässten Koks zum Brennen zu bringen brauchte man Kienholz und meist etwa eine Stunde. Wenn es windig und kalt (-30 Grad) war, war während der Nacht durch die Fensterritzen Pulverschnee bis halb[?] auf unsere Zeichentische geblasen worden. Diese zu retten, war zumindest so schwierig, wie den Koks brennbar zu kriegen.

Eine Überraschung war es auch, dass unsere statischen Berechnungen mit extra großen Schneebelastungen total falsch waren. Alle relativ flachen Pappdächer der Neubauten wurden ausnahmslos vom Wind und bei großer Kälte kahl geblasen, während alte Bauernhäuser mit Steildach oft meterhohe Schneelasten hatten, dadurch aber auch wärmeisolierend waren.

Alle, die wir in letzter Zeit gekommen waren, lernten sich in den Kantinen bei Mittagessen kennen oder im Kulturhaus beim Theater – (auch Marionetten) Balalaika – oder Gitarrensolisten aus Moskau von meist hoher Qualität. Tanzen – Paartanzen – konnte man nur in kleinerem Kreis, da es wenig Russen gab, die einen Tango, Foxtrott, Stepp o.ä. tanzen konnten. Alles war schön und gut – es hatte nur den Fehler: Wir waren nur männliche Spezialisten. Aber da kam die Rettung. Man teilte uns mit, dass speziell ausgebildete technische Dolmetscher zu unserer Verfügung stän-

den. Wir sollten unser Interesse mitteilen. Seitdem wurden nette junge Dolmetscherinnen unsere Sprachhilfe, Hilfe bei Behörden (Stadtsowjet,) vor allem in Gesellschaft beim Essen.

Auch in Sibirien wird es im Frühling wärmer, so auch die Erde weicher, so dass man sich oft nur in Gummistiefeln im „Stadtgebiet", d.h. den von aller Vegetation beraubten Baustellen bewegen konnte. Um die auftauenden Trockenklosette herum musste man sich mit gegenseitiger Hilfe einen Weg bahnen, wodurch sich unsere Gruppe noch mehr zusammenschloss.

Das Kennenlernen und die Heirat mit Irene Wurster hat WT in seinen späteren Aufzeichnungen knapp gefasst:

IRENE ALS DOLMETSCHER

IRENE – IRISCHKA 14. JULI 1932

[HEIRAT MIT WERNER TAESLER]

Nach einigen Wochen gingen zwei von uns zu einem Schalter des Stadtsowjets, gaben unsere Personalien an und nach zehn Minuten waren wir: Iren Georgievna Wurster und Werner Pavlovitsch Taesler ein Paar. Kurze Zeit danach verheiratete sich Albert [Moritz] mit meiner Schwägerin Anni.

Als die lehmige Landschaft etwas trockener war, machten wir an freien Tagen (6-Tage-Woche) Ausflüge. So waren wir einmal einen knappen Kilometer flussaufwärts gewandert und hatten uns dort an einem Badeplatz ins Grüne gelegt. Selbst hatte ich mich von der Strömung bis unter die Eisenbahnbrücke treiben lassen. Gleich unterhalb schwamm ich an Land. Ich war noch halb im Wasser, so tauchte plötzlich die Brückenwache auf, mit der Waffe gegen mich gerichtet, forderte er mich auf, mich zu legitimieren.

Ich zeigte auf meine Badehose und musste trotzdem zum Wachtoffizier mitfolgen.

Nach einigen Telephongesprächen (an einem freien Tag) entließ man mich als „ungefährlich" und mit der Erklärung, dass man 300 m unter einem Brückenkopf nicht betreten dürfe.

Auf unserem Weg zurück trafen wir auf einem Seitentümpel des TOM einen Mann, der mit nachdenklicher Miene auf etwas sah das zu seinen Füssen lag. Er zeigte uns einen Toten – seinen Bruder – der über die ganze rechte Stirn- und Gesichtsseite eine einzige blutige Wunde hatte. Er war zum Fischen am Morgen gegangen und wurde ermordet seines warmen Mantels wegen, den er nicht hergeben wollte. Ich erinnerte mich, dass man mich in Moskau vor der Gefährlichkeit Sibiriens gewarnt hatte. Ob ich jedoch um eine Waffenlizenz ansuchen sollte?

DIE GOLDBELEGTE DACHPAPPE

Wir sahen aber auch anderes. So besuchten wir die neue, in einem Holzschuppen aufmontierte Dachpappenfabrik. Ich fragte den jungen 18-jährigen Betriebschef nach der Tauglichkeit der selbstkonstruierten Maschine. Das war ein etwa 80 cm breiter rotierender Eisen-Zylinder zum Trocknen von Flusssand aus dem nahen Fluss (TOM) als Schutzbelag auf der fertigen Dachpappe. An den Fugen der Zylinderteile sah man in den durchrinnenden Partikeln etwas blinken. Der Platzchef zeigte uns dann auf seiner Fingerspitze kleine knapp 1 mm quadratische dünne Goldpartikel und erklärte uns, dass dies die größte Verzögerung der ganzen Dachpappenproduktion ist. Die Arbeiter stellen ihre eigene Goldwäscherei auf – eine schräg gestellte filzbekleidete etwa 2 m lange Waschrinne, an deren oberen Ende Flusssand aufgefüllt und laufend mit Wasser ausgewaschen wird. Die kleinen aber schweren Goldpartikel bleiben dann im Filzbelag der Rinne hängen.

Der Filz wird laufend gegen einen neuen ausgetauscht. Abends wird dann aller Filz an staatliche Aufsammlungsstellen abgeliefert und die Goldpartikel ausgelöst (mit Quecksilber o.ä.) – das gibt wesentlich höheres Einkommen.

So konnte man noch andere Spaziergänge zu technischen Hilfsbetrieben machen auf diesem großen Bauplatz, u.a. das Brennen von Kalk in offenen Kalköfen und dazu gehörige Décauville*-Schienen, hergestellt aus hochkant gestellten, zwischen Holzbalken stabilisierten Platteisen studieren, für die Herstellung von Zement-Spanplatten, auch die Anwendung der überschüssigen Warmluft des Hochofens zur Trockenanlage für das vom ALTAI geflößte Bauholz. Die Selbstversorgung mit Baumaterial war interessant, doch nicht allen Ansprüchen genügend.

Bei unserem Herumschnüffeln zwischen den gerade neuerbauten Hauszeilen überraschte uns eines Tages etwas Merkliches. Eine Schar gestikulierender Vertreter unseres Stadtsowjets stand vor einem der Eingänge der 3-geschossigen Wohnhäuser. Im Untergeschoss rauchte es aus mehreren Fenstern und dahinter sah man Köpfe von Kirgisen. Solche hatte man in größerer Anzahl aus ihrer Steppenwüste im Süden zu den westsibirischen großen Baustellen „gelockt"? und mit Erdarbeiten beschäftigt. Wohnungen hatte man ihnen versprochen, doch lebten sie schon seit Monaten in selbst erbauten Erdhütten. Nun fühlten sich die Kinder der freien Steppe scheinbar wie eingekerkert zwischen Wänden, Böden und Decken. Sie hatten sich einfach Ziegelsteine in die Zimmer getragen und darauf bei offenem Feuer gekocht, die Zimmer erwärmt und erleuchtet und die Mücken vertrieben. Das verbot man ihnen – am nächsten Tage saßen sie draußen bei offenem Feuer zwischen den neu gebauten 4-geschossen Bauzeilen.

Aber der Wohnungsbau „erfüllte" nicht den „Plan." Das sollte eine Gruppe von Jungkommunisten zeigen. Sie bauten ein Haus nach auf unserem Büro ausgearbeiteten Zeichnungen. Es war damals die Zeit der „Stoßarbeiter UDARNIKI. " Man durfte sich da nicht einmischen. Ich sah auf Abstand ihre Akkordmethode: Einer legt die Ziegel in Längsrichtung der Mauer, ein zweiter gießt (!) aus einem Eimer den Mörtel über die längs gelegte Schicht, ihm folgt auf den Fersen der zweite Ziegelleger mit einer Schicht quer zur Mauer – desgleichen mit Mörtel übergossen – ohne Kontrolle der Folgen, ohne Wasserwaage, ohne Verbesserungen – in rasendem Tempo ein ganzes Wohnhaus „in halber Zeit. "

Nach etwa einer Woche, als ich morgens in unser Baubüro kam, fragte man mich: „Ist Werner Pavlovitsch schon beim UDAR-NIK-Haus gewesen?" „Wieso – ist es eingestürzt?" war meine Gegenfrage. Es war schlimmer als so. Die ganze eine Längsseite buchtete auf halber Höhe ca. 30 cm nach außen, so dass die tragenden Holzbalken der Zwischendecken ihre Auflagen verloren hatten und frei in die Luft ragten und eine Belastung niemals tragen würden.

EIN AUSFLUG AUF DES PFERD[E]S RÜCKEN DURCH DIE FURT DES TOM

Nun wollten Albert und ich einmal einen Ausflug in die weitere Umgebung machen, etwa 15 km längs des Oberlaufs des TOM, näher [an] den Vorbergen des ALTAI. Wir hatten dort auch eine Baustelle mit einem unserer deutschen Kollegen – Otto Böse* – als Bauleiter. Dorthin gab es offenbar keinen fahrbaren Weg und keine Eisenbahn für regelmäßigen Personenverkehr. Wie wir später erfahren sollten, war dort ein Gefangenenlager. Wir beschlossen also, hin zu reiten. Wir suchten uns in der Pferdezentrale mit guten Ratschlägen des STALLMEISTERS jeder ein Pferd aus. Weder Albert noch ich hatten je auf einem Pferd geritten. In starker Steigung erreichten wir bald die ebene Grassteppe oder richtiger – die Prärie. Hier und da sah man lokales Gebüsch – meist

Birkenvegetation – . Überraschend – was auch anderwärts be-
stätigt wurde – waren Büsche voller Kadaver resp. Gerippe von
Pferden. Hier war doch weder Krieg noch Bürgerkrieg gewesen.
Sollten es etwa Zeugen für die Kulaken-Ausrottung[95] gemäß Sta-
lins Order sein? Herrenlose Pferde, die sich selbst überlassen im
Winter einfach erfroren waren? Wir wussten noch nichts, hatten
einiges gehört, sollten jedoch mehr erfahren.

Wir ritten weiter. Unsere Pferde waren uns sehr folgsam. Da
tauchten überraschend drei Pferde in einer Koppel auf. Freu-
dige Begrüßung zwischen diesen und unseren Vierfüßlern. Wir
versuchten mit Streicheln am Hals, mit Zucker oder Brot unsere
treuen Gefährten am Halfter zu ziehen – da spannte das eine un-
serer Pferde den Bauchriemen so stark, dass dieser zerriss und
der Sattel nicht mehr fest sitzen konnte.

Unsere Lage war prekär – einsam in sibirischer Steppe. Nachdem
wir irgendwo irgendwie etwas Draht erwischt hatten, konnten wir
den Sattel wieder in seine rechte Lage fixieren. Nun suchten wir
nach der Furt, um von unseren Pferden durch den etwa 150 m brei-
ten Fluss getragen zu werden. „An der Mündung einer Schlucht
und ca. 20 m stromabwärts" hatte man uns beim Start gesagt – kei-
ne mehr erkennbare Stelle für die Einfahrt in die Furt. Die Pferde
machten keine Schwierigkeiten. Unser Gepäck hatten wir hoch im
Rucksack, das Pferdefutter festgeschnallt am Sattel. Was wussten
wohl unsere Pferde von der Tiefe der Furt? Wo kommen die tiefsten
Stellen, wo der Reiter nichts mehr zu bestimmen hat? Wann wird
das Wasser über die Knie reichen? Kann denn das Pferd überhaupt
schwimmen? Wir kamen wohlbehalten an Land und nach weiteren
5 km zu der ALTAI-Baustelle – unserem Ziel.

Gerade bei der Ankunft gegen Sonnenuntergang hatten wir noch
eine nicht alltägliche Beobachtung: Es war kein Sonnenunter-
gang. In ganz anderer Richtung färbte sich beinahe der ganze

Himmel in kupferfarbenem Schein. Man erklärte uns, dass dies windgetragener Staub von der Wüste GOBI sei. Eine durchaus glaubwürdige Erklärung. Monsunstürme können die staubige, braunrote Erde in nördlicher Richtung von Zentralasien in die ALTAI-Berge tragen und dabei die roten Erdprodukte der jüngsten Eiszeit von vor etwa 8000 Jahren in Südsibirien ablagern.

Wir wurden köstlich von unserem Landsmann Otto Böse bewirtet, desgleichen unsere Pferde. Wir hatten die hölzerne Palisadenwand mit den Wachtürmen vor unseren Augen. Nach Ottos Auskunft sind die meisten der Gefangenen bei Straßenbau oder bei Übertagebau der Grube beschäftigt. Wie merkwürdig, dass dieser Teil des TOM-Tales seit langer Zeit als Abstell-Lager für politische Gefangene gedient hatte.

Das konnte ich an einem ruhigen Wintertag erleben. Ich machte bei schönstem Wetter und einer Schneedecke von 1 cm eine Schi-Tour in der baumlosen Hügellandschaft östlich vom TOM. Plötzlich schien es mir, als sähe ich in ungefähr einem halben Kilometer Abstand aus dem Schnee Rauch aufsteigen. Ich näherte mich dem Phänomen, als ein älterer Kirgise aus dem Rauch auftauchte. Ich näherte mich ihm vorsichtig und merkte auch bei ihm Zurückhaltung. Nach freundlicher Begrüßung aber und etwas Tabak durfte ich ihm in eine echt mongolische Jurte von Kirgisistan in der KARA-KUM-Steppe[96] folgen. Vielleicht war auch er als Nomade ein Kulak und herbeigeholt zu Erdarbeiten. Er erhielt Werkzeug und Bauholz zu einer jurtenähnlichen Erdhütte für sich und seine Familie. Diese bestand aus 8 Personen – Erwachsene und Kinder allen Alters auf einer Fläche von etwa 30 m².

Außer Jurten sah man Einmannshütten, sog. SIMLJANKOR, ausgestreut über den ungefähr 15 km² großen Bauplatz, wo und wie sie wollten. Das erinnerte an ihr „in Gebrauch nehmen" der Ziegelbauten im Neubau neulich.

BAUPLANUNG UND BAUARBEITEN

Unsere Arbeit bestand hauptsächlich in der Ausarbeitung von Arbeitszeichnungen zu den aus Moskau kommenden Ideenskizzen bzw. deren Umarbeitung in bessere Anpassung an lokale Gegebenheiten. Darüber hinaus aber auch platzgebundene Sonderbauten. So hatte man in Kusnezk am 1. Mai 1932 gemäß der Bedeutung des Tages, den Beschluss gefasst, zur Oktoberfeier am 7. November ein „Kulturhaus" fertiggestellt zu haben. Es wurde ein Programm ausgearbeitet, ein geeigneter Bauplatz ausgesucht und der Bedeutung des Gebäudes gemäße Baumaterialien angeschafft. Alle arbeiteten wir buchstäblich Tag und Nacht. Mein Maximum war, 42 Stunden den Zeichenraum nicht verlassen zu haben. Am Bauplatz gab es UDARNIKI, „Stoßarbeiter". Als die Schlussbesichtigung vorgenommen werden sollte, geschah es – in der Nacht zuvor war der größte Teil des Deckenputzes abgefallen: Sabotage oder Nachlässigkeit?

Unglücksfälle dieser Art kamen mehrfach vor. In einem 3-geschossigen Wohnhaus wollten wir Treppen aus präfabrizierten Betonelementen prüfen. Die Wangenstücke der Treppenläufe erforderten unsere besondere Aufmerksamkeit. Wir führten eine Probebelastung mit Sandsäcken durch – und die Treppe hielt. Doch nur bis Mitternacht – da brach ein Wangenstück im obersten Geschoss an der Auflage ab und riss einige darunter liegende Treppenteile mit sich. Ungenaues Einpassen der Armierungseisen an der Auflage war die Ursache.

ALTKUSNEZK UND DOSTOJEWSKI*

In unserem Baubüro erschien täglich eine merkwürdige Person – ein gutes Stück über mittleren Alters – zurückhaltend und offenbar mit echt russischem Hintergrund. Er kam täglich mit Pferdewagen und wurde am Nachmittag auch von solchem wieder abgeholt. Flüsternd erzählten mir meine Kollegen einmal, dass er bereits unter dem Zar Architekt im Staatsdienst gewesen war, doch jetzt in Kusnezk im INNEREN EXIL (Reiseverbot) lebte. Ich sprach ihn dann doch einmal an und dabei erfuhr ich, dass an seinem Verbannungsort auch Dostojewski einen guten Teil seines Lebens als Verbannter verbracht hatte, [je]doch in Altkusnezk auf der anderen Seite des TOM.

Albert und machten darauf an einem der nächsten freien Tage einen Ausflug in das unbekannte Land im fernen Osten etwa 3 km auf dem jenseitigen Ufer des ca. 500 m breiten TOM. Bald hatten wir zu der alten Holzkirche in Altkusnezk gefunden, umgeben von großen alten Bäumen auf einer kleinen Erhöhung des Ufers gelegen und etwas tiefer am Hang eine Gruppe von grauen Holzhäusern, die auf eine merkwürdige Weise mit einer dito Holzpalisade verbunden waren. Nur einem freundlichen Hund und einem älteren Mann begegneten wir. Ich will nicht verhehlen, dass ich etwas vom Flügelschlag der Geschichte spürte, als ich dastand am Deportationsplatz Dostojewskis – wo er im Zusammensein mit politischen und kriminellen Gefangenen 1850-1859 das Material seiner größten Romane fand und wo er sich am 6. Februar 1857 in Kusnezk mit M[arija].D. Isajewa verheiratete. Das war nahezu auf den Tag genau 75 Jahre vor meiner Heirat mit Irene Wurster, doch sie in Neu-Kusnezk auf der westlichen Seite des TOM.

Das hochgetriebene Tempo und der Umfang der Bauarbeiten führte auch zu mancherlei Experimenten. So z.B. sollten wir die Fundamente mit einer frostfreien Tiefe von 200 cm einhalten. Wir versuchten mit 160 cm und fanden, dass die Belastung von einem 3-geschossigen Wohnhaus die 40 cm geringere Tiefe bis zur Fundamentsohle zu kompensieren schien.

Ein anderes Problem beim Beton-Gießen in Sibirien bei Wintertemperatur war die Frostgefahr. Elektrische Trockenanlagen wa-

ren noch nicht im Brauch. Man mischte stattdessen ungelöschten Kalk in die Betonmasse. Da Kalk beim Löschen „kocht", d.h. erhebliche Wärme entwickelt, konnte man bei mäßigem Frost Betonarbeiten mit Zusatz von brennenden Kohlenkörben bis zu 15 Grad minus durchführen. Schwieriger war die Verwendung von frisch geflößtem Bauholz von den Altaibergen südlich von Kusnezk. Holz soll 2 Jahre an freier Luft zum Trocknen gestapelt werden. Unser Bauholz trocknete bestenfalls 2 Wochen. Hölzerne Fußböden – und nur solche kamen zur Anwendung – trockneten quer zur Äderung bis zu 8%. Ich konnte in unserer eigenen Wohnung ein Essmesser o.ä. durch die Fußbodenritzen verschwinden lassen. Noch unangenehmer war, wenn sich Heuschrecken im Holzfußboden eingenistet hatten und mit nichts auszurotten waren.

Ein Problem ganz anderer Dimension war die Handhabung – oder Nichthandhabung – der Ablaufgewässer. Alle Wohnungen der neuen Stadt für etwa 120 000 Einwohner waren geplant mit Küche, Bad und WC – damit aber noch nicht ausgerüstet worden, weil jede Infrastruktur und damit auch jede aufsammelnde Kanalisation fehlte. Die oben genannten Trockenklosette mit auswechselbaren Holzkübeln waren im Winter festgefrorene Eisklumpen, die im Frühjahr schwer durchquerbare „Exkrement-Teiche" bildeten. In einer 2-geschossigen Holzhaussiedlung versuchte man, hölzerne Abfallschächte 40 x 40 cm vom Obergeschoss durchs untere Geschoss in eine Grube im Keller zu führen. Aber auch diese kanalisationslose Lösung wurde bei Schmelztemperatur eine Katastrophe.

VERBANNTE UND VERWANDTE

Bei starkem sibirischem Frost ist jeder in latenter Lebensgefahr. Einer unserer Ingenieure war bei seiner Rückkehr von einer Dienstreise nach Moskau zufolge starker Zugverspätung gezwun-

gen, 2 Uhr nachts bei 42 Grad minus vom Bahnhof zu Fuß nach Hause zu gehen. Er wurde überfallen und aller seiner Kleider beraubt. Erst beim vierten Haus öffnete man dem nackten Mann: zu spät – er hatte die Lungen erfroren.

Das veranlasste mich, endgültig um eine Waffenlizenz anzusuchen. Als ausländischer und kommunistischer Spezialist machte das keine Schwierigkeiten. Nach einigen Wochen kamen in dieser Angelegenheit zwei Beamte der Geheimen Staatspolizei GPU (damals) zu mir – „um zu sehen, wie ich's so hätte." Nach einem Durchschnüffeln meiner wenigen Bücher (Marx, Engels, Feuerbach etc.) war man offenbar mit der Literatur zufrieden. Unerwartet fragte man mich dann: „Und Sie sind mit der Tochter eines ‚Gewesenen' (ein der ehemaligen besitzenden Klasse Zugehöriger) verheiratet?" Meine Antwort: „Soviel ich weiß, war der biologische Vater meiner Frau Gynäkologe und wohnhaft in Odessa, im Ersten Weltkrieg in der Türkei an Cholera gestorben. Seine Witwe mit zwei kleinen Mädchen verheiratete sich wieder und zwar mit dem Pfarrer der deutschsprachigen Gemeinde Hoffmansthal bei Odessa Friedrich Merz." Nach kurzer Pause die zynische Bemerkung der GPU – „den wir jetzt im Aufsammlungslager bei TOMSK[97] haben."*

Erst im sicheren schwedischen Exil vertraute WT seinem Tagebuch an, wie er zu dem direkten Kontakt mit der Stalinschen Geheimpolizei kam:

Ein Nachtrag. Dezember, 1940

Aus Gründen der persönlichen Vorsicht habe ich eines bisher verschwiegen: Ich wurde zu einem Agent[en] der geheimen russischen Staatspolizei „gemacht."[98] Das kam so: Als ich im Januar 1932 nach Sibirien versetzt wurde, merkte ich sehr bald, dass das Leben und Arbeiten auf den Neubaustellen in Vielem durchaus Wild-West-Karakter [!] hatte. Ich ging zu der zuständi-

gen Behörde G.P.U.[99] und bat um die Erlaubnis, einen Revolver tragen zu dürfen. Nach einem eingehenden Verhör, woher, wohin, wozu usw. wurde mir eine Lizenz erteilt. Gleichzeitig wurde ich aufgeklärt, dass es viele Klassenfeinde auf den Baustellen gebe, die durch Sabotage den Aufbau zu hemmen suchten, und wurde gefragt, ob ich, wenn mir solches bekannt würde, dies der G.P.U. mitteilen wollte. Dies schien mir nur natürlich. Ich musste mich schriftlich verpflichten, über dies[es] Gespräch niemandem Mitteilung zu machen. Die ersten Monate [ver]gingen, ohne dass ich Anlass gehabt hätte, „die drei Buchstaben" wieder aufzusuchen. Stattdessen suchten sie mich auf. Fragten, wie es mit meiner Arbeit ging, wie dieser und jener Mitarbeiter wäre und ohne viel Aufsehen sahen sie sich auch an, was ich so für deutsche Bücher mit mir hatte. Bald darauf verheiratete ich mich. Irenes Vater war Arzt am deutschen Krankenhaus in Odessa[100] gewesen und im Kriege gestorben. Ihr Stiefvater war Pfarrer unter den Deutschen in der Ukraine.[101]

Als 1929 im Zusammenhang mit der Kollektivierung viele deutsche Bauern nach Deutschland zurückkehren wollten, musste er ihnen Taufscheine ausstellen. Das war der [!] Delikt, weshalb er wegen konterrevolutionärer Tätigkeit verhaftet und 3 Jahre später in der Verbannung starb. Ich war also vorbelastet und vorgemerkt. Selbst war ich damals nicht „angeknabbert." Zwar sah ich die Deportierten kommen in Güterwagen bei 40° Frost, so viele, dass sie nur stehen, nicht aber sitzen oder liegen konnten, sah sie in ihrer Arbeit über und unter Tage, sah sie in ihren Hütten, selbst gegrabenen Erdlöcher[n] 1 m² pro Person, doch hielt mich meine Überzeugung an die Zukunft des Sozialismus noch auf Abstand von der gähnenden Kluft der Enttäuschung und der Zweifel. Ich wurde öfter zum „Rapport" bestellt, immer ziemlich ergebnislos. Als ich [19]33 im Urlaub nach Deutschland fuhr, wurde ich beauftragt, daselbst zu versuchen zu erfahren, welche Beziehungen der „Verein für das Deutschtum im Ausland."[102]

und der „Gustav-Adolf-Verein"[103] nach der Sowjet-Union hätten. (Die Familie meiner Frau wurde während der Hungerjahre vom Gustav-Adolf-Verein finanziell unterstützt!) Ich kam unverrichteter Dinge zurück. Inzwischen war ich angekränkelt, Intrigen im eigenen Bericht gegen mich, Geheimbericht und das Bild zusätzlichen Elends nach 3 Jahren Kollektivierung. Meine „Rapportbesuche" bekamen mehr und mehr den Karakter [!] von Verhören, ich musste eine vollständige Adressenliste aller meiner Bekannten innerhalb Russlands liefern, Briefe von meiner Schwester kamen geöffnet zu mir, ohne dass die Post eine Erklärung abgeben wollte. Ich wurde nicht mehr gefragt, ich wurde beauftragt, mich mit dem und jenem bekannt zu machen Russen + Ausländern. Eine Weigerung wäre „antisowjetisch" gewesen. „Lieber hängen als gehängt zu werden" war die allgemeine Losung, das wusste ich wohl. Viele Denunziationen kamen auf diese Weise zustande.

Meine Rapport-Besuche nahmen den Karakter [sic] eines wöchentlichen Militärdienstes an. Abends um 10 Uhr lief ich auf Skiern über den meterhohen Schnee der Kemerower Neubaustelle zu einem unscheinbaren Privathaus, wo die Unterhaltung stattfand. Mein Auftraggeber wechselte, mit jedem neuen Besuch stieg der Rang und die Intelligenz. Schließlich wurde ich eines Abends beordert, in die Verwaltung der G.P.U. zu kommen. Ich musste einen bestimmten Weg gehen, mein Auftraggeber nahm einen anderen. Dort angekommen, wurde ich einem höheren Vorgesetzten (wie ich an den Aufschlägen erkannte) vorgestellt und von ihm verhört. Ich war nie ganz sicher gewesen, ob ich von meinen nächtlichen „Besuchen" zurückkehren würde, am wenigsten an jenem Abend. Ich hatte mich aber offenbar geirrt. Mir wurde nichts weniger vorgeschlagen, als ein Besuch beim deutschen Konsulat in Nowosibirsk[104] zu machen mit der deutlichen Absicht, dort Aufträge für irgendeine „Schädlingsarbeit" zu erhalten. Provokation! Wieviele Freundschaft? Und Familienbande sind zu diesem Zweck missbraucht worden? Ich verstand jeden-

falls: Hier gab es kein Ausweichen mehr, nur ein Entweichen. Ich fuhr mit meiner Frau nach Moskau, von dort auf Urlaub nach Murmansk[105], Archangelsk und die Dwina hinauf. In der Eisenbahn nach Murmansk merkte ich plötzlich, dass die 3 Buchstaben (GPU)[106] ein Auge auf mich hielten.[107] <u>Nach meiner Rückkehr wurde ich gefragt, welche Schiffe ich in den Häfen des nördlichen Eismeeres gesehen hätte. Hatte keine Ahnung!</u> – Bald darauf trat ich den Rückzug an. In Moskau blieb ich unbehelligt, auch als ich vorschriftsgemäß meinen Revolver wieder ablieferte. Ich hatte ihn nie gebraucht, wenigstens nicht im Ernstfalle. Sogar an der Grenze war nichts Besonderes. Wir[108] befanden <u>uns[109] plötzlich auf finnischen Boden</u> und war[en] frei.[110] (Ende Tagebucheintrag)

So hatte ich also eine Schwiegermutter Anna Merz*, die in jungen Jahren Solopianistin in Odessa war, als Gattin eines Gynäkologen früh verwitwet und als sog. politisch belastete Pastorin heute Kindern deutscher Facharbeiter die russische Sprache lehren sollte und dazu ein atheistisches Lebensbild zu Nutzen des sozialistischen Aufbaus.

DER BASAR URBANISIERUNG[EN]S VATER

Die drei Familien (Annas [Merz], Annis [Moritz], Irenes [Taesler, geb. Wurster]) verstanden sich gut. Jede hatte ihre Einzimmerwohnung. Wir hatten unser Ausländergeschäft, wo es alles gab, wenn auch in geringer Auswahl. Daneben gab es den freien Markt. Der war von besonderer Bedeutung zur Zeit der Kulakenverfolgungen 1931/32. Um den großen Mangel an animalischer Nahrung zu beheben, wurde den Kleinbauern erlaubt, Produkte wie Fleisch, Eingeweide, Milch, Butter, Käse auf dem Markt zu eigenen Preisen zu verkaufen. Dabei überraschten uns Ausländer einige – sicher traditionsgebunden – Basargebräuche. Die Meisten von uns sahen wohl zum ersten Mal, wie man Milch per Kilo verkaufte. Man hatte diese schön sauber in run-

den Ein-Kilo-Schüsseln eingefroren, und [sie] war somit für den Käufer leicht hantierbar (ohne Tüte oder Papier). Daneben gab es eimerweise wie blanke Perlen tiefgefrorene Kluggwa-Beeren (Moosbeeren). Bei garantiert halbjährlichem Frost leicht zu bewahren. Auf den Basar ging man nicht nur, um zu kaufen, zu verkaufen oder zu tauschen: Kleider, Schmuck, Bücher usw., sondern auch um Neuigkeiten von nah und fern zu erfahren. Ja, sogar einer Reminiszenz russisch-orthodoxer Begräbnisszenerie war mir vergönnt beizuwohnen.

AUF DEM BASAR IN KEMEROWO 5.3.1932

Heute auf dem Basar. Viele Menschen, Blumen, im Hintergrund die Kulisse eines Photographen: ein Schloss mit Park, Mondschein, Kitsch und Nippes. Ein Photograph unter schwarzem Tuch und eine Gehilfin. Eine Schar von Männern und Frauen betrachten neugierig den Prozess und sein Opfer. Das ist eine Tote, eine junge Frau in Blumen gebettet in einem offenen Holz-Sarg – wie es den alten Sitten entspricht, wird sie bei 42 Grad minus von männlichen Verwandten zum Friedhof getragen. Beim Photographen wird der Sarg mit der Toten schräg aufgestellt. Man wundert sich nicht, man fragt nur: „Wer ist denn die Tote?" – und geht seiner Arbeit nach.

Der Basar war von alters her der meist besuchte Platz einer russischen Stadt. Dahin führten alle Straßen. So auch in Städten im Bau wie KEMEROWO. Hier waren die alten Stadtteile mit Gehsteigen beidseitig der Straßen versehen. Das waren im Lehmboden ausgehobene wassersammelnde Gräben, nach Möglichkeit mit Gefälle und mit starken Bohlen gegen den angrenzenden Boden überdeckt. Gehsteige dieser Art waren meist auch zu zweit zu begehen oder auch im Notfall mit dem Fahrrad.

Diese Konstruktion war natürlich verwundbar bei nicht gefrorenem Boden und nahe schwerbelasteten Lastfahrzeuge. Die gefährlichste Zeit war die der Schneeschmelze. Die war stets überraschend kurz trotz 160 cm frostfreier Tiefe. Die Schneeschmelze kam gewöhnlich in den Tagen kurz nach dem 1. Mai. Dann musste man nach einer Watestelle suchen, denn der aufgeweichte Lehm war dann unberechenbar. Ich habe zweimal erlebt, dass ich beim Versuch die total aufgeweichte Straße in Kemerowo in Gummistiefeln zu durchwaten, dass der eine Stiefel stecken blieb und ich nur mit Hilfe beider Arme und balancierend auf einem Bein wieder auf den Gehsteig kam. Man lernte sich den kleinen Kniff, den steckengebliebenen Fuß rechtzeitig um 90 Grad zu drehen, wodurch der Saugeffekt gebrochen wurde.

Für normales Regenwetter hatte man Galoschen. Die führten allerdings zu Verwechselungen in den Garderoben der Verwaltungen mit 20 bis 30 Angestellten, trotz versuchter Markierung der Galoschen. Dann gab es noch Walenki, bis aufs Knie reichende Filzstiefel und bis zum Knöchel mit Lederschutz versehene Fußbekleidung. Für Arbeit im Freien bei starkem Frost war dieser Fußschutz unabkömmlich, erforderte jedoch Extraschuhe fürs Haus.

Am 10.5.1932 notierte er:

Ein anderes Markterlebnis: ich war auf dem Fahrrad, um einzukaufen, als ich plötzlich „Plattfuß" hatte, d.h. die Luft war aus meinem Rad. Ich hielt Ausschau nach einem Fahrrad, die damals in USSR noch nicht so zahlreich waren. Als ich ein solches erblickte, drängelte ich mich durch und fragte den Besitzer: „ U vass [was] jest [est] panoss?" Er schaute mich blöd an und nachdem ich meine Frage wiederholte, gab er mir einen fast drohenden Blick. Da zeigte ich auf meinen „Plattfuß" und wiederholte „pa-

noss", *worauf er in ein schallendes Gelächter ausbrach: „nas-*
sos" – Luftpumpe.

Als ich Irene von meinem sprachlichen Salto Mortale berichtete,
musste auch sie lachen: „Du hast ihn ja gefragt, ob er Diarrhöe
hätte." Ich war dankbar, dass ich mit einer technischen Dolmet-
scherin verheiratet war.

Diarrhöe war in einem ganz anderen Zusammenhang eine ernste
Frage. In einem anderen Bauplatzbüro waren in der gleichen Zeit
(1932) 80 % des technischen Personals an Diarrhöe gestorben.
Man behauptete, dass die Malariamücke in diesem Gebiet beson-
ders aggressiv war. Die allgemeine Verzögerung der hygienischen
Installationen auf den russischen Großbaustellen hatte seine Ur-
sache gerade in der Größe der Objekte. Beton-, Ziegel-, Holz- und
Eisenproduktion konnte gesteigert werden. Sanitäre Ausrüstung,
Toiletten, Badewannen, elektrische Herde usw. dagegen nicht.
Gewisse Fabrikate dieser Art hatten oft noch Fabrikmarken aus
der Zarenzeit und deren Data und Eigenschaften waren selten in
Katalogen zu finden. Solche Fabrikate konnten – wenn überhaupt
– bis auf weiteres auch nicht per Telephon per sofort bestellt bzw.
geliefert werden. Der Mangel an gewissen Kleinigkeiten machte
jede Infrastruktur für Bauzeitpläne unmöglich.

Dies seinerseits konnte die Lagerungsplätze an der Baustelle
problematisch machen. Da waren im Spätherbst große Mengen
Fensterglas in hölzernen Schutzkästen in mehreren Güterwagen
auf einem Abstellgleis abgeladen und gestapelt worden. Bald da-
rauf kam viel Schnee und niemand dachte noch an die Glaskisten
beim Stapeln von eisernen Heizkörpern an gleicher Stelle. Hier
beschuldigte [man][... unleserlich], bewusste Sabotage zu ver-
muten. Wer in Russland nicht seine Unschuld beweisen konnte,
erwies sich als schuldig.

STALIN UND STALINSK

In Stalinsk (Kusnezk) machte sich eine wachsende Furcht vor Stalins steigender Alleinherrschaft geltend. Dies auch indirekt vor der stets wachsenden totalitären Macht der Partei, teils aus Furcht, teils aus Verachtung. Auf Wänden von öffentlichen Gebäuden konnte man lesen: „Von Stalin ein Porträt – vom Arbeiter ein Skelett" oder an Korridorwänden: „Heute rot – morgen tot." Anders bei einer von Stalin befohlenen Parteireinigung. Mitglied der Partei zu sein, war eine Ehre. Ich hatte Gelegenheit, einer solchen „Reinigung" beizuwohnen. Kein Rechtsanwalt oder Verteidiger, aber reich an Gemeinheiten, jemand in die Ecke zu treiben, bis der Betroffene zusammenbrach. Er (sie) verlor nicht nur Mitgliedschaft in der Partei, gewöhnlich auch in der Gewerkschaft und damit ev[entuell]. auch seine Arbeit.

Was uns Architekten an vorderster Front interessierte, war das, was bei der Demonstration am 1. Mai 1933 zu lesen war: KUSNEZK IST KEINE STADT, SONDERN EIN FRIEDHOF MIT GRABSTEINEN OHNE NAMEN.

DIE ORTHODOXE KIRCHE IM SOWJETSTAAT

Als ich den legalisierten, plötzlich sakral anmutenden Spruch las, wurde ich an ein Buch erinnert, das ich kurz vor meiner Abreise in Deutschland zu lesen bekam und wurde nachdenklich. Sein Titel war RUSSLAND UND DIE SEELE DES OSTENS – geschrieben von einem Professor aus Riga (Name verloren) und vertrat folgende These: „Der Engländer konzentriert sein Interesse der Industrie – der Franzose dem Salon – der Deutsche der Kaserne – der Russe der Kathedrale."[111]

Die drei Erstgenannten wirken sachlich überzeugend. Die [Der] Letztgenannte wirkte glorifizierend hier, wo ein technisches Miss-

glücken sich mit Symbolen der orthodoxen Kirche zu verkleiden schien, wenn auch nicht in Wirklichkeit. Dass die orthodoxe Kirche noch die Kirchenmusik kannte, hatte mir die Jugend auf unserer Taiga-Reise gezeigt, als sie die alte Kirchenmusik mit zeitgemäßen Texten sang. Und als ich zu Ostern, dem größten russischen Kirchenfest, in Moskau den Gottesdienst in einer KA-THEDRALE besuchte, war ich überrascht, wie viele Jugendliche neben mir waren – für mich aus Neugier – für sie trotz Gefahr, ihre Arbeit zu verlieren.

Parolen auf Banderolen zu den großen Festdemonstrationen am 1. Mai und 7. November wurden stets von der Partei geprüft, wenn nicht sogar bestimmt, letzten Endes von Stalin selbst. So z.B. „Stalin schätzt das Ornament." Was aber hier in Stalinsk (Kusnezk) gebaut worden ist, ist doch leblose Uniformität. So die Partei.

Trotz großer Nachfrage nach Arbeitskraft kamen hier täglich Bettler mit vor Hunger geprägtem Gesicht mit Lappen um den Füßen bei 30 Grad minus. Vertriebene Kulaken? Unlängst zeigte uns einer seinen Partisanen-Ausweis – wenn er ihn nicht gestohlen hatte?

In dieser spannungsreichen Zeit war für uns jüngere Architekten der Besuch eines unserer Vorbilder – Architekt Hebebrand* (später Stadtbaurat in Hamburg) – auf einer Dienstreise u.a. auch nach Kusnezk von großer Bedeutung, doch wenig erfreulich. Mit Hilfe älterer Architekten aus der Zarenzeit propagierte die Regierung Monumentalbauten, die doch kaum anwendbar waren für Serienfabrikation von Wohnungen in 20 neuen Industriestädten. Russische Architekten schickte man auf Studienreisen nach Griechenland u. ä. Ländern. Die deutschen Architekten der May-Gruppe und Bauhäusler um Hannes Meyer bereiteten ihre Rückkehr vor oder waren schon wieder in Westeuropa. Dort war-

*tete ihrer jedoch eine nationalsozialistische Architektur in Hit-
lers Geschmack nach Speers* neudeutschen Entwürfen (Speer[112]
war immatrikulierter Student an der Technischen Hochschule in
Berlin zu gleicher Zeit wie ich, was ich erst Jahrzehnte später
erfuhr.).*

*Wir gingen mit Hebebrand die aktuellen Großbauten durch, dar-
unter auch das geplante Großkrankenhaus. Danach würden wir
in Kusnezk erst nach einem Jahr eine Entbindungsklinik erhalten,
was für unseren erwarteten Familienzuwachs in spe von Bedeutung war. Ich suchte und fand Arbeit in KEMEROWO – 250 km
entfernt.*

KEMEROWO UND DER FLUSS TOM

*Bei unserer Ankunft in Kemerowo war noch Winter, jedenfalls auf
dem 600 m breiten TOM. Zum ersten Mal in meinem Leben sah
ich deutlich von Kraftwagen ausgefahrene Wege, die das etwa
50 cm dicke Eis bedeckten. Der Winter pflegte in Kemerowo von
Ende Oktober bis Anfang Mai zu dauern. Dann kann der Frühling mit Gewalt einsetzen. Das sollten wir mit eigenen Augen sehen. Irene las eines Tages in der lokalen Zeitung, dass wir am
3. Mai um 14 Uhr unsere Eisschmelze erleben würden, und sie
meinte, das sollten wir uns ansehen. Sie hatte so etwas in OMSK
vor vielen Jahren erlebt, als die Eismassen Brücken und Häuser
mit sich rissen. Wir stellten uns also am südwestlichen Ufer unter
die Wartenden. Vor unseren Füßen war schon etwa 10 m eisfrei-
es Wasser. Zwei Männer, die es eilig hatten, an das andere Ufer
zu kommen, hatten sich von einem Ortsansässigen in einem Boot
von unserem bereits eisfreien Ufer zur Eiskante fahren lassen.
Sie waren ungefähr 100 m auf dem Eis gewandert, als plötzlich
akustische Unruhe am steilen Gegenufer zu hören war. Ich fragte,
was sie drüben riefen – „ljod – idjot" (das Eis geht). Ich konnte
nichts erkennen. Erst wenn man einen Fixpunkt am Gegenufer*

mit einem der ausgefahrenen Eiswege verglich, sah man, wie die ganze Eisplatte sich langsam bewegte. Die Menschen am steilen Ufer gegenüber schrien und riefen, bis die beiden Wanderer auf dem Eis eiligst den Rückmarsch antraten und von ihrem Bootsmann abgeholt wurden. Sie erreichten den Strand mit Mühe und nassen Hosen.

Was aber darauf begann, war ein Ineinanderschieben von meterdicken Eisschollen, die sich senkrecht hoch in die Luft stellten, zerbrachen, tauchten unter oder schoben sich zusammen in Wällen oder Pyramiden – und plötzlich glitt die ganze Eismasse stromabwärts. Innerhalb einer halben Stunde kamen neue Eismassen von Süden her und das ganze Schauspiel wiederholte sich. Wie kommt es, dass das Abgleiten der Eisdecke im Norden beginnt, wo das Klima kälter ist? Vielleicht, weil im ALTAI im Süden das Flussbett auf höherem und dadurch kälterem Niveau liegt? Das Ganze ein seltenes grandioses Schauspiel subpolarer Naturkräfte.

Einige Wochen vorher hatten zwei Arbeiter versucht, sich in einer der Hängegondeln der Drahtseilbahn trotz Verbot über den Fluss tragen zu lassen. Doch wurde – als sie halbwegs waren – die Seilbahn ausgeschaltet und die beiden Blindpassagiere hingen 10 m über dem Eis bei 15 Grad minus, froren die ganze Nacht in der eisernen Gondel und erfroren schließlich.

Ich selbst musste bald danach über den TOM. Als ich mich der Fähre näherte, fragten mich zwei etwa 12-jährige Bengel, ob ich ihnen mit einigen „Kopetski" helfen könnte für die Fährenüberfahrt. Sie erhielten, was sie wünschten. Als ich dann selbst die Fähre bezahlen wollte, war meine Brieftasche weg und die Bengel mit 300 R[u]bl. auch.

In Kemerowo bewohnte WT im Herbst 1933 zusammen mit seiner Frau und dem kleinen Sohn eine Dreizimmerwohnung, deren Bauhausmöbel er selbst entworfen hatte.[113] Stolz berichtete er, dass er hier das erste dreigeschossige Wohnhaus, das er entworfen hatte, entstehen sehen konnte. Andererseits vermisste er sowohl Schweden, das er kennengelernt hatte, und vor allem die westliche Kultur und die Kommunikation mit den politischen Freunden in Deutschland und bemerkte:

Vorgestern war ich 2 Jahre in [der] SSR und sehe mit jedem Tag deutlicher, wie entscheidend die verschiedenen kulturellen Voraussetzungen für die Annäherung der Westeuropäer mit den hiesigen Russen sind. Ich wehrte mich gegen diese Erkenntnis, wollte nicht hochmütig, nicht chauvinistisch sein. Es sind weniger Meinungsgegensätze als vielmehr ein verschiedenartiger Grad kultureller Sensibilität jedes Einzelnen. (Ende Tagebucheintrag)

Ich ging zu meinem Schneider, um einen neuen Anzug anzuprobieren, zu dem ich den Stoff geliefert hatte. „Ja, dann wollen wir mal sehen." Er konnte deutsch und da <u>war</u> etwas zu sehen. Als er den halbfertigen Anzug von dem Nagel an der Wand nahm, war das Wandteil genau der Kontur des Anzugs folgend vollständig mit Kleiderläusen bedeckt. Er nahm mit größter Ruhe eine Bürste und fegte die Brut in den eisernen Ofen.

Als ich dies Irene und unserer Haushilfe Natascha* erzählte und selber ergänzte mit dem Hinweis darauf, dass <u>mich</u> ja auch im Zuge die Läuse nicht behelligen, trotzdem ich sie in den Ritzen der Holzverkleidung rauf und runter kriechen sah vor meiner Nase. Natascha erklärte darauf mit großer Überzeugung: „Dann hat Werner Pavlovitsch kein gesundes Blut. Läuse gehen nur an gesundes Blut." Vielleicht hatte sie Recht?

NATASCHA IN UNSERER FAMILIE

Einmal – als wir mit unserem Bert* in der kurzen Zeit seines Lebens mit ihm beschäftigt bei Tisch saßen, rief Irene der Natascha zu, sie solle für uns zwei Eier braten. Auf ihre Frage: „Wie macht man denn das?" sagten wir, sie solle etwas Fett in die Bratpfanne geben, die Eier da hineinlegen. Wir warteten mit dem Essen, als plötzlich in der Küche zwei kräftige Knalle ertönten. Das gute Mädchen hatte die Eier roh und ganz in die Pfanne gelegt, so dass sie platzten. Ein andermal stand Natascha nachdenklich in der Küche am Herd und schob das Küchenmesser in ihren Haaren herum. „Aber Natascha, so wendet man doch ein Messer nicht an."--- „Ach, das macht nichts, ich muss mir die Haare sowieso waschen."

An einem schönen Sonntag (freier Tag) fragte sie Irene, ob sie mal deren Schi ein paar Stunden leihen könnte. Sie möchte gern die deutsche Bindung probieren (in Russland kannte man damals nur einen festen Lederriemen am Schi, um den Fuß hinein zu stecken).

Das war ihr gern genehmigt und Irenes Schistiefel dazu. Nach etwa 20 Minuten tauchte sie wieder auf in knielangem weißen Spitzenbeinkleid. Sie war bei ihrer Tante gewesen und die hatte sie ausgelacht.

In einer stillen Stunde erzählte sie uns auch ernstere Erlebnisse. Sie war aus dem südlichen Ural aus der Gegend von Swerdlowsk[114] und hatte zwei ältere Brüder. Ihr Vater war während des Bürgerkrieges Anfang der 20-er Jahre gestorben, als der eine ihrer Brüder irgendwo in der Ukraine kämpfte. Als er zurückkam, ließ er sich das Grab seines Vaters zeigen, nahm einen Spaten und grub ihn aus. Er wollte seinen Vater noch einmal sehen. Ein sprechendes Beispiel für russische Familienverbundenheit.

Als wir bald darauf Sibirien endgültig verließen, stand Natascha am Zug und winkte uns zum Abschied, Tränen rannen ihr aus den Augen.

Im Jahre 1934 wurde das junge Ehepaar Irene und Werner Taesler von einem persönlichen Schicksalsschlag getroffen. In sein Tagebuch schrieb WT:

Es war am letzten Wintertag, am 7.IV. [1934], als ich mit meiner Frau [Einschub: Irene] und dem Kleinen auf dem Schoß im Schlitten saß; im Schneesturm ging's über das Feld, dass kaum 20 m Sicht war. Wir fuhren nicht zum ersten Mal mit unserem Bert, aber wir fuhren diesmal zum letzten Mal: Wir waren mit dem 2-monatigen Jungen in der Taiga, und den 10-monatigen fuhren wir, unter die Erde zu bringen, einsam in der verschneiten sibirischen Steppe. Wir fuhren über die Felder, wo ich zu seiner Geburt Blumen gesammelt, die junge Mutter zu empfangen, wir fuhren an Hängen entlang, auf denen wir Rad gefahren oder Ski gelaufen sind, wir fuhren und hatten auf unserem Schoß einen kleinen roh gezimmerten Holzkasten, in dem unser Junge lag.

Auf dem Friedhof fanden wir gerade das letzte freie Grab, das (wie alle) schon im Herbst geschaufelt war. Als ich mit dem alten [Einschub: Totengräber] schon einen Meter Schnee abgeräumt hatte, kam ein anderer Schlitten mit einer jungen Mutter und ihrem toten Kind, auch ein kleiner Erstgeborener; der Alte warf unaufhörlich Schnee über sich und war selbst kaum noch zu erkennen vor Schnee. Als die Grube frei war, legten wir die beiden kleinen Särge nebeneinander unter die gefrorene Erde. Der Wind schnitt eisig ins Gesicht und hätte jede Träne gefrieren lassen.

Ein kleiner roter Stern auf einem Holzpfosten, auf den ich mit Bleistift den Namen „Bert" schrieb, kennzeichnet den Ort, [an dem] unser kleiner zur Ruhe [lag], genau 10 Monate nach seinem Empfang.[115]

KLEINE TAIGA-AUSFLÜGE

Solange wir unsere zuverlässige Natascha als Kindermädchen auch gelegentlich mit unserem kleinen Bert alleine lassen konnten, machte ich mit Irene kurze Ausflüge mit unseren Fahrrädern in nahe gelegene Ausläufer der Taiga. Wir besuchten dann gern einen gewissen Bauernhof (erstaunlicherweise noch nicht expropriiert) mit seiner echt russischen Küche. Da war der große Küchenherd – zugleich Backofen und vor allem Wärmequelle 2,5 x 2,5 x 1,5 m. Auf seiner völlig glatten Oberfläche lagen Felle, Filzdecken u. ä. zum Schlafen und um sich aufzuwärmen bei 40 Grad minus Außentemperatur, im Winter dann etwa 70 Grad Temperaturkontraste.

Als wir zum ersten Mal dies solide Holzhaus in Kreuzfachwerk, verziert mit Holzschnitzwerk besuchten, war der Bewohner (Bauer?) höchst überrascht, dass wir auf einem zweirädrigen Fahrzeug fahren konnten. Er war auf Lastkraftwagen gefahren und Flugzeuge hatte er zumindest in der Luft gesehen, aber noch nie ein Fahrrad. Wir erzählten, dass wir soeben beim Fahren auf dem schmalen Waldweg ganz in der Nähe auf eine Herde Schweine gestoßen waren, die weder nach rechts oder links ins Gebüsch verschwinden wollten, sondern grenzenlos erschrocken die ganze Zeit vor uns her die Flucht ergriffen, als hätten sie einen Bären auf den Fersen.

Das Wort Bär gab dem Gespräch eine interessante Wendung. Der isoliert gelegene Hof hatte vor einigen Jahren wiederholten Besuch von einem „Schlagbär", der ihnen mehrere Schafe und eine Färse geraubt hatte. Nach Anmeldung kamen zwei Polizeijäger und ließen sich genau Platz, Zeitpunkt und andere Details beschreiben, wo der Bär aus dem Wald hervorzutreten pflegte. Am Tag darauf kamen die beiden „Bärenjäger" am späten Nachmittag und hatten mit sich – staune wer kann – einen großen geflochtenen Korb

(„Wäschekorb"?) mit dran befestigter Camouflage und Stricken, mit denen sie den Korb zwischen zwei geeigneten Bäumen bei der Austrittsstelle des Bären befestigten und selbst mit geladener Waffe darin Stellung nahmen. Sie warteten mehrere Stunden schussbereit in ihrem Korb 2 Meter über dem Waldboden. Plötzlich hörten sie ein hartes kurzes mehr Bellen als Brummen – jedoch im Rücken. Sie machten schnell „kehrt um" und fielen aus dem Korb, wobei der Schuss abging, glücklicherweise weder sie noch den Bären traf. Nach dem Bericht unseres Waldbauern war die Fluchtspur des Bären deutlich von blutigen Exkrementen gekennzeichnet. (Ich habe viele Jahre später in Lappland von eingeborenen Lappen bestätigt bekommen, dass Braunbären nach starkem Erschrecken Blut von sich gäben, ohne verwundet zu sein.)

KLEINE TAIGAAUSFLÜGE UND DIE GROSSE TAIGAFAHRT

UNTER BEOBACHTUNG DER GPU

So teilte man eines Tages mit, dass unser Betrieb am nächsten „Freien Tag" einen Ausflug machen würde – auf Lastautos ca. 30 km in die Taiga, wo man ein neues Mineral entdeckt hätte. Persönlich erhielt ich den Auftrag, mit einigen Geologen zu untersuchen, ob und wie man für weitere Forschung überwintern könnte. Es handelte sich um etwas wie eine Mischung aus Braunkohle und Erdöl (noch ohne Namen). Es galt also einen Platz suchen, um einige winterfeste Baracken aufstellen zu können und frostfreies Trinkwasser zu lokalisieren. Wir waren 20 an der Zahl beiderlei Geschlechts, 12 konnten längs der Seiten auf provisorischen Bänken des Lastwagens sitzen, die anderen mussten stehen oder hocken oder auf jemandes Schoss sitzen. Es war eine lustige Stimmung.

Die Jüngeren stimmten dann auch Gesang an mit Vorsänger cantus firmus und mehrstimmigem Chor als ein Echo des Vorsängers. Ich fragte: „Das hört sich ja wie Kirchenmusik an" „Ja, das ist es auch, aber mit anderem Text.“ Für mich ein Gedanke. Diese kleine akustische Sensation wurde dann abgelöst von einer optischen Sensation, als wir nämlich in einen kräftigen Waldbrand kamen. Gottseidank nur auf einer Seite unseres Weges. Es war reiner Gipfelbrand in dominierendem Lärchenwald. Ich fragte: „Versucht man denn nicht, den Brand zu löschen?“ und bekam die überraschende Antwort: „Hier in der Taiga brennt es stets irgendwo.“ Das ist nicht so gleichgültig, wie es klingt. Heutige Forstwirtschaftler meinen, dass auf lange Sicht Brand an Nadelbäumen in nordischen Breiten ein gesunder Regenerationsprozess sein kann.

UNSERE HOCHZEITSREISE NACH PAMIR [1932]

In Russland konnte man damals viel Geld verdienen.[116] Mein Einkommen war durch Überstunden erheblich. Die Miete war im Grundgehalt enthalten. Die Wahl in unseren Ausländerläden dagegen gering. Wie sollten wir auf beste Art mein Einkommen anwenden? Ohne Zweifel für Reisen in diesem abwechslungsreichen Riesenland per Eisenbahn.

Wir starteten im Oktober 1932 nach Süden mit ALMA ATA[117] als kurzem Aufenthalt. Von da nach TASCHKENT[118] in USBEKISTAN. Das war eine der ältesten Städte Mittelasiens und Centrum von drei Weltreligionen. Schon seit dem Mittelalter war TASCHKENT ein wichtiger Umschlagplatz für Waren aus China längs der Seidenstraße von Zentralchina zum Römerreich in Europa, von SIBIRIEN im Norden bis PAMIR im Süden.

Bei SEMIPALATINSK[119] wurde die Landschaft trockener, statt Steppe mehr Wüste. Am Horizont zeichneten sich die ersten Silhouetten von Kamelkarawanen ab. Die Fenster unseres Zuges mussten wir dicht machen, um den eingeblasenen Wüstensand auf ein Minimum zu reduzieren.

ZUGENTGLEISUNG IN DER WÜSTE

Plötzlich bremste unser Zug kräftig. Das war aber kein Kamel auf der Schienenspur, sondern Äpfel, Melonen und andere Südfrüchte, zwei Waggons im Zug voraus waren entgleist. Die TURKSIB[120] war damals noch eingleisig. Der Zugführer gab uns zu wissen, dass wir mit mehreren Stunden Aufenthalt rechnen müssten. Ich stieg aus und sah mir den Schaden an. Hier und da ließ jemand einige Früchte in seine Tasche verschwinden. Selbst ging ich seitwärts in die Sandwüste. Auf etwa einem Kilometer Entfernung sah ich etwas wie eine Jurte. Unser Zugführer bestätigte mir, dass dort ein ganzes Kirgisen-Dorf läge. Ich fragte ihn scherzhaft, ob ich eine Stunde „Urlaub" kriegen könnte? Worauf ich zur Antwort bekam, ich könnte getrost 3 bis 4 Stunden rechnen, bis unser Zug weiterfahren könnte.

ZUGUNGLÜCK – GÄSTE DER KIRGISEN

Ich besprach mit Irene; sie wollte nicht mitkommen. So verabredeten wir alles mit dem Zugführer: ich durfte 3 Stunden den Zug verlassen in meiner Eigenschaft als „ausländischer Forscher" und ich zog des Weges zu Besuch bei den gutmütigen Kirgisen. Ich wurde umgehend aus der bereits heißen Mittagssonne eingeladen, in eine ihrer Jurten zu kommen. Darin war gemäßigte Temperatur trotz des brodelnden Kessels über dem Feuerplatz. Ich musste natürlich kosten! Was die Suppe enthielt, konnten sie mir nicht auf Russisch erklären. Aber „die Geste war doch das Beste." Ich schaute mich um, sie versuchten zu erklären. Aber plötzlich schien es unruhig in der Sippe zu werden. Ich folgte ihnen raus aus der schattigen Jurte und sah da auf der Erde einen Kirgisen liegen in irgendwelchen Krämpfen. Die Anwesenden nahmen das offenbar mit Ruhe. Nur wenige Augenblicke später kommt auch hinter der anderen Jurte ein Kamel hervor. Darauf sitzt ein wie mit Luft aufgeblasener, dick angezogener älterer Kirgise, um im nächsten Augenblick herun-

ter zu gleiten: in die Arme seiner Brüder, die ihm – offenbar vorbereitet auf einen Epilepsie-Anfall – helfen wollten, die heftigen Krampfbewegungen besonders des Kopfes zu stützen und auf eine weiche Unterlage zu legen.

Meine Zeit war aus – ich musste zum Zug! Unsre nächste Reiseetappe war ALMA ATA – 1400 km von Nowosibirsk. Wie eine dunkle Gebirgswand nicht erhob sich, sondern stand da plötzlich das Hochgebirge Afghanistans. Da es Abend wurde und die Steppenwüste kontrastlos grau sich zu beiden Seiten der TURKSIB bis zum Horizont streckte, legten wir uns auf unsere Pritschen und schlummerten ein. Das gleichmäßige Ruckeln des Zuges ließ mich träumen, ich läge schlafend zwischen den Schienensträngen und jemand rief mir kräftig zu: „Rolle dich zur Seite, der Zug kommt", was ich auch tat, sodass ich von der 2. Oberen Pritsche platt auf den Fußboden fiel – ohne andere Schäden als einige blaue Flecken.

Vielleicht lag in dem Schienentraum etwas Symbolisches. Irene hatte uns beschrieben, wie sie und ihre Schwester Anni die Kriegsjahre in ODESSA in eiskalten Klassenzimmern ihrer Schule verbrachten. Wenn sie nicht täglich Brennholz mitbrachten, verfroren sie ihre Hände. Irene konnte noch heute bei einem etwas raueren Wetter uns ihre geschwollenen „Kriegsfinger" zeigen.

Schwerwiegender war für mich zu hören, dass Anni und Ira [Irene] ihre schwerkranke Großmutter bis zu ihrem Tode täglich pflegten und gleichzeitig sich zu technischen Dolmetschern ausbildeten. Kurz vor ihrer Übersiedlung von ODESSA nach KUSNEZK und ihrer Bekanntschaft mit uns beiden jungen, deutschen Architekten. Und jetzt, nach 2 Jahren sind wir, Irene und ich, zu Besuch in ALMA ATA, wo meine Schwiegermutter die letzten ihrer Lebensjahre im INTERIM EXIL (d.h. mit Reiseverbot) verbringen laut GPUs (Sicherheitspolizei) Urteil.

Wir setzten trotz allem unsere Reise fort mit Taschkent als nächstem Aufenthalt. Karten für einzelne Städte gab es damals noch nicht. Wir mussten uns deshalb auf eigene Beobachtungen und Erklärungen einiger freundlicher Ortsansässiger verlassen. Dabei hatten wir Glück. Schon am Tage unserer Ankunft, als uns ein Lokalkundiger in unsern Weg kam.

Als wir in ALMA ATA nach einem Hotelzimmer suchten, zeigte ich mein Empfehlungsschreiben vom Stadtsowjet in Nowosibirsk, worin stand, dass WT auf einer Studienreise war und man ihm behilflich sein sollte. Damit erhielten wir ein Zimmer und, mehr als erwartet, einen sehr kundigen Guide.

Es war Spätherbst, und auf den Feldern erntete man Baumwolle, Reis, Tee, Wein und in höheren Lagen Weizen und Seidenkokons der Maulbeerbäume. Wir trafen die ersten Kamele mit Lasten auf dem Rücken oder vor zweirädrigen Holzwagen mit 2 m großen Holzrädern, um die zahlreichen Bewässerungsgräben überqueren zu können.

Als ich mir die Konstruktion der Räder etwas näher ansehen wollte, warnte mich unser Freund, dass man sich nicht zu nahe am Kopf des Kamels aufhalten sollte, das Tier könnte unverhofft mich mit einer kräftigen Dusche Speichel überspülen.

Überall spricht hier die Geschichte zu uns: die Größe der Moscheen, die Weite der Basare und die Vielfalt handwerklicher Produkte und Könnens. Da bewunderten wir besonders einen Porzellanreparateur, der mit Hilfe eines Bogendrills feinstes, beschädigtes Porzellan wieder brauchbar macht[e]. Er hatte dabei einen nadelfeinen Stahlbohr[er] in eine Bogensehne eingespannt und bohrte damit die winzigsten Löcher in das Porzellan, in die er kleinste Silberfäden verankerte. [Auch]Tassen, Vasen u. ä., und [wie er] auf unbegreifliche Weise die Bruchstelle unmerkbar mach-

te. Geschicklichkeit, Schönheitssinn kennzeichnete[n] auch Arbeiten mit handgewebten Textilien oder aus Lammfell gegerbtem Leder feinster Qualität (Persianer). Das Ganze wie ein lebendes Museum gewachsener Traditionen.

Auch die Moscheen selbst zeugten von Materialgefühl. Schon der Bodenbelag, auf dem 5 mal täglich mehrere hundert Gläubige niederknieten zu gemeinsamem Gebet mit dem Blick nach MEKKA gerichtet in den offenen Gebetshöfen, umgeben von Arkaden mit Rund- oder Spitzbögen. So auch unter den Gewölben der Gebetshallen (Kirchen) unter überdimensionierten Portalen, oft einige Meter vor die eigentlichen Fensterwände gerückt, verstärkten nicht nur deren Attraktivität, sondern auch deren Schattenspendung. Dazu die vielen hohen Minarette, einzelne oder in Gruppen zu zwei oder vier, runde[n] oder viereckige[n] glockenlose[n] Türme[n], von deren Umgang der Muezzin zum Gebet ruft.

Alles ruft hier zum Gebet schon auf weite Entfernung, so vor allem die 800 Jahre alten turkosfarbigen [türkisfarbenen] Kuppelbauten. Unser Begleiter berichtete, das[s] bei einem der vielen Erdbeben eine Kuppel ein[en] Riss erhielt und dass es mehrere Jahre dauerte, bis man die zur Ausbesserung erforderlichen Keramikplatten mit gleich[er] türkisfarbiger Glasur herstellen konnte, obwohl das dazu angewendete Rohmaterial in der Umgebung vorhanden war. ...

KIRGISEN UNTER SICH

Zu tausend belagern sie die Bahnhöfe, schleppen ihren schweren Pelz Sommer und Winter mit der Würde eines durch die Straßen schreitenden Kamels, arbeiten darin, schlafen darin, ohne sich viel zu waschen, wie die Schnecke in ihrem Gehäuse; übrigens haben sie mit dieser auch die Langsamkeit gemein. Neulich kam einer auf einem kleinen Kirgisen-Pferd, er selbst dick und massig, Eine schlanke Gerte wie ein Palmenwedel in der Hand, hinter ihm war ein Kirgisen-Sprössling aufgesessen. Mit steifer Würde trippelten sie in den Abend wie der Einzug in Jerusalem. Hinter ihnen auf der Straße geht ein andres Mädel und bettelt um Brot. Ein paar Lausbuben – 8-10 Jahre etwa – halten sie an: Sing mal was, dann kriegst Du Brot! Sie fängt an, eine jener attraktiven, fast exotischen Dudelsackmelodien zu singen. Die beiden Kerlchen stehen mit wichtiger Miene, plötzlich bricht sie ab: Schluss! – Noch ein! – Mehr nicht! Sie geben ihr das Brot und troddeln ab und summen vor sich hin die erkaufte Melodie – musikalische Kinder eines musikalischen Volkes.

Wir waren ja Kirgisen schon vor einem Jahr begegnet, als sie in Kusnezk in einer der neuen Wohnungen ihr offenes Feuer angezündet hatten. Hier treffen wir sie wieder in ihrer wahren Heimat KIRGISTAN an den Kultstätten islamischer Kultur. Hier im Grenzland zwischen Europa und Asien haben seit Jahrhunderten viele Nomadenvölker und Handelskarawanen ihre gesuchten Waren --- auf der SEIDENSTRASSE von Zentral-China zum RÖMERREICH im östlichen Mittelmeer gefrachtet. Und wie stets wurde ein Teil [der] Nomaden wohnhaft.

Bereits um 600 gründeten Araber TASCHKENT, eine der ältesten Städte in Zentral-Asien, heute Hauptstadt UZBEKISTAN mit zirka 2 Millionen Einwohnern, einem europäischen und einem asiatischen Stadtteil. In letzteren führten schmale Gassen zu jedem der vierseitig umbauten Hofhäuser, in welchen sich meist ein Regenwasser aufsammelnder Brunnen befand. Man erlaubte uns, näher zu treten. Unter viel interessanten Geräten und Arten der Bauweise, zeigte man uns auch, dass das Grundwasserniveau nur 20 cm unter dem plattgestampften Lehmfußboden lag.

Das weckte für mich eine Reihe von geografischen Fragen, die für die ganze Kette von Städten längs der Transkaspischen Eisenbahn ähnlich sein dürften. Deutet das hohe Grundwasser auf die Notwendigkeit, die weite Buschwüste zu bewässern oder zu entwässern? Das muss der geografischen Lage zufolge mehr oder weniger auch gelten für ALMA ATA ·TASCHKENT ·SAMARKAND[121] ·BUCHARA[122] ·MERV[123] UND ASJABAD.[124] Die Wasserfrage in der subtropischen Zone wird ja im Allgemeinen bestimmt von Niederschlagsmenge pro Jahr und Temperatur. Hier aber befinden wir uns in einer vulkanischen Landschaft in der Fuge zwischen zwei Erdplatten, dem Faltenhochland des Pamir, dem „Dach der Welt." Eine 3000 km lange Bergkette streckt sich von hier nach Osten mit Kältesteppen in 3000 m Höhe und in seinem westlichen Teil mit vergletscherten Gipfeln bis 7000 m Höhe.

Hier müssen unter Millionen Jahren tektonisch-seismische Kräfte von maximaler Intensität wirksam gewesen sein und die aufgestauten Schmelzwasserseen von hoher Höhe durch vulkanische Kräfte einige 1000 m haben abstürzen lassen (wie die Sintflut in Mesopotamien) und die großen Wüsten davor entstehen lassen.

Wir wollten ja in einigen Tagen das Kaspische Meer überqueren, deshalb sollten wir auch wissen, dass wir uns dann auf dem größten Binnensee der Welt befinden. 440 000 km² ohne Abfluss, mit einer Tiefe von ca. 1000 m als Folge einer Plattensenkung. Durch den starken Zufluss von Wolgas großen Wassermengen mit starker Verdunstung steigt der Salzgehalt im Meer auf 18 % und die Salzsedimentation auf Meeresgrund bis zu 2 Meter.

Nach alter Tradition ist hier die Grenze zwischen Europa und Asien. Kaspisches und Schwarzes Meer standen früher in Verbindung miteinander, und damit auch mit dem Mittelmeer. Dadurch ist eine reiche Fischpopulation auch im Kaspischen Meer noch heute zu finden, was auch für alle Nomadenvölker von Bedeutung gewesen sein musste.

Aber was ist von all dem heute von Bedeutung? Oberhalb der Millionenstadt Taschkent wird seit einigen Jahrzehnten ein gro-ßes Wasserkraftwerk von den Schmelzwassern des PAMIR getrieben. Ein solches gibt es wohl auch in Samarkand (250 km west-lich von Taschkent).

In SAMARKAND und auch in BUCHARA trafen wir auf eine vermutlich viel einfachere, sozusagen private Lösung der Was-serfrage in den europäischen Stadtteilen. Dort hatte man wasser-reiche Gebirgsbäche aufgefangen in Kanälen ca. 50 x 70 cm aus Steinplatten etwa 80 cm über der Erde. Solche dienten zum Wa-schen und zum Kochen. Mittelst beweglicher Steinplatten konn-ten die Seitenkanäle geöffnet oder geschlossen werden und das Wasser somit direkt in Bad oder Küche des Einzelhauses geleitet werden.

Ich wäre gern einige Tage den Spuren SVEN HEDINS* im PA-MIR Hochgebirge gefolgt. Hedin hat ja in mehreren seiner Bü-cher über Lebensbedingungen in Zentralasien geschrieben. Aber wir hatten weder Ausrüstung noch Zeit oder Geld dazu.

Umso eingehender konnten wir unser Interesse den wirklichen Edelsteinen in der Kette mittelalterlicher Sakralbauten widmen in ASHGABAD ·ALMA ATA ·TASCHKENT ·SAMARKAND ·BUCHARA ·MERV.

Hier lebt man im Süden unter der Macht des vereisten Hochge-birges des Pamir, dem „Dach der Welt." Hier gehen wir täglich zwischen prähistorischen Grabfeldern im Nomadenland der Ka-rawanenstraßen zwischen Asien und Europa, und hier leben wir in täglichem Anblick einer 1000-jährigen islamischen Kultur. Ein

Blick nach Norden verliert sich in einer endlosen Buschwüste. Wo sie unter Wasser steht, nennt die Bevölkerung dies eine Oase.

So kamen wir von Taschkent, dem „STERN DES ORIENTS", nach Samarkand, dem „EDEN DES ORIENTS". Wenn irgendwo im Orient, so steht man hier wie gebannt bei einer großartigen Ruine der zentralen Moschee BIBI-CHANUM mit der turkosfarbigen Mosaikkuppel über dem Mausoleum für TIMUR*.

[Timur] Lenks Sarkofag, des letzten Großmoguls anno 1330-1400 [richtig: 1336-1405], bekannt für seine Kriegszüge mit großer Unmenschlichkeit, aber zugleich stets gewillt, begabte Baumeister aus aller Welt zu sich zu rufen, um Moscheen und Paläste zu bauen.

So kamen wir endlich nach Krasnowodsk[125] am Kaspischen Meer, das mit seinen 1000 m Tiefe das größte Binnenmeer der Welt und mit über 5000 m hohen Ausläufern des Kaukasus als Fonds im Osten. Angekommen in Baku[126], versuchten wir mit unserem Handgepäck zur Landungsbrücke zu kommen, wobei ich mit meinem Rucksack die Scheibe einer Kajüte eindrückte. Große Aufregung: „Zerstörung von Staatseigentum." Erst als ich meine Empfehlungen von Nowosibirsk vorzeigte, wurden wir an Land gelassen.

Im Frühjahr 1933 machte WT für eineinhalb Monate Urlaub, den er in Deutschland und Schweden verbrachte. Er notierte in seinem Tagebuch:

7 Tage Eisenbahnfahrt nach Berlin – von Stockholm ebenso viel zurück nach Sibirien (Nowosibirsk). Im Übrigen ist die Zeit gefährlich geworden für biographische Aufzeichnungen, darum beschränke ich mich auf knappe Angaben, wie sie in den weiland faschistischen preuß[ischen]. Polizeiakten nachzulesen. Ich war gerade fünf Tage in Berlin, als der Reichstag hochging[127], außerdem unvorsichtig genug, in die Höhle des Löwen zu gehen – in die

TH – und ins Studen[ten]heim. Wo wir früher schätzungsweise wussten, dass 90 % der Bewohner dieser Baracken Nazi waren, da sah ich heute 95 % uniformierte SA-Helden, [die] über die wankenden Bretter des Korridors marschierten. In den ersten Abenden diskutierten wir 2 à 3 Uhr nachts über meine Erlebnisse in Russland. Das genügte, um mich am 2. III. [1933] zu verhaften unter dem Verdacht der Reichstagsbrandstiftung. Mir war das Polizeipräsidium schon von früheren Studentenkrawallen her bekannt. Aber was wussten wir damals, welche §§§ uns im ungünstigsten oder günstigsten Falle zugedacht werden können, so war es dies Mal ein „Ausnahmerecht", also die nackte Gewalt, vor der ich stand. Ich gestehe, dass die Ungewissheit zu wissen, ob es auf immer aus war – denn die Fußtritte, das Verhalten der SA-Hilfspolizei war wenig ermutigend – ob es auf 3 Jahre, 3 Monate oder 3 Tage gehen würde – was mir einige unangenehme Stunden hinter den vergitterten Türen der Einzelzellen brachte. Bei der Vernehmung zeigte ich Windeln, Damenbluse, Plätteisen etc. in meinem Koffer – wohl kein Gepäck eines Reichstagspyroman[en]... [128] (Ende Tagebucheintrag)

Nach Berlin genoss WT den Aufenthalt im schwedischen Stockholm, wo er seine Berichte an drei Zeitschriften ablieferte und mehrere Vorträge hielt. Einmal sprach er vor Prominenten der Gruppe für Neues Bauen. Einer der Zuhörer dürfte Sven Markelius gewesen sein, der zusammen mit der Soziologin und späteren Nobelpreisträgerin Alva Myrdal* den sozialen Wohnungsbau mit Gemeinschaftseinrichtungen in Schweden propagierte.[129] Markelius' Frau hatte WT bereits bei einer Architekturführung in Berlin im Jahre 1931 kennengelernt. WT besichtigte mit Markelius' Auto in Stockholm u.a. die Holzhaussiedlung dieses Architekten. Er verdiente in diesen zwei Wochen nicht nur 400 Kronen sondern auch ... „das sichere Versprechen, 1934 in Schweden eine Arbeit zu finden! Damit würde ein alter Wunsch zu realem Entschluss: mich wenn möglich auf längere Zeit in Schweden zu akklimatisieren."[130]

Ein Wermutstropfen war jedoch der Verlust aller seiner Aquarelle aus Deutschland und Schweden, die bei WTs Verhaftung 1933 in Berlin beschlagnahmt worden waren.

REISE ZUM WEISSEN MEER – DWINA – URAL 1934

Ich hatte 1934 einen Udarnik-Preis (Preis für beispielhafte Leistung) für zwei Wochen an einen Badeort am Schwarzen Meer für zwei Personen. Wir waren im Jahr zuvor im Süden gewesen, Irene war am Schwarzen Meer aufgewachsen: Wir beide wollten gerne noch Leningrad sehen und ich selbst auch die für allen Besuch schwer zugängliche Kola-Halbinsel und das Weiße Meer. Vielleicht hatte mein Tausch Verdacht geweckt.

In der Eisenbahn von Leningrad nach Murmansk waren wir einsam in einem Schlafcoupé. Abends stieg noch ein dritter Fahrgast hinzu. Aber alle 20 Minuten öffnete jemand vom Korridor die verriegelte Tür. Er war zivil gekleidet. Als ich mich beim Zugführer darüber beschwerte, merkte ich an seinem Gesichtsausdruck, dass da höhere Mächte im Spiel waren. Es wurde nicht mehr kontrolliert, aber der dritte Fahrgast war ja wohl das spähende Auge?[131]

Alles schlief. Plötzlich hör ich meine liebe Irene unter mir in den gröbsten Vokabeln schimpfen. Ich war augenblicklich neben ihr, um „den Dritten" mit offenem Hosenschlitz auf den Korridor zu expedieren. Andre Fahrgäste strecken ihre Köpfe aus auf den Korridor, der Zugführer kam, sah sich meinen deutschen Pass an und war offensichtlich irritiert. Er schlug uns vor, in Kirowsk, dem einzigen Anhalt zwischen Leningrad und Murmansk, auszusteigen und im Hotel (auf Kosten des Staates) zu übernachten, während Irenes Kleider gereinigt wurden.

Nach einiger Beruhigung machten wir eine wohltuende Promenade in Kirowsk. Da spielten Kinder, Vögel zwitscherten, da war[en] ein Süßwassersee, offenbar Schmelzwasser von umgebenden Bergen, und ein eigenartig schattenloser Schein der Mitternachtssonne. Wir sahen zur Uhr, es war Mitternacht – wir befanden uns 150 km nördlich des Polarkreises! Ob sich in Kirowsk auch ein Gefangenenlager befand, haben wir weder gesehen noch wollten wir danach fragen.

In Folge des Zwischenaktes im damaligen Kirowsk kamen wir einen Tag verspätet nach Murmansk. Dieser Platz war da noch ein recht trister Platz mit großen Hafenbecken, vielen Gleisanlagen und Lagerbauten, und etwas entfernt am Hang ein ebenso tristes Hotel. Da wir auf die nächste Bootstour nach Archangelsk einen Tag warten mussten, konnte Irene sich im Hafen umschauen, da ihr Herz nicht für Bergkletterei geeignet war. Ich selbst wollte doch sehen, welche Vegetation oder geologischen Besonderheiten auf den rechtmäßigen Randbergen des Fjordes zu finden waren.

Es war eine weite Sicht von oben wie bei den meisten der norwegischen Fjorde. Wie ich da so rumging, sah ich auch hier wie in Kirowsk am vorigen Tage einen kleinen Süßwassersee. Doch diesmal wollte ich mich endlich in klarem Bergwasser waschen. Ich hatte kaum die Kleider vom Leibe, da kam ein bewaffneter Wächter auf mich zugestürzt: „Ob ich nicht wüsste, dass hier verbotenes Gelände wäre" – hier war nämlich Murmansks Trinkwasserreservoir!

Nun musste ich – ein Ausländer – mit ihm den Berg abwärts zur Sicherheitspolizei GPU mehr stürzen als gehen. Ich konnte ihm die Situation klarlegen, wenn auch erst nach einem zeitraubenden Ferngespräch mit Nowosibirsk. Irene hatte bei meinem langen Weilen unser Gepäck vom Hotel zum Boot im Hafen tragen lassen. Unser Gepäck musste spätestens 15 Minuten vor Abgang an Bord sein. Unser Boot ging mit 10 Minuten Verspätung und mit zwei stark außer Atem gekommenen

Urlaubsfahrern, die in letzter Minute im Schutz der Reling kam[en].

Die Fahrt übers Weiße Meer war eine Fahrt durch dicken Nebel. Unser Nebelhorn schickte seine Warnungstöne mit kurzen Intervallen fast bis nach Archangelsk. Ich hatte Gelegenheit, eine Serie interessante Typ[en]-Porträts zu zeichnen. Sie konnten mir auf [dem] Schiffsdeck nicht entwischen und versuchten es auch nicht, fanden es offenbar interessant, zu sehen, wie sie auf dem weißen Papier so langsam in Erscheinung traten.

Von Archangelsk sah man kaum etwas vor lauter Holz, gesägt und ungesägt, gestapelt und auf Transportband. Wir suchten uns sehr bald zum Kai der Dvina, Nordeuropas längster (über 1000 km), aber wenig bekannter Fluss. Dort erwartete uns eine Überraschung. Transport von Waren und Menschen geschah noch heute auf Schaufelradschiffen (Raddampfer), wie ich sie kannte auf der Havel für Sonntagsausflüge in meiner Kindheit. Mit einem solchen nun sollten wir anno 1934 gefahren werden bis Kotlas[132] und dies mit Wachsamkeit. Am Bug des Bootes stand ein Schiffsjunge mit einer ca. 6 m langen Stange und rief die gemessene Tiefe dem Steuermann zu, damit wir nicht auf Grund gehen sollten.

Kotlas selbst ergänzte dann das Bild einer mittelalterlichen Landschaft, etwas erhöhte Lage der Stadt, offenbar eine mittelalterliche Stadt am Wasser mit reicher Bürgerschaft. Davon zeugte unter anderem die große Anzahl der Kirchen, mindestens fünf halb im Verfall dazu einige Ruinen. Wir trafen hier den Schriftsteller EHRENBURG*, er wusste einiges über die mittelalterliche Urbanisierung in den russischen Kerngebieten. Wir rechneten aus, dass je 100 Stadtbewohner ihre Kirche gehabt haben mussten.

Da die Dvina in ihrem Oberlauf Verbindung hatte mit dem Quellgebiet der Wolga, hatte Kotlas auch Kontakt mit Nishni Nowgo-

rod, einem der wichtigsten Inlandshandelsplätze, im Mittelalter für Transporte vom Weißen Meer zum Kaspischen Meer bis nach Baku, etwa 3000 km genau südlich von Kotlas. Und wie wir vor einem Jahr die Bakuer Moschee, so besuchten wir in Kotlas die größte der noch erhaltenen christlichen Kirchen. Aber erlebten wir dort ein wohlgepflegtes 3000 Jahre altes Kulturdenkmal, so standen wir hier etwas unerwartet in einem Getreidemagazin mit gestapelten Säcken bis zu 3 m Höhe. Und vor dieser Sackmauer eine sorgfältig aufgestellte Reihe von 12 Christusskulpturen in natürlicher Größe und in Holz geschnitzte, vermutlich gerette- te Kulturdenkmäler aus Landkirchen im Kotlas-Distrikt. Um das ungewohnte Szenarien doch bewohnt zu machen, so waren viele Glasscheiben in hochsitzenden Giebelfenstern zerschlagen, so dass die Dohlen aus- und einfliegen konnten!

Als ich Ehrenburg fragte, warum diese Kulturdenkmäler nicht vom russischen Staat erhalten werden können, erhielt ich die in- teressante Antwort: „Noch nicht jetzt."

Nach einem Abstecher in die Vergangenheit fuhren wir über NISHNI NOWGOROD (Gorki) und Nishni Tagil[133] nach MAGNITOGORSK im Südural, eines der wesentlich mehr an- sprechenden Großbauplätze. Hier waren Stadtteile schon fertig, geputzt sogar und etwas bepflanzt, alles ein Hauch aus FRANK- FURT zu dessen bester Zeit.

Ich traf auch ERNST MAY. Ich hatte gehört, dass er durch sei- nen Bruder in Afrika dorthin Kontakte hatte und ein Angebot, für eine Reihe größerer öffentlicher Bauten für den ägyptischen Staat zu projektieren. Ich fragte ihn vorsichtig danach. Mit vä- terlicher Freundschaft sagte er: „Sie sind ja noch jung und kön- nen sich noch ein paar Jahre die USSR um die Ohren gehen lassen. Ich mit meinen 43 Jahren will eine Aufgabe finden für den Rest meines Lebens." Ob ihm dies geglückt ist, hat er uns nicht wissen lassen, als wir ihn 20 Jahre später in Hamburg wiedertrafen.

VORBEREITUNGEN ZUR RÜCKKEHR[134] [1934]

Ich konnte meinen Arbeitsplatz wieder nach Nowosibirsk verlegen. Wir hatten uns auch entschlossen, zurück in den Westen zu ziehen. Im Konsulat konnten wir unsere/resp. Irenes Ausreisegenehmigung leichter ordnen. Man erklärte uns am Konsulat, dass der deutsche Staat unsere Ehe und damit Irenes deutsche Staatsbürgerschaft als rechtlich geltend anerkennt, doch unter [der] Voraussetzung, dass Russland Irene von ihrer russischen Staatsbürgerschaft befreite! Das pflegte etwa, ein halbes Jahr zu dauern. Erst dann könnten wir beide einen Reisepass erhalten.

Nachdem ich vor kurzem Hitlers Staatspolizei entwischt war und die russische GPU mir jetzt gänzlich unbegründet auf den Fersen war, blieb uns das wohlbekannte SCHWEDEN unser selbstverständliches Ziel. Mein Schwager Albert und Irenes Schwester Anni blieben noch in [der] [Ud]SSR. Viele Deutsche wurden erst jetzt nach Hitlers Machtantritt wirkliche Emigranten und wussten nicht, ob sie mich verstehen oder verachten sollten.

Unsere Gruppe „ausländischer Spezialisten" in Westsibirien hatte mich gebeten, über meine Erlebnisse in Deutschland nach dem Reichstagsbrand zu berichten. Man hatte einen städtischen Vortragssaal gemietet. Als wir uns am selbigen Abend dort einfanden, stand ein Politruk[135] vor dem Eingang und erklärte, die Zusammenkunft sei eingestellt. Wir hätten nicht um Genehmigung angesucht! Der so Erklärte war einer der stärksten Persönlichkeiten in NOWOSIBIRSK. Vielleicht ein Misstrauen gegen mich, was ich da erzählen würde? – Vor einem Jahr hatte mir derselbe Mann noch ein Empfehlungsschreiben für meine Reise nach Mittelasien ausgestellt!

RUSSLAND IN SEINEM HÄRTESTEN GESICHT

Unser Abschied von NOWOSIBIRSK, vom KUSBASS, von Russlands größtem asiatischen Bauplatz, fiel in die kältesten Tage unserer 3 ½ Jahre in Sibirien von November 1931 bis März 1934. Die Temperaturen pendelten zwischen -43 und -52 Grad. Bei Temperaturen unter -40 Grad pflegte die Luft still zu stehen, gefüllt mit Milliarden winziger Eisnadeln. Dann konnte man auch das HALO-Phänomen beobachten, wie durch Lichtbrechung oder durch Lichtreflexion zwei Nebensonnen an gegenüberliegenden Seiten des Horizonts erscheinen und die Sonne selbst dazwischen als dritter Lichtpunkt, meist nur wie ein matter Schimmer zu sehen ist.

In Tagen der maximalen Kälte holte ich Irene stets ab bei Arbeitsschluss. Eines Tages, als ich bei einbrechender Dunkelheit in die Nähe der Zeitungsredaktion, ihren Arbeitsplatz, kam, war die Straße gesperrt für allen Verkehr, weil die Feuerwehr gerade ihre Leitern aufrichtete zum Löschen in Häusern gegenüber. Wir mussten in der Redaktion warten, bis die Straße wieder frei gegeben wurde für Fußgänger. Uns schien, dass das Einrollen der Brandschläuche auf Schwierigkeiten stieß. Und da zeigte es sich, dass in Sekunden nach dem „Zudrehen" das Wasser in den Schläuchen zu Eisstangen wurde. Man hatte wohl bei -45 Grad damit gerechnet. Spezial-Kraftwagen fuhren die „Eisstangen" in die Ab[Ent]eisungshalle.

Und wenn die Temperatur ausnahmsweise eines Tages -20 Grad nicht unterschritt, dann fand man, es sei eine angenehme Temperatur. Doch achtete man darauf, nicht ohne Halstuch und Pelzmütze rauszugehen. Wir hatten Frostwunden gesehen oder gar selbst erlitten. Die waren wie Brandwunden, schwer zu verbinden und langsam heilend.

Eines Tages trafen Albert und ich auf dem Weg zur Arbeit bei -41 Grad Kälte einen Mus[c]hik[136] mit der Pelzmütze im Gesicht und einer Wodkaflasche neben sich schlafend im Schnee. Wir benachrichtigten die Polizei, die erstaunlich schnell mit Fuhrwerk am Platz war und ihn abfuhr.

Die Doppelfenster in unseren Einzimmerwohnungen waren stets millimeterdick gefroren und stets damit undurchsichtig. Zur Sicht und Lüftung gab es in allen Fenstern ein kleines 30 x 30 cm eingebautes Öffnungsfenster („Okoschka"). Um die städtische Versorgung mit Holz zu bereichern, sammelten Albert und ich Abfallholz an den Baustellen und sägten es abends in unseren Wohnungen. Da hatten wir massive Ziegelöfen 2x 2 m, die mit Holz und Koks beheizt wurden. Abends rückten wir unsere Betten dicht an den Ofen, sodass wir dort unseren Rest-Tee abstellen konnten vor dem Einschlafen. Morgens waren die Teereste stets gefroren.

REFLEXIONEN IN DER EINSAMKEIT – NOWOSIBIRSK

OKTOBER 34

Jetzt bin ich 3 Jahre in der USSR und sehe mit jedem Tag deutlicher, wie verschieden die Voraussetzungen sind für eine Annäherung der Westeuropäer mit den heutigen Russen.

Ich habe mich lange gewehrt gegen diese Erkenntnis, wollte nicht hochmütig sein, nicht chauvinistisch. Es sind weniger Meinungsgegensätze als vielmehr die verschiedenen Grade kultureller Sensibilität jedes Einzelnen. Ich will nicht länger in dieser geistigen Abgeschlossenheit leben, wo man stets die eigenen Früchte auf den eigenen Dünger sät und schließlich ein quantitatives Anwachsen erreicht. Ich brauche lebendige Diskussion oder Zusammenarbeit mit Freunden oder Gegnern. Der Zug zur Kollektivität oder Volksgemeinschaft unserer Tage kann nicht – oder darf nicht

– bedeuten die geistige Uniformierung des Menschen, eine geistige Planwirtschaft. Oder, wie Franz Marc* kurz vor seinem Tode sagte: „Wissenschaft ist nicht das Ziel, sondern eine Art unseres Denkens", d.h., ein Wegweiser mit vielen Armen.

UNSERE WARTEZEIT IN MOSKAU 26.10.34 – 24.5.35

[RICHTIG: 24.04.1935]

Im Gegensatz zu meinem ersten Monat in Moskau waren meine letzten recht dramatisch. Ich konnte für den Lebensunterhalt verdienen im Zeichenbüro der neuen U-Bahn-Stationen und in einer der „Masterskajas", d.h. privaten Architektenbüros für Fassaden in zaristischem Klassizismus (wieder erlaubt!).

Schwieriger war die Wohnungsfrage zu lösen. Wir mussten uns schließlich mit einer sogenannten „geteilten Wohnung" begnügen. Das waren ehemals Oberklassewohnungen mit 3 à 6 [m] großen Zimmern aus der Zeit vor der Revolution. Nun erhielt je eine Familie ein „Zimmer." Gab es einen Salon von 60 m², so wurde ein solcher von Kleiderschränken u. ä. geteilt in Einfamilienräume von 15 à 20 m². Nachts hörte man nicht nur Intimitäten. Ich war besorgt um Irenes Asthma. Hinter der Schrankwand neben uns hörten wir krampfartige Hustenanfälle. Andere Wohnungsteilhaber meinten, ein Alter hätte TBC. Doch nicht nur das. Morgens musste man Schlange stehen vor Toilette und Waschplatz. Das eigentliche Badezimmer wurde Waschraum für Wäsche von 20 à 25 Personen. Wäsche trocknete man in der Küche. Aber da standen 4 à 5 Kisinki (Petroleumbrenner) und wehe dem, der vergaß den Brenner nicht rechtzeitig auszulöschen – dann verrußte die ganze Küche!!

Dass es in diesen geteilten Wohnungen auch „Untermieter" bei dem einen oder anderen fand, ist ja – wie Natascha in Kemerowo wusste – bei jedem Menschen mit gesundem Blut zu finden.

Wir mussten also auf den freien Wohnungsmarkt gehen, so schnell wie möglich. Wir fanden eine sehr saubere Wirtin mit einem möblierten Zimmer mit Küchennutzung für unsre letzten Monate als Moskoviten. Die 3 ½ Treppen hochsteigen, war für Irene indessen jedes Mal ein Kampf mit ihrem Asthma.

Bald nach unserem Einzug trafen wir eines Tages bei unserem Hauseingang einen Krüppel ohne Beine. Um sich fortzubewegen hatte er ein paar kräftige Holzklötze mit Lederhandschuhen, so dass er kängeruh-artig sich hebend bewegen konnte. Unsere Wirtin erklärte auf unsere Frage, dass dieser illegale Mieter ihr schon mehrere Monate die Ruhe nimmt. Er will manchmal bei ihr hereinkommen, was sie ihm versagte. Mit einem Stück Brot verließ er dann gewöhnlich ihre Wohnungstür – sie glaubte, dass er auf dem Dachboden schliefe.

Eines späteren Abends klingelt es an unserer Wohnungstür – vor uns stand ein weinendes Mädchen von etwa 15 Jahren. „Ob sie bei uns übernachten könnte." Sie schlief auf dem Boden in einer Gruppe, die alle Sklaven des Beinlosen waren. ... Was tun? Wir ließen sie ein und gaben ihr etwas zu essen. In der Zeit, als sie aß, konnte wohl Irene nichts geschehen. Ich schlich mich durch die Hintertür des Hauses und auf Umwegen zur Polizeistation. Ich verlangte ihr Eingreifen sofort, um eine eventuelle „Racheaktion" der Dachbewohner zu verhindern. Die Beamten erklärten mir dann, dass sie diese junge Bande schon zweimal in ihre Heimatgemeinde zurückgesandt hätten (so waren die Bestimmungen) und stets waren die in einigen Wochen wieder in Moskau. Nun müssten sie auf jeden Fall das ganze Häuserviertel abriegeln und absuchen. Ich meinte, sie hätten doch die kleine Bande in der

Falle auf unserem Dachboden. Dazu erklärten sie eine städte-baulich interessante Bestimmung: Alle Dachböden müssten mit „Flucht-Tür" zum Nachbar-Dachboden versehen sein, wegen Ausräumung im Kriegsfall, (wo nur wir im Westen doch eisenhart auf die undurchbrochene „Brandmauer" bestehen).

Was auf unserem Dachboden geschah, konnten Irene und ich nicht verfolgen, wollten wir nicht verfolgen. Dagegen hatten wir vielleicht den Tod dieser Jugendlichen auf dem Gewissen. Hatte doch kürzlich die russische Regierung Todesstrafe auch für Ju-gendliche eingeführt, was uns alle so empörte, das einzige Land in der zivilisierten Welt mit Todesstrafe für Minderjährige! Und hier waren es vielleicht Besprisorni (elternlose Kinder), Opfer der Enteignung der Bauern, deren Kinder, sich selbst überlassen, sehen mussten, wo sie sich durchschlagen konnten. Jugendliche ihrer Art begegneten uns noch öfter, sie zeigten sich stets sehr intelligent und tatkräftig.

KIROW* [ER]MORDET [1934]

Bei unserem Aufenthalt in Moskau vor unserer Abreise wussten wir nichts von einer Rivalität zwischen STALIN und KIROW. Nur höhere Parteimitglieder konnten den Mord ahnen. Als ich zu meinen Arbeitskameraden äußerte: „Ich kann nicht begreifen, dass einer der mächtigsten Parteifunktionäre in seinem Arbeits-raum einfach erschossen werden konnte – ohne jede Schutzwache –, so wurde mir zugeflüstert, ich sollte mich dazu am besten nicht äußern! – Heute weiß man mehr darüber.

Mit der Stunde, da der Mord bekannt wurde, legte sich etwas wie eine dunkle Wolke über Moskau – wie ein drohendes Omen! Als die Leicheneskorte auf dem Leningrader Bahnhof in Moskau ein-traf, waren alle dorthin führenden Straßen verstopft und ein tota-les Schweigen herrschte. Das ganze Gleisgelände des Bahnhofes

121

*war von einer 3 m hohen Palisade aus Holz umgeben. Plötzlich
tauchten über dessen Oberkante 6 bis 8 Jungensköpfe auf (wie in
einem großen Puppentheater). Ein gedämpftes Lachen aus einigen hundert Kehlen begrüßte sie, und wir in nächster Nähe Stehenden hörten sie uns antworten: „Weinen solltet ihr, aber nicht
lachen." Waren das dieselben Besprisorniki, die wir kürzlich von
der Polizei von unserem Dachboden haben holen lassen? Wo und
wie man diese elternlosen Opfer der russischen Zwangskollektivierung trifft, ist man erstaunt, welch hohen Grad von Lebens-
weisheit diese Kinder bereits früh sich erworben hatten.*

GPU ZUM LETZTEN MAL – DER LETZTE TAG AM KREML

*Das Warten auf die Ausreisevisa wollte ich ausnutzen, um von
Moskau noch einige Skizzen zu machen, besonders vom Kreml.
(Kreml war nicht zugänglich für Besuchende.) Ich wollte zum Essen wieder zurück sein. Eine Partie der Kreml-Mauer NW der
BASILIUSKATHEDRALE[137] interessierte mich. Ich ging zu diesem Zweck in einem der älteren großen Wohnhäuser zwei Treppen hoch, wo ich von einem Korridorfenster einen guten Ausblick
hatte. Keiner fragte mich, ich stellte meine Feldstaffelei auf und
hatte kaum einige Striche auf dem Papier, als ein zivil gekleide-
ter Herr mich aufforderte, zusammenzupacken und ihm zu folgen.
Ich verstand sofort, mit wem ich es zu tun hatte.*

*Wir waren einige hundert Meter gegangen, da trafen wir einen
Freund Benni Heumann* mit Frau, auch sie wie meine Irene, russischer Herkunft. Sofort wollten sie die Hand reichen. Ich musste
dankend ablehnen, da ich gerade „in Gesellschaft" war! –*

*Selbst landete ich, wie erwartet, in der LUBJANKA[138], Verwal-
tungsgebäude der geheimen Staatspolizei. Nach einer halben
Stunde warten wurde ich gefragt (wie einige Jahre früher am
Brückenkopf in KUSNEZK). Nachdem dieser Rapport einem hö-*

heren Beamten vorgelegt war, wurde ich von diesem wieder be-
fragt, diesmal etwas intelligenter. Ich erklärte ihm mein Herum-
schnüffeln in nächster Nähe des Kremls wahrheitsgemäß damit,
dass ich als Architekt neben meiner Tätigkeit als solcher auch
gerne einiges aus der Geschichte der russischen Architektur wis-
sen möchte und zu diesem Zweck einige Skizzen machen und die
auch mit mir nehmen will nach Schweden zu Vorträgen.

Er war mit dieser Erklärung offenbar zufrieden und entließ mich,
nachdem er mir empfohlen hatte, künftig Erlaubnis hierfür einzu-
holen, da gewissen Partien des Moskauer Stadtkerns für Abbil-
dungen verboten seien.

Ich dankte ihm und verließ das meist gefürchtetste Gebäude
Moskaus.

Unterdessen hatte das Paar Heumann meine Irene unterrichtet,
was geschehen war. Da sie mit der Routine der Sicherheitspolizei
einige Erfahrung hatte, so machte sie sofort ein „Verhaftungspa-
ket" mit etwas Brot, eine[r] warme[n] Decke und einer Tageszei-
tung zurecht und wollte das für mich in der Lubjanka abgeben.
Dort wurde ihr aber gesagt: „Der ist schon lange nach Hause
gegangen." – „Aber der ist nicht gekommen." – „Dann ist er
wohl etwas Tee trinken." Also musste die Verzweifelte im Unge-
wissen verbleiben. – Ich hatte mich mit meinem Skizzenblock – da
der Tag nun doch zerstört war – in den Moskauer ZOO begeben
und gezeichnet. Um gegen vier Uhr traf sie mich wieder. Sichtbar
erleichtert.

1.5 Als Fremder in Schweden

WT und seine Frau planten nach den Erfahrungen in der Sowjetunion zunächst, in die USA auszureisen, was sich aber als unmöglich herausstellte.[139] Stattdessen reisten sie über Finnland nach Schweden.[140] Fremd war Schweden für den deutschen Naturfreund jedoch nicht.

MEIN SCHWEDENBESUCH 1930

Schon seit vier, fünf Jahren hatte ich mir gewünscht, das Land unter dem Polarkreis mit Rentieren auf den Gletschern, mit den vielen Wasserfällen, reißenden Gebirgsbächen und großen Seen zu besuchen. Ich ging mit Rucksack und Gitarre in Greifswald in den Hafen und fand ein Frachtschiff, dessen Kapitän gewillt war, mich unentgeltlich mitzunehmen. Wir fuhren längs der ganzen norwegischen Küste. In jedem Fjord-Hafen legten wir an zum Umlasten. Die kurzen Aufenthalte nutzte ich, um nordische Küstenlandschaft zu bewundern, wo man meinte, Per Gynts Echo zu hören. In Trondheim[141] dankte ich dem Kapitän und begann meine erste (von vielen späteren) Fußwanderung quer durch Schweden.

Es hatte die ganze Woche geregnet, und Ortsbewohner warnten mich vor überfüllten Bächen im Kanifjäll (richtig: Kalfjäll – kahler Berg) oberhalb der Baumgrenze. Ich war noch nie in wegloser Landschaft gewandert. Sonst leicht zu durchwatende Wasserrinnen waren angeschwollen zu knietiefen reißenden Bächen. Meine genaue Karte 1:50 000 war sehr bald durchweicht. Nach einigem Ausrutschen zerriss sie ganz. Ich war bald bis in die schwer durchsichtigen Höhenwolken gekommen und sehr bald verlor ich die Orientierung mit Hilfe der mit weißer Farbe versehenen wegweisenden Steine. Als ich unerwartet durch eine kurze Öffnung in der Wolkendecke vor einer weißen Wand stand, meinte ich, ich sei vor dem schneebedeckten Gipfel des SYLMASSIVS.[142]

Ich zweifelte, änderte jedoch meine Kompaßrichtung um 20 Grad und kam schließlich durchnässt in die alte Syl-Stuga (Sylhütte). Dort empfingen mich zwei junge Bergwanderer, Geschwister ungefähr in meinem Alter. Sie sorgten für mich mit heißem Tee und Brot, trockneten meine durchnässten Kleider und überließen mir am nächsten Tag auch ihre topographische Karte für die Fortsetzung meiner Wanderung. Sie erzählten mir, <u>dass sie aus einer Schuhstadt in Mittelschweden wären, nämlich ÖREBRO.</u>[143] <u>Ich traf also hier in den ersten Stunden auf schwedischem Boden die ersten Schweden, zudem aus der Stadt, in der ich einmal mehr als die Hälfte meines Lebens verbringen sollte.</u>

Mit Rucksack und Wanderstab ging ich weiter – meist oberhalb der Baumgrenze und mit meilenweiter Sicht im schwach kupierten Gelände. Hier fühlte ich mich frei und unbedroht, wie ich es nie zuvor erlebt hatte. So steuerte ich auf einen großen solitären Steinblock zu (vielleicht ein Gruß aus der Eiszeit), der mir etwas die Aussicht sperrte. Als ich um die Ecke des Felsblocks kam, befand ich mich plötzlich von einer wie aus der Erde gewachsenen Renherde umgeben. Das heißt, sie umspülten mich von allen Seiten mit den Gehörnen auf Reichweite. Was sollte ich tun? Laut rufen? Mit meinem kleinen lächerlichen Wanderstab sie wegstoßen? Ich erinnerte mich, dass man mir gesagt hatte, dass Rene in solchen Situationen ruhig zur Seite gingen. Ich stellte also mich und sie auf die Probe. Und siehe da, die Herde von etwa 200 halbdomestizierten Tieren ging ruhig vor mir auseinander und hinter mir wieder zusammen wie eine große graubraune Pelzdecke rund um mich herum.

Ich suchte nach dem auf der Karte eingezeichneten Weg. Das aber war meistens nur ein schmaler Pfad. Wo heute eine Autostraße führt, ging damals ein schmaler Pfad oft kilometerweit durch wässriges Moor. Man fand ihn meist wieder, wenn man ihn verloren hatte. Schwieriger war es mit den auf der Karte ver-

merkten Gehöften. Sie konnten verschlossen oder verfallen sein.
Dadurch wurde die Tagesetappe zuweilen 30 statt 15 km. Aber
bedauern brauchte ich das nicht. Diese isolierten Bergbauern
freuten sich über jeden Besucher und bewirteten mich mit ganz
überraschender Großzügigkeit. Ich musste ihnen erzählen, woher
ich käme und mehrmals musste ich einen Tag länger bei einem
bleiben. Bei einer solchen Gelegenheit zeigten sie mir die damals
noch wenig bekannten Felsenzeichnungen an einer Felswand in
FLATRUET[144] *6000 Jahre alt – ein unv[z]erstörbares Dokument*
schwedischer Vorgeschichte.

Kurz vor der geplanten Einreise in die Sowjetunion war WT nochmals
in Schweden.

SCHWEDEN – EIN INTERMEZZO? STOCKHOLM 28.10.31

Heute bin ich einigermaßen zufrieden. Zwar sind meine Versuche,
eine vorübergehende Stelle zu finden, gescheitert, zwar kommt
der Augenblick bedenklich näher, wo ich einen „Pump" aufneh-
men und nach Deutschland zurückkehren muss. Habe heute eine
statistische Arbeit über Schwedens wirtschaftliche und soziale
Lage fertiggestellt. Damit erscheint mein Zwangsurlaub nicht
ganz nutzlos. Bei meinen Studien in der Statistischen Bibliothek
fand ich sehr positive Unterstützung von der sozialistischen Stu-
dentenvereinigung Clarté.[145]

Meine Kenntnis von Stockholms Neubauten und den Architek-
tenkontoren verdanke ich der Bekanntschaft und dem Motorrad
eines jungen deutschen Architekten HANS BARTNING*. Habe
überraschend schnell Anschluss gefunden. Am Sonntag waren wir
zu zwölft, Halbdeutsche, Halbschweden beiderlei Geschlechts im
Grünen bzw. im Gelben: meist Espen und Birken. Als dicke un-
bewegliche Masse lag das Herbstlaub auf den Zweigen, gegen
Abend kam ein Windstoß und löste diese schweigende bunte Mas-

se auf zu tausend kleinen Sternen, die Äste standen plötzlich kahl und den Boden bedeckte ein weicher bunter Teppich. Ich sah da ein Mädchen in der Dämmerung stehen, wie sie mit den Händen in die Luft griff und man sah nicht wonach, sah nicht die Blätter, die der Wind ihr zuspielte. Eine keusche Sinnlichkeit lag über all dem: über den Blättern und über dem Mädchen und ein tiefes leuchtendes Schweigen.

OKTOBER 31 – RADFAHRT DURCH DALARNA[146]

Eines Abends im Oktober. Es war ein ruhiger, kühler Abend. Ich kam nach ein paar anstrengenden Fahrttagen durch Dalarnas Finnmarken in der Nähe von Västerås[147] und musste mich mit dem Fahrrad zum Ausruhen an die Wegkante setzen. Im nahen Wald hörte ich stark rhythmische Musik, viele Motorräder auf der Landstraße. Menschen und Lichter, ein paar Zelte im Gebüsch, irgendwo stieg Rauch auf, ein paar Wagen mit Heubündeln. Irgendwo dahinter spielte ein Zigeuner Geiger, ein anderer Schlagzeug. Mädels lachten und als Kontrapunkt vor dem Eingang dieses kleinen Zeltlagers eine dicke alte Zigeunerin mit Ringen an Kopf und Armen und einer Pfeife im Mund. Die Szene vor meinen Augen weckte in meiner Erinnerung Nikolaus Lenaus* schönes Gedicht[148]:

*Drei Zigeuner sah ich einmal
Sitzen an einer Weide,
als mein Fuhrwerk in müder Qual
zog durch die sandige Heide.*

Ein jedoch lebender Ausschnitt schwedischer Tradition waren in den zwanziger Jahren noch die Sennhütten, damals ein höchst interessanter Arbeitsplatz für Stalltiere, vor allem Rinder, die auf die Weide oberhalb der Baumgrenze getrieben wurden. Als des Menschen ältestes Zahmtier lieferten die Kühe außer Milch von höchstem Fettgehalt, Butter, Käse und auch Messmör[149] (Magerquark aus Molke, nur in Skandinavien bekannt), dazu Leder, Knochenleim. Der ganze Verarbeitungsprozess lag also noch am Platz des Rohmaterials. Zum Verbrauch im Dorf unten im Tal wurde es mit Pferd und Wagen, womöglich auch mit Fahrrad von Burschen des Dorfes abgeholt, bei Gelegenheit mit Tanz auf der Tenne als Zugabe.

Diese ganze Fäbod-, Sennhütten-, Romantik verschwand mit dem Wegebau für motorisierten Verkehr von und zu den Sennhütten. Als ich danach lange durch eintönigen Kiefernwald getippelt war, holte mich ein Pferdefuhrwerk ein, dessen Kutscher mich mitnehmen wollte auf seinem Wagen. Er machte mich aufmerksam darauf, dass nur wenige Kilometer neben der Landstraße Schwedens zweitgrößter Fluss, der Österdalälven, floss. Der hatte gerade hier einen grandiosen Kanjon [Canyon], TRÄNGSLET, gebildet mit großen Stromschnellen bei seinem Ausfluss STORSU[N]GNET. Er fügte hinzu, dass auf dem nördlichen hohen Ufer zwei gewaltige glaziale Schmelzwasser-Kessel (vom Schmelzwasser unter dem Inlandseis im Urgestein ausgeschliffene Kessel stark variierender Größe) waren, wert, sie sich anzusehen. Auf unserer Seite gab es Weideland mit einer Sennhütte (Fäbod).

Weil es schon später Nachmittag war, wollte ich noch einen kurzen Blick auf die Stromschnellen werfen. Beim Abschied sagte mein Fahrtenkumpel: „Zwei Meilen (20 km[150] talabwärts) kannst Du vielleicht auch einen deutschen Pastor besuchen."

Ich schlug noch einen Seitenweg ein zu den Stromschnellen. Welch ungeahntes Spiel der Naturkräfte – schäumendes Wasser kam wie aus Erdspalten gespeit [gespien] über, unter und zwischen Felsblöcken, die wie geschliffen glänzten. Um mich herum war die Luft diesig. Ich wagte deshalb nicht, näher an die Felskante zu gehen. So dachte ich an meine Übernachtung und ging zum Fäbod MARTINSBODA, ein solides Blockhaus – unverschlossen. Darin waren zwei Pritschen. Ich hatte den ganzen Tag nur eine Scheibe Brot von meinem Kumpel gegessen, in der Sennhütte gab es jedoch reichlich Knäckebrot und auch einen Rest geräucherten Schinken und so schlief ich „berauscht" von Rauschen des TRÄNGSLET ruhig ein.

Am nächsten Morgen traf ich auch den deutschen „Predikanten" [Prediger] mit Frau und fünf Kindern – eine höchst zufällige Bekanntschaft, die eine lebenslange nahe Freundschaft werden sollte. Er hieß STINZING*, ein überzeugter Anthroposoph.

Als ich 30 Jahre später, 1960, wieder einmal diesen Platz besuchen wollte, fand ich nichts als dessen Namen an einigen Wegweisern wieder. ÖSTERDALÄLVEN war verschwunden hinter/ unter einem Riesenvorhang, einem Erddamm von 120 m Höhe und 850 m Länge über einer Basisbreite von 550 m. Hinter diesem Kraftwerkdamm – bei seiner Fertigstellung Europas größter – [er]streckte sich ein Stausee von ca. 40 km Länge. Nichts an glatten Klippen, an Stromschnellen oder Eisstromkessel. Der früher dichte Wald war aufgelichtet und von Parkwegen durchzogen und als Krone des Ganzen – eine große Anzahl fabrikfabrizierter Freizeitvillen mit Kaufladen und Lager – früher Schuppen für Baumaterial. Das ganze Hüttendorf mit Elektrizität versehen und mit „Wasser aus der Wand." War das Verschönerung der Natur oder deren Nutzbarmachung? Dass ein Braunbär – wie noch 1930 – aus dem Wald auftauchen könnte, war kaum denkbar nach 10-jähriger Anwendung größter Wasserbaumaschinen.

So wollte ich Schwedens Herz – den Siljansee – nicht nur im Vorbeifahren ad notam nehmen. Etwas abseits der Landstraße erhebt sich der Gesundaberg – berühmt durch Carl von Lennés* Beschreibung der Südbergflora am Fuße des Berges. Ein Besuch war anstrengend, doch überraschend schön. Die Wand dem Sil-

jan zugewandt erlebte [ich], als schwebte man. Den Berg an sei-
ner steilen Wand zu besteigen, ist bestenfalls echt[en] Alpinisten
zu empfehlen. Der Rückweg vom Gesundaberg führte an einer
der größten Sennhütten vorbei mit breiten Viehwagen gemeinsam
für ein ganzes Dorf als familieneigner Sommerarbeitsstätte.

Mein nächstes Ziel war [die] Siljan-Schule, ein schön gelegener
Platz, bekannt für seine neue Form gemeinsamen Lebens und
Lernens.

Nach dem Arbeitsaufenthalt in der Sowjetunion kam WT 1935 mit seiner Frau nicht in das nationalsozialistische Deutschland, sondern suchte
Zuflucht in Schweden. In seinem Tagebuch schrieb WT:

Am 26. April 1935 kamen wir in Stockholm an mit 60 Kronen in
der Tasche, ohne „europäische" Kleider, ohne Möbel, ohne – Ar-
beit. Nach 6 Tagen hatte ich Arbeit bei der schwedischen Konsum-
genossenschaft (Kooperativa).[151] *Während des Sommers wohnten*
wir bei Freunden, im Herbst bezogen wir eine eigene Wohnung,
mit den ersten eigenen Möbeln. Malte während dieser Sommer-
monate ein großes Bild, ein zusammenfassender Ausdruck des
russischen Aufbaus in Sibirien. Ausgehend von alten Altarbildern
stellte ich das Nacheinander des Aufbaus in der Gleichzeitigkeit
von 4 Teilbildern in einem Rahmen dar. „Sozialistischer Realis-
mus" in leicht kubistischer Abstraktion. Ein fruchtbarer Versuch,
doch fehlte mir noch viel von jenem Können, das eine solche an-
spruchsvolle Monumentalität glaubhaft erscheinen lässt.[152]

DIE UMKEHR MEINES LEBENS

Der Tag der Rückreise nach Westeuropa über Finnland nach Schwe-
den. Für Irene der schriftliche Verzicht auf jeden späteren Besuch in
ihre russische Heimat – und für mich der endgültige Verlust meines
Glaubens an eine sozialistische Heimat unter Stalins „Hut."

An der russisch-finnischen Grenze überraschte uns die Kontrolle unseres Reisegepäcks. Wir hatten erwartet, man würde Schwierigkeiten machen mit Irenes geerbtem Silberbesteck. So geschah es nicht. Stattdessen fragte man mich, ob ich irgendwelche amtlichen Papiere bei mir hätte. Ich zeigte darauf mein Udarnik-Zeugnis (für vorbildlich gute Arbeitsleistungen). Das durfte ich nicht behalten (ohne Erklärung)! –

In Helsingfors[153] sah (und kostete) Irene zum ersten Mal in ihrem Leben Bananen, die sie enttäuschten. Ähnlich neu waren für sie Apfelsinen. Die jedoch schmeckten ihr. Bananen und Apfelsinen sind ja die einzigen Obstarten, die damals in Russland weder geerntet noch importiert wurden.

Unsere knappe Reisekasse erlaubte es nicht, uns länger in Helsingfors umzusehen.

So kamen wir nach ruhiger Schiffsreise über die Ostsee am 26. April 1935 in STOCKHOLM an. Die Finnlandboote pflegten bei Skeppsbron[154] anzulegen. Daher konnten wir fast vor unseren Augen an einem Hausgiebel lesen: HOTEL REISEN. Das klang unzweifelhaft deutsch, vielleicht aus der Hanse-Zeit vor 700 Jahren? Wir hatten jeder 30 Kronen von Russland mit ins Ausland nehmen dürfen, hatten keine europäischen Kleider noch weniger Möbel. Unsere erste Übernachtung im HOTEL REISEN nahm den größten Teil unserer Reisekasse.

Bei einem dieser Marktbesuche hörten wir von einem schon länger Ansässigen, dass in Schweden die Kirche die Einwohnerregistrierung hätte und dass alle Deutschen zu diesem Zweck das Pastorat der deutschen St. Gertrudsgemeinde in der Stockholmer Altstadt aufsuchen müssten. Als ich dort erklärte, ich sei seit 5 Jahren Dissident, wurde ich vom Oberpfarrer selbst ausgefragt: Aus welchem Grund? Ich ließ ihn wissen, dass mein Schwieger-

vater, selbst Pfarrer, von den Russen in die Deportation gesandt worden und umgekommen sei. Da wurde St. Gertruds Oberpfarrer in Stockholm anno 1935 etwas nachdenklich: „Gehen Sie denn nie in die Kirche?" fragte er mich, und ich antwortete: „Ich gehe oft und gerne zu einer Bach-Kantate oder einem Oratorium in die Kirche." – „Aber, dann sind Sie doch kein Dissident, dann werden Sie doch gerne Glaubensbruder der deutschen St. Gertruds-Kirche."

So wurden wir Dissidenten, Irene und ich, wieder Christen! Beim weiteren Ausfüllen der Formulare kam es dann zu einem orthografischen Problem: Auf Irenes russischem Taufschein stand: IRENE GEORGIEVNA (Name und Vatersname), das wurde „verdeutscht" zu GEORGINE, wie sie dann den Rest ihres kurzen Lebens hieß.

In jenen Wochen machten wir Bekanntschaft mit einer Persönlichkeit, die für uns Emigranten in mehr als einer Beziehung zur Hilfe wurde. Er war aus einer Priesterfamilie, die sich schon vor der Jahrhundertwende für eine Liberalisierung der schwedischen Kirche eingesetzt hatte: Er nahm in den 30-er Jahren klar Abstand von allen nazistischen Tendenzen und besonders in Fällen von Missverständnissen zwischen uns und unserer neuen Umwelt: Gilles HAMMAR. Unsere neue Umwelt repräsentierte der Sekretär des Ausländeramtes STRANGE*.*

[Die Aufenthalts]Genehmigung für längere Perioden als ein halbes Jahr wurde stets abgelehnt. Gruppenschicksale von Flüchtlingen bereiteten schon damals wie heute oft Konflikte mit Behörden. Da meinte eine Gruppe Stockholmer Damen, man müsste Heimatlosen helfen, eine zweite HEIMAT zu finden. Die größte Persönlichkeit unter ihnen war Mathilde Widegren, einstige Schulkameradin von Selma Lagerlöff*. In Zusammenarbeit mit Gillis Hammar, Leche-Löfgren* und später auch mit Notar*

Stig Benediktsson[Bendixon*] donierte sie in ihrem Haus Väste[r]länggatan Nr. 40 Räume und Inventar und bereitete damit einen Platz der Ruhe, um sich kennenzulernen, sich zu unterhalten, Zeitungen zu lesen bei kostfreien Butterbroten mit Kaffee oder Tee und damit den Flüchtlingen einen Treffplatz zu schaffen. Mathilde Widegren nannte es Foyer.

Die andere Persönlichkeit war Gillis Hammar. Als Rektor und Lehrer der Volkshochschule BIRKA GA[R]DEN in Stockholm vertrat er Demokratie und Toleranz als Bildungsideal und freundliche Karitas im täglichen Umgang mit uns Flüchtlingen. Er gab uns auch Sprachunterricht in Schwedisch. Er machte Ausflüge zu Volksfesten, z. B. zum Tanz um die Maistange. Er besuchte mit uns per Bus die VIGGBYHOLM SKOLA, eine Sam[t]internatsschule[155], wo zu jener Zeit OSSIETZKYS Tochter Rosalinde* wohnte, während ihr Vater in Hitlers Konzentrationslager den Friedensnobelpreis für 1935 erhalten hatte.

Ein Weihnachtsfest desselben Jahres gestaltete sich unvergesslich. Wir waren etwa 100 Emigranten, die in der Aula des Birka Garden bespeist wurden mit einem echt nordländischen Gericht: SURSTRÖMING (gesäuerter Hering) und Milchreis mit Mandeln. Anschließend waren Geschenke verteilt an solche, die kürzlich Schweres durchgemacht hatten. Als letzte der Beschenkten kamen 2 kleine Mädchen von 5 und 7 Jahren. Sie erhielten ein jedes ein weißes Kleidchen zu ihrer großen Freude.

Man muss hierzu wissen: sie waren aus Leipzig, ihr Vater musste der Verhaftung entgehen, indem er illegal über die Grenze nach Prag verschwand. Seine Frau war dann einige Male als illegaler Bote über die Grenze gegangen, dabei erwischt und ins Konzentrationslager für Frauen gesteckt worden, wo sie in einem Steinbruch arbeiten musste. Ihrem Mann gelang es, via Polen nach Schweden zu kommen und seine Familie mit Hilfe schwedischer

133

Politiker nach Stockholm zu holen. Die kleinen weiß Gekleideten haben mit den Jahren noch eine dritte Schwester erhalten, und sämtliche [alle] sind mehrfache Großmütter geworden, so dass die Großfamilie heute 22 tüchtige Schweden umfasst.

Bei gelegentlichen Zusammentreffen in BIRKA GARDENS Aula konnten wir einige Male mitwirken mit einem kleinen Chor mit deutschen Volksliedern und Kanons. Gelegentlich trafen wir uns bei mir in einer neu gebauten Wohnung in MÄLARHÖDEN[156], fünf Minuten von der „Quelle", von der BELLMANN*, Schwedens Troubadour des .18 Jahrhunderts, in seiner .82 Epistel singt: „Weile bei dieser Quelle." Irene und ich machten oft Spaziergänge zu dieser Quelle, gewöhnlich mit dem Kinderwagen und unserer „kleinen Quelle." Roger*, geboren am 15.09.1939 zur Zeit des Finnlandkriegs als Vorspiel des 2 Weltkrieges.

Es waren die Monate der kräftigsten NORDLICHTER über ganz Europa. – Damals war das Verhältnis der Emis zu STRANGE am Ausländeramt nicht das beste. Wir Emigranten (Emis) lebten ja während der 30-er Jahre konzentriert in Stockholm. Meist waren wir Einzelgänger, nur einige hatten eine Familie zurückgelassen. Desgleichen hatten die meisten von uns Stockholm nur als Zwischenstation. Wohin? Auch Irene und ich stellten uns diese Frage. Die amerikanische Gesandtschaft ließ uns wissen, dass Irene ihr Visum in 2 Monaten erhalten könnte – ich erst in etwa 8 Jahren! Es gab nämlich Nation[en]squoten – sie galt als Russin, ich als Deutscher! Wir mussten also Schweden werden – und das wollten wir ja gerne!

Wenn auch Schweden in den 30-er Jahren etwas im Windschatten der großen Ereignisse Europas lag, so hörte es doch deren Echo zuweilen im Emigranten-Foyer Västerlänggatan in Stockholm. So war seit einer Woche der Holländer Jef LAST* aufgetaucht. Er kam vom Spanischen Bürgerkrieg 1937 und hatte eine Reihe in-

teressanter Erfahrungen und seine Konsequenzen aus der spanischen Niederlage: Immer wenn wir mit denselben Mitteln kämpfen wie unser Gegner, müssen wir verlieren. Hinzu kam, wenn die breiten Massen sahen, wie das „Volksheer" mehr und mehr dem russischen Staatsheer ähnelte. Eine geschlagene Armee soll nicht mit dem Feind Tuchfühlung halten, sondern soll sich zurückziehen, sich zu reorganisieren, um einen neuen Inhalt zu finden, d.h. SOZIALISMUS. Bakunin* hat einmal gesagt: Ein Mensch ist bereit, sein Leben zu lassen für eine Idee, aber nicht für eine Lohnerhöhung. Wir sind bisher von Ideen beherrscht worden, statt sie zu beherrschen. Wir haben im Namen irgendeiner Idee gelogen, belogen (nicht zum wenigsten uns selbst).

Aber nicht, auf welche Idee wir uns berufen, sondern in welcher Masse wir selbst Teil einer Idee sind. Es gibt eine Eigengesetzlichkeit der Mittel. Am deutlichsten zeigt dies Russland.

Jef Lasts politische Selbstbesinnung 1937 erinnerte an die CARTA CARITATIS[157] des Heiligen BERNHARD* anno 1200. War es ein Zufall, dass in diesen Tagen WEHNER* als kommunistischer Gesandter zu uns kam, um eine marxistische Einheitsfront zu bilden? Nach einer diesbezüglichen Aufforderung wollte er unsere Möglichkeiten in Stockholm hören. Doch keiner konnte oder wollte sich äußern. So sagte ich: Hast Du nicht heute in der Zeitung gelesen, dass gestern in Moskau sämtliche Kampfgenossen Lenins verurteilt und erschossen worden sind[158]? – – – Ich brauchte nicht mehr zu sagen – WEHNER konnte gehen.

UNSERE AKKLIMATISIERUNG IN SCHWEDEN

Wir wechselten nicht nur Erdteil und Land, sondern zwei Kulturen, so insbesondere die Sprachen. Irene musste zum dritten Mal die Sprache wechseln: Deutsch, Russisch, Schwedisch, ich nur einmal: Deutsch zu SCHWEDISCH (Russisch nur Durchgangs-

*sprache). Vor allem wollten wir Wurzel fassen, d.h., wenn mög-
lich, uns im Norden zu akklimatisieren. Wir fanden die Freiheit
des Wohnortes und des Arbeitsplatzes; dazu freie Zugehörigkeit
zu Parteien und zu Vereinigungen, auch kirchlichen, wie auch
früher in Deutschland.*

SCHWEDEN UNSERE NEUE HEIMAT

GULDSMEDSHYTTAN 1931[1941] – LIMNÄS[159]

*War es die neue Sprache oder die persönliche Nähe? Wenn un-
ser zweijähriger Roger vom Mittagsschlaf aufwachte, sprach er
Deutsch, wenn Irene oder ich in seiner Nähe waren. War Tante
Tilda an seinem Bett, so sprach er Schwedisch. So auch, wenn wir
mit der Eisenbahn fuhren und einen Bahnübergang kreuzten, so
kommentierte er die fallenden Schlagbäume spontan auf Deutsch
oder Schwedisch, je nachdem, wer in seiner Nähe stand. Und auf
die Frage eines Mitreisenden konnte er hell jubelnd erklären: „Im
Zug sprechen wir Schwedisch, zu Hause sprechen wir Deutsch. "*

TOTALITÄRES WELTBILD STOCKHOLM HERBST 1939

*Da wir in einer recht gewissenlosen Zeit leben, hängt sich auch
zwischen mein Gewissen und meine Äußerungen ein fast undurchdringlicher Vorhang.*

Nach vier Jahren – 1939 noch vor Hitlers Überfall auf Polen – zog der
32-jährige WT eine Bilanz seiner bisherigen politischen und ideologischen Erfahrungen in drei Ländern: Deutschland, Sowjetunion und
Schweden. Dabei bezog er sich auch auf zwei Publikationen des Jahres
1937, die er in sein Tagebuch einklebte.[160] Der Artikel in der kommunistischen Zeitschrift „Die Internationale" und eine Todesliste mit seinem
Namen hatten WT in Zusammenhang mit Anhängern des Stalingegners
Leo Trotzki* und damit in akute Lebensgefahr gebracht.

Abbildung 17:
Werner Taesler,
Haus in Limnäs 1940,
Aquarell 1941

Dass der Artikel von Herbert Wehner stammte, konnte WT noch nicht wissen. – Im Herbst 1939 notierte WT:

Das was man in Tagebuchform niederlegt, soll die persönlichste, unverfälschte Wahrheit sein, eine Zwiesprache mit sich selbst, nicht eine Selbstbespiegelung sondern eine Rechenschaft, ein Bekenntnis vor dem eigenen Gewissen. Da wir aber in einer im höchsten Masse gewissenlosen Zeit leben, legt sich zwischen mein Gewissen und meinen Äußerungen ein fast undurchdringlicher Vorhang. Nicht nur die nackte Angst vor der G.P.U., der Gestapo oder den Überraschungen der Polizei des Gastlandes, viel schlimmer: das Misstrauen gegen die „großen" Bewegungen unserer Zeit, wird zuweilen zu einem Misstrauen gegen die Bewe-

gungen in uns selbst. Jedes Bekenntnis auch in dieser privatesten Form kann möglicherweise zur Lebensgefahr werden, weil sie mit einer der totalitären Weltanschauungen in Konflikt gerät. Weil ich 1937 in privatem Kreis meine Zweifel an den russischen Schauprozessen geäußert habe, wurde[n] meine Schwiegermutter und ein großer Teil der Verwandten meiner Frau in Russland verhaftet. Weil ich mich den Pflichten eines nationalsozialistischen Auslandsdeutschen entzogen habe, bin ich seit 2 Jahren ohne gültigen deutschen Pass; weil ich kein Schwede bin, lebe ich hier ohne Sitz und Stimme und darf gerade noch mein Geld verdienen. Aber schlimmer als all das: weil mein Gewissen nicht schlafen will, weil ich mich nicht dem geistigen Schematismus der totalitären Diktaturen ergeben will, weil die Frage der geistigen Freiheit innerste Lebensnotwendigkeit bei mir ist, kann ich den alten „Bewegungen" nicht mehr folgen. Ohne Heimat mit all ihren so sehr verkannten traditionellen Bindungen, ohne geistige Tuchfühlung mit einer größeren Bewegung, nackt und desil[l]usioniert besinnt man sich notwendig auf sich selbst. Und wer in dieser Zeit nicht Tieferes, Beständigeres in sich hatte als ein Parteiprogramm, muss heute bei dem Bankrott aller dieser Programme entweder im Selbstmord enden oder diesen Bankrott bis zur letzten bitteren Notwendigkeit mitmachen.

Nicht der Verrat des Westen[s] an der Tschechoslowakei oder seine zweifelhafte „Hilfe" für Polen, nicht die „Freundschaft" des Stalinschen Bolschewismus mit dem deutschen Nationalsozialismus ist das Niederschmetternde, sondern zu sehen, wohin der nackte Machiavellismus, der Verzicht auf jede Verantwortung vor einer unantastbaren geistigen Qualität, sei es Religion, Moral oder Ethik o.a. führt. Und es entsteht als neue Qualität ein alter Begriff, der, wäre er nicht von so Vielen verbraucht und missbraucht, allein heute schon eine Kampf-Lösung darstellen könnte: Menschlichkeit! Der Wert jeder Bewegung, jeder Partei, jedes Staates ist letzthin daran zu messen, welchen Wert er dem

Menschen beimisst. Wir aber sind heute alle nur Statisten, und die Meisten geben sich damit zufrieden, wie Schachfiguren von der Geschichte geschoben zu werden.

Ich habe in diesen letzten 4 ½ Jahren in Schweden mit Vielen gesprochen, Enttäuschten und Verzweifelten, Gejagten, Geplagten und Elenden, Sumpf und Intrigen gesehen, habe Vieles gehört: Programme, Resolutionen, Rechtfertigungen und Kritiken, vernichtende Kritiken. Aber keiner dieser bankrotten Politiker – mit Ausnahme von zweien – hatte den Mut und die innere Sauberkeit, eine gründliche Arbeit mit sich selbst zu machen. Im besten Fall sagte man sich von allem los! Wenige machten den Versuch, ihr gesamtes geistiges Rüstzeug zu überprüfen und dabei auch nicht davor zurückzuschrecken, dass möglicherweise das Meiste, ja alles sich als unhaltbar erweisen könnte. Mir ist jedenfalls klargeworden, dass es nicht darum geht, neue Programme zu formulieren, oder alte aufzufrischen und zu rehabilitieren, sondern – um mit [Ignazio] Silone* zu sprechen – „es geht darum ein neuer Mensch zu werden, vielleicht genügt es auch zu sagen, es geht darum wieder Mensch zu werden. "[161] *Nicht vortragen sondern vorleben, nicht Propaganda sondern Beispiel, nicht Führer sondern Vorbild. Und mag man uns verlachen als Schöngeister, mag man uns verfolgen als Opposition, welchen Namen auch immer: der Humanismus ist doch kein leerer Wahn! Und je mehr er heute mit Füßen getreten wird, je deutlicher tritt er ins Bewusstsein aller wachen, ja aktueller wird er. Erst ausgestattet mit dieser Verantwortung vor der höheren Idee des Humanismus oder der Menschlichkeit können wir an die praktische Aufgabe gehen, eine neue Gesellschaft zu bauen.*[162]
(Ende Tagebucheintrag)

WT mit seiner kleinen Familie verfolgte aus sicherer, aber keineswegs einfachen privaten Situation heraus – er lebte in sehr einfachen

Verhältnissen auf dem Lande nördlich der Stadt Örebro – die Ereignisse während des Zweiten Weltkrieges.

ZWEITER WELTKRIEG – WIR AUF LIMNÄS

Am 1. September 1939 war Hitler in Polen einmarschiert – der Zweite Weltkrieg war ein Faktum. Fast unglaublich unmittelbar wurde alle Bautätigkeit stillgelegt, am Bauplatz wie am Zeichentisch. Professor SUNDA[H]L* sagte mir ganz offen, er erwarte eine langwierige Baukrise in ganz Europa. Irene und ich rechneten aus, dass wir für unseren Lebensunterhalt und Miete mit unseren 2200 Kr[onen] Sparkonto höchstens vier Monate leben könnten. Wir mussten aufs Land ziehen. Ich hatte Briefkontakt behalten mit Roderich Stinzing, dem „deutschen Pastor" am Östra Dalälven[163], wo ich ihn vor zehn Jahren bei meiner ersten Schwedenwanderung, besucht hatte. Er war seitdem Oberpfarrer geworden in Guldmedshyttan, einem größeren Grubenort in Mittelschweden. Er erhielt mein SOS, ob er in seinem Pastorat eine billige Wohnung auf einem Bauernhof oder bei einer Grube für uns hätte. Die Antwort kam schnell und die Unterkunft scheinbar anwendbar.

Irene mit dem 2 Monate alten Roger wartete noch ein paar Wochen bei Freunden in Stockholm, bis wenigstens unsere Möbel für den Umzug verladen waren. Der Fahrer fragte, als er in die Wohnung kam: „Wo sind denn die Möbel?" So folgte ich mit dem freundlichen und erstaunlich gut belesenen Kraftwagenfahrer die 60 km zu unserer neuen Zuflucht in typisch schwedischer Landschaft, BERGSLAGEN, zum Bergmannsdorf HAFSTA.

Es war bereits nahe der Jahreswende und der Winter hatte schon früh mit Schnee begonnen. Wir wären nicht bis zu unserer neuen Herberge gekommen, hätte man nicht für uns Schnee geschaufelt.

140

Unsere Unterkunft war offenbar mal eine Dorfwaschküche gewesen, am See Räsvalen gelegen, mit 2 Räumen auch im oberen Geschoss, die mit Kachelöfen beheizbar waren. Der Platz heißt Limnäs (Lim=Kalk, Näs= Halbinsel). In der unteren Etage lagen Wand an Wand der Holzstall mit einer Tenne mit Sitz für menschlichen Abfall. Der Giebel stand direkt im Wasser eines großen Sees. In der Küche der unteren Etage stand ein großes, herrschaftliches Sofa halb vor dem Fenster. Längs der Hinterseite des Waschhauses floss ein kleiner Bach raus in den See.

Ich machte mich gleich daran, etwas aufzuräumen, aber vor allem Brennholz in die untere und obere Etage zu schaffen und während 24 Stunden unaufhörlich zu heizen, um eine Temperatur auf +12 Grad permanent zu halten. Je mehr dies gelang, desto mehr schwitzten die Innenseiten der holzbekleideten Außenwände. Bei näherem Untersuchen konstatierte ich, dass das ganze Haus aus „Zinnerstein" [Sinterstein] gemauert war, was bedeutet, Steine aus seitlich des Hochofens aufgefangener glasharter Schlacke gegossener Schlackensteine von großer Tragfähigkeit, aber sehr schlechter Wärmeisolierung.

Während der Einrichtung des Wa[s]chhauses in der ersten Woche war Irene mit Roger bei Oberpfarrer Stinzing 5 km entfernt von unserem Unterschlupf; von ihm erfuhr sie so manches über Land und Volk. Ich meinerseits machte mich etwas bekannt mit unserer Wirtin, Frau Dr. CLEVE von Euler*. Cleve gehörte zu den 3 ersten weiblichen „Doktoren" in Schweden, verheiratet gewesen mit Prof. Hans von Euler, dem Nobelpreisträger 1929. Cleve selbst war Antinazistin, Stolpes Schwiegermutter. Stolpe* hatte sich in der Nähe eine größere zweigeschossige Villa gebaut, die er aber bald verließ. Als ich zum ersten Mal zur alten Frau Dr. Cleve ins Arbeitszimmer kam, sah ich zu meiner Überraschung auf ihrem Schreibtisch ein großes Foto von Hitler mit seiner Dedikation [Widmung] an Frau Dr. Cleve von Euler. Von Dorfbewohnern

141

hörte ich, dass auch ihr Name 1928 auf dem vielumstrittenen Manifest schwedischer Wissenschaftler gestanden hätte, mit dem Aufruf, an „Hitlers Krieg für ein 1000-jähriges Reich" teilzunehmen, ehe es zu spät sei. Als man ihr gelegentlich sagte, dass ich Hitlergegner sei, soll sie geantwortet haben: Das hat keine Bedeutung – „alle Deutschen sind tüchtig."

Unser erster Winter auf LIMNÄS glich in klimatischer Hinsicht dem letzten Winter in Sibirien. Dort mit -45 unter 3 Monaten; hier mit -30 vier Monate und begehbarem Eis auf dem großen See ROSVALEN noch am 15. April 1940. Trotz [der] Proteste der Westmächte lieferte Schweden Eisenerze an Deutschland gerade aus BERGSLAGENS Gruben. Täglich sahen wir Erzzüge Tag und Nacht am gegenüberliegenden Ufer gen Süden fahren.

Zudem war es einer der schneereichsten Winter in Schweden. Jeden Morgen musste ich erst 80 cm tiefen Schnee den Weg zum Brunnen schaufeln, breit genug, um zwei Eimer Wasser in unseren Haushalt tragen zu können. Gewöhnlich war der Schneekanal am nächsten Tag wieder verweht.

Schwieriger war es mit der Bedrohung von Norwegen, das am 9. April 1940 von Hitler okkupiert worden war. Nun waren wir, unsere kleine Familie, umringt von Hitlers Kriegsmacht – unter Obdach bei einer seiner Bewunderinnen!

Als Stolpe seine Villa verlassen hatte und einen anderen Wohnort gefunden hatte, bot Dr. Cleve uns seine Villa an. Dort war es heller, leichter zu erreichen und frei von Hausratten. Aber, wenn es auch Wasser im Haus gab und damit „Zentralheizung" (gekoppelt an einen eisernen Kochherd in der Küche), so war die Wärmeisolierung in den Außenwänden und im Fußboden miserabel. ...

Bald begannen Gerüchte, dass ich wohl ein deutscher Spion sein könnte. Als ich zum ersten Mal im Frühling mit meiner Staffelei auf dem Acker stand, hatte ich das Aquarell noch nicht beendet, da wusste der Polizeikommissar (per Telefon), dass Taesler draußen auf dem Feld stünde und „fotografierte." Ich musste den Polizeikommissar besuchen; er empfing mich mit der Frage: „Sie sind doch wohl kein Spion?" ...

Ich musste ein[en] Bericht schreiben über den Grund meiner Übersiedlung nach Guldsmedshyttan (Limnäs) und meine gegenwärtige Tätigkeit und den an die Ausländerpolizei in Stockholm senden. – Allmählich wurden die Gerüchte seltener.

Vor meinem Umzug hatte ich 1400 Kr. Ersparnisse, nach unserem Umzug und Anschaffungen waren es noch etwas über 600 Kr[onen], sie reichten bis August. Ich hatte versucht, durch Annonce Aufträge für Luftschutzkeller zu erhalten, umsonst! Als Arbeiter ins Hüttenwerk zu gehen, war für Ausländer nicht erlaubt. – Immer größere Gebiete Schwedens wurden für Ausländer gesperrt. Das Einzige, was mir geglückt war, ich hatte einige Aquarelle verkauft: 2 an das Hüttenwerk in Guldmedshyttan, 1 an das Werk in Bongbro[164] für 75 bzw. 100 Kr[onen] pro Stück. Mein Versuch, in Örebro einige Bilder abzusetzen, scheiterte ganz.

Mit den letzten 50 Kr[onen], von der Sparbank „pensionierte" ich Irene und den Jungen wieder im Pfarrhaus in Guldmedshyttan bei unseren alten Freunden Stinzings. Ich selbst reiste mit einer Mappe mit 36 Aquarellen nach Stockholm. Besuche bei Freunden und Bekannten, vorzufühlen, Beziehungen anzuknüpfen, vorstellig [zu] werden bei prominenten Persönlichkeiten der Flüchtlingshilfe ... 5 Tage hatte ich [es] vergeblich versucht!

Ich musste andre Wege finden. Bei Architekt Wennerholm* hatte ich früher geholfen, Arbeitszeichnungen für die Limonadenfabrik

FRUCTUS zu zeichnen; daher kannte ich den Direktor Mattson*
und rief ihn an. Am Tage darauf sah ich mir die fertige Fabrik an,
gab ihm einige Ratschläge hinsichtlich des Umbaus und bat ihn,
ein persönliches Anliegen vortragen zu dürfen.

RETTUNGSBESUCH FRUCTUS

Am nächsten Tage wollten wir eine Zeit bestimmen. Ich hielt mich
mit meiner Mappe bereit, ohne ihn telefonisch erreichen zu kön-
nen. Endlich, um 7 Uhr abends trat ich bei ihm ein. Er war ge-
rade im Umzug! Zwischen Kisten und aufgetürmten Stößen von
Büchern und Noten, Tennisschlägern und abmontierten Lampen
packte ich meine Mappe aus. Seine Gattin wurde mir vorgestellt
und als sie hörte, dass ich ihre Fabrik gezeichnet hätte, und nun
meine Aquarelle sah, glaubte sie, sie hätte ein Universalgenie vor
sich. Da sie mir etwas exaltiert zu sein schien, brauchte man das
nicht so ernst zu nehmen. Ich sah mit einigem Schwindelgefühl,
wie meine Mappe zur Hälfte leer wurde. Der Kopf wurde noch
schwindliger durch diverse Kognaks und Gläser Wein, die zwi-
schendurch stehenden Fußes serviert und konsumiert wurden.
Schließlich hatten sie eine engere Wahl getroffen: 9 (neun!) Bil-
der. Ich hatte den ganzen Tag nur eine Tasse Kaffee getrunken
– nun der Alkohol und 9 Aquarelle! Unmöglich zu rechnen. Ich
hielt es für angebracht, mich einen Augenblick den Blicken mei-
ner Gönner zu entziehen, um meiner Frau telefonisch von dem
schönen Erfolg Mitteilung machen zu dürfen. Als ich zum Appa-
rat ging, hörte ich Mattson: „Wir haben zwar noch keinen Preis,
aber das wird mindestens auf 1000 Kr. gehen." Wir einigten uns
auf 1400 Kr. Und feierten bis 4 Uhr morgens am 25. September
1940!

Aus meinen Tagebuchaufzeichnungen für Limnäs vom 10.12.1940:

144

In dieser Zeit der Massenbombardements, der Kriegslüge, der „Stahlgewitter" und „reinigenden Blutböden", in dieser Zeit, da selbst in einem neutralen Land wie Schweden jede Zeitung, jeder Lautsprecher, jeder Vortrag, jedes Eisenbahnkupé, jeder Mensch, beinahe jedes Tier den Stempel von Krieg und Kriegsbereitschaft tragen, in solcher Zeit muss man oft zweifeln, ob noch irgendein andres Streben, ein anderes Ziel noch Sinn oder Berechtigung hat als die nackte Gewalt. (Ende Tagebucheintrag)

Aber vielleicht wird das zu einer Peripeti[e] in der Geschichte Europas? Auf der einen Seite wächst die staatliche Sphäre in immer größerem Ausmaße, während das menschliche Individuum in immer engere Grenzen gedrängt wird. Stets mehr wird unser Leben „verplant", d.h. nivelliert. Größer wird der Zustand der Angst, der Todesdrohung. Angesichts des Todes erkennt der Mensch seine zeitliche Einmaligkeit, die unersetzlich ist. Aus dieser Selbstbestimmung wird vielleicht eine neue Innerlichkeit, Religiosität keimen, wie im Spätmittelalter. Mir scheint unsere Zeit in einer Bewegung zu sein, die nicht mit Maßstäben politischer Bewegungen zu messen ist, aber von der christlichen Moral, von der Nietzsche sagt: „Sie verlieh dem Menschen einen absoluten Wert... sie verhütete, dass der Mensch [sich] als Mensch verachtet."[165]

Bei der Suche nach Arbeit machte WT 1942 erstaunliche Erfahrungen:[166]

Im Juni kam ich mit einer Mappe voll Aquarellen hierher [= Örebro], um einiges zu verkaufen. Im Haus der Gewerkschaften hörte ich von dem reichsten und sonderbarsten Mensch[en] der Stadt: Johan Behrn*. Behrn hatte als Schuhmacher angefangen und besitzt heute Häuser und Grundstücke im Werte von 70 bis 80 Millionen Kronen. Bauen ist sein Hobby, schuhmacherartig sein Auftreten und hunderte die Anekdoten über ihn. – Ich suchte *ihn also auf. Ein alter Schuppen war sein Kontor. In einem alten ungemachten Schuppen wurde ich vom Sekretär direkt zu ihm reingeschickt, ohne Voranmeldung oder andere Formalitäten. Hinter einem uralten hohen Schreibschrank saß der alte Glatzkopf und murmelte auf meinen Gruß ohne aufzusehen: „Was will er?" Ich raspelte meinen Vers vom Emigranten, arbeitslosen Architekten und Künstler und offerierte ihm ein Bild. Der Dialog, der sich hierauf entspann, war ein Stück Balzacs. „Vom Bilder verkaufen, kann er doch nicht existieren ... aber was sagt er: ist er auch Architekt? – Kann er Häuser zeichnen? ... Was hat er denn früher gemacht? ... Russland und Emigrant ... da versorgen ihn doch die Kommunisten! ... Warum wohnt er auf dem Lande? (Weils billiger ist, wenn man keine Arbeit hat) – Sehr vernünftig! Hat er Familie, auch Kinder, wie viele, wie alt? Wen kennt er? (Rekommendationen). Einen Monat später, bei meinem Besuch in Stockholm, erfuhr ich, dass er schon bei „Kooperativa" über mich Referenzen angefordert hatte. Dass sie nicht schlecht waren, konnte ich selbst auf der Kopie nachlesen. Am 20. Juli kam die Aufforderung, meine Gehaltsansprüche mitzuteilen und am 27. Juli, die Mitteilung, dass ich am 2. August anfangen sollte, was auch geschah. Am 15. November siedelten wir mit den Möbeln über nach Örebro. --- So wurde ich Architekt im Dienst eines Bauspekulanten.*

WT schilderte den 65-jährigen Behrn als einen Workaholic, dessen Imperium in fünf Aktiengesellschaften aufgeteilt war und eine monopolartige Stellung in dieser schwedischen Stadt Örebro besaß.

NATIONALITÄTSWECHSEL – SPRACHWECHSEL

Als so 1943 Hitlers Macht ins Schwanken geriet, wurde das auch in Schweden bald merkbar. Unsere Kinder wollten Deutsch nicht mehr als Spielsprache anwenden. Auf der Stockholmer Straßen-

bahn konnte man mit Drohungen zurechtgewiesen werden, wenn man Deutsch anwandte.

Auch Irene und ich waren glücklich, als wir unsere Nationalität wechseln konnten.

Im Jahre 1947 erhielten Werner und Irene Taesler die schwedische Staatsbürgerschaft.[167]

Mendelssohn*, mein geehrter Gymnasiumlehrer, hatte mir einst erklärt: „Der Mensch hat nur eine HEIMAT, die ihm alle seine Charakterzüge und Interessen schon früh einprägt." Irene war schon als Kind zweisprachig aufgewachsen – Deutsch, Russisch in der Schule in Odessa. Ich meinerseits hab als Kind gesungen: „Nun Adé, du mein lieb Heimatland." Ist „Heimat" ein politischer Begriff?

Der entsprechende schwedische Begriff ist „BYGD", eine besiedelte Landschaft, in der man aufgewachsen ist, sprachlich-dialektisch verbunden in einer Vielfalt persönlicher Kontakte, somit menschlich, nicht politisch. Für Irene wurde Schwedisch die zweite Sprache und SCHWEDEN das dritte Land, für uns beide eine neue Heimat: „DU ALTER, DU SCHÖNER, DU BERG-HOHER NORD" (schwedische Nationalhymne auf Deutsch).

2 Nachwort des Herausgebers: Architekten in extremen Zeiten Werner Taesler im Kontext

Werner Taesler, Mitglied der KPD, fiel durch seine ungewöhnliche Größe und sein rotes Haar auf. Er hatte den Hang zu anarchistischen Allüren, seine Kleidung war betont halbmilitärisch-sportlich, Apfelsinen aß er immer gleich mit der Schale, bewegte sich sehr selbstbewusst und versuchte, seine Widersacher durch Forschheit zu überraschen. Sein Verhalten grenzte immer an Provokation. In Versammlungen trat er so aggressiv auf, dass es immer zu Tumulten kam, für die Nazis ein gefundenes Fressen. Sein zur Schau gestellter Radikalismus veranlasste uns, mit ihm vorsichtig und kritisch zu sein.[168]

So lebendig erinnerte sich Benny Heumann, ein gleichaltriger Studien- und Parteifreund, an den 1907 bei Berlin Geborenen noch Jahrzehnte später. Ende der 1920er Jahre gehörte er wie Taesler in Berlin der KPD, dem Roten Studentenklub und der Gruppe von angehenden, kritischen Architekten um Arthur Korn an. Unter Leitung ihres Lehrers, des Sozialdemokraten Bruno Taut, diskutierten sie das beobachtete Wohnungselend in den Städten. Arthur Korn und sein Kollektiv für sozialistisches Bauen, zu dem neben Heumann und Kosel* – beide waren nach dem Krieg im DDR-Wohnungsbau engagiert – eben auch WT gehörte, zeigten im Sommer 1931 in einem Berliner Hinterhofgebäude jene proletarische Bauausstellung, die sich auf Friedrich Engels berief und u.a. auf Korns Erlebnissen in der Sowjetunion basierte.[169] Die Vorstellungen von der Auflösung der bürgerlichen Familie durch Schaffung von Gemeinschaftseinrichtungen sowie die des sowjetischen Stadtplaners Nikolai Miljutin* zur Bandstadt spiegelten sich in der Ausstellung, die einen Kontrapunkt zur eher bürgerlichen Berliner Bauausstellung darstellte. Das Programm der proletarischen Bauausstellung befasste sich mit den drei Themen „Wohnen", „Städtebau" und „Verkehr."[170]

Die Ideen hatten eine Vorgeschichte, bei der die Dozenten in Frankfurt, Berlin und nicht zuletzt in Dessau auch für WT eine wichtige Rolle spielten. Zu den Architekturstudenten, die diese Ideen weitertrugen, gehörte auch Werner Taesler.

Zwei Jahre nach der Russischen Oktoberrevolution hatten deutsche Sozialisten in ihrem Revolutionsjahr 1919 die Wohnungsfrage in ihr Programm aufgenommen und neben einer „wirkliche[n] Räterepublik" die „Umgestaltung des Wohnungs- und Siedlungswesens auf revolutionärer sozialistischer Grundlage" gefordert.[171] Zehn Jahre später, 1929, hatte Walter Gropius die „Soziologischen Grundlagen der Minimalwohnung" beschrieben[172]:

– Die Vergesellschaftung der Arbeit hat die Sozialisierung eines großen Teils der ehemaligen Funktionen der Familie zur Folge gehabt, was u.a. zur Verkleinerung der Familie von durchschnittlich 4 bis 4,5 Köpfen pro Haushalt führe und diese wiederum zwangsläufig zur Verkleinerung der selbständigen Wohneinheiten führe.

– Die bisherige Wohnungspolitik, die Mittel- und Großwohnungen bevorzugte, sei deshalb überholt und hätte zu Fehlentwicklungen geführt, z.B. das Zusammenwohnen und die Untervermietung.

– Das Wohnungsminimum enthält die elementaren Faktoren Licht, Luft, Raum für die Entwicklung der menschlichen Lebensfunktionen, wobei Licht und Luft wichtiger als die Größe des Raumes sind: „Vergrößert die Fenster, spart an Wohnraum." Aber es gilt auch, angesichts der „schärferen Ausprägung des individuellen Lebens innerhalb der Gesellschaft den lebenswichtigen Abstand von den Mitbewohnern der Wohnung zu sichern, ..., jedem Erwachsenen sein eigenes, wenn auch kleinstes Zimmer zu beschaffen."

– Daraus folgt die Forderung nach Schaffung der Standardwohnung, die „die Minimumforderungen für alle Erwerbstätigen" erfüllen muss.

– Um die „geistige und wirtschaftliche Verselbständigung der Frau" zu erreichen, muss die Familie von hauswirtschaftlicher Tätigkeit entlastet werden. Dies führe aus ökonomischen Gründen „zum zentralisierten Großhaushalt. Der Großhaushalt setzt wiederum aus ökonomischen Gründen Zusammenlegung einer größeren Anzahl Wohneinheiten in einem Baukörper voraus." Das führt wiederum zum „vieletagigen Großhaus."

– Um die Bedürfnisse der Masse der Bevölkerung nach bezahlbarem Wohnungen zu erfüllen, soll der Staat mit seiner Fürsorgepflicht einerseits die Privatwirtschaft anregen, sich für „die Produktion billiger Standardwohnungen" zu engagieren, und andererseits Bauland bereitstellen, die Aufschließungskosten für Minimalwohnungen herabsetzen und Bauvorschriften revidieren und erleichtern.

Gropius hatte schon davor zu den Ersten gehört, die sich mit Fragen der Typisierung und Standardisierung auseinandersetzten, und Ernst May hatte dann ab 1925 in Frankfurt die industrielle Fertigung von Häusern mit typisierten Grundrissen in größerem Stil praktiziert.[173] Die Historikerin Adelheid von Saldern hat in ihrem Überblick über den Wohnungsbau nach dem Ersten Weltkrieg aber auch darauf hingewiesen, dass nur etwa 5 % der Wohnungen des „Neuen Bauens" von reinen Funktionalisten wie Ernst May (Frankfurt am Main) oder Martin Wagner (Berlin)* im Gefolge von entsprechenden Stadtplanungen stammten. Der weitaus größte Teil der Wohnungen folgte nicht den strikten Kriterien des Funktionalismus, sondern war das Ergebnis unterschiedlich starker Kompromisse. Dennoch, die neue Devise lautete „Luft, Licht und Sonne" und führte normalerweise zu zwei- bis vierstöckigen Wohnblöcken.

Zu den größten funktionalistischen Siedlungen gehörte die in Frankfurt-Westhausen mit rund 1.500 Wohnungen.[174]

Die Diskussionen um das Neue Bauen nahmen auch nach den Kongressen der modernen Architekten, insbesondere der CIAM[175], nicht ab. Hinzu kamen Aspekte, die im Rahmen der sogenannten Hygiene-Bewegung beispielsweise bei Bruno Taut, aber auch bei Walter Gropius überlegt wurden und u.a. zur Einplanung von großen Fenstern führten.[176] Es ging den fortschrittlichen Intellektuellen unter den Architekten um nichts Geringeres als um die Konkretisierung einer Utopie, um die Schaffung des Neuen Menschen.

Am Ende des 19. Jahrhunderts hatten die USA gezeigt, wie sie im Rahmen einer freien kapitalistischen Wirtschaftsweise trotz der Größe des Raumes und eines rapiden Bevölkerungswachstums die Industrialisierung vorangetrieben hatten. Das andere große Land war die aus dem Zarenreich entstandene Sowjetunion. Sie umfasste einen noch viel größeren Raum, in dem nach der Revolution von 1917 und einem blutigen Bürger- und Interventionskrieg unter sozialistischen Vorzeichen und mit diktatorischer Gewalt die Industrialisierung forciert wurde. Die Architekten und Ingenieure aus den Vereinigten Staaten und Westeuropa konnten nach dem Ende des Ersten Weltkrieges das Wissen und die technischen Möglichkeiten zur Verfügung stellen, um auch diesen riesigen Raum im Osten Europas zu modernisieren. Dabei gab es neben politischen, sozialen und wirtschaftlichen Problemen auch ästhetische Diskussionen, in die ältere und jüngere Architekten und Städteplaner verwickelt wurden.

Das ganze 20. Jahrhundert war ein „Zeitalter der Extreme." So hat es der britische Historiker Eric Hobsbawm treffend beschrieben. Und er meinte damit nicht nur die beiden Weltkriege, die Weltwirtschaftskrise sowie die schrecklichen Genozide an Armeniern und Juden. Hobsbawm wies auch darauf hin, dass fast alles, was unter dem breiten Dach „Modernismus" in der Kultur sich versammelt hatte, bereits vor 1914 angelegt war: Kubismus, Expressionismus, Futurismus, reine abstrakte Malerei, Funktionalismus, die Abwendung von Ornamentik in der Architektur und die Aufgabe der Tonalität in der Musik, der Bruch mit der Tradition in der Literatur[177]. Er sah überspitzt nur zwei formale Innovationen nach 1914 in der „etablierten" Avantgarde: den Dadaismus und den Konstruktivismus[178] in der Sowjetunion. Letzterer wurde hauptsächlich vom Bauhaus aufgenommen, jener Kunsthochschule, die – laut Hobsbawm – von den Zeitgenossen als zutiefst subversiv angesehen wurde.[179] Zu Recht bezeichnete er es als eine Tragödie, wie die linken und rechten Bewegungen diese Avantgarde zurückstießen und die folgenden autoritären Regime zu altmodischer Ästhetik fanden.

In dieser Zeit wuchs Werner Taesler als Vertreter einer Generation auf, die, um 1910 geboren, den Ersten Weltkrieg und die Russische Revolution zwar nicht erlebt hatte, sich gleichwohl mit deren Folgen auseinandersetzen musste. Auch der heranwachsende WT rang um Orientierung. Seine Aufzeichnungen sind – insbesondere was die Zeit seines Studiums angeht – stilistisch vom Expressionismus beeinflusst und zeugen davon, wie emotional er die zeitgenössische sozialkritische Literatur rezipierte und zugleich die disziplinierte Musik Bachs liebte. Auch viele seiner späten Aquarelle weisen noch diesen Einfluss auf, der von dem Erleben der Künstlerkolonie von Worpswede nach dem Ersten Weltkrieg herrührte. Dabei dürften die Erlebnisse dieser herben norddeutschen Landschaft zumindest einen ebenso großen Einfluss auf WT ausgeübt haben wie die Werke der dortigen Künstler selbst. Rainer Maria Rilke, der eng mit vielen Künstlern von Worpswede befreundet war, hatte dieses „seltsame Land" 1902 einfühlsam beschrieben.[180]

Für Taeslers Persönlichkeitsentwicklung waren Worpswede und generell die Auseinandersetzung mit den Werken moderner Künstler wichtig. Das wiederkehrende Naturerlebnis verband ihn – trotz aller späteren Distanzierung – mit der deutschen Jugendbewegung, deren Erbe WT ebenso weitgehend anerkannte wie ihren Einfluss auf die Bildung der sozialen Persönlichkeit. Neben der freiheitlichen und sozialen Atmosphäre, die WT später in Schweden vorfand, waren es die Erlebnisse der dortigen Natur, die ihn dauerhaft mit dem Land Schweden verbanden. Die Eindrücke von den extrem weiträumigen und vielfältigen Landschaften, die er bei seinen Reisen durch die Sowjetunion kennenlernte, wurden allerdings von den Eindrücken überlagert, die er als Kulturreisender, beobachtender Sozialist und mitarbeitender Architekt wahrnahm. Die Einsicht, dass der von Industrie und Technik bestimmte Mensch in Zukunft verstärkt Erholung in der Natur suchte, brachte WT schließlich dazu, sich um die Entwicklung eines sanften Tourismus insbesondere in Schweden einzusetzen.

2.1 Als Sozialist unter Verfolgung

In Werner Taeslers Aufzeichnungen spiegeln sich auch andere, ganz persönliche Aspekte der Entwicklung eines jungen Deutschen: Er emanzipierte sich nach dem frühen Tod der Mutter von einem bürgerlichen Elternhaus, insbesondere durch die schmerzvolle Trennung von dem autoritären Vater. Dies geschah durch den Auszug, um Kunst und Architektur zu studieren. Mit seiner Abwendung von den bürgerlichen Normen von Sicherheit und Ordnung war die Hinwendung zu den sozialistischen Ideen von Solidarität und Gleichheit verbunden, die schließlich zum Eintritt in die KPD und in den (erfüllten) Wunsch nach adäquater beruflicher Tätigkeit als Architekt in der Sowjetunion mündeten. Hier wirkten das Bauhaus in Dessau und persönliche Vorbilder wie Bruno Taut und Arthur Korn ebenso nach wie die Erfahrungen der sozialen und wirtschaftlichen Realitäten in den Großstädten Frankfurt und Berlin. Der Nationalsozialismus mit seiner exkludierenden Ideologie der Volksgemeinschaft und Gewaltbereitschaft war für WT keine verlockende Alternative.

Neben einem entwickelten Individualismus hatte er sich einen Gutteil Aufmüpfigkeit aus der Jugendbewegungszeit bewahrt. All das trug dazu bei, dass sich WT, der am Ende der 1920er Jahre an der Technischen Hochschule Berlin eine Zeitlang sogar Leiter des Roten Studentenklubs war, als Kommunist in der Sowjetunion keineswegs immer parteikonform verhielt. 1934 berichtete Gerhard Kosel, sein Genosse aus Berliner Zeiten, aus Stalinsk/Kusnezk an das Exekutivkommitee der Kommunistischen Internationale (EKKI) in Moskau: „Der Genosse Franz Putscher* erzählte mir, dass Taesler im Frühjahr 1932 in Stalinsk eine unangemeldete Versammlung der „Gruppe deutscher Kommunisten" (Führer Eckert*) geleitet habe. Einer Gruppe, die wilde Gerüchte unter den hiesigen Ausländern verbreitete und Losungen von der „zweiten Revolution gegen die Natschalniki" [Vorgesetzten] aufstellte. ... Aus meinen eigenen Gesprächen mit Taesler weiß ich, dass er Bedenken an der Richtigkeit der von der WKP(b)[181] durchgeführten Linie hatte. Er zweifelte daran,

> *dass es gelingen würde, den Bürokratismus zu beseitigen, und hielt es für möglich, dass eine gewisse unproletarische Oberschicht sich aus den Kommandostellen des Staates nicht würde verdrängen lassen.*[182]

Ihm, Gerhard Kosel, vertraute WT 1934 an, „dass er in Kemerowo von der O.G.P.U. [= GPU] mit einigen Aufträgen betraut worden war, er aber vermute, dass diese Verbindung mehr der Beobachtung seiner eigenen Person diene." Der parteitreue Kosel äußerte im gleichen Bericht über Werner Taesler, den er immerhin an die Kominternzentrale schickte:

> *Er [WT] ist ein künstlerischer und journalistischer, über den Durchschnitt bezahlter phantasievoller, geistig reger, abenteuerlustiger Mensch. Es ist ihm nicht gelungen, während der Zeit seines Aufenthalts in der Sowjetunion zu einem zielklaren, festen Bolschewiken zu werden, sondern er lebt immer noch in der von kleinbürgerlichen Gedanken durchsetzten Atmosphäre des Berliner Studentenkreises.*[183]

Die Ausprägung seiner Individualität durch Erfahrung, sein Freiheitsdrang und kritische Reflexion führten WT schließlich zur Abwendung vom Parteisozialismus. Darin lag viel Enttäuschung, was angesichts der Zersplitterung der sozialistischen Bewegung in der Weimarer Republik kein Wunder war. Gab es doch neben der SPD und der KPD – zeitweise sogar parallel zueinander – 33 linke Gruppierungen, was einerseits der Auseinandersetzung mit der voranschreitenden, von außen kommenden Stalinisierung und andererseits den ideologischen und persönlichen Auseinandersetzungen innerhalb der Gruppen geschuldet war und eine gemeinsame Front gegen den Nationalsozialismus in der Regel unmöglich machte.[184]

Nach seinen ernüchternden Erfahrungen als Sozialist in Deutschland und Russland fiel WT im schwedischen Exil ab 1935 dennoch nicht in eine Art apolitischer Starre. So reagierte er sehr kritisch auf die Berichte über die Moskauer Schauprozesse, die im Rahmen des Großen Terrors von 1936 bis 1938 stattfanden, und distanzierte sich von dem deutschen Komintern-Mitarbeiter Herbert Wehner, der ihn 1937 in Schweden für die kommunistische Sache vereinnahmen wollte. Wehner lebte seit 1935 im Moskauer Exil und entkam – wie wir heute wissen – den Stalinschen Säuberungen vermutlich nur durch Denunziation anderer deutscher Kommunisten.[185]

Im Jahre 1939, noch vor Hitlers Überfall auf Polen, zog der 32-jährige Taesler eine Bilanz seiner bisherigen politischen und ideologischen Erfahrungen in drei Ländern: Deutschland, Sowjetunion und Schweden. Dabei bezog er sich auch auf zwei Publikationen des Jahres 1937, die er in sein Tagebuch einklebte.[186] Der Artikel in der „Internationale(n)" und eine Rote bzw. Todesliste mit seinem Namen hatten WT in Zusammenhang mit Anhängern Leo Trotzkis und damit in akute Lebensgefahr gebracht. Neben WT waren darin u.a. der ehemalige Menschewik Paul Olberg* und der ebenfalls sozialdemokratisch engagierte Kurt Singer* genannt worden. Der Artikel wird Herbert Wehner zugeschrieben, der später in der Bundesrepublik als SPD-Politiker zu großem Einfluss gelangte.

Ganz abwegig war der Vorwurf gegenüber Taesler, ein Anhänger von Stalins Intimfeind zu sein, nicht. Darauf deuten nicht nur die Berichte über WT im Komintern-Archiv in Moskau hin, sondern auch der Artikel, den der ungarische Kommunist und Journalist A. Rudolf* alias Raoul Laszlo* alias Richard Lengyel in der Neuen Zürcher Zeitung vom 11.09.1937 veröffentlichte.[187] Rudolf, der selbst bedroht war, berichtete ausführlich über die Verfolgung und Ermordung kritischer Kommunisten, die in dieser Zeit auf das Konto der GPU, Stalins Geheimpolizei, sowie der Komintern in ganz Europa gingen. Darunter waren Heinz Epe*, der nach Oslo geflüchtete Sekretär Trotzkis, und Andreu Nin*, der als Führer der linksanarchistischen POUM-Organisation im Spanischen Bürgerkrieg entführt und ermordet wurde.[188] Trotzki selbst fiel 1940 im mexikanischen Exil dem Attentat eines Agenten Stalins zum Opfer. – Rudolf kannte Werner Taesler vermutlich persönlich. Er bezeichnete ihn als „ehemalige(n) deutsche(n) Kommunist(en)“, der aus der UdSSR emigriert wäre und nun in Stockholm „bespitzelt, bedroht und denunziert“ würde. WT, der in seinen Aufzeichnungen auffällig selten Namen von Freunden oder gar Parteigenossen genannt hatte, um sie nicht zu gefährden, hatte 1937 in seinem schwedischen Exil durch den Niederländer Jef Last von den Ereignissen in Spanien und von der Selbstkritik der Sozialisten erfahren.[189] Zudem bestätigte die jüdische Kommunistin [Brun]hilde Weinreich die Gefährdung Taeslers, als sie im Frühjahr 1938 vor der schwedischen Polizei aussagte.[190] Sie war von 1936 bis 1937 in der Sowjetunion gewesen und dann unter dem Verdacht, trotzkistische Kurierin gewesen zu sein, ausgewiesen worden. Laut Weinreich hatte man in der Sowjetunion für Taesler als Trotzkisten „Interesse“ gehabt. WT selbst beruhigte die schwedische Polizei bei seiner Vernehmung im Oktober 1937, er wäre während seines Aufenthalts in Russland von der „kommunistischen Krankheit“ geheilt worden.[191]

Der Vorwurf, Trotzkist zu sein, verfolgte WT länger, als ihm in Schweden lieb sein konnte. Es war nicht nur die sogenannte Rote Liste von 1937, die seinen Namen trug und Taeslers Antrag von 1945 auf die schwedische Staatsbürgerschaft verzögerte. Seit seiner Ankunft in Schweden hatte die Staatspolizei in Stockholm Informationen – auch aus der Schweizer und schwedischen Presse – erhalten, wonach WT Kontakte sowohl zu Trotzkisten als auch zur deutschen Gestapo gehabt haben sollte. Die Nähe zum Nationalsozialismus leitete die schwedische Polizei von der Tatsache ab, dass WT in einem Haus von Dr. Astrid Cleve von Euler, einer vermeintlichen NS-Sympathisantin, bei Guldsmedshyttan wohnte.[192] Sogar der Vorwurf, WT wäre deutscher Spion gewesen, hielt sich lange und wurde mit der langjährigen Bekanntschaft mit Roderich Stintzing in Verbindung gebracht: Stintzing hatte während des Ersten Weltkriegs für den deutschen Geheimdienst gearbeitet.[193] Er war mit einer Schwedin verheiratet und nach dem Kriege nach Dalarna in Schweden gezogen. Danach hatte er sich zum Pfarrer fortgebildet und eine entsprechende Position in Guldsmedshyttan erhalten. WT hatte ihn bereits vor seiner Fahrt in die Sowjetunion kennengelernt und danach wieder getroffen, als er in Limnäs (vgl. Aquarell vom Haus am See; Abbildung 17) in der Nähe von Guldsmedhyttan wohnte.[194] Die Freundschaft zwischen Stintzing und Taesler hatte zu wilden Gerüchten geführt, dass in dem Dorf Guldsmedhyttan eine heimliche Nazigruppe existierte.

Vor diesem Hintergrund untersuchten die schwedischen Behörden in den 1940er Jahren intensiv WTs politische und berufliche Eignung, insbesondere nachdem er sich um die schwedische Staatsbürgerschaft beworben hatte. Positiv fielen dabei die Stellungnahmen zu Taeslers beruflichen Qualitäten und Erfahrungen aus, die u.a. von den renommierten schwedischen Architekten Markelius, Gahn, Sundahl und Åhrén kamen.[195]

Während der Kriegsjahre engagierte sich WT in einer schwedischen Ortsgruppe der Emigranten-SPD (SoPaDe). Volksfrontgespräche auf breiterer Basis scheiterten, weil man sich uneinig war in der Beurteilung der Moskauer Prozesse.[196] 1942 wurde WT Mitglied der SPD in Schweden, was ihm bei seinem Antrag auf Einbürgerung half, den er bereits am 07.04.1945 stellte.[197] Erst der zweite Antrag, der u.a. von dem ehemaligen SPD-Reichstagsabgeordneten Kurt Heinig* unterstützt wurde, konnte politische Bedenken der schwedischen Behörden ausräumen und zur Einbürgerung im Jahre 1947 führen.[198]

Seit dem Zusammenbruch der Sowjetunion und der Öffnung der Archive Ende der 1990er Jahre wissen wir von der Haltlosigkeit der Verdächtigungen gegenüber WT.

Interessant sind jene Papiere, die sich in Taeslers Akte im Komintern-Archiv in Moskau befinden und beweisen, dass er zumindest zwischen 1931 und 1937, also auch in seinem Exil in Schweden, unter der kritischen Beobachtung und Verfolgung durch die Komintern stand. WT hatte sowohl Kritik an der sowjetischen Bürokratie als auch an der Partei geäußert. Er stand unter der Aufsicht der schwedischen Polizei und wurde zeitweise gleich von zwei Geheimdiensten verfolgt, von der sowjetischen GPU und der Gestapo des Reichssicherheitshauptamtes. Die NS-Verfolgungszentrale in Berlin führte WT im Mai 1935 sowohl im „Verzeichnis der flüchtig gegangenen Kommunisten" als auch in der Fahndungsliste „UdSSR" des Chefs des Reichssicherheitshauptamtes.[199] Seine kurzfristige Zusammenarbeit mit der GPU während der Arbeit in der Sowjetunion, die er seinem Tagebuch erst 1940 anvertraute, hat ihm persönlich nicht, wohl aber ungewollt der Familie seiner Frau geschadet.[200]

2.2 Mitarbeiter Ernst Mays in der Sowjetunion

Die Weltwirtschaftskrise von 1929 bis 1933 mit der Massenarbeitslosigkeit und der zunehmenden Polarisierung in der Politik hatte Deutschland hart getroffen.[201] Auch der angehende Architekt und engagierte Sozialist Taesler nutzte daher das Angebot, in der Sowjetunion zu arbeiten. Er war einerseits Teil der massenhaften Wanderung von deutschen Architekten, zu denen so bekannte Namen wie Bruno Taut, Ernst May und Hannes Meyer mit engagierten Studenten des Bauhauses gehörten. Andererseits zeigen die autobiographischen Aufzeichnungen WT außerhalb der entstandenen Netzwerke. Diese, insbesondere das Netzwerk der Bauhäusler um Hannes Meyer, hat die Architekturhistorikerin Ursula Muscheler bis in die 1950er Jahre nachgezeichnet und dabei auch die wechselseitige Kritik der deutschen Stararchitekten untereinander nicht verschwiegen.[202]

Über die russische Baukunst der Vergangenheit hatte sich der 24 Jahre junge WT, ein junger, unbekannter Anhänger des Neuen Bauens, u.a. anhand der Arbeit von Alexander Eliasberg von 1922 informiert, die wiederum auf der des Malers und Kunstschriftstellers Igor Grabar* beruhte.[203] Grabar hatte vor dem Ersten Weltkrieg Städte, Dörfer, Klöster und auch die Archive in Russland besucht, Fotografien erstellt und Messungen gemacht, die ihren Niederschlag in dem seit 1909 erscheinenden Werk „Geschichte der russischen Kunst"[204] gefunden hatten. Darauf aufbauend schilderte und belegte Eliasberg neben den originären auch die von außen kommenden, insbesondere die aus Byzanz und Italien kommenden Stilelemente.[205] Er konstatierte, dass durch die Oktoberrevolution – ähnlich den Auswirkungen des Mongolen-Einfalls im 13. Jahrhunderts – viele Gebäude in Russland verfallen waren oder zerstört wurden. WT war – über Eliasbergs Werk hinaus – durch die Mitarbeit im Kollektiv für sozialistisches Bauen und durch den begeisternden Vortrag von Ernst May im Berliner Herrenhaus über die Industrialisierung in der Sowjetunion informiert, als er die Entscheidung für die Reise traf. In diesem Vortrag im Jahre 1931 setzte May der kapitalistischen Stadt die neue, sozialistische Stadt entgegen, in der alle für den Staat Arbeitenden, also Männer u n d Frauen so anzusiedeln wären, dass sie neben der

Forderung möglichst günstiger Entfernung zur Arbeitsstätte in zweckmäßigster Verteilung aller gemeinschaftlichen Einrichtungen teilhaftig werden, das heißt, dass Krippen .... und andere Einrichtungen so verteilt sind, dass sie in bequemer und funktionell optimaler Entfernung zu den Wohnquartieren liegen.[206]

May, der die Probleme der Ansiedlung großer Menschenmassen in den neuen Industriezentren bei Magnitogorsk im Süd-Ural und im sibirischen Kusnezk ebenso wie die Diskussion um die Bandstadt offen ansprach, wollte sie in pragmatischer Weise durch „radikalste Typisierung und Standardisierung" im Wohnungsbau lösen.[207] Er brachte einschlägige Erfahrungen mit.

Ernst May wurde für WT der kritisch bewunderte Mentor, bei dem sich über tausend Architekten um eine Mitarbeit in Russland beworben hatten.[208]

Die z. T. wohlwollenden, z. T. kritischen Berichte deutscher Reisender, die überwiegend erst in den 1930er Jahren erschienen[209], konnte WT kaum kennen. Obwohl er dessen Namen nicht erwähnt, ist es gut möglich, dass er schon von dem sowjetischen Theoretiker El Lissitzky* und dessen Werk gehört hatte. Lissitzky, „einer der hervorragendsten Wegbereiter des sogenannten Funktionalismus", war befreundet mit mehreren Mitgliedern der Gruppe May, unter ihnen Werner Hebebrand.[210] Der Slogan „Form follows function", 1896 bereits von dem amerikanischen Architekten Louis Sullivan* geprägt, war in Deutschland erst Mitte der 1930er Jahre auch von Bauhäuslern benutzt worden. In Folge seiner Mitarbeit in Arthur Korns Kollektiv für sozialistisches Bauen 1930/1931 kannte WT vermutlich Miljutins Werk „Sozgorod. Die sozialistische Stadt."[211]

Die Sowjetunion lernte WT als Architekt mit rein theoretischem Wissen und als engagierter Kommunist kennen, als er 1931 im Alter von 24 Jahren das größte Land der Welt betrat. Sehr schnell holte ihn dort die Realität ein. Er haderte bald mit der neuen, sowjetischen Welt:

> ... *wir mussten umlernen, unsere oppositionelle, im Klassenkampf geschulte Kritik umstellen auf eine kritische Rechtfertigung des sowjetischen Aufbaus. So z.B. haben wir dort [in Deutschland] die Ak[k]ordarbeit bekämpft und hier mussten wir sie wiederfinden unter anderen Bedingungen und gelten lassen, haben wir dort die wirtschaftliche Notlage der arbeitenden Bevölkerung zum Ausgangspunkt unserer Gesellschaftskritik und politischen Propaganda gemacht, hier mussten wir einen noch tieferen Lebensstandard zum Ausgangspunkt einer sozialistischen Zukunft machen.*[212]

Zwischen anstrengenden Arbeitseinsätzen in Moskau, Kusnezk, Kemerowo und Nowosibirsk bereiste er als Tourist auch den asiatischen Teil der Sowjetunion. Dieses Bündel verschiedener Völker war zwar noch weitgehend ein Agrarland. Es war jedoch – nach Revolution und Bürgerkrieg – im Begriff, sich durch forcierte Industrialisierung einen einzigartigen Wachstums- und politischen Bedeutungsschub zu verschaffen. Dazu benötigte man dringend ausländische Experten – nicht nur neugierige Kultur- und Polittouristen[213], die das erste sozialistische Land in der Entwicklung erleben wollten. Es waren insbesondere amerikanische und deutsche Ingenieure und Architekten, die von den sowjetischen Planern unter Vertrag genommen wurden und kamen.

Unter den ausländischen Spezialisten, die im Rahmen des ersten Fünfjahresplanes tätig wurden, waren nach Einschätzung des französischen Architekturhistorikers Jean-Louis Cohen die Architekten der amerikanischen Firma Albert Kahn Associates*, die in Detroit Fabriken für General Motors und Ford gebaut hatten, die produktivsten. Kahn, der „Architekt von Ford"[214], übernahm moderne amerikanische Produktionsmethoden in das Land des Sozialismus und baute ab 1929 in kürzester Zeit rund 600 Fabriken in der Sowjetunion, darunter die wichtige Traktorenfabrik in Tscheljabinsk, die durch die Panzerproduktion im Zweiten Weltkrieg bekannt werden sollte.[215] Unter den Deutschen war es die Gruppe um den Frankfurter Stadtplaner und Wohnungsbauspezialisten Ernst May[216], die besondere Bedeutung erlangte. Ihm schloss sich als Nachzügler WT begeistert an. Nicht minder engagiert gingen andere ehemalige Studenten des Bauhauses, die sogenannte „Rote Bauhausbrigade" um Hannes Meyer, in die Sowjetunion, wohin Meyer schon zuvor Kontakte aufgenommen hatte. Als gerade entlassener Direktor des Dessauer Bauhauses schrieb Meyer im August 1930 an El Lissitzky:

> ... *mehr denn je bin ich zu der überzeugung gekommen, das für uns in westeuropa gar nichts zu machen ist, die geister scheiden sich und selbst paul klee findet, dass er „westlich" und ich „östlich" gehen müssen. Wenn ich und meine gruppe am aufbau des sowjetstaates mithelfen könnten, so müssten wir dort eingesetzt werden, wo wir das vielerlei unserer absichten und erfahrungen am fruchtbringendsten verwerten können.*[217]

Nach der Abkehr von der Neuen Ökonomischen Politik, in der zwischen 1921 und 1928 vorübergehend marktwirtschaftlichen Elemente eingeführt worden waren, hatte sich die Sowjetunion unter Stalin in Richtung einer umfassenden, bürokratischen Planwirtschaft entwickelt. Die sozialistische Wirklichkeit in dem riesigen Land war seitdem vor allem von drei sozioökonomischen Entwicklungen bestimmt: Zum einen von der forcierten Industrialisierung im Rahmen des ersten Fünfjahresplans 1928-1933, die allerdings negative Auswirkungen auf den überforderten russischen Arbeitsmarkt und inflationäre Tendenzen mit sich brachte. Zum anderen ging mit dieser Industrialisierung parallel die Zwangskollektivierung der Landwirtschaft einher, die die Überführung der bäuerlichen Betriebe in staatsabhängige Großbetriebe sowie die Eliminierung der oft willkürlich so bezeichneten „Kulaken"[218] beinhaltete, was wiederum zu gravierenden Versorgungsengpässen und Hungersnöten führte. Zum dritten setzte Stalin, der sich als diktatorischer Partei- und Staatsführer etablierte, zur Durchsetzung dieser beiden Ziele den Ausbau des staatlichen Überwachungs- und Unterdrückungsapparat durch, insbesondere der GPU.[219]

Der ideologisch begründete erste Fünfjahresplan sollte 1928 beginnen, wurde nach langen Diskussionen jedoch erst im Mai 1929 vom 5. Sowjetischen Kongress gebilligt.[220] Er sah sehr hohe Wachstumsraten der sowjetischen Wirtschaft vor. So sollten die gesamtwirtschaftlichen Investitionen von 1927/1928 bis 1932/1933 um 250 %, die der Industrie sogar um 320 % gesteigert werden. Für Neubauten waren umfangreiche Mittel vorgesehen. Nikolai Bucharin*, der wirtschaftspolitische Theoretiker und Gegenspieler Stalins, hatte vor den Folgen eines zu schnellen Wachstums gewarnt und die Produktivität der Kulakenbetriebe als „die Garantie für ein harmonisch-gleichmäßiges Wachstum von Agrar- und Industrieproduktion"[221] bezeichnet. Stalin ordnete dagegen an, dass von mehreren Formen der Sozialisierung nur die Sowchosen, d.h. Organisationen im Staatsbesitz und mit angestellten Bauern, sowie die Kolchosen, bäuerliche Genossenschaften auf staatlichem Grund und Boden mit festgelegten Ernteablieferungen, bestehen sollten. Die Kulaken durften nach seiner Anordnung vom Dezember 1929 keine genossenschaftlichen Arbeiter sein und sollten als Klasse eliminiert werden.[222] Die russische Historikerin Elena Osokina schilderte die Art und Weise, wie die sowjetische Führung unter Stalin mit der Kollektivierung die Versorgung mit Getreide zu regeln versuchte, als zweifelhaften, ja fatalen „Erfolg":

> *The grain question was settled in the interests of industrialization. Grain collections grew at the beginning of 1930, netting enough for export and to guarantee workers' supply. Cheap black bread was the only product dependably distributed by the state to the urban population. The success of the campaign to beat grain out of the peasantry in 1929-30 allowed for an increase in the supply*

of bread that brought workers in other industrial centers up to the norms in Moscow and Leningrad. But exports [in return for foreign resources and machines needed for the industrialization] and cheap bread for workers came at the expense of famine for millions of peasants. [223]

Die Auswirkungen der Zwangskollektivierung waren zwischen 1930 und 1932 am schlimmsten. Bis 1933 waren fast alle Agrarregionen kollektiviert. Parallel zu dem bürokratischen Rationierungssystem, das die Getreideversorgung organisierte, und der wachsenden Repression gegenüber widerständigen Bauern etablierte sich eine Hierarchie der Armut, d.h. der Schichten, die sehr unterschiedlich mit Lebensmitteln versorgt wurden. [224] So erhielten nach Aussagen des engagierten Zeitgenossen John Scott*[225] z. B. die Ingenieure und Arbeiter in der Industriestadt Magnitogorsk angeblich die gleiche Menge Essen, aber im Allgemeinen hatten ausländische Experten – darunter WT – ihre Privilegien auch in der Lebensmittelversorgung.

Die realen Zahlen machten die angesprochenen Probleme sichtbar: Der Index der sowjetischen Industrieproduktion verdoppelte sich zwar von 1927 (= 111) bis 1932 (= 267) und erreichte 1940 den Höchststand (= 852). Die Gesamtproduktion wuchs dagegen „nur" um jährlich zwischen rund 13 und 22 Prozent. [226] Zeitgleich mit der Dynamik der industriellen Entwicklung wuchs die Bevölkerung und die Arbeiterschaft, was die Urbanisierung und den Bedarf an Wohnungen vor allem an den neuen Industriestandorten verstärkte. [227] Erst für den zweiten Fünfjahresplan (1933-1937), der unter den Slogans „Konsolidierung" und „die Technik beherrschen lernen" stand, [228] wurden die überzogenen Planziele für die Industrie reduziert. Erreicht wurden sie in der Folge ebenfalls nicht. [229]

Mit dem Ende des ersten Planes im Jahre 1933 war auch der Höhepunkt des Einflusses erreicht, den ausländische Experten auf die Entwicklung in der Sowjetunion nehmen konnten. Waren es Anfang 1930 noch 1.112

ausländische Spezialisten gewesen, so erreichte deren Zahl 1933 mit 6.550 den Höhepunkt. Danach nahm ihre Zahl stark ab – nicht zuletzt auch, weil die Bezahlung der Experten in konvertierbarer Währung eingestellt wurde.[230]

Ernst May, ein Experte des Neuen und rationellen Bauens, sah sich selbst als unpolitischer Fachbeamter.[231] Trotz der negativen Erfahrungen, die zuvor die großen Architekten Erich Mendelsohn* und Le Corbusier* bei ihren Planungen in der Sowjetunion gemacht hatten[232], war er dem Ruf der kommunistischen Regierung gefolgt: Am 15. Juli 1930 hatten Emmanuel Luganowski, Vorsitzender der mit dem Städtebau beauftragten sowjetischen Cekombank, und Ernst May, bisheriger Frankfurter Stadtbaurat, einen Vertrag unterzeichnet, der May weitgehende Vollmachten beim Städte- und Siedlungsbau im Rahmen der projektierten Industrialisierung der Sowjetunion einräumte.[233] Am 07. Oktober 1930 traf May in Moskau ein, wurde offiziell Chefingenieur des Projektplanungsbüros der Cekombank und gab seine Beamtenstelle in Deutschland gegen viele harte Dollar in der Sowjetunion auf. Sein Arbeitsvertrag mit der Bank hatte ihm 23 eigene Mitarbeiter zugestanden, die die „Brigade May" darstellten und überwiegend bis Ende 1933 in der Sowjetunion tätig waren.[234] Unter den ersten 17 Mitarbeitern, die samt Familienangehörigen mit der Eisenbahn in Moskau ankamen, waren alles Fachleute, die zum Teil schon in Frankfurt mit May zusammengearbeitet hatten und später große Bedeutung bekommen sollten: Werner Hebebrand, Gustav Hassenpflug*, Ulrich Wolf*, Hans Leistikow*, Kurt Liebknecht*, Hans Schmidt*, Walter Schwagenscheidt*, Grete Schütte-Lihotzky*, Mart Stam*, Fred Forbat*.[235] May „zur Seite stand ein russischer Politkommissar namens Gasparian, der als Verwaltungsdirektor tätig war."[236]

May sollte laut Vertrag auch Werbung für das sowjetische Städtebauprogramm im In- und Ausland machen. Dementsprechend hatte er sich am 05. Juni 1931 im Herrenhaus in Berlin zu den sozialistischen Zielen bekannt, zugleich aber auch als Vertreter des Neuen Bauens betont, dass die elementaren Erkenntnisse moderner städtebaulicher Planung, die sich in Westeuropa in den letzten Jahren durchgesetzt haben, ... auch in der U.d.S.S.R. das Alphabet der Planung" bildeten.[237] Er hatte eine gigantische Aufgabe vor sich: Er sollte für riesige Menschenmassen sozialistische Städte in der Nähe von geplanten Industriekombinaten schaffen. Bis zum 31. Dezember 1931 sollte er 700.000 Arbeiter mit Familien vorrangig in den Steinkohle- und Erzrevieren im Donezbecken (Ostukraine), Kusnezbecken (mit Kemerowo in Sibirien), Süd-Ural (mit Magnitogorsk) und Karaganda (Kasachstan) ansiedeln.

Angesichts der Größe der Aufgabe konnten Widerstände nicht ausbleiben. Bereits ein Jahr nach seiner Ankunft in der Sowjetunion begannen für May die Schwierigkeiten. Das geht aus Zeitzeugenberichten sowie aus der Dokumentation zum Werk von Ernst May hervor, die vor kurzem der deutsche Architekturhistoriker Thomas Flierl publiziert hat.[238] Darin werden neben den sich wandelnden grundsätzlichen Einstellungen der sowjetischen Seite gegenüber den Vertretern des Neuen Bauens und den Streitigkeiten zwischen unterschiedlichen sowjetischen Verwaltungsebenen auch die kantige Persönlichkeit May sichtbar. Gegen Vorwürfe auch in der deutschen Presse, er wäre ein „Baudiktator" und die Arbeit seiner Gruppe in der Sowjetunion wäre ein „Misserfolg", entgegnete May im August 1932 durchaus selbstbewusst. Er nannte beeindruckende Zahlen:

Wir bearbeiten zur Zeit in Gemeinschaft mit russischen Kollegen unter meiner verantwortlichen Oberleitung folgende städtebaulichen Planungen: Magnitogorsk 200.000 Menschen, Kusne(t)zk 150.000 Menschen, Leninsk 200.000 Menschen, Schtscheklowosk 135.000 Menschen, Orsk 50.000 Menschen, Karaganda 250.000 Menschen, Kaschira 100.000 Menschen, Makiewka 150.000 Menschen, Leninakan 120.000 Menschen. Neben diesen umfangreichen Planungen, unter denen sich die Brennpunkte des russischen Industriebaues befinden, wird unter meiner Oberleitung das Rayon- und Stadtprojekt für Nisch[n]i-Tagil im Ural

*bearbeitet – allein eine Projektierungsaufgabe im Werte von 6
Millionen Rubel. Gemeinsam mit den Architekten Hebebrand,
Schmidt, Hassenpflug, Lehmann* und den russischen Kollegen
Froloff* und Bertig* bearbeitete ich außerdem auf Grund besonderer Aufforderung seitens der Moskauer Verwaltung ein Gene-
ralplanschema für Groß-Moskau. ... Für die vorgenannten Aufgaben mit Ausnahme des Generalplanes für Moskau, der zur Zeit
den entscheidenden Stellen vorliegt, bearbeiten wir Arbeitspläne
für Straßen, Be- und Entwässerung, Verkehr, Grünanlagen usw.;
außerdem in der Hochbauabteilung Wohnbauten sowie die zahlreichen Gattungen öffentlicher Gebäude, die in den Städten zur
Errichtung gelangen.*[239]

Das waren in der Tat gigantische Aufgaben für einen ausländischen Architekten und Städteplaner. Dabei hatte in der sowjetischen Planung
seit 1929 das metallurgische Kombinat in der „Retortenstadt Magnitogorsk" im Ural als Großprojekt im Zentrum gestanden.[240] 1930 hatte May nach einer Besichtigungsreise für Magnitogorsk bereits seine
städtebaulichen Vorstellungen (mit Häuserblocks, durch Grünflächen
getrennt, in Stadtvierteln für je 10.000 Bewohnern) und seine Ideen für
eine Typisierung der Wohnbauten dargelegt, mit denen er „die allmähli-
che Entwicklung zur völligen Kollektivierung" erreichen wollte:

*Die einzelne Familie tritt in den Hintergrund, sie lebt in kleinen
Wohnzellen, die nur als Schlafräume gedacht sind. Dafür werden
errichtet große gemeinsame Küchen, Kindergärten, Klubräume,
Vortragsräume, Lesehallen, Sporthallen usw.*[241]

Für Moskau, um dessen Generalbebauungsplan sich Ernst May 1932
allerdings vergeblich bemühte, hatte er auch Vorstellungen entwickelt:
„Moskau muss ein Muster der durch den Sozialismus bedingten engen
Verschmelzung von Wohn- und Arbeitsstadt werden." Anstelle des bisherigen Stückwerks forderte May, die finanziellen Mittel

für die Errichtung von „Wohnkombinaten" für durchschnittlich
100.000 Einwohner zu verwenden, die an hierzu geeigneten Stel-
len in der Umgebung Moskaus errichtet werden sollen. Die Sum-
me dieser Kombinate ergibt die neue Stadtform „Das Stadt-Kol-
lektiv." ... Die dritte Etappe sieht eine gänzliche Befreiung des
Stadtkernes von Dauerwohnungen vor und vollendet die bereits
in der ersten und zweiten Etappe begonnene Umwandlung der
Stadtmitte in ein gewaltiges Verwaltungszentrum, nicht nur des
Gorod-Kollektivs, sondern darüber hinaus der gesamten UdS-
SR.[242]

Die Probleme Mays, der sich früh direkt an Stalin gewandt hatte, um
ihm persönlich Vorschläge zu einheitlichen Planungsabläufen beim Bau
der neuen Städte machen zu können[243], wurden in Berichten ausländischer Experten angesprochen. Darin stellten die Größe des Raumes, in
dem sich May bewegte (siehe Abbildung 5), und die beeindruckende
Zahl seiner Mitarbeiter, die er 1931/1932, auf dem Höhepunkt seiner
Tätigkeit in der Sowjetunion hatte, Anlässe für Kritik (und Neid) dar. Er
war zu dieser Zeit Vorgesetzter von 800 Menschen, darunter etwa 150
ausländische Experten (einschließlich der eigentlichen Gruppe May).[244]
Die äußeren Bedingungen waren schwierig bis abenteuerlich: Nach Berichten von Mitarbeitern wurde in Moskau die Arbeit „in zwei Sälen,
in denen an die 50 Architekten, Ingenieure, Techniker und Zeichner
saßen, erledigt", unterbrochen von häufigen Dienstreisen (Komman-
dirowskas) mittels Eisenbahn. Ernst May:

Der technische Hergang der Planung war der, dass ich mit mei-
nem Stabe von Mitarbeitern [...] in unserem Sonderwaggon zu
dem nächsterreichbaren Punkte zu der zu planenden Stadt fuhr.
Wir ließen uns auf ein Abstellgleis schieben und benutzten unse-
ren Schlafwagen als Quartier. Wir besichtigten das Gelände in
Autos, Wagen oder Schlitten, je nach dem Vorhandensein geeig-
neter Verkehrsmittel und nach der Jahreszeit.[245]

Die „Brigade May" muss hochmotiviert gewesen sein. Sie stellte so etwas wie eine verschworene Gemeinschaft dar[246]: Die Meisten von ihr kannten May schon aus Frankfurter Zeiten. Sie arbeiteten oft bis zur Erschöpfung und entwickelten ein starkes Zusammengehörigkeitsgefühl. May war derjenige, der sie trotz aller Widrigkeiten immer wieder motivierte.

2.3 Das Jahr 1932: Die ästhetisch-politische Wende in der Sowjetunion und die deutschen Architekten

Zu den Hochmotivierten gehörte auch WT. Er war umso bekümmerter, als ihm Kollegen von der Resignation Ernst Mays berichteten. Ein wichtiger Anlass für May, aufzugeben und Russland 1933 zu verlassen, dürfte die öffentliche Attacke von Nikolai Miljutin auf ihn gewesen sein. Der einflussreiche sowjetische Planer hatte sich noch 1930 mit seinem Buch über die sozialistische Stadt als Fürsprecher der sowjetischen Moderne hervorgetan. 1932 distanzierte er sich in aller Öffentlichkeit vom „Funktionalismus" und attackierte Ernst May indirekt:

> *Dieser Standpunkt, der sich unter den deutschen Baumeistern als extremste Entwicklung des Funktionalismus, als Folge der kapitalistischen Rationalisierung gebildet hat, bedeutet den Verzicht auf Ästhetik und verwandelt den Architekten und Künstler in einen Menschen, der jede[n] Gefühl[s] der Schönheit bar ist.*[247]

Bedeutsam war der Disput aus zweierlei Gründen. Zum einen, weil Miljutin zu dem Zeitpunkt (1931) von Lasar Kaganowitsch, einem engen Vertrauten Stalins, öffentlich für seine dezentrale „grüne" Planung von Moskau kritisiert wurde, im Folgejahr 1932 Selbstkritik äußerte und widerrief.[248] Zum anderen, weil Ernst May für Stalingrad im Jahre 1931 Vorschläge gemacht hatte, die als lineare Anlage Miljutins „Sozgorod" ähnelten. May hatte Miljutins Vorschlag jedoch zu kritisieren gewagt, da *er [Miljutin] die wichtige Funktion der Wolga als Transportweg nicht wahrnimmt, wo doch der Fluss ein billiges und natürliches Mittel für Lieferung und Versand von Rohmaterial und fertigen Gütern nach und aus den Industrieunternehmen bietet, die die 35 km lange Bandstadt ausmachen.*[249]

Die Differenzen zwischen Miljutin und May gerieten genau in die Zeit einer ästhetisch-politischen Wende bei den sowjetischen Planern, die schließlich dem sozialistischen Realismus den Weg bahnen sollte. Auch WT bekam die Diskussion darüber voll mit. Mays Resignation war auf die unterschiedlichen ideologischen Einstellungen beider Seiten zurückzuführen. Sein Biograph Justus Buekschmitt meint verallgemeinernd:

Sie [die Russen] wollten sich die Vorteile des konsequenten Funktionalismus, der sich in den zwanziger Jahren im Städtebau der westlichen Länder durchgesetzt hatte, zunutze machen, aber sie waren nicht bereit, diesem neuen Stil ihre eigenen kleinbürgerlichen Ideale zu opfern. ... Vor allem jedoch vermissten die Russen in der deutschen funktionalistischen Planung die romantische Note", d.h. romantische bzw. repräsentative Äußerlichkeiten.[250] *Die daraus entstandenen Kompromisse befriedigten weder die Deutschen noch die Russen und hatten für Ernst May persönlich Konsequenzen: Bereits eineinhalb Jahre nach seiner Ankunft in Russland, wurde May durch Beschränkungen seiner bisher umfassenden Kompetenzen als Chefplaner und durch Reduktion seiner Vergütung regelrecht degradiert.*[251]

Bei diesen ideologischen Auseinandersetzungen, die wenig förderlich für den sowjetischen Wohnungsbau waren, lohnt ein kurzer Blick zurück: Es waren zu dem Zeitpunkt gerade erst zehn Jahre seit dem Bürgerkrieg und der nachfolgenden kurzen Zeit der Liberalisierung (1921-1928 im Rahmen der Neuen Ökonomischen Politik) vergangen, in denen neben Schriftstellern und Dichtern wie Wladimir Majakowskij* auch zahlreiche russische Architekten und Künstler wie Kasimir Malewitsch*, zunehmend auch Städteplaner, offen diskutiert hatten, wie „die Dynamik der Revolution in den Bauwerken zum Ausdruck"[252] gebracht werden könnte. Mit dem ersten Fünfjahresplan setzte unter den sowjetischen Planern die verstärkte Diskussion um Industriearchitektur und Stadtplanung ein. In kritischer Auseinandersetzung mit westlichen Ideen begannen die sowjetischen Vertreter des sogenannten Urbanismus, die kompakte Städte mit vollständiger Vergesellschaftung von Lebensformen planten, sich mit den Desurbanisten auseinanderzusetzen. Letztere sahen grüne Städte in linearer Siedlungsform vor.[253] Miljutin vertrat in seinem Werk „Sozgorod" einen Mittelweg, in dem er mit Blick auf den Plan die sozialistische Bandstadt skizzierte und kalkulierte:

> *Wir müssen jeden Standort als eine zusammenhängende Einheit angehen, innerhalb deren die Grundelemente so rational und praktisch wie möglich verteilt sind; zu diesen gehören: industrielle und landwirtschaftliche Produktion, Verkehr, Energie, Verwaltung, allgemeine Lebensbedingungen, Kindererziehung und Bildung ... Ein fließendes Montage-Band-System ist die unbedingt erforderliche Grundlage jeder neuen Planung. 2. Der Wohnbereich (die Wohnzone) der Ansiedlung ... müssen [sic] parallel zur Industriezone projektiert und von dieser durch einen Grüngürtel (Pufferzone) getrennt werden.[254]*

Westliche Architekten wie Erich Mendelsohn, Bruno Taut, Le Corbusier, Hans Scharoun* und Walter Schwagenscheidt, aber auch Ausstellungen griffen diese Vorstellungen wiederum auf und transportierten sie ins Ausland.[255] El Lissitzky war der große Vermittler zwischen russischen und deutschen Künstlern bereits in den frühen 1920er Jahren.[256] Ebenso wie die Konstruktivismus-Architekten der glatten geometrischen Formen, insbesondere Alexander Wesnin* und Moisej Ginsburg*, gehörte er zur Elite der Moderne, die sich in der sowjetischen Architektengruppe OSA organisierte.[257] Im Jahre 1930 erschien das wichtige Buch „Russland. Die Rekonstruktion der Architektur in der Sowjetunion" von El Lissitzky in Wien.[258] Darin definierte er Architektur als „Ausdruck des sozialen Zustandes" und formulierte: „Das Ziel ist heute, das Haus aus einer Summe von Privatwohnungen in eine Hauskommune überzuführen."[259] El Lissitzky legte konkrete Pläne vor, die auch den Grundsätzen wirtschaftlichen Bauens entsprechen sollten. Das Werk erschien interessanterweise als erster Band der deutschen Reihe „Neues Bauen in der Welt", die von Werner Taeslers ehemaligem Frankfurter Lehrer Joseph Gantner herausgegeben wurde.

Auf Ginsburgs Pläne, angeregt von Ideen Le Corbusiers, ging ein entsprechend zukunftsorientierter Gebäudekomplex vom Ende der 1920er Jahre zurück, das Narkomfin-Kommunehaus in Moskau.[260] Es sollte den Übergang zu sozialistischer Lebensart dadurch fördern, dass für die 50 Wohnungen für Einzelpersonen, Ehepaare und Familien eine Reihe von Gemeinschaftseinrichtungen, einschließlich eines Speiseraums und einer Bibliothek in den Wohnblock eingebaut wurden. El Lissitzky selbst baute ein Modell für eine Musterwohnung, deren Nachbau 2017 in London zu besichtigen war.[261] Dieses Experiment fand jedoch keine Akzeptanz bei den Sowjetmenschen.[262] Wie bei diesem Wohnblock suchten auch andere modern denkende, sowjetische Architekten Gebäudetypen mit schlichten geometrischen Formen zu entwickeln, die einen kollektiven Lebensstil befördern sollten.

Es gab aber in dieser Zeit zugleich konservative russische Architekten, über die sich nicht nur Bruno Taut bei seinen Planungen ärgerte, sondern über die sich auch die einheimische Satire lustig machte. So hatten die Journalisten Ilja Ilf* und Jewgeni Petrow* einen pompösen Bau beschrieben, „der so viele Säulen besaß, dass für Menschen kein Platz mehr blieb."[263]

Bei all der Heftigkeit der Auseinandersetzungen zwischen Vertretern der Avantgarde und den Konservativen muss angenommen werden, dass alle sowjetischen Künstler, Literaten und Architekten die Ziele der

174

Revolution im Wesentlichen mittrugen. Zu den Mitteln, das Ziel einer sozialistischen Gesellschaft zu erreichen, gehörte während und nach der Revolution von 1917 – neben der Gewalt – die Propaganda, die die Künstler und Literaten innerhalb und außerhalb der entstehenden Sowjetunion unterstützten. Die große Kunstausstellung, die 1932 in Leningrad und ein Jahr später in Moskau gezeigt wurde, dokumentierte, was in den 15 Jahren seit der Revolution an gegenständlicher und abstrakter, an avantgardistischer und konventioneller Kunst und Architektur in der Sowjetunion entstanden war. Sie stellte zugleich den Schlusspunkt einer relativ offenen ästhetischen Entwicklung dar, da sich konventionelle Kunstanschauungen in der Partei- und Staatsführung unter Stalin durchsetzten und diese offiziell dem sozialistischen Realismus den Weg ebneten. Nachdem der bekannte Literat und Künstler Wladimir Majakowskij, enttäuscht über die Entwicklung, bereits im Jahre 1930 seinem Leben ein Ende gesetzt hatte, starb fünf Jahre später mit Kasimir Malewitsch ein weiterer wichtiger Vertreter der Avantgarde in der Sowjetunion. Und El Lissitzky selbst, ein Vertreter des Konstruktivismus und im Kontakt mit den Vertretern der deutschen Moderne, die bald ihrerseits ins politische Abseits geraten sollten, begann – wie andere sowjetische Künstler auch – , sich den stalinistischen ästhetischen Forderungen anzupassen.[264]

Seit diesem besonderen Jahr 1932 setzten sich in der Sowjetunion die Vertreter einer traditionellen, konservativen Ästhetik auch in der Architektur durch, ausgelöst durch Parteibeschlüsse im Zusammenhang mit Wettbewerben, die für prominente Gebäude in Moskau ausgeschrieben worden waren.[265] Die zuvor konstruktivistisch geplanten Gebäude wurden zwar danach noch errichtet, „das Schicksal der avantgardistischen Architektur" in der Sowjetunion war jedoch besiegelt.[266]

Der deutsche Planer Ernst May hatte insgeheim bereits Anfang 1933 resigniert. Da er als Sozialdemokrat nicht in das nationalsozialistische Deutschland zurückkehren konnte, bereitete er schließlich seine Abreise nach Ablauf seines Arbeitsvertrages vor und plante schon für die neue

Abbildung 18: Modernes Mehrfamilienhaus, Sowjetunion 1932
(Architekt unbekannt)

Abbildung 19: Neoklassizistischer Entwurf für den Bau des Neuen Theaters in
Nowosibirsk, ca 1930 (Architekt unbekannt)

Abbildung 20: Opern- und Ballett-Theater Nowosibirsk, Zustand 2016
(Foto: Alexander Savin)

Abbildung 21: Neoklassizistischer Entwurf für ein Sanatorium,
Sowjetunion 1932 (Architekt unbekannt)

Arbeit als Farmer in Ostafrika. Ehrenvoll verabschiedet von deutschen und sowjetischen Architekten und „ohne ersichtlichen Groll", verließ Ernst May Ende Dezember 1933 die Sowjetunion. Seine Kritik an den politischen und wirtschaftlichen Zuständen in der Sowjetunion hat er nach 1933 zunächst nur gegenüber Schweizer Freunden geäußert.[267]

Mit Mays Abreise begann auch der Zerfall seiner Arbeitsgruppe in der Sowjetunion. Einzelne wie Werner Taesler blieben noch einige Jahre länger. Als May gefragt wurde, was er während seines Wirkens in der Sowjetunion gelernt hätte, antwortete der Promoter des Zeilenbaus lakonisch-selbstkritisch: „Ich habe gelernt, dass man nicht in fünf Wochen eine Stadt planen kann."[268] May tat gut daran, die Sowjetunion auch aus einem anderen Grund zu verlassen: Wie er erst nach dem Krieg erfuhr, fielen „alle mit ihm verbundenen sowjetischen Akteure einer modernen Städtebaupolitik" den Stalinschen Säuberungen zum Opfer und wurden wie die meisten Mitbewohner seines Moskauer Wohnsitzes ermordet.[269] Ebenso tödlich endete für die meisten russischen Architekten und Ingenieure die Zusammenarbeit, die mit Albert Kahn und seinen amerikanischen Mitarbeitern Kontakt gehabt hatten.[270]

Kein Geringerer als Walter Gropius lobte im Nachhinein May sowohl für dessen Arbeit in Frankfurt als auch für die in der Sowjetunion und Afrika.[271] Gegen massive Widerstände habe er bei der Planung des Siedlungskranzes von Frankfurt erreicht,

> *die neuen sozialen, ästhetischen und technischen Ideen wirtschaftlich tragbar zu realisieren. Obwohl nahezu keine praktischen Erfahrungen in der Vorfabrikation von Wohnhäusern vorlagen, wurde auch diese in umfangreichem Maße in Angriff genommen.*

Als wichtigsten Beitrag Mays betrachtete Gropius dessen klare Grundsätze für die Aufgliederung der Städte.

Seine umfangreichen städtebaulichen Erfahrungen in Russland und Ostafrika – Generalpläne für Magnitogorsk, für Moskau und Kampala, die Hauptstadt von Uganda, – haben ihn zur Definition übersichtlicher Einheiten im Städtebau geführt, insbesondere zur Idee der Trabantenstadt, gepaart mit weiser Grünflächenpolitik.[272]

Trotz aller genannten Widerstände – darunter auch Bürokratie, mangelhafte Qualität der russischen Arbeiter und nicht zuletzt „Väterchen Frost" – hatten Ernst May und seine Mitarbeiter sogar in dem sowjetischen Prestigeobjekt Magnitogorsk Teilerfolge erzielen können, die zum Teil bis heute sichtbar sind. Gerade um Mays Planungsentwürfe für Magnitogorsk gab es 1930 und 1931 heftige Auseinandersetzungen auf Architekten- und Verwaltungsebenen, die Anfang 1931 zu einer Akzeptanz von Mays überarbeiteten Plänen führte.[273] Die Architekturhistorikerin Elke Pistorius ermittelte, dass die Gruppe May von 1930 bis 1933 nicht weniger als sechs Generalpläne für diese Prestigestadt vorlegte.[274] Der erste wurde als „hart, trocken, eintönig und kasernenartig" kritisiert. Nach Pistorius blieben alle Pläne Mays für Magnitogorsk „bis auf das Erste und Teile des Zweiten Quartals sowie eine Satelliten-Siedlung" weitgehend Papier. Die Planung für das Erste Quartal wurde 1932 abgeschlossen und sofort umgesetzt, d.h. von den vorgesehenen 58 Gebäuden (39 Wohnblöcke und 19 Gemeinschaftsbauten) wurden zu etwa 80 % umgesetzt. Pistorius beschrieb diesen Teil des ansonsten chaotisch schnell gebauten Magnitogorsk als Vertreter des frühen sowjetischen Städtebaus der Moderne:

Zudem kommt hier die damalige sozialistische Idee zum Ausdruck, die Familie aufzulösen, die Frau von Haushalt und Kindererziehung zu entlasten. Folgerichtig waren zahlreiche Kindereinrichtungen und Kantinen neben den Wohnzeilen vorgesehen.

Im Rahmen des Ersten Quartals waren 20 Wohnhäuser von May selbst und fünf von seinem Mitarbeiter Mart Stam entworfen worden. Das Vorbild war die Hellerhof-Siedlung, die als Teil des Neuen Frankfurts entstanden war.

Die Probleme Ernst Mays im Einzelnen und die der extrem schnellen, politisch motivierten Industrialisierung der Sowjetunion im Allgemeinen versuchten auch andere Experten zeitnah zu analysieren. Darunter waren sowohl Deutsche als auch Amerikaner, Sozialisten und Nicht-Sozialisten. Trotz der oft subjektiven Schilderungen ihrer Eindrücke in der Sowjetunion geben sie ein plastisches Bild von einem Land im Umbruch.

Der amerikanische Bauingenieur Zara Witkin* gehörte zu jenen, die es aus ideologischer Begeisterung Anfang der 1930er Jahre, aber nicht minder aus Liebe zu einer russischen Filmschauspielerin dorthin zog. Witkin, Sohn jüdisch-russischer Emigranten, hatte an der Universität von Kalifornien studiert. Als Sozialist, begeistert von der Sowjetunion und dem ersten Fünfjahresplan, ging er im Auftrag der Amtorg Trading Corporation (Amerikanskaja Torgovilia) nach Russland und arbeitete dort von 1932 bis 1934.[275] Er half, die sowjetische Bauindustrie durch Innovationen bei vorgefertigten Bauelementen trotz vielfacher bürokratischer und anderer Widerstände nach vorn zu bringen.[276] Witkin bekam gleich nach seiner Ankunft in Moskau eine ungewollte Lektion in Monumentalität, einem besonderen Aspekt russischen Denkens und Lebens. Am Abend des 01.Mai 1932 saß er erstmals mit einem kommunistischen Regierungsvertreter im Hotel zusammen:

Quite innocently, I asked how many people they estimated had marched in the day's demonstration. Three of the party guessed. Each said a million. I was surprised at such unanimity. „Do you know that three hundred thousand would be a fairly close estimate?" I asked. The atmosphere of the room changed instantly. There was a dead silence of extreme tension. Then, like a wiplash, came the voice of the Communist official. „That's counterrevo-

lutionary mathematics!" – Startled for an instant, I laughed.
"Mathematics" I said, "is independent of social orders. It is vital
to know the truth" – "Truth" sneered the Communist. "You do
not understand truth as we do. With you it is only a bourgeois
concept. With us it has a different meaning. 'Three hundred thou-
sand' means nothing. When we go before the world and say a
million workers marched the Red Square today, that means some-
thing. People understand the world 'million'. That is truth, from
our point of view![277]

Witkin traf auch Ernst May, der bereits seit einenhalb Jahren Erfahrungen mit den sowjetischen Behörden aufwies und Witkins Plan öffentlich unterstützte, eine Gesellschaft von Technikern – analog zur
American Society of Civil Engineers – zu gründen. Diese sollte sowohl in- als ausländische Experten einschließen und durch Ausschüsse
Fälle von Mängeln in der sowjetischen Bauindustrie aufklären.[278] May
warnte Witkin, der sich mit ihm anfreundete, jedoch vor zu großen
Hoffnungen. Die sowjetische Seite würde nicht die Kontrolle über die
ausländische Unterstützung aufgeben. Witkin schrieb 1933 sogar einen
Brief an Josef Stalin, um seine Innovationen in der Bauindustrie gegen
den Widerstand der sowjetischen Bürokratie durchzusetzen. Er hatte
mit Unterstützung der informierten sowjetischen Presse sogar vorü-
bergehenden Erfolg damit.[279] Aber die Bürokratie hatte einen längeren
Atem. Witkin traf May mehrmals und erfuhr von diesem, warum ausländische Experten beim Einsatz in der Sowjetunion scheiterten: Die
eng mit der russischen Mentalität verbundene fatale Inflexibilität der
Bürokratie, die durch den Apparat des Fünfjahresplans noch gesteigert
würde. Laut Witkin hatte May in den drei Jahren seines Aufenthaltes in
der Sowjetunion mehrere Generalpläne für den Bau von Wohnungen
für rund 160.000 Arbeiter und deren Familien in Magnitogorsk, wo die
Amerikaner Hochöfen errichtet hatten, unterbreitet. Keiner davon wäre
realisiert worden, und stattdessen wären nur Wohnungen für ca. 12.000
Menschen gebaut worden. Die Masse der Arbeiter hätte dagegen in
Baracken gelebt, die zudem im Einzugsbereich der Hochofenabgase

lagen.[280] Auch der britische Historiker Orlando Figes zeichnete ein differenzierteres Bild von Magnitogorsk als Elke Pistorius. Er untersuchte viele Einzelschicksale und kam zu dem Ergebnis, dass 1935 ca. 25 % der Bevölkerung von Magnitogorsk lieber in Erdhöhlen lebten, um der Kollektivierung ihres Privatlebens in den „Fabrikkasernen" zu entkommen.[281]

Zu diesem sowjetischen Riesenprojekt äußerten sich aus eigener Erfahrung auch zwei andere Amerikaner: Der Kontrakt-Ingenieur Walter Arnold Rukeyser*[282] und der Arbeiter John Scott. Nach Rukeyser handelte es sich bei dem Industriezentrum Magnitogorsk um Europas größtes Eisen- und Stahlwerk.[283] Die Stadt war für ihn lebender Beweis für das extreme Tempo der industriellen Entwicklung im Rahmen des Fünfjahresplanes. Er schilderte die rasante Bautätigkeit mit mangelhaftem Baumaterial und dem parallel dazu laufenden Abriss von Kirchen.[284] Der Arbeiter Scott, der als Sozialist zum Aufbau der sowjetischen Industrie in die Sowjetunion gekommen war, erlebte von 1932 bis 1937 ebenfalls die Schwierigkeiten in Magnitogorsk, die mangelhafte Qualifikation der Arbeiter und die Lohnunterschiede.[285]

Als Rukeyser in Asbest bei Swerdlowsk die Arbeit aufnahm, fiel ihm sofort – im Vergleich zu dem ihm bekannten Werk in Kanada – einerseits der geringe Grad der Mechanisierung bei der Asbestgewinnung auf. Andererseits wurde ihm die Monumentalität der Aufgabe bewusst, die der Direktor des Asbest-Werkes mit Stolz schilderte und die den gesamten Fünfjahresplan auszeichnete.[286] Der 35 Jahre alte amerikanische Ingenieur analysierte die große wirtschaftliche und militärpolitische Bedeutung des Urals und entwickelte bereits um 1930 wahrhaft prophetische Gaben:

The theory is that with the Ural's potentialities developed – in iron, coal, heavy industry, copper mining, platinum, gold, foodstuffs, factories, textiles, and so on – the Soviets, should they ever meet defeat on a western or eastern front, could retire to the Urals, re-equip and feed their troops, and hold out indefinitely. The invader would probably repeat Napoleon's Pyrrhic victory. No roads act as feeders to this district. Only the single-track ribbon of steel of the Trans-Siberian contacts it with the outside. Once a retreating army destroyed this slender thread of communication, invading troops would indeed have a difficult time of it. And the two thousand to twenty-five hundred miles or so from the nearest frontier would present a formidable problem to even the most advanced type of aircraft.

Nach der deutschen Besetzung der Ukraine wurde die kriegswichtige Industrie tatsächlich nach Osten verlagert. Die Ural-Region wurde das führende sowjetische Zentrum, in dem 90 % des Eisens und anderer Metalle der Sowjetunion produziert wurden. Darauf aufbauend entstanden dort zwischen 1942 und 1945 40 % der sowjetischen Kriegsproduktion und die größte Panzerproduktion der Welt (ca. 35.000 mittelgroße Panzer, d.h. 60 % der gesamten Panzerproduktion), was entscheidend zum Sieg der sowjetischen Truppen beitrug.[287]

Anders als Taesler, Witkin und Scott hatte der Deutsche Rudolf Wolters* keine ideologischen Gründe für die Arbeit in der Sowjetunion. Als arbeitsloser Architekt ergriff er schlicht eine Chance und unterschrieb einen Vertrag als Spezialist für Empfangsgebäude von Bahnhöfen in Sibirien.[288] Er beobachtete 1932/1933 das sozialistische Land im Aufbruch und gelangte nach und nach zu kritischen Einschätzungen auch des Städte- und Wohnungsbaus. Seinen besorgten, gutbürgerlichen Eltern schrieb er im September 1932 aus Nowosibirsk:

... dass wir hier nicht auf Rosen gebettet sind, ist klar – aber für mich ist es hier besser als in Deutschland, wo nicht einmal die Möglichkeit besteht, dass ein ausgewachsener Architekt sich selbst ernährt. Hier sind wir, die Spezialisten, die oberste gesellschaftliche Schicht und werden gehegt und gepflegt. "[289]

Der 30-jährige Wolters – er wurde später ein leitender Mitarbeiter des NS-Rüstungsministers Albert Speer – sah 1933 den Einfluss amerikanischer, russischer und deutscher Spezialisten kritisch und kam auf die oben genannten ästhetisch-ideologischen Differenzen zu sprechen:

Bekanntlich lieben unsere russisch-amerikanischen Städtebauer den geometrisch schönen Stadtplan mit sehr rechtwinkligem Straßennetz, viel Achsen, Sternplätzen usw. Chicago ... Eine starre Schule des Städtebaues haben diese Amerikaner in Russland herangezogen, die immer mehr Oberwasser gewinnen, besonders auch deshalb, weil neuerdings für das architektonische Detail von höchster Stelle aus Moskau der „klassizistische Stil" als alleinseligmachend befohlen wurde: Sternplan und griechische Fassade! Unter diesem nagelneuen Kurs leidet ganz besonders die andere große Städteplanungsstelle der Union, das „Standardgorprojekt"[290] mit seiner „berühmten" Gruppe „May" ... Hier stehen sich zwei Weltanschauungen gegenüber. Hier gibt es keine Verständigung. Aber man kann leider schon jetzt sagen, dass „May" mit seinen Leuten bereits unterlegen ist. Vielleicht hätte der deutsche Städtebau an Einfluss mehr gewonnen, wenn erstens wenigstens e i n e Stadt, Magnitogorsk im Ural, Leninsk[291] in Westsibirien, tatsächlich nach den ursprünglichen deutschen Originalplänen gebaut worden wäre, wenn ferner die Pläne der Gruppe „May" nicht alle so sehr über einen Kamm geschoren ausgeschaut hätten. Heute ist der Frankfurter Architekt May ein gefallener Star in Russland. Seine Jünger sind zusammengeschmolzen auf wenige Getreue, und traurig ragen an allen Enden Russlands die Anfänge des zu Tode gerittenen „Zeilenbaues" aus dem Häusermeer der Holzhütten.[292]

Auch Wolters erkannte das grundsätzliche Dilemma des sowjetischen Städtebaus Anfang der 1930er Jahre, das aus der Hast der Industrialisierung, dem Mangel eigener Fachkräfte und aus der Unterschiedlichkeit der Richtungen der importierten amerikanischen und deutschen sowie der russischen Planer resultierte. Seine Erinnerungen an die Zeit in der Sowjetunion erschienen als Buch noch 1933 zum ersten Mal und erlebten danach mehrere Auflagen. Der Sozialist Hannes Meyer, der kurzzeitig Direktor des Bauhauses gewesen war und danach als Architekt und Dozent in der Sowjetunion wirkte[293], kritisierte in der sowjetischen „Prawda" Wolters und dessen Buch heftig: „Ein Spion, der von uns nicht rechtzeitig erkannt und gestellt wurde." Das Werk wurde allerdings 1936 in der NS-Zeitung „Der Angriff" ideologisch instrumentalisiert und als „der ungeschminkte Bericht eines, der den Alltag in der Sowjetunion erlebte", bezeichnet.[294] Wolters war zu dem Zeitpunkt schon dabei, sich im nationalsozialistischen Deutschland als Architekt zu etablieren.[295]

Ebenso wie Taesler hatte ein anderer, etwas älterer deutscher Architekt, der aus Münster stammende Walter Hämer*[296], den Berliner Vortrag von Ernst May im Juni 1931 gehört. Er kam als erfahrener Architekturberater in die Sowjetunion. Beide, Hämer und WT, sind sich vermutlich nie begegnet, hatten aber einen Freund gemeinsam: Den Worpsweder Künstler und Kommunisten Heinrich Vogeler, der seit 1931 im Allunionskomitee für Standardisierung des Bauwesens mitarbeitete und im Folgejahr mit seiner Frau ganz in die Sowjetunion übersiedelte.[297] Hämer war kein Kommunist, eher ein unvoreingenommener Beobachter und Kunstliebhaber. Auf Einladung des Präsidenten des sowjetischen Komitees für Standardisierung, den er durch die Berliner Ausstellung „Die Wohnung unserer Zeit" geführt hatte, reiste er Ende Juni 1931 per Schiff in die Sowjetunion. Hämer wurde dort als „Konsultant" im weiteren Umfeld der „Brigade May" tätig und kam bei den Planungen für standardisierte Bauten in der Landwirtschaft nicht nur mit den Problemen der Kollektivierung in Berührung. Bei ausgedehnten Bahnreisen lernte er in Südrussland das angeblich größte Landwirtschaftsunternehmen der Welt, „Gigant", kennen und war von der Größe und der fortschrittlichen Technik beeindruckt: „Gigant" umfasste 237.000 Hektar und wurde wegen seiner Größe 1934 in vier Sowchosen aufgeteilt.[298] Unweit davon erlebte Hämer eine landwirtschaftliche Kommune, die

1922 von Emigranten aus dem Staat Washington gegründet worden war.[299] In Moskau, wo er die Bekanntschaft u.a. von John Heartfield, Bruno Taut und Hannes Meyer machte und ganz kurz im Kreml sogar Stalin leibhaftig grüßen konnte[300], bekam Hämer einen Eindruck von dem Ort und der Arbeitsweise der zentralen Planung für die „sozialistische Stadt":

Ungefähr im Zentrum Moskaus, in den zwei aufgestockten Etagen eines großen Eckhauses, domiziliert der Trust des Obersten Volkswirtschaftsrates „Standardprojekt." Hierher wurde seinerzeit von der Cekombank auch Ernst May berufen. Da sitzen wohl 400 Ingenieure, Planer und Architekten, unter diesen auch etwa 80 Deutsche. Dort entstehen im engsten Zusammenhang mit dem Obersten Volkswirtschaftsrat, mit dem Rat für Arbeit und Verteidigung, mit der Staatlichen Plankommission und vielen anderen Behörden und Dienststellen die Pläne für „Sozialistische Städte." Das Arbeiten dort ist, wie mir Kollegen berichten, im höchsten Grade unerfreulich. Man hockt in den Zeichenställen derart eng, mehr auf- als nebeneinander, so dass gegenseitige Störungen unvermeidlich sind. Abgesehen davon gibt es ständig Differenzen und Intrigen zwischen Russen und Deutschen, zwischen Kommunisten und politisch Neutralen, zwischen denen mit Valuta-Verträgen und denen, die nur die von Tag zu Tag mehr entwertenden Sowjetrubel bekommen."[301]

Prominenter Mitreisender auf Hämers Schiffsreise war 1931 der sowjetische Spitzenpolitiker Nikolai Bucharin.[302] Dieser hatte – im Widerspruch zu Stalin, der seit 1927 quasi Alleinherrscher war – Ende der 1920er Jahre bei der Aufstellung des ersten Fünfjahresplanes vor der forcierten Industrialisierung gewarnt und an die Binsenweisheit erinnert, „dass die Entwicklung der Industrie von der Entwicklung der Landwirtschaft" abhänge und zwischen beiden ein „dynamisches Gleichgewicht" zu wahren sei."[303] Er hatte sich kurz nach der Revolution im „ABC des Kommunismus"[304] auch dafür ausgesprochen, neue

Wohnformen zu entwickeln, „die die Wohnbedürfnisse der kommunistischen Gesellschaft befriedigen."[305] Bucharin und sein Co-Autor Preobraschenski* dachten sowohl an Einfamilienhäuser als auch an kollektive Wohnformen.

Der Architekt Alexander Wesnin, prominenter Anhänger des Konstruktivismus, plante als „Alternative zu großen Städten Wohnkomplexe ..., in denen der gesamte Alltag „vergesellschaftet" ist, und die in der Nähe von Industrie- oder Landwirtschaftsbetrieben für nicht weniger als 40.000, aber nicht mehr als 100.000 Einwohner entstehen könnten."[306] Während der Architekt Wesnin die politischen und Kiegswirren überlebte, fiel der politische und ökonomische Theoretiker Bucharin 1938 den Stalinschen Säuberungen zum Opfer und wurde erschossen.

Mit dem Unterdrückungsapparat versuchte Stalin das Chaos, das er durch überstürzte Industrialisierung und Kollektivierung selbst ausgelöst hatte, unter Kontrolle zu bringen. Die Repressionen spürten auch die ausländischen Experten, die in den 1930er Jahren in der Sowjetunion arbeiteten: Vom ersten Tag seines Aufenthaltes an bemerkte der amerikanische Ingenieur Walter Rukeyser – ebenso wie Hämer, Wolters und Taesler – die Anwesenheit der GPU, deren Bedeutung als umfassendes und allgegenwärtiges staatliches Überwachungsorgan für ca. 160 Millionen Einwohner er ausführlich schilderte.[307]

Ähnlich wie viele Sozialisten, die als Emigranten in die Sowjetunion gingen[308], schilderte Zara Witkin, der 1934 als enttäuschter Sozialist in die USA zurückkehrte, seine Frustrationen. Witkin berichtete dabei nicht nur von der Hungersnot, den geheimen Verfolgungen und Prozessen, sondern vor allem von seinen Erfahrungen im Kampf gegen eine übermächtige sowjetische Bürokratie:

I found that the release of the creative power of the Russian people was damned by a wall of administrative bureaucracy, forced by its very nature to attempt the obliteration of the individual. This was the antithesis of the best principles of efficient engineering administration, and in the U.S.S.R. it destroyed the essence of responsibility in control.[309]

Und er bedauerte den Verlust der sozialen Bindungen zwischen Russen und den ausländischen Experten, der durch die GPU-Herrschaft ausgelöst wurde, die jeden Kontakt zwischen ihnen als möglichen Verrat am Staat betrachtete.[310] Seine und die Hoffnungen anderer Intellektueller hatten getrogen:

The betrayal of revolutionary faith, of workers solidarity, of human comradeship, the crushing out of civil safeguards and the ruthless terrorism of the Soviet secret police have overbalanced the material, educational and social developments. It has wrought a fearful general tragedy – the vast death of the hopes which arose with the Russian Revolution for a better world in birth.[311]

Eine Diktatur war errichtet worden, und Witkin prophezeite schon 1934, dass der Zusammenprall mit dem imperialistischen Japan und dem expansionistischen Deutschland unvermeidlich sein würde.[312]

Dabei hatte sich die sowjetische Verwaltung bis Mitte der 1930er Jahre gegenüber Immigranten, die als qualifizierte Arbeitskräfte benötigt wurden, noch relativ liberal verhalten. Das änderte sich danach schlagartig.

Neuere Daten geben die Zahl der Exekutionen, die im Rahmen des „Großen Terrors" zwischen 1936 und 1938 in Russland stattfanden, mit 700.000 an.[313] Diese Art von staatlichem Terror hatte – ganz ähnlich dem im Dritten Reich praktizierten Terror – das Ziel,

jedermann mit Furcht zu erfüllen. Er lässt seiner Leidenschaft für absolute Gleichheit völlig freien Lauf. Angst und Schrecken erfasst die gesamte Gesellschaft ... Vielen erscheint es in der Tat so, als würden sie persönlich verfolgt, auch wenn sie von der Geheimpolizei vielleicht jahrelang, wenn nicht gar für immer, in Ruhe gelassen werden. Es herrscht grenzenlose Furcht [...]. Dass Furcht und Schrecken ohne zeitliche Begrenzungen alle Bereiche erfasst und durchdringt, ist für das Funktionieren des totalitären Terrors wichtig.[314]

Im Rahmen der sogenannten Deutschen Aktion waren auch viele Deutsche – z.B. Mays Mitarbeiter Werner Hebebrand, aber auch einige emigrierte ehemalige Bauhausschüler – von den Verfolgungen in den Jahren 1937/1938 betroffen.[315] Viele erklärte Hitlergegner, besonders Kommunisten aus Deutschland, waren dem stalinistischen Terror ausgesetzt.[316] Dazu gehörten einige Architekten um Hannes Meyer wie der Bauhäusler Philipp Tolziner*, der nach 1935 in der Sowjetunion geblieben und jahrelang inhaftiert war.[317] Andere deutsche Kommunisten wie die mit Vogeler befreundeten Dichter Erich Weinert*[318] und Johannes R. Becher* verblieben in der Sowjetunion und überlebten dank Protektion dort. Heinrich Vogeler selbst, der sich in seinen Werken schon länger von der Worpsweder Romantik abgewandt und letztendlich dem sozialistischen Realismus zugewandt hatte, lebte und arbeitete als überzeugter Sozialist schon seit 1932 in der Sowjetunion. Seine Propagandaeinsätze für die Rote Armee brachten ihm den Eintrag in die Sonderfahndungsliste UdSSR des Reichssicherheitshauptamtes 1941 ein. Der kränkelnde Vogeler ging dann nicht ganz freiwillig während des Krieges nach Kasachstan, wo er 1942 im Alter von 70 Jahren recht einsam starb.[319] Seine publizierten Erinnerungen zeigen einen Künstler, der sich am Ende des Ersten Weltkriegs radikalisierte und seinen Barkenhoff in Worpswede gar für die Rote Hilfe zur Verfügung stellte, der aber durch die Umstände des Zweiten Weltkrieges zum linientreuen Kommunisten gemacht wurde.[320]

2.4 Die gedruckten und gemalten sowjetischen Erfahrungen Taeslers

Während Vogelers Aufzeichnungen eine Art moderner Kunstgeschichte aus subjektiver Sicht darstellen, sind die des wesentlich jüngeren Werner Taeslers Erinnerungen eines jungen Architekten. Sie wirken weniger ambitioniert als die von Vogeler. Dessen Leben ging inmitten des Zweiten Weltkrieges in der Sowjetunion zu Ende, während das von Taesler nach seiner Emigration aus der UdSSR, in der er den wichtigsten „Brennpunkt seines Lebens" erlebte, noch fast 60 Jahr im ruhigeren Schweden fortdauerte. Dort konnte er in Freiheit in der Architektenzeitschrift „Byggmästaren" 1935 und 1936 seine Erfahrungen als Planer von Städten, Wohnungen und Krankenhäusern veröffentlichen.[321] Er war zu dem Zeitpunkt gerade 28 bzw. 29 Jahre alt, und es ist erstaunlich, wie und wo er die Daten seiner Aufsätze sammelte.[322]

Angesichts der forcierten Industrialisierung und Kollektivierung der Landwirtschaft, die Taesler in der Sowjetunion beobachtet hatte, sah er den Umbau von alten und die Planung von neuen Verwaltungszentren, die Planung von Industriestädten und schließlich die Schaffung von neuen großen landwirtschaftlichen Siedlungen als die wichtigsten Aufgaben an.

WT berichtete von den Plänen der UdSSR, die Landwirtschaft von kleinteiligen, individuellen Betriebsformen auf kooperative oder staatliche Großbetriebe umzustellen. Während die organisatorisch-politischen Maßnahmen und die Schaffung der erforderlichen industriellen Infrastruktur (z.B. Fabriken für landwirtschaftliche Maschinen, die Produktion von Düngemitteln u.a.) im Rahmen des ersten Fünfjahresplanes laut WT gut vorangekommen wären, würden die Planungen für Wohnsiedlungen und die Entwicklung von entsprechenden Wohntypen hinterherhinken. Er zeigte sich informiert sowohl über die theoretische Diskussion, die in der Sowjetunion insbesondere durch N. Ossinsky* und Nikolai Miljutin[323] über die Stadt im Sozialismus belebt wurde. Ossinsky hatte die Verschmelzung von Stadt und ländlicher Siedlung skizziert, um durch die Verbindung beider Lebensformen das Beste von beiden, Naturnähe und kollektives Leben, zu verbinden. Die Bandstadt[324] sah WT in Anlehnung an Miljutins Buch „Sozgorod" von 1930[325] als die natürliche Lösung des Problems Stadt-Land. Die Planung von Sowchosen, den großen landwirtschaftlichen Staatsbetrieben, sollte nicht nur mit Rücksicht auf klimatische und geologische Bedingungen, sondern auch mit Rücksicht auf vorhandene Strukturen wie Straßen und Bahnverbindungen erfolgen. Bei der Planung der Wohnungen für Kolchosbauern, also den in Genossenschaften arbeitenden Bauern, entwickelte WT zwei Bautypen von Ein- oder Zweifamilienhäusern. Sie sollten – abgesehen von den zugestandenen eigenen Gärten und einigen Haustieren – nicht zugleich Arbeitsstätten sein, wie es die alten Bauernhäuser waren. Werkzeuge und Maschinen sollten zentral vorgehalten werden und Kindergärten, Wäschereien und Sporteinrichtungen als Gemeinschaftseinrichtungen fungieren. Als die wichtigste aktuelle Aufgabe bezeichnete WT die Elektrifizierung und den Bau befestigter Straßen, um Traktoren und Maschinen nutzen zu können. Kanalisation und Wasserversorgung müssten noch warten. WT machte zudem konkrete Vorschläge für die notwendigen Schritte, wie Sowchosen mit Rinder- sowie solche mit Federviehhaltung geplant werden sollten. Abschließend beschrieb er die Agro-Stadt mit zentralen Einrichtungen (Stromerzeugung, Maschinen-Traktoren-Station, Verwaltung), die sich im Rahmen der Regionalplanung strukturell in Richtung der Trabantenstadt, weg von dem Bandstadtmodell, entwickeln würde. WT drückte zum Schluss seine Hoffnung aus, dass die Aufhebung des Gegensatzes Stadt-Land, die lange ideologisch gewünscht gewesen wäre, auf diese geschilderte Weise in der Praxis gut vorankommen würde.

Im Aufsatz „Bostadsbyggandet i Sovjetunionen" [Wohnungsbau in der Sowjetunion] aus dem Jahr 1936 berichtete WT ausführlich und mit zahlreichen Bildern von den Anstrengungen für den Bau von Wohnungen, die in den neuen Industriestädten der Sowjetunion dringend benötigt wurden. Er stellte aufgrund der Bevölkerungsstatistik von 1930 eigene Modellrechnungen auf und verwies darauf, dass im alten Russland im Jahre 1851 nur rund 8 % der Bevölkerung in Städten mit mehr als 10.000 Einwohnern wohnten; 1914 waren es 15 % (in Deutschland: 56 %). Nur 21 % dieser Städte hatten Wasserleitungen und noch weniger hatten Abwassersysteme. Anhand der Hauptstadt Moskau schilderte WT den starken Urbanisierungstrend: So wuchs die Einwohnerzahl Moskaus zwischen 1924 und 1934 um 125 %, d.h. von 1,6 Millionen auf 3,6 Millionen. Noch 1930 waren etwa 62 % aller Wohnhäuser dort aus Holz, einstöckig und oft abbruchreif. Trotz des massiven Wohnungsbaus stieg in Moskau die Wohnungsnot.

Nach Taeslers Meinung hatten sich für die Errichtung von Städten im Rahmen des Fünfjahresplans die Bandstadt-Vorstellungen von Miljutin durchgesetzt, und Ernst May aus Deutschland hatte sich dabei als der geeignete Praktiker für rationelles Bauen mit Typenbildung erwiesen. WT berichtete, wie Ernst May in der Eisenbahn durch die Sowjetunion reiste und in zwei bis drei Tagen die Pläne für eine Stadt von 200.000 Menschen konzipierte. Als Beispiele nannte er Magnitogorsk und Nishni Tagil im Ural, Stalinsk-Kusnezk und Kemerowo in Sibirien sowie Makejewka in der Ukraine. Mays enger Mitarbeiter Mart Stam zeigte sich allerdings kritisch gegenüber diesem schnellen, aber schematischen Bauen. Auf Vorträgen bekam May jedoch für seine Arbeit großen Beifall. In kritischer Bewunderung war Ernst May für WT der beste Praktiker, aber nicht der gründlichste.

WT stellte aber auch die Widerstände und Probleme beim Wohnungsbau dar: Einerseits gäbe es den enormen Mangel an brauchbarem Baumaterial und an qualifizierten Fachkräften, andererseits beklagte er die mangelhafte Kommunikation zwischen den zentralen Planungsbüros in Moskau und den ausführenden Organen vor Ort. Aber auch die Unkenntnis der Moskauer Architekten von den Bedingungen vor Ort sah er kritisch ebenso wie Sparzwänge, die im Ergebnis zu kleinen und unwohnlichen Wohnungen für das Existenzminimum führten. Auf diese

Weise hätten Mays Entwürfe zu den kritisierten „Kasernen", „Kästen", geführt. WT berichtete von einem Paradigmenwechsel, der, um der stereotypen Reihung von gleichen Wohnhäusern entgegenzuwirken, das „Wohnviertel" mit einem gewissen Eigenleben (Wohnungen, Schulen, Läden u.a.) als die maßgebliche Planungseinheit in der größeren Einheit Stadt in den Mittelpunkt setzte. Und er schilderte die Auseinandersetzungen unter den sowjetischen Architekten der 1930er Jahre zwischen jenen, die an funktionalistischen Idealen festhielten (wie Moisej Ginsburg* und die Gebrüder Wesnin), und jenen, die wieder einer historistischen Ästhetik oder gar einem Monumentalismus zuneigten. WT, dessen Sympathien Ginsburg und den Wesnin-Brüdern galten, berichtete, dass die breiten Massen sich sehr für Fragen der Architektur interessieren würden, und er selbst legte ein Bekenntnis zum neuen sozialistischen Bauherrn, dem Volk, ab. Er verwies auf die großen Investitionen im Rahmen des ersten Fünfjahresplanes: Darin wären 23,5 Millionen Quadratmeter Wohnflächen zu Kosten von 4 Milliarden Rubel geschaffen worden. Im zweiten waren laut WT 13,4 Milliarden Rubel vorgesehen.

Wie andere Experten, die in den 1930er Jahren in der Sowjetunion arbeiteten, erkannte WT am Ende seiner dortigen Zeit auch die Mentalitätsunterschiede. Er formulierte die Unterschiede zwischen Deutschen und Russen freundlich als „verschiedene Grade kultureller Sensibilität jedes Einzelnen."[326]

Seine Eindrücke von Land und Leuten in der Sowjetunion schlugen sich aber auch in Bildern, meist Zeichnungen, nieder, die er mit nach Schweden nehmen konnte. Gleich nach der Ankunft in Stockholm begann er 1935 mit einer großen Arbeit, die leider nicht erhalten ist:

Malte während dieser Sommermonate ein großes Bild, ein zusammenfassender Ausdruck des russischen Aufbaus in Sibirien. Ausgehend von alten Altarbildern stellte ich das Nebeneinander des Aufbaus in der Gleichzeitigkeit von 4 Teilbildern in einem

Abbildung 22: Werner Taesler: Russische Kirche in Nishni Nowgorod. Aquarell 1934

Rahmen dar. „Sozialistischer Realismus" in leicht kubistischer Abstraktion. Ein fruchtbarer Versuch, doch fehlte mir noch viel von jenem Können, das eine solche anspruchsvolle Monumentalität glaubhaft erscheinen lässt.[327]

In den Folgejahren führte er einen solchen synthetischen Ansatz jedoch nicht fort und stellte stattdessen auf zahlreichen, eher expressionistischen Aquarellen die schwedische Landschaft dar.

Abbildung 23: Werner Taesler: „Wüster Russe", Kohlezeichnung 1934

Abbildung 24: Werner Taesler: Kapelle in Lappland. Aquarell 1950

2.5 Exil im demokratischen Schweden

Taeslers Leben und Arbeiten in der Sowjetunion hatte unter den Augen des Geheimdienstes gestanden; es war aber der kleinen Familie materiell relativ gut gegangen. Als Flüchtling in Schweden, der sich alle sechs Monate um die Aufenthaltsgenehmigung bemühen musste, erlebte er wie viele andere das Emigrantenschicksal und notierte bitter am Vorabend des Zweiten Weltkriegs die Heimat- und Rechtlosigkeit:

> *Aber schlimmer als all das: weil mein Gewissen nicht schlafen will, weil ich mich nicht dem geistigen Schematismus der totalitären Diktaturen ergeben will, weil die Frage der geistigen Freiheit innerste Lebensnotwendigkeit bei mir ist, kann ich den alten „Bewegungen" nicht mehr folgen. Ohne Heimat mit all ihren so sehr verkannten traditionellen Bindungen, ohne geistige Tuchfühlung mit einer größeren Bewegung, nackt und desil[l]lusioniert besinnt man sich notwendig auf sich selbst. Und wer in dieser Zeit nicht Tieferes, Beständigeres in sich hatte als ein Parteiprogramm, muss heute bei dem Bankrott aller dieser Programme entweder im Selbstmord enden oder diesen Bankrott bis zur letzten bitteren Notwendigkeit mitmachen.*[328]

Wenn auch Taeslers äußeres Leben und Wirken in Schweden weitaus unspektakulärer als das von Heinrich Vogeler verlief, so gestaltete sich die innere und äußere Entwicklung dieses ungleich kleineren, aber freieren Landes in den 1930er und 1940er Jahre doch schwierig.

Man wurde sich hier erst allmählich bewusst, welch positive Seite Flüchtlinge wie WT für den schwedischen Arbeitsmarkt hatten.[329] Schweden war zu der Zeit ein dünn besiedeltes, aber nicht mehr rein landwirtschaftlich geprägtes Land mit 6,1 Millionen Einwohnern (1930), das sich seit 1870 im industriellen Aufbruch befand.[330] – Francis Sejersted, der norwegische Wirtschafts- und Sozialhistoriker, hat das skandinavische Modell des westlichen Modernisierungsprojekts in eine enge Verbindung mit der dortigen Sozialdemokratie gebracht, die sich vom orthodoxen Marxismus löste.[331] Er sah als Grundlage für die dominierende Sozialdemokratie seit den 1930er Jahren einerseits den Vertrag zwischen [industrieller] Arbeit und Landwirtschaft und andererseits den generellen Vertrag zwischen Arbeit und Kapital. Die schwedische Politik war zunehmend von der sozialdemokratischen Partei bestimmt, die seit 1936 mit der Agrarpartei eine Koalitionsregierung bildete. Das Land konnte sich in den 1930er Jahren eines Wirtschaftsaufschwungs erfreuen, der von einer stetig sinkenden Arbeitslosenquote begleitet wurde. Die Industrieproduktion Schwedens stieg zwischen 1929 und 1939 um 66 %, während die Arbeitslosigkeit bis 1939 in Folge des Systems der öffentlichen Arbeiten und dann durch die beginnende Rüstungsproduktion auf 9,2 % sank.[332]

Der Kriegsausbruch und die kritische Situation des finnischen Nachbarn gegenüber der Sowjetunion führten 1939 zu einer breiteren politischen Koalition, die bis 1945 Bestand hatte und Schwedens Neutralität sicherte, während die Nachbarn Finnland, Norwegen und Dänemark in den Weltkrieg hineingezogen wurden.[333] Die schwedische demokratische Kultur mit einer konstitutionellen Monarchie bewährte sich auch in den Krisen des Krieges. Nach der Machtergreifung der Nationalsozialisten, die in Schweden durchaus Sympathisanten wie beispielsweise den Forscher Sven Hedin fanden, hatten diese mit NS-Publikationen und auch mit Hilfe von Alfred Rosenbergs Nordischer Gesellschaft[334] verstärkt auf die öffentliche Meinung Schwedens einzuwirken versucht.[335] Dem begegnete die schwedische Regierung auf unterschiedliche Art und Weise, u.a. mit der Einrichtung des staatlichen Informationsbüros SIO, um die einheimische Presse zur Zurückhaltung in der Berichterstattung über die kriegführenden Staaten anzuhalten.[336]

Mit dem Anstieg der Repressionen im nationalsozialistischen Deutschland erhöhte sich die Zahl derjenigen, die im neutralen Schweden Zuflucht suchten. Dort hatte man lange Zeit kaum Erfahrungen mit Flüchtlingen gehabt. Infolge der sehr geringen Geburtenrate in den 1930er

Jahren rückten – auch angeregt durch das entsprechende Buch von Alva und Gunnar Myrdal[337] – die demographische Situation und die schlechten Wohnverhältnisse in die öffentliche Diskussion.[338] Taeslers Urlaubsbekanntschaft von 1931, der junge Architekt Hans Bartning, hatte deshalb bereits 1930 die richtige Frage gestellt: „Wo soll der Mann mit dem Existenzminimum wohnen?" Unter Anspielung auf Ernst Mays Erfolge im Frankfurter Wohnungsbau hatte Bartning von allen Beteiligten in Schweden die rationelle Wohnungsbauweise durch Typisierung gefordert und die „ersten funktionalistische Häuser" dort vorgestellt.[339] – Bartning war aber keineswegs der einzige deutsche Architekt in den 1930er Jahren, der Kontakte zu Schweden – und umgekehrt – hatte. Seit dem Ende der 1920er Jahre interessierten sich Uno Åhrén und Sven Markelius für das Neue Bauen, und es gab u.a. über Walter Gropius persönliche Kontakte zum Bauhaus.[340] Sogar während der Herrschaft der Nationalsozialisten setzte sich ein Teil dieser Kontakte fort, wobei auf deutscher Seite insbesondere der Rationalisierungsfachmann Ernst Neufert, Autor des bis heute bekannten Werkes zur Bau-Entwurfslehre[341], Interesse am rationellen Wohnungsbau in Schweden zeigte. Die Wege der schwedischen und der deutschen Bauexperten trennten sich dann jedoch aus ideologischen Gründen: Während schwedische Architekten, darunter die Emigranten Fred Forbat und Werner Taesler, unter dem Einfluss des Ehepaares Myrdal Egalisierung mit Ideen von Gemeinschaftseinrichtungen im Wohnungsbau verbanden, fühlten sich deutsche Planer den Ideen der exkludierenden und hierarchischen „Volksgemeinschaft" verbunden.

Unter dem Eindruck stetig wachsender Emigrantenzahlen wurde 1937 in Schweden das aus dem Jahre 1927 stammende Ausländerrecht novelliert und darin der Schutz politischer Flüchtlinge gestärkt. Jüdische Flüchtlinge wurden jedoch – wie in anderen europäischen Ländern – weitgehend davon ausgeschlossen.[342] Im Gegensatz dazu stand die öffentliche Meinung in Schweden, die zu vielfältiger privater Unterstützung der Flüchtlinge führte. Unter den deutschsprachigen Emigranten, die in Stockholm Zuflucht fanden[343], befanden sich Taesler und Forbat, aber auch der Künstler und Schriftsteller Peter Weiss*.

Über die vielen Menschen unterschiedlicher sozialer und politischer Herkunft, die nach 1933 in Schweden Zuflucht suchten, ihre Organisationen und ihre Beiträge zur Kultur des Gastlandes hat bereits 1974 der Germanist Helmut Müssener ausführlich berichtet.[344] WT war einer von etwa 5.000 Flüchtlingen, die sich vor 1939 nach Schweden gerettet hatten, und dies trotz verschärfter Einwanderungsbestimmungen.[345] Dabei überschritten die jährlichen Zahlen der deutschsprachigen politischen bzw. „unpolitischen" jüdischen Emigranten – die Juden wurden lange Zeit als Wirtschaftsflüchtlinge gesehen – kaum die 1.000- bzw. 4.000-Grenze und machten nur etwa ein Promille der schwedischen Bevölkerung aus. Aufgrund der Verfolgung im nationalsozialistischen Deutschland, in Österreich und in der Tschechoslowakei stieg die Zahl der Einreiseanträge bei den schwedischen Behörden 1939 auf etwa 80.000, von denen die meisten an den Grenzen abgewiesen wurden. Die Flüchtlingszahlen schwollen als Folge der deutschen Kriegsführung (Besetzung von Norwegen und Dänemark) nach 1942 jedoch erheblich an. Gegen Ende des Krieges gab es etwa 200.000 Flüchtlinge in Schweden, hauptsächlich aus Norwegen, Dänemark, Estland und Finnland, zu denen 1945 noch 30.000 Überlebende der Konzentrationslager kamen.[346]

Dies hatte auch mentale Folgen: Hatte man im Krieg die „Realpolitik" eines kleinen Staates[347] akzeptiert, so trugen die Berichte über deutsche Kriegsverbrechen zum Wandel in der öffentlichen Meinung und – allmählich erst – im Verhalten staatlicher Stellen in Schweden bei. Die schwedische Öffentlichkeit stellte sich auch der moralischen Diskussion darüber, wie sich das Land um die Opfer des Holocausts gekümmert hatte.[348] Wie intensiv und vielfältig sich die kleine Zahl der schwedischen Juden selbst um die Rettung der verfolgten europäischen Juden bemühten, hat jüngst der schwedische Historiker Pontus Rudberg dargestellt.[349]

Zur Überwachung dieser Flüchtlinge und zur Abwehr ausländischer Agenten (insbesondere des deutschen Sicherheitsdienstes der SS, der deutschen militärischen Abwehr, des britischem MI6, des sowjetischen NKWD/GPU), die in Schweden aktiv waren, hatte die schwedische Regierung 1939 den Geheimdienst AS eingerichtet, der schnell auf mehr als 1.000 Mitarbeiter anwuchs und im ganzen Lande gegen Spionage und Sabotage vorging.[350] Es war kein Wunder, dass auch der deutsche Architekt Taesler unter Beobachtung stand.

Beim Ausbruch des Zweiten Weltkrieges hatte sich Schweden umgehend zum neutralen Land erklärt[351], die Wasserstraßen und Häfen für ausländische Kriegsschiffe geschlossen, die Reisefreiheit innerhalb Schwedens eingeschränkt, um Benzin zu sparen, und 70.000 Reservisten einberufen.[352] Die deutsche Regierung erwartete von Schweden dezidiert „Gesinnungsneutralität", und Hitler forderte sie 1940 auch von den schwedischen Medien.[353] Angesichts der Machtverhältnisse – im Osten die Sowjetunion, im Süden das nationalsozialistische Deutschland, das zudem Norwegen besetzte, während die westlichen Alliierten lange Zeit weit entfernt waren – praktizierte die schwedische Koalitionsregierung während des Krieges eine Politik, die Deutschland keinen Grund zu einer militärischen Intervention gab: Im Rahmen der deutsch-schwedischen Handelsbeziehungen liefen die schwedischen Eisenerzlieferungen an die deutsche Kriegswirtschaft quasi bis zum Schluss ebenso weiter wie die deutschen Kohlelieferungen an die schwedische Energiewirtschaft.[354] Prekär waren das Durchfahrtsrecht für deutsche Truppen nach Norwegen, das die Wehrmacht erzwang[355], sowie die umfangreiche medizinische Betreuung deutscher Soldaten in schwedischen Hospitälern.[356] So lange die deutschen militärischen Erfolge anhielten, hielt eine gewisse Zusammenarbeit von AS mit der deutschen Polizei an, um die Aktivitäten von Komintern-Agenten in Schweden zu unterbinden.[357] Gegen Kriegsende kam es dagegen zur Kooperation zwischen dem schwedischen Geheimdienst und Geheimdiensten der westlichen Alliierten.[358]

Bis 1939 hatte der schwedische Staat keine finanziellen Verpflichtungen für die zugelassenen Flüchtlinge übernommen.[359] Das änderte sich danach. Umso wichtiger war das materielle und ideelle Engagement von Hilfsorganisationen. Zu den Organisationen, die in Schweden den politischen Emigranten halfen[360], gehörte auch die Rote Hilfe (Röda Hjälpen). Wegen ihrer engen Verbindung mit der Kommunistischen Partei Schwedens gab es eher Spannungen als Kooperation mit den Sozialdemokraten.[361] Daher war es verständlich, dass Werner Taesler offenbar keinen Kontakt zur Roten Hilfe in Schweden suchte, war er doch als sozialistischer Deutscher nach Schweden ins Exil gegangen. Dankbar erinnerte sich WT später anderer, eher bürgerlicher Flüchtlingshelfer in Stockholm, wozu insbesondere Gillis Hammar, Rektor der Volkshochschule für Arbeiterjugend, der Notar Stig Bendixon und Matilda Widegren gehörten.[362] Diese und weitere bekannte schwedische Persönlichkeiten engagierten sich im Rahmen von zwei Organisationen, „Internationella Foyern" und der Volkshochschule „Birkagarden", die neben anderen Vereinigungen in dem Zentralen Stockholmer Komitee für Flüchtlingshilfe („Stockholm Centrala Kommitté för Flyktingshjälp") zusammenarbeiteten, für die Emigranten.[363] Für die Vermittlung der schwedischen Werte von Demokratie und Kultur an Flüchtlingen war von 1943 bis 1951 durch Publikationen und Kurse die Organisation SDU („Samarbetskommittén för demokratiskt uppbyggnadarbete") sehr aktiv, in der sich ein Großteil der schwedischen Intellektuellen, u.a. auch Alva Myrdal, engagierte.[364]

2.6 Architektur und Natur

Von 1935 bis 1936 war WT zunächst bei Sven Markelius und danach bei Wolter Gahn* in Stockholm mit der Planung von Wohn- und Geschäftsbauten beschäftigt gewesen. Er nahm durch seine persönlichen Kontakte die Einflüsse von wichtigen Vertretern des schwedischen Funktionalismus auf, der weniger ideologisch geprägt war als anderenorts.[365] Gahn war zeitweise Redakteur der renommierten schwedischen Architekturzeitschrift „Byggmästaren."[366], in der WT u.a. seine Erfahrungen in der Sowjetunion publizierte.

Zusammen mit Eskil Sundahl, Sven Markelius, Uno Åhrén*, Gunnar Asplund* und dem Kunsthistoriker Gregor Paulsson* gehörte Gahn zu der schwedischen Architektengruppe, die an der Architekturausstellung „Stockholm 1930" teilgenommen und 1931 mit dem Manifest „*acceptera*" dem Funktionalismus in der Architektur und im schwedischen Design zum Durchbruch verholfen hatten. Diese Gruppe hatte die Ideen westlicher Architekturtheoretiker wie Le Corbusier, Walter Gropius und Fred Forbat begeistert aufgegriffen und auch das Neue Frankfurt Ernst Mays z. T. direkt kennengelernt.[367] Das Manifest, das fast 200 Seiten umfasste, enthielt eine umfangreiche Analyse der politischen, kulturellen, wirtschaftlichen, sozialen und ästhetischen Situation in Schweden.[368] Es stellte im revolutionären Tonfall fest:

> *The individual and the mass... The personal or the universal? Quality or quantity? – Insoluble questions, for the collective is a fact we cannot disregard any more than we can disregard the needs of individuals for lives of their own. The problem in our times can be stated as: Quantity and quality, the mass and the individual. It is necessary to solve this problem in building – art and industrial art.*[369]

Die jungen, modernen Architekten von acceptera forderten deshalb, die Herstellung von Wohnungen und Konsumgütern sollte eine funk-

Abbildung 25: Die schwedischen Architekten Sven Markelius*, Uno Åhrén*, Gunnar Asplund*, Eski Sundahl*, Wolter Gahn* und der Kunsthistoriker Gregor Paulsson* (von links).

Abbildung 26: Werner Taesler (mit Krawatte) im Büro Markelius 1936

tionalistische Orientierung haben, um die besonderen kulturellen und materiellen Bedürfnisse sowohl der modernen Gesellschaft als die der modernen Einzelpersönlichkeit zu befriedigen: Akzeptiert die Wirklichkeit, die existiert![370] Die Gruppe verlangte, „von den herkömmlichen Schönheitsbegriffen Abstand zu nehmen", denn

> *der Maschinenkult eroberte widerstandslos die Welt, während der Kampf um das Schöne sich in weltfremdem Ästhetizismus verliert. Die Schönheitsbegriffe der Übergangszeit, die in den verschiedenen Kulturbestrebungen zum Ausdruck kamen, hindern uns in unserem Streben, eine unserer Zeit und den Umständen nach adäquatere Form zu finden und die Wirklichkeit spontan zu erkennen. ... die Schönheit als Qualitätszeichen der sozialen Oberschicht.[371]*

Folgerichtig gingen die Mitglieder dieser Gruppe auch eine starke Interessengemeinschaft mit der schwedischen Sozialdemokratie ein, die ab 1932 in der Regierungsverantwortung war.[372] Als ein konkretes Beispiel ist das sogenannte „Kollektivhuset" (Gemeinschaftshaus) in Stockholm anzusehen, das nach Ideen von Alva Myrdal von Sven Markelius geplant und 1935 umgesetzt wurde.[373] Markelius war wiederum von dem Narkomfin-Haus[374] in Moskau inspiriert worden. Er wohnte in dem Kollektivhuset dreißig Jahre lang und kümmerte sich selbst um alles.[375] – Auch WT mischte sich Anfang der 1940er Jahre in die damalige Debatte über den sogenannten „selbstverständlichen Funktionalismus" ein. In der renommierten Schweizer Zeitschrift „Werk" reflektierte er 1942 über den – ihm aus der Sowjetunion zuletzt geläufigen – Monumentalismus und pries beispielsweise die Heiligkreuzkapelle Gunnar Asplunds bei Stockholm als „Vorbild einer zeitgenössischen Monumentalität."[376] In seinem Theorie-Aufsatz setzte sich WT mit der äußeren und inneren Funktionalität von Sakral- und Profanbauten auseinander. Er unterschied dabei „Staatspathos" vom „Volkspathos" und kam zu dem Schluss:

Man muss also klar sehen, dass trotz aller – zufälligen oder ge-
wollten – Ähnlichkeit im Äußeren ein Wesensunterschied besteht
zwischen Industriebau und Monumentalbau, sowohl dem Range
wie der Wirkung nach. Und deshalb werden sich stets auch im ar-
chitektonischen Schaffen wesensverschiedene Lösungen fordern.
So sinnvoll es war, aus der Zweckform bestimmter Industriepro-
dukte Lehren zu ziehen für Zweckformen menschlichen Wohnens,
so sinnlos wäre es, die maßstäbliche Größe des Industriebaus mit
der wirklichen Größe des Monumentalbaus zu identifizieren.[377]

WT arbeitete seit seiner Ankunft in Schweden wiederholt bei Vertretern der genannten Gruppe und wurde Ende der 1930er Jahre auch im Architekturbüro von Kooperativa Förbundet (Kooperativer Verband, d.h. Zentralverband schwedischer Genossenschaften) tätig, das mit seinen Entwürfen neue Wohnungsgrundrisse im standardisierten Bauen erfolgreich entwickelte.[378] Dieses große Architekturbüro, das von 1924 bis 1980 existierte und zeitweise mehr als 70 Angestellte hatte, übte einen großen ästhetischen Einfluss in Schweden aus und wurde gar als „Akademie" für alle sozial engagierte Architekten[379] bezeichnet. Dort plante man für ganz Schweden entsprechend der sogenannten funktionalistischen Sachlichkeit Wohnungen und Zweckbauten, aber auch Möbel.

Bei dem Stockholmer Architekten Sune Flök*, der ebenfalls für Kooperativa Förbundet tätig war, arbeitete WT in den Jahren 1937 bis 1940. Diese und die Kriegsjahre waren für WT und seine kleine Familie, die in sehr bescheidenen Wohnverhältnissen auf dem Lande lebte, jedoch durch häufige Arbeitslosigkeit und auch von der Angst vor einer Ausweisung geprägt.[380]

In dieser Zeit, in der er sich auch sprachlich von seinem Herkunftsland Deutschland distanzieren musste, intensivierte WT durch Wanderungen seine Verbundenheit mit der Natur, malte und entwickelte daraus weniger sozialistische als humanistische Vorstellungen. Die Ideen vom gemeinschaftlichen Leben in modernen Wohnungen, die im freiheitlichen

Schweden von Markelius und Myrdal vorsichtig umgesetzt wurden, traten bei WT eher in den Hintergrund seines Schaffens.

Als sich das Ende des Zweiten Weltkrieges abzeichnete, überlegte Taesler mit Anderen, was danach zu tun wäre. Zusammen mit dem befreundeten, international bekannten Fred Forbat organisierte er im Oktober 1944 die erste Tagung der „Internationalen Architektengruppe zum Studium von Wiederaufbauproblemen."[381] Die schwedische Hilfsorganisation SDU förderte diese Tagung, die in Stockholm mit 30 Teilnehmern stattfand, und auch die folgende Publikation finanziell. Niemand konnte exakt voraussagen, wie lange der Krieg zu dem Zeitpunkt noch dauern und dass der Grad der Zerstörung der deutschen Städte noch größer werden würde.[382] Nicht nur diese beiden emigrierten Architekten, sondern auch die unter Hitler arbeitenden Architekten machten sich 1944 – wie WT zu berichten wusste – Gedanken über den Wiederaufbau.[383] Interessant neben den Zahlen, die WT aufgrund deutscher und alliierter Quellen 1944 zusammenstellte, waren seine grundsätzlichen Fragen und Forderungen zum Wiederaufbau der deutschen Städte. Sie ließen die Erfahrungen erkennen, die sowohl WT als auch Fred Forbat in der Sowjetunion zuvor gemacht hatten. Laut WT war zu untersuchen:

1) Wie kann bei brennendster Dringlichkeit eine finanzielle und sozusagen kulturelle Fehlinvestierung vermieden werden in Barackenbauten allzu großen Umfanges oder im Wiederaufbau stehen gebliebener Außenmauern einzelner Häuser durch Einziehen neuer Zwischendecken?

2) Wie kann statt dessen teils durch variable Typen von umbaufähigen, montierungsfertigen Baracken und teils durch Unterbringung der Bevölkerung in den Restbestand an Wohnraum Zeit und Möglichkeit gewonnen werden zu einer organischen Erneuerung unserer Städte auf längere Sicht?

3) Wie kann durch rationellste Ausnutzung aller technischen Möglichkeiten, d.h. durch konsequente Industrialisierung des Bauwesens eine Beschleunigung des massiven bzw. endgültigen Wohnungsbaus erreicht werden?

4) Wie kann trotz der uns durch die Verhältnisse aufgezwungenen Standardisierung (d.h. Gleichförmigkeit) eine verödende Einförmigkeit des neuen Stadtbildes vermieden werden?

5) Wie kann die heutige „Flucht" in die Kleinstädte zur Überwindung unserer Millionen- und Halbmillionenstädte führen, d.h. zu einer seit langem in Fachkreisen angestrebten gleichmäßigeren und sinngemäßeren Verteilung von Arbeits- und Wohnstätten über das ganze Land zusammengefasst in Einheiten von 50 bis 75.000 Einwohnern mit den Vorteilen des Landes und ohne die Nachteile der Großstadt. (1939 wohnten in Deutschland 31 % der Bevölkerung in Städten über 100.000 Einwohner.)

6) Wie kann die Massenvernichtung von städtischen Immobilien zur Überwindung der Mietskaserne als Spekulationsobjekt und zur Anhebung des privaten Verfügungsrechtes an Grund und Boden führen? Allgemein ausgedrückt: Wie kann das ganze Aufgabengebiet des Wohnungsbaus als kommunales und nicht mehr als privates Problem gelöst werden. (Vergleiche hierzu die Vorschläge des engl. Uthwatt-Komittés.[384])

Diese Fragestellungen wie die Antworten, die die nachfolgenden Vorträge zu geben versuchen, entspringen dem Streben nach der Realisierung eines neuen Typus „Stadt", der erst nach Überwindung des ersten schwersten Jahrzehntes nach diesem Kriege sichtbar werden wird. Die Voraussetzungen aber, die totale Zerstörung unserer alten Städte, stellen zugleich eine einmalige kulturhistorische und soziale Chance dar, unseren Städten ein neues, menschliches Gesicht zu geben, eine Chance, die weder der ein-

sichtige Städtebauer noch der voraussehende Politiker von heute versitzen [!] kann. Von ihrer fruchtbaren Zusammenarbeit hängt das Milieuschicksal vieler Generationen ab.[385]

Fred Forbat stellte genauere Berechnungen an, wie der Wiederaufbau des deutschen Wohnungsbestandes volkswirtschaftlich vertretbar finanziert werden könnte. Er schlug vor, sowohl gemeinnützige Baugenossenschaften und -gesellschaften als auch kommunale und staatliche Einrichtungen sollten die Träger bei der Erstellung und Verwaltung von Wohnungen tragen. Voraussetzung dafür sollten Enteignung und Entschädigung bei gleichzeitiger „Überführung des gesamten Grundbesitzes in Erbpacht" sein.[386] Dabei rekurrierte Forbat – und mit Sicherheit auch der Sozialist WT – auf den Artikel 155 der Weimarer Verfassung, der die Sozialbindung des Bodens fixiert hatte.[387]

Während WT Grundsatzfragen zum Wiederaufbau deutscher Städte stellte, versuchte Forbat „die Vorteile einer sozialistischen Lösung des Wiederaufbaus mit Überführung von Grund und Boden in Gemeineigentum" darzustellen.[388]

Die zweite Tagung, wiederum von Forbat und WT organisiert, fand mit 50 Teilnehmern Ende 1944 statt und befasste sich auch mit dem Wiederaufbau von London. Eine dritte, die für das Frühjahr 1945 geplant war, fand allerdings nicht mehr statt. Fred Forbat, der mit Ernst May und WT in der Sowjetunion gearbeitet hatte und – über Ungarn – erst 1938 nach Schweden geflüchtet war, machte sich dort insbesondere als Stadtplaner einen Namen.[389] – WT war in dieser Zeit auch mit dem bekannten Wohnungsbauexperten Uno Åhrén im Kontakt, als er plante, in Skandinavien ein Institut für den Wiederaufbau in Deutschland zu gründen.[390] Zum Teil noch vor Kriegsende wurden auch von anderen Vertretern des Neuen Bauens, darunter die Schweizer Architekten und Stadtplaner Le Corbusier, Hans Bernoulli* und Alfred Roth*, Überlegungen zum Wiederaufbau in verschiedenen europäischen Ländern angestellt, wobei ebenfalls die Neuordnung des Grundeigentums auf genossenschaftlicher Basis diskutiert wurde.[391]

WT äußerte sich in Zeitungen und Fachzeitschriften in den folgenden Jahrzehnten wiederholt zu Fragen der Architektur und auch zur Zeitgeschichte (vgl. Anlage 4). Die Aquarell-Malerei setzte er in seiner Freizeit weiter fort. Sein Hauptaugenmerk richtete er jedoch zunehmend auf die Natur und deren sanfte Nutzung durch den Menschen. Als ein Zeugnis dafür, wie WT – neben den von ihm geplanten Wohn- und Zweckbauten[392] – Natur, Erholung und Wohnen miteinander zu verbinden suchte, ist u.a. die Freizeitanlage in Ånnaboda bei Örebro (um 1960; siehe Fotos unten) zu nennen. Ganz ähnlich sieht das Holzhaus aus, das sich WT inmitten des Waldes bei Vissboda (nahe Örebro) in dieser Zeit selbst baute, nachdem er mit seinem Schweizer Kollegen und Musikerfreund Ernst Zietzschmann* bereits 1944 über den Bau mit Holz publiziert hatte.[393]

Abbildung 27: Mittsommer 1940 in Schweden: Ehepaar Werner und Irene Taesler (Mitte), Lor Zietzschmann [Laure Wyss]* (links) und einer Bäuerin (Tante Tilda, hinter Irene Taesler); Fotograf: Ernst Zietzschmann

Abbildung 28: Werner Taesler: Ferienanlage Ånnaboda bei Örebro. Gebaut um 1960
(Zustand 2014)

Abbildung 29: Werner Taaesler: Ferienanlage Ånnaboda 1960
(Innenansicht, Zustand 2014)

Abbildung 30: Werner Taesler: Ferienanlage Ånnaboda 1960
(Rückseite, Zustand 2014)

Abbildung 31: Werner Taesler: Holzhaus bei Vissboda (nahe Örebro; um 1965)
(Zustand von 2015)

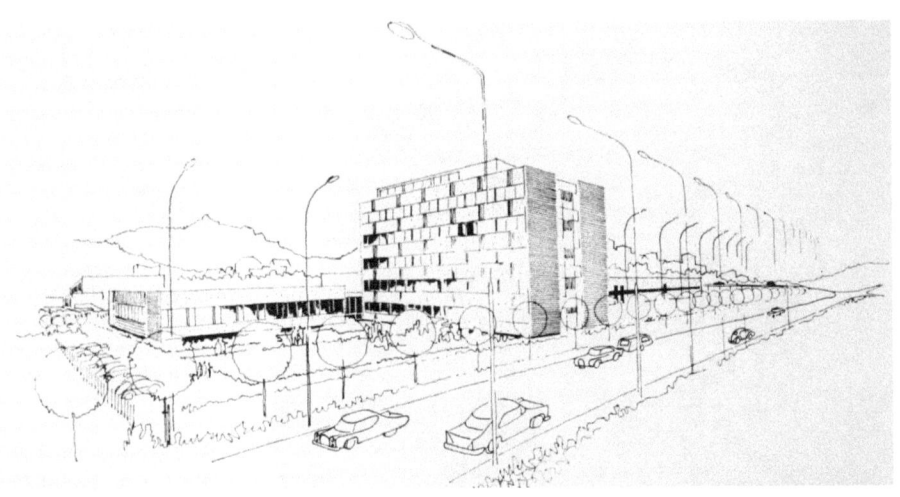

Abbildung 32: Werner Taesler:
Plan für die Ingenieurs- und Berufsschule in Karlskoga (um 1965)[394]

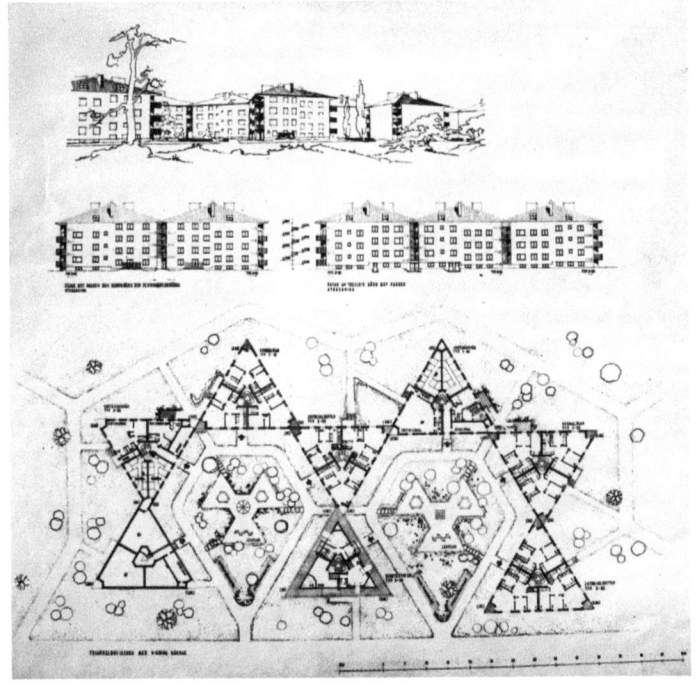

Abbildung 33:
Werner Taesler:
Triangel-Planung
für Siedlung und
Wohnhäuser
in Schweden
(Wettbewerb
1951)

Abbildung 34: Werner
Taesler: Triangel-Haus
in Ellen Keys Gatan 37,
Stockholm Fruängen
(1957; Zustand 2016)

Abbildung 35: Werner
Taesler: Triangel-Haus
in Ellen Keys Gatan 37,
Stockholm Fruängen
(1957; Zustand 2016)

Der Plan für das Schulgebäude von Karlskoga (1965) zeigte wiederum stark funktionalistische Züge. Im Jahre 1951 hatte sich WT im Rahmen eines schwedischen Architekturwettbewerbs mit Dreiecksvariationen bei der Planung von Siedlungen und Wohnhäusern befasst. Wenn er auch den Wettbewerb mit dem Vorschlag „Tre i Ett" nicht gewann, so konnte er Jahre später, 1957, doch einen Erfolg erringen. Das Triangel-Hochhaus in Fruängen (Stockholm) mit seinen neun bzw. zehn Geschossen und roter Backsteinfassade steht heute unter Denkmalschutz und stellt mit seiner ungewöhnlichen Form heute eine Schönheit inmitten von sehr schlichten Wohnblöcken dar (vgl. Abb. 33-35). Eine Imitation von Taeslers Triangel-Idee wurde in Göteborg gebaut.[395]

Kritisch und selbstkritisch zog WT im Jahre 1959 als Architekt eine Bilanz über 25 Jahre[396]:

Das Wechselspiel von These und Antithese galt offenbar nicht nur im Ablauf der großen „Epochen", sondern selbst im Zeitabschnitt einer Generation. Jene klaren, weißen, kubischen Stadtrandsiedlungen der 1920er Jahre: welcher Kontrast zu dem hoffnungslosen städtebaulichen Unkraut unserer täglichen Umgebung! Damals schien uns der Zeilenbau ein neues Ordnungsschema zu sein, räumlich und geistig eine unantastbare, gültige Lösung. In Deutschland brach es ab und damit auch die internationale Tuchfühlung. In der UdSSR ging es weiter; was dort nach einigen Jahren herauskam, war ein Zeilenbau in Massenauflage, eine Friedhofsordnung, ein städtebaulicher Robot. Zum kritischen Durchdenken war keine Zeit, und statt des räumlichen Einfühlens folgte die Abkehr und Flucht in einen überexponierten Pseudoklassizismus. So kam der Krieg, und die nationale Isolierung wurde vollständig.

Übrig blieben einige der kleinen Länder Europas als Experimentierstätten des neuen Bauens, unter ihnen Schweden. Hier begann es überhaupt erst 1930 und begann wie anderwärts mit dem Zei-

lenbau am Stadtrand, zunächst und vorzugsweise in Stockholm
und danach in Göteborg, Malmö u.a. O. Einige Besonderheiten
begünstigten die Entwicklung: Das neue Bauen war von Anbe-
ginn keine weltanschauliche, sondern eine technisch-praktische
Angelegenheit und wurde als solche vom ganzen Volke schnell
akzeptiert. Sodann wurde eine sozial engagierte Regierung zum
idealen legislativen Partner der modernen Architekten, verkör-
pert durch die städtischen Wohnbauämter und Städtebaubehör-
den.

Materiell besserte sich Taeslers Situation erst, als er 1945 bis 1950[397]
bei dem Architekten Brink* in Örebro eine Anstellung fand und Wohnungen sowie verschiedene Zweckbauten planen konnte. Seit 1951 war
WT als selbständiger Architekt in der Industriestadt Örebro tätig. Er
nahm an Wettbewerben teil und unternahm Studien- und Vortragsreisen
in Europa, nicht aber in die USA mit den dortigen modernen Bauten.
Zugleich setzte er seine Aktivitäten als Maler (Aquarelle und Zeichnungen) sowie Schriftsteller (vgl. Bibliographie im Anhang) fort. Bereits
1944 hatte er als Deutscher an einer Ausstellung ausländischer Künstler in Stockholm teilgenommen, auf der auch Peter Weiss seine Werke
gezeigt hatte.[398]

Gleich nach Kriegsende hatte WT mehrmals Deutschland besucht und
1949 seinem linken Jugend- und Gesinnungsgenossen Karl Otto Paetel*, der sich nach New York gerettet hatte, seine Eindrücke geschrieben[399]:

Die Ruinen kamen mir fast heimatlich vor, jedenfalls gewöhnt
man sich schnell daran. Die menschlichen Ruinen waren schlim-
mer. Nicht so sehr die Invaliden in des Wortes eigentlicher Bedeu-
tung, sondern die anderen seelischen Ruinen. Da findet man echte
deutsche Herzlichkeit alten Stils, die mich so ganz wieder in den
Bann schlug und die man hier [in Schweden] so sehr vermisst,
und daneben grobe Schnauzerei, arrogante Selbstgenügsamkeit

*(„Es ist nur gut, wenn die Amis jetzt der Rottenhund gegen Russ-
land sein müssen" o.s.ä.); da findet man Verzweiflung und tapfe-
res Streben dicht nebeneinander. Der Unterschied zwischen 1947
und 48 war auffallend. Aber das Ganze ein Spannungsfeld von
enormen Gefühlskräften ohne Polarität, divergierende Wünsche
und Hoffnungen, Wurschtigkeit (im Abnehmen) und Fleiß (im Zu-
nehmen). ... Das Bauen ist Selbsthilfe (wildes Bauen) enorm, das
geplante sinnvolle minimal, doch im Werden. ... Wie kann man
D[eutschland]. wieder zu wirklicher Demokratie reif machen?
(Wieder ist vielleicht unnötig zu sagen). Diese Form ist doch gebunden an einigermaßen balancierte soziale Verhältnisse und an
Persönlichkeiten, die sozusagen Massenwünsche in sich reprä-
sentieren. Da solche Normalisierung in D. noch auf Jahrzehnte nicht möglich sein wird, ist Okkupation das einzig mögliche,
wenn auch nicht ideale. Denn wie eine Okkupationsmacht auch
auftritt, so wirkt sie doch stets arrogant und aufregend, weil ihr
Schicksal und Dasein gegen das des Volkes gar zu stark kontras-
tiert. Diesen Eindruck machen besonders die Engländer auf die
Deutschen. ... Wir sind Schweden geworden, ich habe sehr viel
Arbeit, seit 5 Jahren jeden Abend bis in die halbe Nacht. Öko-
nomisch geht's uns gut, und doch ist das Dasein eigentlich ohne
Sinn, ohne Ziel und rechten Schwung. Man lebt lahm, gedämpft,
langweilig. Der Schatten des neuen Atomkrieges liegt über allem,
die Zeit, wir alle haben kein Ziel, keine Sterne, an die wir glauben, keine geistigen Kraftfelder, in denen wir neue Impulse geben oder empfangen könnten. Und so nicht nur hier. Das Gleiche
hörte ich von Freunden aus der Schweiz, aus Holland, England,
Norwegen. Die Zeit ist wie die Pause zwischen zwei Schlachten –
wann kommt „das letzte Gefecht"? Wohl nie.*

Seine Kontakte zu ehemaligen Mitgliedern der Jugendbewegung und
linken Gesinnungsgenossen pflegte er in den ersten Nachkriegsjahren
noch. Darunter war der emigrierte Publizist Karl Otto Paetel, der 1936
wegen politischer Agitation aus Schweden ausgewiesen worden war.[400]

Diese Verbindungen wurden – nach Hilfspaketen in den ersten Nach-kriegsjahren[401] – aber seltener. Die Kontakte zu Herbert Wehner und Peter Weiss waren flüchtig und kritischer Natur.

Taeslers Distanzierung zu den Engagements in der Jugendzeit fiel in sei-nen reiferen Jahren kräftiger aus: Eine Einladung zu einem Pfingsttreffen mit Freunden aus der deutschen Jugendbewegung sagte er im Jahre 1967 ab, sowohl aus ideologischen als auch aus finanziellen Gründen.[402]

> *Ich finde von Jahr zu Jahr mehr unserm damaligen Kindergar-ten-Protest so fern, so irrelevant, dass ich mir lächerlich vor-komme jedes Mal, wenn ich da mitsingen sollte: „Vom Barette schwankt die Feder" oder „des Kaisers Reiterei", „Wenn die Soldaten durch die Stadt marschieren" usw. ähnlichen Nonsens in einer Zeit der Atombombe, der universellen Emanzipation und Alienation („Sich-nicht-mit-der Zeit identifizieren-zu-können").*

Erstaunlich heftig distanzierte er sich von einer neuen Jugend- und Stu-dentengeneration, die Ende der 1960er Jahre aufbegehrte:

> *Glaub nun nicht, dass ich [mich] solidarisiere mit den neuen Kulturradikalen, mit den Arbeitsverweigerern, den pornografi-schen Aposteln oder (schwedischen) Missionaren der Geburten-regelung oder mit Peter Weiss' Protestdramatik à la „Kolonne links."[403] oder Bertold [!] Brechts Dreigroschen-Oper! Weit da-von entfernt – will ich mich ebenso wenig mit diesen wie mit den Wandervögeln von gestern identifizieren; ehrlich gesagt, hätte ich schwer, mich mit irgendetwas zu identifizieren. Unsere Zeit ist zu heterogen.*

Er flüchtete sich dann lieber in die Musik von Johann Sebastian Bach, die er selbst spielte. WT interessierten nun

naturwissenschaftliche Feldstudien in Geologie, Geografie, Gla-
ciologie, Meteorologie, Tiefseeforschung und Naturschutz (bzw.
Naturvergiftung) – Dinge, die nicht gedeutet und nach der Mode
oder parteipolitischen Gesichtspunkten geändert werden kön-
nen.[404]

Diese anderen Interessen schilderten seine Aufzeichnungen aus der
Mitte der 1960er Jahre, die den Möglichkeiten eines sanften Tourismus in Mittelschweden galten. Dazu machte er Vorschläge für „Bergslagen." (Steigerland), ein altes Bergbaugebiet mit Resten von Berg- und
Hüttenwerken, aber auch den zugeordneten Wohnsiedlungen:

Diese Landschaft Bergslagen mit ihrer ebenso eigenartigen wie
abwechslungsreichen Struktur einer neuen Form von Ferienauf-
enthalts zu erschließen, indem man Bestehendes vorsichtig aus-
baut und sinnvoll ergänzt, ohne die Dominanz (si) großer unifor-
mer Feriendörfer – so etwas als Alternative schwebt mir vor."
Angesichts der wachsenden Tourismuszahlen in Schweden und
„der schnellen Urbanisierung des europäischen Kontinents wird
auch der Druck von Mitteleuropa auf die noch wenig explorierten
(sic) Randgebiete im Norden sicher im gleichen Maße anwachsen.
Und hier liegt nun die Chance vor, alte bäuerlich-handwerkliche
Wohnstätten – heute wegrationalisiert – neuen Formen mensch-
lichen Wohnens zugänglich zu machen und zugleich dadurch vor
dem Verfall zu retten. Mit der stilleren Umgebung würde automa-
tisch ein weniger aufwendiges, weniger vergnügungsausgerich-
tetes Milieu folgen. Als Wahlmöglichkeit könnte Schweden eine
bei der Wahrung eines normalen hygienischen Standards (el[ek-
trisch]. Licht, el. Kochplatte, Wasser und Ablauf) stark naturver-
bundene Form für Ferien-(Freizeit) bleiben [und diese] einem
hierfür empfänglichen mitteleuropäischen Publikum anbieten.[405]

Als Träger solcher „dezentralisierten Ferienplanung" schloss er ge-
winnorientierte Großbetriebe aus und favorisierte stattdessen Gewerk-

Abbildung 36: Buchumschlag des Werkes von Werner
Taesler („Hur land blev landskap") von 1985

schaften, Interessenverbände, ideelle Vereinigungen, die mit den Behörden, Gemeinden und industriellen Großbetrieben zu diesem Zweck
kooperieren sollten. Individueller Erwerb von kleinen Ferienobjekten
sollte die Ausnahme bleiben. Um Rucksacktouristen auch für das bergi-
ge Lappland zu begeistern, erstellte WT sogar eine sechsseitige Beschreibung, die auch Hinweise für Ausrüstung und Proviant enthielt.[406]

Taeslers Wanderungen in der schwedischen Natur und seine Überlegungen zu einem sanften Tourismus führten schließlich zu dem 1985 in
Schwedisch erschienenen Buch „Hur land blev landskap" („Wie Landschaft aus Land entstand").[407] Darin beschrieb er die Gebiete um Kils-
bergen und Sveafallen in Mittelschweden, die seitdem Naturreservate,

begrenzt durch das Jedermannsrecht, geworden sind. WT stellte deren geologischen Strukturen und Entwicklung sowie deren Besiedlungen und Veränderungen als Wirtschaftsräume dar. In dem abschließenden Kapitel „Kultur – Natur – Umwelt" forderte er das Recht des modernen Menschen auf öffentlichen Zugang zu dieser Natur und plädierte allgemein für ein Recht zur Erholung.

Taeslers Publikationen galten in den letzten Jahrzehnten, in denen er seine Autobiographie konzipierte, überwiegend der Natur seiner Umgebung und den Möglichkeiten eines sanften Tourismus. In der schwedischen Presse wurde WT anlässlich seines 75. und 80. Geburtstages ausführlich wegen seiner ungewöhnlichen Biographie, aber auch wegen seines publizistischen Engagements für den Naturschutz gewürdigt.[408]

2.7 Ein Leben im Vergleich.
Taesler, Wolters und die Frage der Menschlichkeit

Im Vergleich mit anderen Architekten im Exil fällt WT als Einzelgänger auf; er war kein Mitglied von besonderen Schulen oder gar von Netzwerken. Das Thema Emigration und Kulturtransfer durch Architekten wurde im breiteren Kontext in jüngster Zeit – angestoßen u.a. durch die Arbeit der Architekturhistorikerin Burcu Dogramaci[409] – diskutiert. Dabei lohnt sich ein Vergleich zwischen jenen deutschsprachigen Architekten und Städteplanern, die Anfang der 1930er Jahre in die Sowjetunion zogen und blieben, mit jenen, die seit der Mitte der 1930er Jahre in die Türkei kamen. In beiden Fällen handelte es sich um Sozialisten, die zunächst wegen der Arbeitslosigkeit und dann wegen der drohenden Verfolgung nicht mehr in Deutschland leben konnten. Beide Länder standen unter dem Einfluss von mehr oder minder starken autoritären Persönlichkeiten – hier Josef Stalin, dort Kemal Atatürk – , die einen Prozess der Modernisierung durchmachten – hier mit sozialistischen Zielen und wachsendem Repressionsdruck, dort mit laizistischer und republikanischer Zielsetzung. Wenn man das Wirken von Experten wie Martin Wagner, Ernst Reuter* und Bruno Taut, einem ehemaligen Lehrer von WT, in der Türkei betrachtet, so kann man diese Emigranten sehr wohl als „Agenten des Kulturtransfers" bezeichnen.[410] Ihre Arbeit wirkte lange nach, und die Einflüsse der Türkei wirkten auf sie wiederum zurück. Etwas anders war dies bei den parteitreuen Benny Heumann und Gerhard Kosel sowie den Bauhäuslern um Hannes Meyer, die sich um 1935 entschlossen, in der Sowjetunion zu bleiben. Sie passten sich politisch und ästhetisch an und transportierten die entsprechenden Einstellungen z.T. später wieder im Rahmen des sozialistischen Realismus in die DDR. Erst mit dem Tode Stalins 1953 und der Entstalinisierung kam es auch zu einem baupolitischen Kurswechsel und einer Rückkehr zur Moderne in der Sowjetunion.[411]

Werner Taeslers Wirken in der Sowjetunion – und noch viel weniger seine Arbeit in Schweden – können nicht unter dem Aspekt

Abbildung 37: Werner Taesler um 1990

Kulturtransfer gesehen werden: In Stalins Russland war er zu allererst wegen der Arbeit und als Lernender gekommen. Er war schlicht zu jung, um eigene Impulse wie Ernst May oder andere große Architekten geben zu können. In Schweden traf er nun als exilierter Architekt, der unter extremen Bedingungen Erfahrungen gesammelt hatte, auf ältere Experten wie Markelius, Åhren und Forbat, die ebenfalls gestandene Leute waren und wesentliche Impulse des Neuen Bauens aus Deutschland rezipiert hatten. Indem er von ihnen wiederum lernte, gelangen ihm aber einige bleibende, eigenständige Werke. Das wohl bedeutendste und überlebende dürfte das Triangel-Haus in Stockholm sein. Das mit dem befreundeten, älteren Fred Forbat begonnene Unternehmen, Impulse für den Wiederaufbau der zerstörten deutschen Städte zu geben, blieb 1944/1945 stecken. Während der Kosmopolit Forbat als Stadtplaner in Schweden Karriere machte[412], bereiste WT als schwedischer Staatsbürger mehrmals das teilweise noch in Ruinen liegende Deutschland. Es dürfte eine wechselseitige Abstoßung gewesen sein. Taesler als ernüchterter Sozialist war weder in West- noch in Ostdeutschland gefragt. Er selbst wurde von der restaurativen Mentalität in (West-)Deutschland von aktiver Mitarbeit abgeschreckt. Und so hat er sich mit seinem Schicksal als Emigrant in Schweden versöhnt, das ihm, dem eigenwilligen Architekten, Künstler und Humanisten, das Wichtigste neben einem materiellen Auskommen bot: Freiheit mit den Möglichkeiten für private, berufliche und künstlerische Entfaltung, die auch ein publizistisches Wirken in der Fach- und Tagespresse einschloss, das der Versöhnung des modernen Menschen mit der Natur galt.

Freunde und Verwandte, die WT in seinen letzten Lebensjahrzehnten erlebten, schildern ihn auch heute noch als einen energiegeladenen, neugierigen und zupackenden Menschen. Dieses Bild entspricht weitgehend dem, das schon sein Studien- und Parteifreund Benny Heumann von dem jungen Taesler zeichnete. Diese Charaktereigenschaften und das Temperament zeichneten einen Architekten des Neuen Bauens in Schweden aus, der nicht nur als privater sondern auch als politischer Mensch die Brennpunkte seines Lebens in der Weimarer Republik und in der Sowjetunion aktiv erlebt hatte. Die einstigen Vorstellungen von Sozialismus gingen Werner Taesler zwar weitgehend verloren, aber der Glaube an den Menschen und der Wunsch, ihm und seiner Umwelt zu dienen, überlebten. Insofern kann er auch als ein früher Befürworter der „grünen" Bewegung in Europa angesehen werden.

Ein Vergleich mit dem ganz anders verlaufenen Lebens- und Berufsweg des wenig älteren Rudolf Wolters soll die Untersuchung von Taeslers Leben und Wirken als Flüchtling in drei Ländern abschließen. Wolters, der aus gutbürgerlichem Hause stammte, war zur gleichen Zeit wie WT in der Sowjetunion tätig, bevor er im nationalsozialistischen Deutschland eine große Karriere machen und nach 1945 wieder erfolgreich als Architekt tätig werden konnte. Als zunächst unpolitischer, aber talentierter Architekt war er Freund und engster Mitarbeiter des Generalbauinspektors und späteren Rüstungsministers Albert Speer geworden. Die phantastischen Planungen für die „Welthauptstadt Germania" (Berlin) und die Nähe zu Adolf Hitler hatten den parteilosen Wolters fasziniert.[413] Zu Recht ist die starke generationelle Prägung jener Architekten hervorgehoben worden, die zwischen 1900 und 1910 geboren wurden und zu denen neben Albert Speer (ab 1937) dessen Mitarbeiter Rudolf Wolters, Konstanty Gutschow* und Hans Stephan* gehörten; Sylvia Necker hat diese jungen, arbeitswütigen und anpassungsfähigen Architekten und Städtebauer des Nationalsozialismus als „Archikraten" bezeichnet.[414] Als Planer war Wolters auch für die Öffentlichkeitsarbeit des Generalbauinspektors verantwortlich und organisierte bis 1943 als (intern) karikierter „Reichs-Bau-Wander-Kommissar" die Wanderausstellung „Neue deutsche Baukunst" in mehreren „befreundeten Ländern."[415]

Die Wege von Wolters und Taesler haben sich nie gekreuzt. Ihre Vorstellungen vom Bauen waren sich dennoch nicht unähnlich, hatte sich doch WT in den 1940er Jahren positiv über die Monumentalität von Industrie- und Sakralbauten geäußert, während Wolters diese Monumentalität unter Speer für seine Berliner Planungen zur Maxime gemacht hatte.[416] Der gravierende Unterschied zwischen beiden lag in der geistigen Grundeinstellung Taeslers, der aufgrund der Erfahrungen in der Sowjetunion schon 1934 seine Skepsis gegen Kollektivismus und exkludierenden Vorstellungen von „Volksgemeinschaft" geäußert und sich gegen die „geistige Uniformierung des Menschen, eine geistige Planwirtschaft" und für die „Zusammenarbeit mit Freunden und Gegnern" ausgesprochen hatte.[417]

Es gab auch eine Ironie der Schicksale: Während WT sich am Ende des Zweiten Weltkrieges im neutralen Schweden zusammen mit dem ebenfalls emigrierten Fred Forbat Gedanken machte, wie die deutschen Städte wiederaufgebaut werden könnten, leitete Wolters im stark zerstörten Berlin den „Aufbaustab für den Wiederaufbau bombenzerstörter Städte", dem ein sogenannter Führererlass vom Oktober 1943 zugrunde lag.[418] Der eine Architekt, Rudolf Wolters, machte sich nach 1945 fleißig und sehr erfolgreich an den äußeren Wiederaufbau seiner Heimatstadt Coesfeld und anderer Städte. Er reaktivierte ebenso erfolgreich alte braune Netzwerke, unterstützte viele Jahre lang seinen ehemaligen Chef Albert Speer, der nach dem Prozess von Nürnberg in Berlin-Spandau inhaftiert war, und versäumte dabei die innere Verarbeitung des Nationalsozialismus. In einem Brief, den Wolters 1952 veröffentlichte, bekannte er sich zwar zu seiner Begeisterung für den Nationalsozialismus und zu dessen Einfluss auf ihn als Städteplaner, „daß dieser Wille zur Gesamtordnung auch zur Ordnung des Einzelnen, also zu einer echten und wahren Form führen müsse", ging aber nur nebenbei auf die Unterdrückungsmechanismen und gar nicht auf die Opfer der Diktatur ein.[419] Der andere, weniger nach außen glänzende Architekt war Werner Taesler. Er war ein einsamer Emigrant wie viele andere, die in Deutschland als „Bolschewiki" diskreditiert, ab 1933 im problematischen sowjetischen (Bauhäusler um Hannes Meyer), türkischen (u.a. Bruno Taut), anglo-amerikanischen (Walter Gropius) oder Schweizer Exil (u.a. Hannes Meyer) arbeiten mussten.[420] Taesler blieb nach 1945 als kritischer Beobachter der deutschen Nachkriegsgesellschaft dagegen dem Wiederaufbau Deutschlands weitgehend fern. Er arbeitete zunehmend erfolgreich in Schweden als Architekt, reflektierte seine Vergangenheit als Sozialist und warb für die Eintracht des modernen Menschen mit der Natur.

Der Architekturhistoriker Werner Durth monierte bereits in den 1980er Jahren „das Scheitern der selbstkritischen Bilanz und zukunftsoffenen Korrektur der Architekturentwicklung" nach 1945 und verwies auch auf die tiefen Verletzungen der über Jahrzehnte „kaltgestellten" Architekten des Neuen Bauens in Deutschland.[421] Niels Gutschow, der sich kritisch mit der Städtepolitik im besetzten Osteuropa befasste, berichtete über die Gespräche mit den ehemaligen deutschen Planern und deren weitgehend fehlendes Unrechtsbewusstsein.[422]

In der Diskussion um Mitverantwortung und Mitschuld an Zerstörung und Völkermord kommt Wolters' Biograph schließlich zu der herben Erkenntnis:

> *An diesem [Völkermord] waren Wolters und Speer in vorderster Reihe mit beteiligt, ob nun aus beruflichem Ehrgeiz, aber sehenden Auges „hineingestolpert", wie beide von sich behaupteten, oder aus voller Überzeugung, wie der SS-Obergruppenführer Karl Wolff* und der Organisator ausländischer Zwangsarbeiter, Fritz Sauckel.**[423]

Beispielhaft sehen wir h i e r Rudolf Wolters als einen von vielen „unpolitischen Deutschen", auch gebildeten Fachleuten, deren schlimme politische Folgen der Historiker Fritz Stern so klar vor längerer Zeit analysiert hat.[424] D o r t sehen wir Werner Taesler, den deutschen politischen Flüchtling, als einen aufgeklärten Sozialisten und Architekten. Beide gingen zwei Wege, wie sie im Zeitalter der Extreme nicht unterschiedlicher sein konnten.

Trotzkisten und « Braunes Netz » in Skandinavien

In Stockholm spielte unter den Trotzkisten der Architekt Werner *Täsler*, der sich durch einen Klub von « Gesangesfreudigen » tarnt, eine besondere Rolle. Er ist aufs engste verbunden mit Kurt Deutsch alias Kurt Singer alias Carbone, einer der zentralen Figuren in Trotzkis Verbindungsapparat in Stockholm. Deutsch besuchte Trotzki in Oslo, verfügte über Verbindungen konspirativer Art nach der Sowjetunion und hielt sich im letzten Jahre in Narva in Estland nahe der Sowjetgrenze auf. Täsler, der aus der Sowjetunion ausgewiesen worden ist, steht auch in brieflicher Verbindung mit dem Antikomintern-Agenten A. *Rudolf* alias Laszlo.

Von diesem Täsler gehen die Fäden zu *Sell*, einem ehemaligen aktiven Leutnant, während des Krieges Hauptmann, altes Mitglied der NSDAP, der als « Emigrant » auftritt, in Wirklichkeit jedoch engste Beziehungen zum Ingenieur *Beck*, dem Leiter der Gestapo in Stockholm, und dessen Vertreter *Bolte* besitzt. Bolte ist verantwortlich für die Ueberwachung der deutschen Schiffe und die Häfen in Schweden, also der Leiter jenes « Hafendienstes », dessen Rolle im Dienste der Gestapo man aus den in Barcelona aufgefundenen Dokumenten kennt. Mit Sell ist eine Frau Paul, deren wirklicher Mann im engsten Stabe von Himmler arbeitet und sie selbst war in Deutschland im Nachrichten-Apparat der NSDAP beschäftigt. Hier ist *der engste Kontakt zwischen Trotzkisten und « braunem Netz »* sichtbar. Täsler selbst wurde zweimal im Café Vivel in Stockholm gemeinsam mit Bolte beobachtet. Täsler hatte ferner Zusammenkünfte mit einem gewissen Goldmann, der ebenfalls aufs engste mit Bolte zusammenarbeitet. Ueber einen gewissen Reinhold gehen aus diesem Kreis enge Bindungen zu *Olberg*, dem Vater des nach dem ersten Trotzkisten-Prozess erschossenen trotzkistischen Mordbuben Valentin Olberg.

Dieser *Olberg* hat von ihm verwaltetes Emigranten-Material (Büttner-Affäre) vor einiger Zeit an die Gestapo ausgeliefert. Olberg spielt, neben Deutsch und Täsler, eine entscheidende Rolle im Trotzki-Apparat, insbesondere auf dem Gebiete der Abfertigung von Kurieren und Herstellung von Verbindungen. Es dürfte noch erinnerlich sein, dass der erschossene Valentin Olberg in Berlin in der Wohnung einer Trotzkistin seine Mordaufträge erhielt und mit einem von der Gestapo gelieferten Pass über Prag in die Sowjetunion kam. Die Rolle seines Vaters in der internsten Trotzki-Organisation, die wir vorstehend zeigten, erhärtet die von den Trotzkisten geleugneten Enthüllungen des Moskauer Prozesses über die Familie Olberg.

Ueber einen gewissen Junker aus Riga, einen Weissgardisten, gehen die Verbindungen des Trotzkisten Deutsch zu den Weissgardisten und gleichzeitig zu einem Doktor Sachs und zum alten Olberg. Zu Kurierzwecken in die Sowjetunion benützten sie Schweden, die sie mit Erkennungswort und Code nach Moskau sandten, wo sie eine Anlaufstelle bei einem Studenten aus Hamburg hatten. Aus der Reihe der schwedischen Verbindungsleute, deren Namen bekannt sind wollen wir in diesem Zusammenhang nur die Gebrüder *Rivkin*, ehemalige Weissgardisten und jetzige schwedische Staatsangehörigen, die die Architektur-Zeitschrift « Sprektrum » herausgeben, hervorheben.

228

3 Anhang

Anlage 1: Trotzkisten und „Braunes Netzwerk" in Skandinavien
(Abbildung 38 nebenstehend)

Der nebenstehend abgebildete Text ist ein Ausschnitt aus „Die Internationale", herausgegeben vom Zentralkomitee der Kommunistischen Partei Deutschlands, 1937, Sondernummer, S. 14-26, den Werner Taesler in seinen Tagebucheintrag vom Herbst 1939 einklebte. Er wurde vor wenigen Jahren wieder abgedruckt als Teil von „Dokument 13 [Herbert Wehner] Die deutschen Trotzkisten und die Gestapo" in Müller, Wehner – Moskau 1937, 2004, 439-441. Müller schildert in den Anmerkungen 22-25 (S. 440-441) die geheimen Verbindungen zwischen Taesler und Laszlo, vor allem aber die sehr kritische Reaktion der bürgerlichen schwedischen Presse (u.a. Dagens Nyheter) auf die Todesliste (Dödslista), die von der schwedischen KP veröffentlicht worden war.

Anlage 2: Die Todesliste: Die Rote Liste

NR 51. SÖNDAGEN DEN 19 DECEMBER 1937.   TJUGUATTONDE ÅRGÅNGEN.

VECKO-JOURNALEN

Huvudredaktör och ansvarig utgivare:
ELSA NYBLOM

Redaktion och Expedition:
SVEAVÄGEN 53 - STOCKHOLM
Åhlén & Åkerlunds Fotogravyranstalt, Stockholm, Sverige, 1937.

Redaktionssekreterare:
ROBERT JOSEPHSSON

ERIK LINDORM:

RÖDA LISTAN

Ur kommunisternas dödslista på landsflyktiga trotskister.

Det var Sovjetrysslands representant, Stein, som stjälpte all hjälp åt de politiska flyktingarna i alla länder, när han vid den senaste debatten i Genève i denna fråga, reste sig upp och förklarade:

— Jag är på mitt lands vägnar bemyndigad meddela, att vi inte kan vara med om något förslag, som hjälper ryssarna i landsflykt. *La situation est brutale.*

Ja, det är den verkligen. Och det ska vi få höra just från det land, som med revolutionens blod på sin ingångsport målat orden: »Frihet, jämlikhet och broderskap». Från det land, varifrån en gång nihilister och terrorister flydde från Sibirien och knutpiskan ut till Europas alla hörn och kanter, där de mottogs och skyddades till själ och kropp, till liv och lem. Det var i förkrigstidens idylliska Europa, då det ännu fanns asylrätt, det var i det gamla kära s. k. tjuvsamhället, där man trots kejsare och kungar regerade efter liberala grundsatser. I Schweiz kunde Trotski med mycket skarpsinne sitta och flytta kungar och bönder på schackbrädet, Lenin kunde i samma land i lugn och ro på sin kammare rita upp den sociala revolutionen på papperet. De ryska revolutionärerna kunde till och med hålla en kongress i Stockholm under ett av gamle kung Oscars sista regeringsår, visserligen i all hemlighet, men i alla fall. Här behövde de inte frukta att kosacker med knutpiskan skulle slå dem blodstrimmiga i ansiktet och trampa dem under hästhovarna. Det var på den gamla, goda punschförgyllda tid, när den hygglige stadsfiskal Stendahls påk — som visst i själva verket var en vanlig promenadkäpp — var reaktionens fruktansvärdaste vapen.

Nu sitter dessa ryska landsflyktingars efterkommande vid makten i Ryssland. Ännu blodtörstigare och vildare än tsaren och hans hantlangare förföljer de oliktänkande. Tsarväldet tyckte inte om terrorister och revolutionärer — och det kanske man inte kan undra på — men dessa f. d. revolutionärer avskyr och förföljer i ännu högre grad revolutionärer. Att hysa upproriska tänkesätt i Sovjetryssland är oändligt mycket farligare nu än före tsarväldets fall. En lång rad av blodiga huvuden med förstummade tungor kan vittna därom.

Men inte nog med det. Det är oändligt mycket livsfarligare att vara rysk landsflykting under Sovjetregimen än under tsarväldet. Nu är man bokstavligen flykting, man kan inte slå sig till ro någonstans. Tjekans blodhundar är

en överallt i spåren. Den svarta listan är ersatt av en röd, en blodröd. Hur stilla och fridfullt och romantiskt var det inte att vara nihilist mot att vara trotskist, det vidrigaste av allt vidrigt. Det är kainsmärket, som man med statsstämpel bränner in på dessa ryska landsflyktingars pannor, de må vara skyldiga till åsikten eller inte. Det är den politiska skabben, och trotskismens hundar må skjutas eller sparkas ihjäl, var de anträffas.

I det kommunistiska propagandaorganet Die Internationale (vackert namn!) släpper man blodhundarna lösa på dessa stackars uppspårade flyktingar, sätter ut deras namn och adress. Ett politiskt mord, ack, vad är det för bagatell. Mord förresten, det är politisk avlivning bara.

Situationen är brutal. Sovjetdelegaten Stein (på svenska: sten) har rätt. Han måste lyda order, ty det måste man i hundsamhällen. Därför förhindrades all hjälpverksamhet i Genève av även andra länders flyktingar. Ryssland kunde inte utan harm se att också ryska landsflyktingar kunde få en brödbit och en mugg varm mjölk, det måste förfölja sina otrogna landsmän in i hungersdöden.

Så låter det hårda sirentjutet från arbetarnas eget framtidsrike, där freden, socialismen och rättfärdigheten skulle bo. En gång grundat av fågelfria drömmare och teoretiker, av flyktingar som Lenin och Trotski. Nu är Lenin död och Trotski landsförvist.

Det gamla ryska tjuvsamhället hade ändå sina sidor. Det var mänskligt och korrumperat, men det höll sig med opposition, om än i utlandet. Det lät sig skällas ner och till sist störtas. Men det nya ryska tjuvsamhället är sju resor värre. Det har flätat nya snärtar i knutpiskan. Det har ett ansikte av stål, ett hjärta av sten och fötter av järn. Blodet torkas av varje morgon, och sedan är belätet lika skinande kallt. En grym avgud, som med samma outgrundliga allvar varje morgon slukar sina egna barn till offer. Och det tål ingen opposition, inte ens från ett litet landsflyktingskafé i utlandet. Av egen erfarenhet vet inte det hur farlig den kan vara.

O Gud, som är avskaffad i Ryssland, kan du inte trotsa dess makthavare med att återvända! Du är ju också landsflykting. Hjälp åtminstone dina frysande och hungrande små olycksbröder! Hjälp även de andra ländernas flyktingar. Jag vet att du är den ende diktator, som inte tar hänsyn till nation, ras och bekännelse.

Abbildung 39: Erik Lindorm: Röda Listan. In: Vecko-Journalen, Nr. 51, vom 19.12.1937[425]

230

Anlage 3: Übersetzung des Artikels in Vecko-Journalen, Nr. 51, vom 19.12.1937

Erik Lindorm[426]

Es war der sowjetrussische Repräsentant Stein[427], der jede Hilfe für politische Flüchtlinge in allen Ländern ablehnte, als er bei der letzten Debatte über diese Frage in Genf aufstand und erklärte:

--- Ich sehe mich im Namen meines Landes dazu gezwungen mitzuteilen, dass wir bei keinem Vorschlag für Hilfe zugunsten von Russen in der Verbannung mitmachen können. *La situation est brutale.*

Ja, so war es wirklich. Und was soll man von dem Land sagen, das mit dem Blut der Revolution an seinem Eingangstor die Wörter: „Freiheit, Gleichheit, Brüderlichkeit" gemalt hat. Von dem Land, aus dem einmal Nihilisten und Terroristen aus Sibirien vor der Knute in alle Ecken Europas flüchteten, wo sie aufgenommen und physisch und psychisch geschützt wurden. Das war in dem idyllischen Europa der Vorkriegszeit, wo es noch das Recht auf Asyl gab. Das geschah in der guten alten, so genannten Gaunergesellschaft (*Tjuvsamhället),* in der trotz Kaiser und Königen nach liberalen Grundsätzen regiert wurde. In der Schweiz konnte Trotzki sitzen und mit viel Scharfsinn Könige und Bauern auf dem Schachbrett setzen. Lenin konnte in demselben Land die soziale Revolution auf Papier aufschreiben. Die russischen Revolutionäre konnten sogar in Stockholm einen Kongress während der Regierungszeit des alten Königs Oscar durchführen, zwar im Geheimen aber immerhin. Man brauchte nicht davor Angst haben, dass einem die Kosaken mit der Knute das Gesicht blutig schlugen oder dass man von Pferdehufen zertrampelt wurde. Das war in der guten alten, mit Schwedenpunsch vergoldeten Zeit, als der Knüppel des gemütlichen Amtsanwalts Stendahl – in Wirklichkeit wohl ein gewöhnlicher Spazierstock – die am meist gefürchtete Waffe der Reaktion war.

Nun haben die Nachkommen dieser russischen Verbannten die Macht in Russland. Noch blutdurstiger und noch wilder als der Zar und seine Handlanger verfolgen sie die Andersdenkenden. Das Zarenreich hatte Terroristen und Revolutionäre nicht gern, und das ist kein Wunder. Aber die ehemaligen Revolutionäre verabscheuen und verfolgen Widersacher in noch stärkerem Maße. In Russland aufrührerische Gedanken zu haben, ist jetzt unendlich viel gefährlicher als vor dem Fall des Zarenreiches. Eine lange Reihe von blutigen Köpfen kann das bezeugen.

Aber das ist nicht alles. Es ist unendlich viel lebensgefährlicher geworden, unter dem Sowjet-Regime russischer Verbannter zu sein als unter dem Zaren-Regime. Jetzt ist man buchstäblich Verbannter, man kann sich nirgends zur Ruhe setzen. Die Bluthunde der Tscheka [Nachfolge: GPU] sind einem überall auf der Spur. Die schwarze Liste ist von einer roten, einer blutroten ersetzt worden. Wie still und friedlich und romantisch war es, Nihilist und nicht Trotzkist zu sein, der Schlimmste von allen Bösen. Das ist jetzt das Kains-Zeichen, das man mit dem staatlichen Stempel auf die Stirne dieser russischen Verbannten brennt, gleichgültig, ob sie schuldig sind oder nicht. Es ist eine ansteckende politische Krankheit. Die Hunde des Trotzkismus können erschossen oder mit Füßen zu Tode getreten werden, wo immer man sie findet.

In der kommunistischen Propaganda-Zeitung *Die Internationale* (schöner Name) werden die Bluthunde auf die armen aufgespürten Verbannten losgelassen, ihre Namen und Adressen werden bekannt gegeben. Ein politischer Mord, ach, was ist das für eine Kleinigkeit. Mord, übrigens, es ist nur eine politische Hinrichtung.

Die Situation ist brutal; der sowjetische Delegierte Stein (in Schwedisch: Stein) hat Recht. Er muss Befehlen gehorchen. Das muss man eben in Hundegesellschaften tun. Deshalb wurde jede Hilfsaktion, auch für Verbannte in anderen Ländern, in Genf verhindert. Russland konnte mit Entrüstung zusehen, wie auch russische Verbannte ein Stück Brot und einen Becher Milch erhalten konnten. Es musste seine untreuen Landsleute bis in den Hungertod verfolgen.

So lautet das harte Geheul der Sirene in dem eigentlichen Land der Zukunft der Arbeiter, in dem Frieden, Sozialismus und Gerechtigkeit wohnen sollten. Gegründet ehemals von vogelfreien Träumern und Theoretikern, von Verbannten wie Lenin und Trotzki. Nun ist Lenin tot und Trotzki des Landes verwiesen.

Die alte russische Gaunergesellschaft hatte doch ihre [guten] Seiten. Sie war verrottet und korrumpiert, aber es gab Opposition, wenn auch nur im Ausland. Sie ließ sich kritisieren und zum Schluss umstürzen. Die neue Gaunergesellschaft ist dagegen etliche Male schlimmer. Sie hat neue Knoten in die Knute eingesetzt. Sie hat ein Gesicht aus Stahl, ein Herz aus Stein und Füße aus Eisen. Das Blut wird jeden Morgen abgewischt, und danach ist das Ebenbild offensichtlich genauso kalt. Ein grausames Ebenbild, das jeden Morgen mit demselben unergründlichen Ernst seine eigenen Kinder zum Frühstück als Opfer verschlingt. Und diese Gesellschaft verträgt keine Opposition, nicht einmal von einem kleinen Verbannten-Café im Ausland. Aus eigener Erfahrung weiß sie, wie gefährlich das sein kann.

Oh Gott, der Du in Russland abgeschafft bist, kannst du nicht seinem Machthaber mit Deiner Rückkehr trotzen! Du bist ja auch ein Verbannter. Hilf wenigstens deinen frierenden und hungernden kleinen Brüdern im Unglück! Hilf auch den Verbannten in anderen Ländern. Ich weiß, dass Du der einzige Diktator bist, der keine Rücksicht auf Nation, Rasse oder Bekenntnis nimmt.

Anlage 4: Nachweisbare Veröffentlichungen von Werner Taesler

Taesler, Werner: Beskrivning av skolanläggningen [Beschreibung der Schulanlage]. In: Ingenjörs- och yrkesskoleanläggningen i Karlskoga. Redogörelse för skolans tillkomst och utformning. Utgiven i samband med invigningen 1966. [Karlskoga] 1966, S. 35-47.

Taesler, Werner: Bostadsbyggandet i Sovjetunionen [Wohnungsbau in der Sowjetunion]. In: Byggmästaren, 15, 1936, S. 213-226.

Taesler, Werner: Ett Anorlunda Friluftsliv [Eine etwas andere Erholung in der Natur]. In: Svenska Dagbladet, 03.04.1967.

Taesler, Werner: Glimtar fran Ateruppbyggnaden i Tyskland. En reserapport [Einblicke in den Wiederaufbau in Deutschland. Ein Reisebericht]. In: Byggmästaren, 27, 1948, S. 218-227.

Taesler, Werner: Hitlerdeutsche Gedanken und Pläne zum Wiederaufbau der deutschen Städte. In: Vorträge, gehalten auf der ersten Tagung der „Internationalen Architektengruppe zum Studium von Wiederaufbauproblemen" in Stockholm, den 8.-9. Oktober 1944. Stockholm 1944, S. 21-24.

Taesler, Werner: Hur land blev landskap [Wie Landschaft aus Land entstand]. Malmö 1985 [2008 als CD-Hörbuch].

Taesler, Werner: Idee und Form. Zur Frage der Monumentalität. In: (Das) Werk, 29, 1942, H. 2/3, S. 67-71: http://retro.seals.ch/digbib/view?pid=wbw-002:1942:29::91 (14.11.18).

Taesler, Werner: Jordbrukarnas bostäder och arbetsplatser i Sovjetunionen [Leben und Arbeit der Bauern in der Sowjetunion]. In: Byggmästaren, 14, 1935, S. 112-120.

Taesler, Werner: Neues Bauen in Schweden. In: Mitteilungen des deutschen Verbandes für Wohnungswesen, Städtebau und Raumplanung, 1950, S. 66-76.

Taesler, Werner: Eine schwedische Freizeitalternative: Ferien in Altbauten. In: Bauen + Wohnen, 30, 1976, H. 5, S. 163: http://retro.seals.ch/digbib/view?pid=buw-001:1976:30::235 (14.11.18).

Taesler, Werner: Sa kunde det otroliga ske! [Das schien unglaublich zu sein] [Zeitungsbericht: 50 Jahre nach Hitlers Machtergreifung 1933 mit Abbildung des zerstörten Fleischergeschäfts von Ewald Thaleisen]. In: [Nerikes] Allehanda, Örebro, 28.04.1984.

Taesler, Werner: Sjukhusbyggandet i Sovjetunionen [Krankenhausbau in der Sowjetunion]. In: Arkitektur och samhälle [Architektur und Gesellschaft]. Stockholm 1935, S. 33-52.

Taesler, Werner: Der Umfang der Zerstörung in Deutschland und die Aufgabenstellung des zivilen Wiederaufbaus. In: Vorträge, gehalten auf der ersten Tagung der „Internationalen Architektengruppe zum Studium von Wiederaufbauproblemen" in Stockholm, den 8.-9. Oktober 1944. Stockholm 1944, S.1-4.

Taesler, Werner: Vom Siedlungsbau zum Städtebau. Stockholms bauliche Entwicklung während 25 Jahren. In: Bauen + Wohnen, 11, 1957, H. 9, S. 308-315: http://www.e-periodica.ch/digbib/view?pid=buw-001:1957:11::1832#746 (14.11.18).

Taesler, Werner, und Robertson, Jerker: Ingenjörs- och yrkesskoleanläggningen i Karlskoga: redogörelse för skolans tillkomst och utformning / utg i samband med invigningen 1966 [Ingenieurs- und Berufsschulreinrichtung in Karlskoga: Erklärung der Schule, Herkunft und Design. Bei der Eröffnung der UTG]. [av/ von] Byggnadskommittén för ingenjörs- och yrkesskoleanläggningen i Karlskoga; [teckningar; Werner Taesler]. Karlskoga 1966.

Zietzschmann, Ernst, und Taesler, Werner: Vom schwedischen Holzbau. In: (Das) Werk, 31, 1944, H. 2, S. 58-67: http://www.e-periodica.ch/cntmng?pid=wbw-002:1944:31::805 (14.11.18).

4   Literaturverzeichnis

Ahrens, Rüdiger: Bündische Jugend. Eine neue Geschichte 1918-1933. Göttingen 2015 (=Moderne Zeit; Bd. 26).

Allgemeines Künstler-Lexikon. Die Bildenden Künstler aller Zeiten und Völker. München, Leipzig, Berlin [AKL], Bd. 1 ff.

„als bauhäusler sind wir suchende" Hannes Meyer (1889-1954). Beiträge zu seinem Leben und Wirken. Bernau 2013 (= Beiträge zur Bau- und Nutzungsgeschichte; H. 7).

Amark, Klas: Sweden and the refugees, 1933-45. In: Reaching a state of hope. Refugees, immigrants and the Swedish welfare state 1930-2000. Ed. by Mikael Byström and Pär Frohnert. Lund 2013, S. 39-53.

Architekt May in Magnitogorsk. In: Moskauer Rundschau, 21.12.1930; abgedruckt in: Standardstädte. Ernst May in der Sowjetunion 1930-1933. Texte und Dokumente. Hrsg. u. eingeleit. von Thomas Flierl. Berlin 2012, S. 220-222.

Architektur im 20. Jahrhundert. Schweden. [Katalog zur Ausstellung „Architektur im 20. Jahrhundert: Schweden im Deutschen Architektur-Museum, Frankfurt am Main (4. Mai 1998 – 28. Juni 1998)] Hrsg. von Claes Caldenby, Jöran Lindvall u. Wilfried Wang. München, New York 1998.

Aufbruch der Jugend. Deutsche Jugendbewegung zwischen Selbstbestimmung und Verführung. Hrsg. von Claudia Selheim u. Barbara Stambolis. Nürnberg 2013 [Katalog der gleichnamigen Ausstellung in Nürnberg mit Beiträgen sowie weiteren Literatur- und Quellenangaben].

Aufbruch und Krise des Funktionalismus. Bauen und Wohnen in Schweden 1930-80. [Hrsg.] Bengt O.H. Johansson. Stockholm 1976.

Baganz, Carina: Diskriminierung, Ausgrenzung, Vertreibung. Die Technische Hochschule Berlin während des Nationalsozialismus. Berlin 2013.

Barbusse, Henri: 150 Millionen bauen eine neue Welt. Berlin 1930 [französischer Originaltitel: Voici ce qu'on a fait de la Géorgie].

Barth, Holger, u. Hellberg, Lennart: Otto Haesler und der Städtebau der DDR in den fünfziger Jahren. In: Wissenschaftliche Zeitschrift der Hochschule für Architektur und Bauwesen Weimar. Reihe A, 1993, H. 1/2, S. 43-51.

Bartning, Hans: Holzhausbau in Schweden. In: [Das] Werk, 19, 1932, S. 52-60.

Bartning, Hans: Schwedisches Bauen. In: Die Form. Zeitschrift für gestaltende Arbeit, 5, 1930, H. 17, S. 447-459.

Baumeister der Revolution. Sowjetische Kunst und Architektur 1915-1935. Aus dem Englischen von Peter Sondershausen. Essen 2011 [Ausstellungskatalog der gleichnamigen Ausstellung in Berlin 2012].

Bergmann, Theodor: „Gegen den Strom." Die Geschichte der Kommunistischen – Partei-Opposition. Hamburg 1987.

Bernoulli, Hans: Der Wiederaufbau in England. In: [Das] Werk, Jgg. 31, 1944, S. 6-9.

Beyme, Klaus von: Die Bauhausmoderne und ihre Mythen. In: Mythos Bauhaus. Zwischen Selbsterfindung und Enthistorisierung. Hrsg. von Anja Baumhoff u. Magdalena Droste. Berlin 2009, S. 337-356.

Biographie [Opfer der Stalinschen Säuberungen. Datenbank von Memorial]: http:// www.gulag.memorial.de/sperson.php?suche=A (14.11.18).

Blomqvist, Hakan: Lost Worlds of Labour. Paul Olberg, the Jewish Labour Bund, and Menshevik Socialism. In: The Sea of Identities. A Century of Baltic and East European Experiences with Nationality, Class, and Gender. Huddinge 2014 (= Södertörn academic studies; Bd. 60), S. 139-172.

Böhm, Winfried: „Klatt, Fritz." In: Neue Deutsche Biographie, Bd. 11, 1977, S. 710 [http://www.deutsche-biographie.de/pnd116205938.html (14.11.18).

Bois, Marcel: Kommunisten gegen Hitler und Stalin. Die linke Opposition der KPD in der Weimarer Republik. Eine Gesamtdarstellung. Essen 2014.

Bonsels, Waldemar: Indienfahrt. Frankfurt 1930.

Bonwetsch, Bernd: Der „Große Terror." – 70 Jahre danach. In: Zeitschrift für Weltgeschichte, 9, 2008, H. 1, S. 123-145.

Brylla, Charlotta: Affirmation und Widerstand. Zum nationalsozialistischen Sprachgebrauch in Schweden zur Zeit des Nationalsozialismus. In: Im Spannungsfeld. Affinitäten, Abgrenzungen und Arrangements in den deutsch-schwedischen Beziehungen des 20. Jahrhunderts. Hrsg. von Matthias Hannemann, Sven Radowitz u. Dainel Roth. Greifswald 2008 (= Publikationen des Lehrstuhls für Nordische Geschichte; Bd. 9), S. 37-57.

Bucharin, Nikolai I., und Preobraschenski, Jewgeni A.: Das ABC des Kommunismus. Populäre Erläuterung des Programms der Kommunistischen Partei Russlands (Bolschewiki). Wien 1920.

Buekschmitt, Justus: Ernst May. Stuttgart 1963 (= Bauten und Planungen; Bd. 1).

Byström, Mikael, und Frohnert, Pär: Acknowledgements and general background. In: Reaching a state of hope. Refugees, immigrants and the Swedish welfare state 1930-2000. Ed. by Mikael Byström and Pär Frohnert. Lund 2013, S. 7-26.

Catalogue Raisonné Soviet Union 1930-1933 [Website der ernst-may-gesellschaft e.V., Frankfurt/Main]: https://ernst-may-gesellschaft.de/en/ernst-may/catalogue-raisonne/soviet-union-1930-1933.html (16.11.18).

Cathcart-Keays, Athlyn: Moscow's Narkomfin building: Soviet blueprint for collective living – a history of cities in 50 buildings, day 29. In: The Guardian, 05.05.2015: https://www.theguardian.com/cities/2015/may/05/moscow-narkomfin-soviet-collective-living-history-cities-50-buildings (14.11.18).

Chan-Magomedow, Selim: Moskauer Architektur von der Avantgarde bis zum stalinistischen Empire. In: Berlin – Moskau 1900-1950. [Katalog der Ausstellung „Berlin – Moskau", 03.09.1995 – 07.01. 1996 im Martin-Gropius-Bau Berlin]. Hrsg. von Irina Antonowa u. Jörn Merkert. München, New York 1995, S. 205-209.

Cohen, Jean-Louis: Schwierige Begegnung. Die Architektur der russischen Avantgarde zwischen Ost und West. In: Baumeister der Revolution. Sowjetische Kunst und Architektur 1915-1935. Aus dem Englischen von Peter Sondershausen. Essen 2011 [Ausstellungskatalog der gleichnamigen Ausstellung in Berlin 2012], S. 13-21.

Creagh, Lucy: An Introduction to *acceptera*. In: Modern Swedish design. Three founding texts. Ed. with an introduction by Lucy Creagh. New York 2008, S. 126-139.

Danzer, Doris: Zwischen Vertrauen und Verrat. Deutschsprachige kommunistische Intellektuelle und ihre sozialen Beziehungen (1918-1960). Göttingen 2012.

„Das Neue Frankfurt. The New Frankfurt." Filme von/Films by Paul Wolff, Jonas Geist und Joachim Krausse. Herausgeber/Publisher Christian Hiller, Joachim Krausse, Philipp Oswalt. Absolut Medien/WDR 2015 [DVD] [Website von absolutMedien: https://absolutmedien.de/film/454/Das+Neue+Frankfurt (14.11.18)].

Deschan, André: Im Schatten von Albert Speer. Der Architekt Rudolf Wolters. Berlin 2016.

Deutschland, Russland, Komintern. II. Dokumente (1918-1943). Hrsg. von Hermann Weber, Jakov Drabin, Bernhard H. Bayerlein. Berlin, München 2015 (= Archive des Kommunismus – Pfade des XX. Jahrhunderts; Bd. 6/1 u. 6/2).

Drahomanow, S.: Neuer russischer Städtebau. In: Das neue Frankfurt, 5, 1931, S. 53-56.

Dücker, Burckhard: Reisen in die UdSSR 1933-1945. In: Reisekultur in Deutschland. Von der Weimarer Republik zum „Dritten Reich." Hrsg. von Peter J. Brenner. Tübingen 1997, S. 253-283.

Dünzelmann, Anne E.: Stockholmer Spaziergänge. Auf den Spuren deutscher Exilierter 1933-1945. Norderstedt 2016.

Düwel, Jörn, u. Gutschow, Niels: Baukunst und Nationalsozialismus. Demonstration von Macht in Europa, 1940-1943. Die Ausstellung Neue Deutsche Baukunst von Rudolf Wolters. Berlin 2015 (=Grundlagen; Bd. 42).

Düwel, Jörn: Neue Städte für Stalin. Ein deutscher Architekt in der Sowjetunion 1932-1933. Berlin 2015 (=Grundlagen; Bd. 41) [incl. Bericht von Rudolf Wolters]

Dukes, Paul: A History of the Urals. Russia's Cruciable from Early Empire to the Post-Soviet Era. London, New York 2015.

Dukhan, Igor: Typology and ideology: Moisei Ginzburg revisited [2013/2017; mit Abbildungen]: https://thecharnelhouse.org/2017/06/24/typology-and-ideology-moisei-ginzburg-revisited/ (14.11.18).

Durth, Werner: Deutsche Architekten. Biographische Verflechtungen 1900-1970, Braunschweig, Wiesbaden 1987, 2. Aufl.

Ein sehr trübes Kapitel? Hitlerflüchtlinge im nordeuropäischen Exil 1933 bis 1950. Hrsg. von Einhart Lorenz, Klaus Misgeld, Helmut Müssener, Hans Uwe Petersen. Hamburg 1998 (= IZRG-Schriftenreihe; Bd. 2).

Ernst May 1886-1970. Hrsg. von Claudia Quiring, Peter Schmal, Eckhard Herrel. München, London, New York 2011.

Ernst Zietzschmann zum 75. Geburtstag. [o. Verf.] In: Schweizer Ingenieur und Architekt, 100, 1982, H. 20, S. 436.

Ertel, Manfred: Braunes Netzwerk im Norden. In: Der Spiegel, Special, 2, 2005, S. 40-41.

Figes, Orlando: Die Flüsterer. Leben in Stalins Russland. Berlin 2008, 4. Aufl.

Fitzpatrick, Sheila: Everyday Stalinism. Ordinary Life in Extraordinary Times: Soviet Russia in the 1930s. Oxford 1999.

Fitzpatrick, Sheila: The Great Departure. Rural-urban migration in the Soviet Union, 1929-33. In: Social Dimensions of Soviet Industrialization. Ed. by William Rosenberg and Lewis H. Siegelbaum. Bloomington 1993, S. 15-40.

Flierl, Thomas: Planstädte für ein planloses Land. Ernst May in der Sowjetunion 1930-1933. In: Standardstädte. Ernst May in der Sowjetunion 1930-1933. Texte und Dokumente. Hrsg. u. eingeleitet von Thomas Flierl. Berlin 2012, S. 33-164.

Flierl, Thomas: Die Proletarische Bauausstellung: Kontexte und Bruchlinien in Berlin und Moskau. In: Kollektiv für sozialistisches Bauen. Proletarische Bauausstellung. Wohnungsfrage. Mitarbeit von Jesko Fezer u.a. Leipzig 2015, S. 107-112.

Flierl, Thomas:„ Vielleicht die größte Aufgabe, die je einem Architekten gestellt wurde". Ernst May in der Sowjetunion (1930-1933). In: Ernst May 1886-1970. Hrsg. von Claudia Quiring, Peter Schmal, Eckhard Herrel. München, London,

New York 2011, S. 157-195 [MS von 2011 mit Karte der Arbeitsorte: https://www. exzellenzcluster.uni-konstanz.de/uploads/media/Arbeitsgespraech-Flierl-Ernst-May-121108.pdf (14.11.18)].

Forbat, Fred: Städteplanung im Wiederaufbau. In: Vorträge, gehalten auf der ersten Tagung der „Internationalen Architektengruppe zum Studium von Wiederaufbauproblemen" in Stockholm, den 8.-9. Oktober 1944. Stockholm 1944, S.5-8.

Forbat, Fred: Der Wiederaufbau des deutschen Wohnungsbestandes. Die Ökonomie seiner Durchführung. In: Vorträge, gehalten auf der ersten Tagung der „Internationalen Architektengruppe zum Studium von Wiederaufbauproblemen" in Stockholm, den 8.-9. Oktober 1944. Stockholm 1944, S. 25-31.

Frampton, Kenneth: Vesnin Family. In: Macmillan Encyclopedia of Architects. New York, London 1982, S. 309-310.

Friedmann, Werner: Ein deutscher Baumeister baut Städte in Russland. In: Neue Leipziger Zeitung, 29.08.1930; abgedruckt in: Standardstädte. Ernst May in der Sowjetunion 1930-1933, 2012, S. 202-203.

Fürst, Franz; Himmelbach, Ursus; Port, Petra: Leitbilder der räumlichen Stadtentwicklung im 20. Jahrhundert – Wege zur Nachhaltigkeit? Dortmund, Januar 1999. Fakultät für Raumplanung (= Berichte aus dem Institut für Raumplanung; H. 41) [http://www.raumplanung.tu-dortmund.de/irpud/pro/struktur/ber41.pdf (14.11.18)].

Gegidze, Mariam, Ngo, Anh-Linh und Spruth, Daniel: Moskau – Berlin – London. In: Arch+, 209, 2012, S. 30-31 [http://www.archplus.net/home/archiv/ artikel/46,3923,1,0.html (14.11.18)].

Gelb, Michael: Editor's Introduction in: Witkin, Zara: An American Engineer in Stalin's Russia. The Memoirs of Zara Witkin, 1932-1934. Ed. by Michael Gelb. Berkeley, Los Angeles, Oxford 1991.

Gietinger, Klaus: Die Organisation der Produktion im Sozialismus Luxemburg, Lenin, Ossinski und Kollontai. In: Internationale Konferenz in Moskau 5. und 6. Oktober 2011 „Rosa Luxemburg: Theorie, Kontext, Aktualität, S. 5 [Vortrags-MS]: http:// www.internationale-rosa-luxemburg-gesellschaft.de/html/konferenzen.html (14.11.18).

Gilmour, John: Sweden, the Swastika and Stalin. The Swedish Experience in the Second World War. Edinburgh 2010.

Göckede, Regina, u. Grawe, Gabriele D.: „Neues Bauen in der Fremde." In: Netzwerke des Exils. Künstlerische Verflechtungen, Austausch und Patronage nach 1933. Hrsg. von Burcu Dogramaci und Karin Wimmer. Berlin 2011, S. 91-108.

Grabar, Igor: Istorija russkago Iskusstwa. Moskau 1911-1914, Bd. 1-3 [Geschichte der russischen Kunst. Dresden 1957 ff.].

Grigorieva, Irina: Erich Mendelsohns Wirken als Architekt in der Sowjetunion [Magisterarbeit, Fakultät für Geschichts- und Kunstwissenschaften, Ludwig-Maximilians-Universität München 2003 [https://epub.ub.uni-muenchen.de/421/1/Grigorieva_Irina_Mendelsohn.pdf (08.11.18)].

Gropius, Walter: Die soziologischen Grundlagen der Minimalwohnung. Zusammenfassung. In: CIAM. Internationale Kongresse für Neues Bauen. Dokumente 1928-1939. Hrsg. von Martin Steinmann. Basel, Stuttgart 1979.

Guratzsch, Dankwart: Architekt Ernst May, der Vater der Trabantenstädte. In: Die Welt, 09.08.2011: http://www.welt.de/kultur/article13533043/Architekt-Ernst-May-der-Vater-der-Trabantenstaedte.html (14.11.18).

Gutschow, Niels: Ordnungswahn. Architekten planen im „eingedeutschten Osten" 1939-1945. Gütersloh, Berlin u.a. 2001 (= Bauwelt-Fundamente; Bd. 115).

Hämer, Walter: Tagebücher der Russlandjahre – Kunstgeschichtliches. Hrsg. von Hardt-Waltherr Hämer u. Peter Hämer. Bearb. von Karl-Robert Schütze. Berlin 2010 (= Schriften aus dem Archiv der Universität der Künste Berlin; Bd. 14).

Handbuch des Kommunismus. Geschichte – Ideen – Köpfe. Hrsg. von Stéphane Courtois. München, Zürich 2010.

Heeke, Matthias: Reisen zu den Sowjets. Der ausländische Tourismus in Russland 1921-1941. Münster, Hamburg 2003.

Hesse, Hermann: Knulp. Drei Geschichten aus dem Leben Knulps. Frankfurt 1915.

Heumann, Benny: Benny Heumann. Jahrgang 1907. Ein politischer Architekt. Berlin 1997 (=Autobiographien; Bd. 1).

Heymel, Michael: Der Kulturphilosoph Walter Schubart (1897-1942). Eine Spurensuche. Berlin 2015.

Hildermeier, Manfred: Geschichte der Sowjetunion 1917-1991. Entstehung und Niedergang des ersten sozialistischen Staates. München 1998.

Hobsbawm, Eric: The Age of Extremes. 1914-1991. London 2003.

Hoelz, Max: „Ich grüße und küsse Dich – Rot Front." Tagebücher und Briefe, Moskau 1929 bis 1933. Berlin 2005 (= Rosa-Luxemburg-Stiftung. Texte; Bd. 20): *http://edoc.vifapol.de/opus/volltexte/2009/835/pdf/Texte_20_ohneBilder.pdf (19.11.18)*.

Huber, Benedikt: Die Stadt des Neuen Bauens. Projekte und Theorien von Hans Schmidt. Zürich, Stuttgart 1993(= ORL-Schriften; Bd. 45).

„Ich kam als Gast in euer Land gereist ....“ Deutsche Hitlergegner als Opfer des Stalinterrors. Familienschicksale 1933-1956. Hrsg. von Wladislaw Hedeler u. Inge Münz-Koenen. Berlin 2013.

Im Spannungsfeld. Affinitäten, Abgrenzungen und Arrangements in den deutsch-schwedischen Beziehungen des 20. Jahrhunderts. Hrsg. von Matthias Hannemann, Sven Radowitz und Dainel Roth. Greifswald 2008 (= Publikationen des Lehrstuhls für Nordische Geschichte; Bd. 9).

Janssen, Karl-Heinz: Im Kampf mit sich selbst. „Ilja Ehrenburg und die Deutschen.“ In: ZEIT-Online vom 12.12.1997: http://www.zeit.de/1997/51/Im_Kampf_mit_sich/komplettansicht (14.11.18).

Jürgs, Michael: Staffeleien im Moor. In: Der Tagesspiegel, 15.07.2018 [Auszug aus: Jürgs, Michael: Wer wir waren, wer wir sind: Wie Deutsche ihre Geschichte erleben. München 2017, S. 129-146: Das Dorf im Moor].

Kamber, Peter: Die Masken des Ignazio Silone. In: ZEIT-Online, 27.04.2000: http://www.zeit.de/2000/18/Die_Masken_des_Ignazio_Silone/komplettansicht (14.11.18).

Keller, Bill: University Presses; How one Russian dream went awry. In: The New York Times, 24.09.1989 (Books): http://www.nytimes.com/1989/09/24/books/university-presses-how-one-russian-dream-went-awry.html?pagewanted=all (08.11.18).

Kesting, Marianne: Künstler im Granitblock des Kollektivs. Sergei Tretjakow: „Die Arbeit des Schriftstellers“ und ein „Bio-Interview.“ In: ZEIT-Online, 01.11.1974: http://www.zeit.de/1974/45/kuenstler-im-granitblock-des-kollektivs/komplettansicht?print=tru (14.11.18).

Kohlrausch, Martin: Die CIAM und die Internationalisierung der Architektur. In: Themenportal Europäische Geschichte (2007): https://www.europa.clio-online.de/essay/id/artikel-3373 (14.11.18).

Kollektiv für sozialistisches Bauen. Proletarische Bauausstellung. Wohnungsfrage. Mitarbeit von Jesko Fezer u.a. Leipzig 2015.

Konyševa, Evgenija, und Meerovic, Mark: Linkes Ufer, rechtes Ufer. Ernst May und die Planungsgeschichte von Magnitogorsk (1930–1933). Hrsg. von Thomas Flierl. Berlin 2014.

Kopp, Barbara: Bildergeschichten II. 14. Oktober 2013 [http://www.laurewyss.ch/wp-content/uploads/wp-post-to-pdf-cache/1/bildergeschichten-ii.pdf] (14.11.18).

Kruft, Hanno-Walter: Geschichte der Architekturtheorie. Von der Antike bis zur Gegenwart. München 2013, 6. Aufl.

Kuchenbuch, David: Architecture and Urban Planning as Social Engineering: Selective Transfers between Germany and Sweden in the 1930s and 1940s. In: Journal of Contemporary History, 5 (1), 2016, S. 22-39.

Kuchenbuch, David: Geordnete Gemeinschaft. Architekten als Sozialingenieure – Deutschland und Schweden im 20. Jahrhundert. Bielefeld 2010.

Kühne, Karl: Bucharin – Theoretiker und Skeptiker des Wachstumsprozesses. In: „Liebling der Partei." Bucharin – Theoretiker des Sozialismus. Hrsg. von Theodor Bergmann u. Gert Schäfer. Hamburg 1989, S. 204-217.

Laqueur, Walter: Young Germany. A History of the German Youth Movement. New Brunswick, London 1984.

Larsson, Lars Olof: Die Neugestaltung der Reichshauptstadt. Albert Speers Generalbebauungsplan für Berlin. Stockholm 1978 (= Stockholm studies in history of art; Bd. 29) [Französische Übersetzung: Albert Speer. Le Plan de Berlin 1937-1943". Brüssel 1983].

Larsson, Lars Olof u. Sabine, Lamprecht, Ingolf: „Fröhliche Neugestaltung" oder die Gigantoplanie von Berlin 1937-1943. Albert Speers Generalbebauungsplan im Spiegel satirischer Zeichnungen von Hans Stephan. Kiel 2008.

Le Corbusier: La guerre de cent ans. In: (Das) Werk, 31, 1944, H. 1, S. 1-2.

Lexikon der Weltliteratur. Hrsg. von Gero von Wilpert. München 1997.

Liebling der Partei. Bucharin – Theoretiker des Sozialismus. Beiträge zum Internationalen Bucharin-Symposium, Wuppertal 1988. Hrsg. von Theodor Bergmann u. Gert Schäfer. Hamburg 1989.

Lindberg, Hans: Svensk flyktingpolitik under internationellt tryck, 1936-1941. Stockholm 1973 (= Sverige under Andra Världskriget).

Lindorm, Erik: Röda Listan. In: Vecko-Journalen, Nr. 51, 19.12.1937 [s. Anhang].

Lippert, Hans-Georg: Visionen von Architektur. 9. Vorlesung. Sozgorod und die sowjetische Avantgarde der 1920er Jahre. MS TU Dresden, Wintersemester 2017/2018 [https://tu-dresden.de/bu/architektur/ibad/bg/ressourcen/dateien/lehre/lehrmaterialien/vorlesungen-archiv/visionen_wise1718/VL-Visionen-2017-09-Texte.pdf?lang=de (12.11.18)].

Lissitzky, El [Lazar M.]: Russland. Die Rekonstruktion der Architektur in der Sowjetunion. Wien 1930 (= Neues Bauen in der Welt; Bd. 1).

Lissitzky, El [Lazar M.]: 1929. Russland. Architektur für eine Weltrevolution. Hrsg. von Ulrich Conrads. Berlin 1965 (= Bauwelt Fundamente; Bd. 14) [Neuausg. der Ausgabe von 1930 mit einem Anhang, zusammengest. von Ulrich Conrads u. einem Vorwort von Werner Hebebrand; vgl. auch: Russia. An architecture for world revolution. London 1970].

Lodder, Christina: Building for Socialism. In: Revolution. Russian Art 1917-1932. [Katalog der Ausstellung in der Royal Academy of Arts London 2017. Hrsg. von Tim Marlow, John Milner, Natalia Murray und Ann Dumas] London 2017, S. 257-269.

Madsen, Hvidtfeldt Karen: Widerstand als Ästhetik. Peter Weiss und Die Ästhetik des Widerstands. Wiesbaden 2003.

May, Ernst: Der Bau neuer Städte in der U.D.S.S.R. In: Das neue Frankfurt, 5, 1931, H. 7, S. 117-135 [bereinigtes Vortrags-MS vom 05.06.1931 im Herrenhaus, Berlin, und am 12.06. 1931 in Frankfurt/Main. Nachdruck in: Standardstädte. Ernst May in der Sowjetunion 1930-1933. Texte und Dokumente. Hrsg. und eingeleitet von Thomas Flierl. Berlin 2012, S. 268-288].

May, Ernst: Neuer Generalbebauungsplan für Groß-Moskau. In: Bauwelt vom 22.09.1932. In: Standardstädte. Ernst May in der Sowjetunion 1930-1933, 2012, S. 331-337.

May, Ernst: Städtebau und Wohnungswesen in der UdSSR nach 30 Jahren. In: Bauwelt vom 18.01.1960. In: Standardstädte. Ernst May in der Sowjetunion 1930-1933, 2012, S. 457-478.

May, Ernst: Warum ich Frankfurt verlasse. In: Frankfurter Zeitung vom 01.08.1930. In: Standardstädte. Ernst May in der Sowjetunion 1930-1933, 2012, S. 191-196.

May, Ernst: Die Wohnung für das Existenzminimum. In: Das neue Frankfurt, 3, 1929, H. 11, S. 209-212.

Mays, Christin: For the Sake of Democracy. Samarbetskommitteén för demokratiskt uppbyggnadsarbete. Master thesis, Fall 2011. Uppsala University, Dep. of History [http://uu.diva-portal.org/smash/get/diva2:752780/FULLTEXT01.pdf (14.11.18)].

Melnikova-Raich, Sonia: The Soviet Problem with Two „Unknowns": How an American Architect and a Soviet Negotiator Jump-Started the Industrialization of Russia. Part I: Albert Kahn. In: The Journal of the Society for Industrial Archeology, 36 (2), 2010, S. 57-80; Part II: Saul Bron. In: The Journal of the Society for Industrial Archeology, 37 (1/2), 2011, S. 5-28.

Metzger, Martina: Bewältigung, Auswirkungen und Nachwirkungen des Bombenkrieges in Berlin und London 1940-1955. Zerstörung und Wiederaufbau zweier europäischer Hauptstädte. Stuttgart 2013 (= Historia Altera; Bd. 1).

Michl, Jan: Form follows WHAT? The modernist notion of function as a carte blanche. [MS 1995/2007: http://janmichl.com/eng.fff-hai.html (08.11.18)].

Miljutin, Nikolai A.: Sozgorod. Probleme des Planens sozialistischer Städte. Grundlegende Prinzipien bei der Planung und beim Bau von Siedlungen in der

UdSSR. Berlin 2008 [deutsche Faksimile-Ausgabe der russischen Ausgabe Moskau 1930 mit Miljutin-Biographie und Kommentar des Herausgebers Dimitrij Chmelznizki].

Milner, John: Kazimir Malevich. In: Revolution. Russian Art 1917-1932. [Katalog der Ausstellung in der Royal Academy of Arts London 2017. Hrsg. von Tim Marlow, John Milner, Natalia Murray und Ann Dumas] London 2017, S. 149-179 (mit Abbildungen).

Modern Swedish design. Three founding texts. Ed. with an introduction by Lucy Creagh. New York 2008.

Möller, Werner: Mart Stam 1899-1986. Architekt-Visionär-Gestalter. Sein Weg zum Erfolg 1919-1930. Tübingen, Berlin 1997 (= Schriftenreihe zur Plan- und Modellsammlung des Deutschen Architektur-Museums in Frankfurt am Main; Bd. 2).

Mogge, Winfried: „Paetel, Karl Otto." In: Neue Deutsche Biographie, 19, 1999, S. 757: https://www.deutsche-biographie.de/gnd118591150.html#ndbcontent (14.11.18).

Molnár, Virág: Building the State. Architecture, politics, and state formation in post-war Central Europe. London 2013.

Müller, Reinhard: Die Akte Wehner. Moskau 1937 bis 1941. Berlin 1993.

Müller, Reinhard: Herbert Wehner – Moskau 1937. Hamburg 2004.

Müssener, Helmut: Exil in Schweden. Politische und kulturelle Emigration nach 1933. München 1974 (=Stockholmer germanistische Forschungen; Bd. 14).

Muscheler, Ursula: Das rote Bauhaus. Eine Geschichte von Hoffnung und Scheitern. Berlin 2016.

Myrdal, Alva und Gunnar: Kris i befolkningsfragan. Stockholm 1934 [engl. Ausgabe: Nation and Family. New York, London 1941].

Mythos Bauhaus. Zwischen Selbsterfindung und Enthistorisierung. Hrsg. von Anja Baumhoff u. Magdalena Droste. Berlin 2009.

Necker, Sylvia: Konstanty Gutschow 1902-1978. Modernes Denken und volksgemeinschaftliche Utopie eines Architekten. München, Hamburg 2012.

Necker, Sylvia, Von der Hoffnung auf die neue Ordnung der Stadt. Architekten planen (für) die NS-Volksgemeinschaft. In: „Volksgemeinschaft" als soziale Praxis. Neue Forschungen zur NS-Gesellschaft vor Ort. Hrsg. von Dietmar von Recken u. Malte Thießen, Malte. Paderborn, München, Wien, Zürich 2013 (= Nationalsozialistische Volksgemeinschaft; Bd. 4), S. 145-156.

Nehls, Werner: Bauhaus und Marxismus. München 2010.

Netzwerke des Exils. Künstlerische Verflechtungen, Austausch und Patronage nach 1933. Hrsg. von Burcu Dogramaci und Karin Wimmer. Berlin 2011.

Neufert, Ernst: Bau-Entwurfslehre. Grundlagen, Normen und Vorschriften über Anlage, Bau, Gestaltung, Raumbedarf, Raumbeziehungen, Maße für Gebäude, Räume, Einrichtungen und Geräte mit dem Menschen als Maß und Ziel. Handbuch für den Baufachmann, Bauherrn, Lehrenden und Lernenden. Berlin 1936. [Das Werk erscheint 2019 in der 42. (!) Auflage].

Nordlund, Sven: Belastung oder Gewinn? In: Ein sehr trübes Kapitel? Hitlerflüchtlinge im nordeuropäischen Exil 1933 bis 1950. Hrsg. von Einhart Lorenz, Klaus Misgeld, Helmut Müssener, Hans Uwe Petersen. Hamburg 1998 (= IZRG-Schriftenreihe; Bd. 2), S. 87-113.

Osokina, Elena: Our Daily Bread. Socialist Distribution and the Art of Survival in Stalin's Russia, 1927-1941. Ed. by Kate Transchel. New York 2015.

Paetel, Karl Otto: Jugend in der Entscheidung. 1913 – 1933 – 1945. Bad Godesberg 1963, 2. stark erw. Aufl.

Peters, Jan: Exilland Schweden. Deutsche und schwedische Antifaschisten. 1933-1945. Berlin 1984. Phil. Diss. Greifswald 1975, Bd. 1 u. 2.

Peukert, Detlev J. K.: Die Weimarer Republik. Frankfurt/Main 1987.

Pilewski, Leonie: Neue Bauaufgaben in der Sowjet-Union. In: Die Form. Zeitschrift für gestaltende Arbeit, 5, 1930, H. 9, S. 231-237.

Piper, Ernst: Alfred Rosenberg. München 2005.

Pistorius, Elke: Ernst May in der Sowjetunion 1930-1934 und die Entwicklung seiner städtebaulichen Anschauungen. In: Wissenschaftliche Zeitschrift. Hochschule für Architektur und Bauwesen, Weimar; Reihe A, 33, 1987, S. 295-298.

Pistorius, Elke: Fachbeitrag: May in Magnitogorsk. In: moderneRegional, 16/2, 2016: http://www.moderne-regional.de/fachbeitrag-may-in-magnitogorsk/ (14.11.18).

Poppelreuter, Tanja: Das Neue Bauen für den Neuen Menschen. Zur Wandlung und Wirkung des Menschenbildes in der Architektur der 1920er Jahre in Deutschland. Hildesheim 2007 (= Studien zur Kunstgeschichte; Bd. 171).

Population and Population Changes 1749-2017. [Ed. by] SCB [Statiska Centralbyran Stockholm]: https://www.scb.se/en/finding-statistics/statistics-by-subject-area/population/population-composition/population-statistics/pong/tables-and-graphs/yearly-statistics--the-whole-country/population-and-population-changes/ (07.11.18).

Püschel, Konrad: Die Tätigkeit der Gruppe Hannes Meyer in der UdSSR in den Jahren 1930 bis 1937. In: 1. Bauhaus-Kolloquium Weimar vom 27. – 29. Oktober 1976,

S. 468-472 [https://e-pub.uni-weimar.de/opus4/frontdoor/index/index/docId/878 (14.11.18)].

Quiring, Claudia: Vom ‚Karpfenteich' zur ‚Kaviargewöhnungskur' – Einblicke in das Leben von Mays Mitarbeitern in Schlesien, Frankfurt und der Sowjetunion. In: Ernst May 1886-1970. Hrsg. von Claudia Quiring, Peter Schmal, Eckhard Herrel. München, London, New York 2011, S. 131-156.

Råssjö, Pelle: Morfar var tysk spion – slutade som präst i Guldsmedshyttan [Großvater war ein deutscher Spion]. In: Nedrikes Allehanda, Örebro, vom 18./19.07.2017.

Reaching a state of hope. Refugees, immigrants and the Swedish welfare state 1930-2000. Ed. by Mikael Byström and Pär Frohnert. Lund 2013.

Revolution. Russian Art 1917-1932. [Katalog der Ausstellung in der Royal Academy of Arts London 2017. Hrsg. von Tim Marlow, John Milner, Natalia Murray u. Ann Dumas] London 2017.

Rilke, Rainer Maria: Worpswede. In: Sämtliche Werke. Bd. 5. Frankfurt/Main 1965.

Roth, Alfred: Planen und Bauen nach dem Kriege von der Schweiz aus gesehen. In: (Das) Werk, 31, 1944, S. 2-5.

Roth, Alfred: Der Wiederaufbau und die Probleme der Notsiedelung. In: (Das) Werk, 32, 1945, H. 6, S. 167-176.

Rudberg, Eva: Der Aufbau der Wohlfahrtsgesellschaft im „Volksheim" 1940-60. In: Architektur im 20. Jahrhundert. Schweden. Hrsg. von Claes Caldenby, Jöran Lindvall u. Wilfried Wang. München, New York 1998, S. 111-141.

Rudberg, Eva: Der frühe Funktionalismus. 1930-40. In: Architektur im 20. Jahrhundert. Schweden. Hrsg. von Claes Caldenby, Jöran Lindvall u. Wilfried Wang. München, New York 1998, S. 81-109.

Rudberg, Pontus: The Swedish Jews and the Holocaust. London, New York 2017.

Rudolf, A.: G.P.U. über Europa. In: Neue Zürcher Zeitung, 11.09.1937, Bl. 3.

Rukeyser, Walter Arnold: Working for the Soviets. An American Engineer in Russia. London 1932 [s.a. Rukeyser, Walter Arnold: I work for Russia. How the worker lives. In: The Nation, 03.06.1931, S. 607].

Rune, Alf: Tar ut stegen mot hundra [„Sie bewegen sich auf hundert"; Interview mit WT zu dessen 75. Geburtstag]. In: Allehanda, 03.11.1982.

Russische Baukunst. Hrsg. u. ausgew. von Alexander Eliasberg. München 1922.

Saldern, Adelheid von: ‚Neues Wohnen'. Housing and reform. In: Weimar Germany. Ed. by Anthony McElligott. Oxford 2009, S. 207-233.

Sarabjanow, Dmitri: An der Spitze der internationalen Avantgarde. Russische und deutsche Kunst von 1910 bis in die zwanziger Jahre. In: Berlin – Moskau 1900-

1950. [Katalog der Ausstellung „Berlin – Moskau", 03.09.1995 – 07.01. 1996 im Martin-Gropius-Bau Berlin]. Hrsg. von Irina Antonowa u. Jörn Merkert. München, New York 1995, S. 97-103.

Scholz, Michael F.: Herbert Wehner in Schweden 1941-1946. München 1995 (Schriftenreihe der Vierteljahrhefte für Zeitgeschichte; Bd. 70).

Scott, John: Behind the Urals. An American Worker in Russia's City of Steel. Bloomington 1989, enlarged ed. [Original erschienen 1942; deutsche Ausgabe: „Jenseits des Ural. Die Kraftquellen der Sowjetunion." Stockholm 1944].

The Sea of Identities. A Century of Baltic and East European Experiences with Nationality, Class, and Gender. Huddinge 2014 (= Södertörn academic studies; Bd. 60), S. 139-172.

Seidel, Carlos Collado: Der Spanische Bürgerkrieg. Geschichte eines europäischen Konflikts. München 2016, 3. Aufl.

Sejersted, Francis: The Age of Social Democracy. Norway and Sweden in the Twentieth Century. Princeton, Oxford 2011.

Service, Robert: Stalin. A biography. London, Basingstoke, Oxford 2004.

Siebenbrodt, Michael: Der Bauhausdirektor Hannes Meyer als Hochschullehrer und Architekt in Moskau 1930-1936. In: „als bauhäusler sind wir suchende." Hannes Meyer (1889-1954). Beiträge zu seinem Leben und Wirken. Bernau 2013 (= Beiträge zur Bau- und Nutzungsgeschichte; H. 7), S. 35-40.

Sixsmith, Martin: The story of art in the Russian Revolution. [Manuskript vom 20.12.2016 zur Ausstellung in der Royal Academy of Arts, London, 11.02.- 17.04.2017: https://www.royalacademy.org.uk/article/art-and-the-russian-revolution (14.11.18).

Social Dimensions of Soviet Industrialization. Ed. by William Rosenberg and Lewis H. Siegelbaum. Bloomington 1993.

Sohn, Elke: Zum Begriff der Natur in Stadtkonzepten. Anhand der Beiträge von Hans Bernhard Reichow, Walter Schwagenscheidt und Hans Scharoun zum Wiederaufbau nach 1945. Hamburg 2008 (= Schriftenreihe der Stipendiatinnen und Stipendiaten der Friedrich-Ebert-Stiftung; Bd. 30).

Sommer, Theo: Von der Zerbrechlichkeit der Freiheit. In: ZEIT-online vom 07.02.2017: http://www.zeit.de/politik/2017-02/fritz-stern-historiker-usa-nationalismus-donald-trump-5vor8/komplettansicht (14.11.18).

Speer, Albert: Erinnerungen. München 2003.

Spengler, Edwin H.: American and English Comment on the Uthwatt Report: Committee on Urban Land Policies. In: Journal of the American Institute of Planners, Vol. 8, 1942, 4, S. 16-26 [http://www.tandfonline.com/doi/abs/10.1080/01944364208979035?journalCode=rjpa19 (14.11.18)].

Standardstädte. Ernst May in der Sowjetunion 1930-1933. Texte und Dokumente. Hrsg. und eingeleitet von Thomas Flierl. Berlin 2012.

Statistisk Arsbok for Sverige 1930. Stockholm 1930.

Stern, Fritz: Die politischen Folgen des unpolitischen Deutschen. In: Das kaiserliche Deutschland. Politik und Gesellschaft 1870-1918. Hrsg. von Michael Stürmer. Düsseldorf 1970, S. 168-186.

Stürmische Aufbrüche und enttäuschte Hoffnungen. Russen und Deutsche in der Zwischenkriegszeit. Hrsg. von Karl Eimermacher und Astrid Volpert. Unter Mitarb. von Gennadij Bordjugow. München 2006 (= West-Östliche Spiegelungen; N.F. 2).

Vatlin, Alexander: Das Russlandbild der deutschen Emigranten in der stalinistischen Sowjetunion. In: Forum für osteuropäische Ideen- und Zeitgeschichte, Jgg. 12, 2008, S. 47-64.

Vatlin, Alexander: „Was für ein Teufelspack": die Deutsche Operation des NKWD in Moskau und im Moskauer Gebiet 1936 bis 1941. Berlin 2012.

Viktorson, Bengt: Fran Stalins Sibirien till Behrens biograf. In: Kuriren [Örebro], 04.11.1987, S. 16-17 [zum 80. Geburtstag von WT].

Vitzthum, Hilda: Torn out by the roots. The recollections of a former Communist. Translated & with an introduction & notes by Paul Schach. Lincoln 1993.

Vogeler, Heinrich: Werden. Erinnerungen. Mit Lebenszeugnissen aus den Jahren 1923-1942. Neu hrsg. von Joachim Priewe u. Paul-Gerhard Wenzlaff. Berlin 1989 [1. Ausgabe: Vogeler, Heinrich: Erinnerungen. Hrsg. von Erich Weinert. Berlin 1952].

Volpert, Astrid: „Bauhaus im Ural." – Geschichtsfelder im Spiegel des Erhalts von Gemeinschaftsbauten der Moderne im postsowjetischen Raum. In: ICOMOS – Hefte des Deutschen Nationalkomitees, Bd. 48, 2010, S. 60-65 [https://journals.ub.uni-heidelberg.de/index.php/icomoshefte/issue/view/2185 (14.11.18)].

Volpert, Astrid: Perm erinnert sich an seinen Bauhaus-Architekten. Zum 100. Geburtstag von Philipp Tolziner am 16. Oktober 2006 [Website von Volpert: http://www.astrid-volpert.de/aktuell.de.htm (14.11.18)].

Vorträge, gehalten auf der ersten Tagung der „Internationalen Architektengruppe zum Studium von Wiederaufbauproblemen" in Stockholm, den 8.-9. Oktober 1944. Stockholm 1944.

Wehler, Hans-Ulrich: Deutsche Gesellschaftsgeschichte. München 2003, Bd. 4, 2. Aufl.

Die Weltpartei aus Moskau. Der Gründungskongress der Kommunistischen Internationale 1919. Protokolle und neue Dokumente. Hrsg. von Wladislaw Hedeler und Alexander Vatlin. Berlin 2008.

Wer war Wer in der DDR. Ein biographisches Handbuch. Hrsg. von Bernd-Rainer Barth u.a. Frankfurt/Main 1995.

Wester, Rudi: Last, Josephus Carel Franciscus. In: BWSA: https://socialhistory.org/bwsa/biografie/last (14.11.18).

Wieser, Christoph: Erweiterung des Funktionalismus 1930-1950. Lausanne 2005 (Thèse No 3204 École Polytechnique Fédérale de Lausanne): https://infoscience.epfl.ch/record/33672/files/EPFL_TH3204.pdf (13.11.18).

Wilhelm, Karin: Anmerkungen zur Rekonstruktion eines (Schein)Konflikts: Die Proletarische Bauausstellung und die Deutsche Bauausstellung in Berlin 1931. In: Kollektiv für sozialistisches Bauen. Proletarische Bauausstellung. Wohnungsfrage. Mitarbeit von Jesko Fezer u.a. Leipzig 2015, S. 11-18.

Witkin, Zara: An American Engineer in Stalin's Russia. The Memoirs of Zara Witkin, 1932-1934. Ed. and with an introduction by Michael Gelb. Berkeley, Los Angeles, Oxford 1991.

Die Wohnung für das Existenzminimum. Auf Grund der Ergebnisse des 2. Internationalen Kongresses für Neues Bauen, sowie der vom Städtischen Hochbauamt in Frankfurt a.M. veranstalteten Wander-Ausstellung. Hrsg.: Internat. Kongress f. Neues Bauen, Zürich. Frankfurt/Main 1930 [Beiträge von Walter Gropius, Le Corbusier, Ernst May u.a.].

Wolfe, Ross: From Bauhaus to Beinhaus. Moscow constructivism [Blog vom 20.05.2016: https://thecharnelhouse.org/2016/05/20/moscow-constructivism/ (14.11.18)].

Wolfe, Ross: „The Graveyard of Utopia: Soviet Urbanism and the Fate of the International Avant-Garde." [Blog vom 11.08.2011: https://thecharnelhouse.org/2011/08/11/the-graveyard-of-utopia-soviet-urbanism-and-the-fate-of-the-international-avant-garde-by-ross-wolfe-section-1/ (14.11.18)].

Zeese, Andreas: Arthur Korn und das Kollektiv für sozialistisches Bauen. In: Kollektiv für sozialistisches Bauen. Proletarische Bauausstellung. Wohnungsfrage. Mitarbeit von Jesko Fezer u.a. Leipzig 2015, S. 47-51.

5   Liste der Abbildungen

22 Werner Taesler: Russische Kirche in Nishni Nowgorod. Aquarell 1934 (Besitz Inger Taesler) (farbig), S. 194

23 Werner Taesler: „Wüster Russe." Kohlezeichnung 1934 (Besitz Inger Taesler), S. 195

24 Werner Taesler: Kapelle in Lappland. Aquarell (Besitz Inger Taesler) (farbig), S. 196

25 Die schwedischen Architekten Sven Markelius, Udo Åhrén, Gunnar Asplund, Eskil Sundahl, Wolter Gahn zusammen mit dem Kunsthistoriker Gregor Paulsson (gemeinfrei), S. 204

26 Werner Taesler (mit Krawatte) im Büro Markelius 1936, S. 204

27 Mitsommer 1940 in Schweden: Ehepaare Werner und Irene Taesler, (Mitte), Lor Zietzschmann [Laure Wyss]* (links) und eine Bäuerin (Tante Tilda, hinter Irene Taesler); Fotograf: Ernst Zietzschmann, S. 210

28 Werner Taesler: Ferienanlage Ånnaboda bei Örebro. Gebaut um 1960 (Zustand 2014) (Foto des Autors) (farbig), S. 211

29 Werner Taesler: Ferienanlage Ånnaboda bei Örebro. Gebaut um 1960 (Innenansicht, Zustand 2014) (Foto des Autors) (farbig), S. 211

30 Werner Taesler: Ferienanlage Ånnaboda bei Örebro. Gebaut um 1960 (Rückseite, Zustand 2014) (Foto des Autors) (farbig), S. 212

31 Werner Taesler: Holzhaus bei Vissboda (nahe Örebro; um 1965) (Zustand von 2015) (Foto des Autors) (farbig), S. 212

32 Werner Taesler: Plan für die Ingenieurs- und Berufsschule in Karlskoga (um 1965), S. 213

33 Werner Taesler: Triangel-Planung für Siedlung und Wohnhäuser in Schweden (Wettbewerb 1951), S. 213

34 Werner Taesler: Triangel-Haus in Ellen Keys Gatan 37, Stockholm Fruängen (1957; Zustand 2016) (Foto des Autors) (farbig), S. 214

35 Werner Taesler: Triangel-Haus in Ellen Keys Gatan 37, Stockholm Fruängen (1957; Teilansicht; Zustand 2016) (Foto des Autors) (farbig), S. 214

36 Buchumschlag des Werkes von Werner Taesler („Hur land blev landskap") von 1985 (farbig), S. 220

37 Werner Taesler um 1990 (farbig), S. 223

38 Anlage 1: Trotzkisten und „Braunes Netzwerk in Skandinavien", 1937, S. 228

39 Anlage 2: Erik Lindorm: Röda Listan. In: Vecko-Journalen, Nr. 51, 19.12.1937, S. 230

6 Zusammenfassungen in Deutsch, Schwedisch, Englisch

6.1 Werner Taesler: Flüchtling in drei Ländern

Zusammenfassung

Der deutsch-schwedische Architekt Werner Taesler (1907-1994) plante die Aufzeichnungen, die er in den zehn Jahren vor seinem Tode aufgrund von Tagebucheinträgen angefangen hatte, unter dem Titel „Brennpunkte meines Lebens" zu veröffentlichen. Die vorliegende kommentierte Edition ergänzt sie, die sich durch Reflektionen des alten Taeslers auszeichnen, durch Zitate aus den ursprünglichen Tagebüchern, die er von 1928 bis 1943 führte. Der Aufsatz des Herausgebers stellt die Aufzeichnungen in den weiteren Zeitzusammenhang.

Taesler entstammte einer bürgerlichen Familie, die in der Nähe von Berlin lebte, und wandte sich – trotz seines Engagements in der Jugendbewegung – bald dem Kommunismus zu. Er wanderte in Deutschland und Schweden, lernte Worpswede und dessen Künstler kennen und bildete sich auch selbst als Künstler. Während seines Architekturstudiums in Kassel, Frankfurt, Dessau und Berlin setzte er sich intensiv mit dem sozialen und politischen Elend der Großstädte der Weimarer Republik auseinander. Das Studium am Bauhaus und die Auseinandersetzung mit der zeitgenössischen Literatur trugen zu seiner ästhetischen Prägung bei. Massenarbeitslosigkeit und sozialistisches Engagement bewegten ihn, sich arbeitend für den Neuen Menschen in der Sowjetunion einzusetzen, wo er ab 1931 unter der Leitung des ehemaligen Frankfurter Stadtplaners Ernst May für den Wohnungsbau in den neuen Industriezentren des ersten Fünfjahresplanes tätig wurde. Das Erlebnis des unter Stalin praktizierten, bürokratischen Sozialismus und die demokratische Atmosphäre in Schweden, wohin er 1935 mit seiner aus Odessa stammenden Frau flüchtete, ließen ihn zum Sozialdemokraten werden. Hinzu kam, dass er gleichermaßen von der Gestapo und Agenten der Komintern verfolgt wurde. Der deutsche Nationalsozialismus mit seinen wachsenden Repressionen widersprach seinen Vorstellungen vom Zusammenleben solidarischer und freiheitsliebender Menschen, aber auch seinem eigenwilligen Naturell.

In seinen architektonischen Leistungen nahm er die Ideen des Neuen Bauens um die schwedische Gruppe *acceptera* um Sven Markelius auf. Sowohl hierin als auch in seinen expressionistischen Aquarellen und vor allem in Publikationen, die sich in seinen späten Jahren ökologischen Fragen des weichen Tourismus zuwandten, drückte sich Taeslers undogmatische sozialdemokratische Sicht auf den Menschen aus. Er wurde aus Überzeugung schwedischer Bürger. Er betrachtete die Gesellschaft Nachkriegsdeutschlands (BRD) sehr kritisch und zog sich zunehmend auch von Freunden aus der Jugendbewegung zurück. Kritische Vergleiche mit anderen, zeitgenössischen Architekten, die der Herausgeber anstellt, schließen die Analyse des bemerkenswerten Lebens und Werkes von Werner Taesler im 20. Jahrhundert ab. Der britische Historiker Eric Hobsbawm hat es zu Recht ein Zeitalter der Extreme genannt.

6.2   Werner Taesler: Refugee in Three Countries

Abstract

During the last ten years of his life, the German-Swedish architect Werner Taesler (1907-1994) assembled his memoirs, based on diary entries composed between 1928 and 1943. The title he chose was 'My Life in Crisis'. This edition with commentary consists of these memoirs, full of the reflections of Taesler in his old age, supplemented with quotations from the original diaries. A substantial Afterword by the editor situates the memoirs in a wider context.

Taesler came from a middle-class family living near Berlin but turned – in spite of his involvement in the German Youth Movement – at an early age to communism. He went on walking tours in Germany and Sweden, became acquainted with Worpswede and its artists' colony and trained as an artist. During his architecture studies in Kassel, Frankfurt, Dessau and Berlin he acquainted himself with the social and political misery of the big cities during the Weimar Republic. His studies at the Bauhaus and his engagement with contemporary literature contributed to his aesthetic formation. Mass unemployment and socialist activism encouraged him to work for the New Society in the Soviet Union. Here, under the direction of the former Frankfurt urban planner Ernst May, he was engaged in building accommodation in the new industrial centres as part of the first Five-Year Plan. His experience of socialist bureaucracy as practised under Stalin and the democratic atmosphere in Sweden, where he took refuge in 1935 with his wife, a native of Odessa, turned him into a social democrat. German national socialism with its growing repression not only contradicted his vision of the peaceful co-existence of mutually supportive and freedom-loving people but also his own nature. Persecuted by both the Gestapo and the Komintern, he emigrated to Sweden for good.

In his own architectural practice he picked up on the idea of the 'new architecture' put forward by the Swedish group '*acceptera*', led by Sven Markelius. Taesler's undogmatic social-democratic view of humankind expressed itself here, as well as in his expressionist water colours and above all in the publications towards the end of his life which were concerned with ecological questions and with sustainable tourism. He became a Swedish citizen out of conviction. He regarded post-war West-German society very critically and withdrew increasingly from friends who had been members of the German Youth Movement. The Afterword analyses the remarkable life and work of Werner Taesler and compares him critically with other contemporary architects. The British historian Eric Hobsbawm has rightly called the century through which Taesler lived an age of extremes.

6.3 Werner Taesler: Flykting i tre länder.

Sammanfattning

Den tysk-svenske arkitekten Werner Taesler (1907-1994) planerade att under rubriken „Brännpunkter i mitt liv" publicera de anteckningar han på basis av sina dagböcker hade påbörjat tio år före sin död. De kännetecknas av den gamle Taeslers reflektioner och utges nu i en genomarbetad edition, kompletterade med citat ur de ursprungliga dagböckerna under åren 1928–1943. Utgivarens inledning, kommentarer och fotnoter presenterar dessa anteckningar i ett större tidshistoriskt sammanhang.

Taesler var av borgerlig härkomst och hans familj bodde i närheten av Berlin. Även om han först hade engagerat i sig den tyska ungdomsrörelsen sökte han sig snart till kommunismen. Han vandrade genom Tyskland och Sverige, lärde känna Worpswede och dess konstnärskoloni och utbildade även sig själv som målare och tecknare. Under tiden som arkitektstuderande i Kassel, Dessau och Berlin befattade han sig intensivt med storstädernas sociala och politiska problem i Weimarrepublikens Tyskland. Studierna vid Bauhaus och hans kritiska anammande av tidens litteratur bidrog till hans estetiska fostran. Massarbetslöshet och socialistiskt engagemang gjorde att han ville aktivt arbeta för den Nya Människan i Sovjetunionen, eftersom den allt starkare tyska nationalsocialismen med dess växande repressioner inte alls motsvarade hans idéer om hur solidariska och frihetsälskande människor borde leva tillsammans och inte heller hans egensinniga naturell.

Från och med 1931 var han under ledning av Ernst May, tidigare ansvarig för stadsplanering i Frankfurt, verksam med att under tiden för den första femårsplanen planera och bygga bostäder i de nya industricentra. Men att uppleva hur den under Stalin praktiserade byråkratiska socialismen fungerade desillusionerade Werner Taesler och han flydde, på samma gång förföljd både av Gestapo och Kominterns agenter, 1935 med sin i Odessa-födda hustru till Sverige. Besvikelsen över den kommunistiska verkligheten i Sovjetunionen och den demokratiska atmosfären i Sverige ledde slutligen till att han blev socialdemokrat.

När det gällde hans verksamhet som arkitekt så tog han upp de nya idéer om byggande som präglade den svenska gruppen *"acceptera"* kring Sven Markelius. Såväl detta arbete som hans expressionistiska akvareller och framförallt hans publikationer som under hans senare år behandlade ekologiska frågor kring en hållbar turism, gav uttryck för Taeslers odogmatiska socialdemokratiska människosyn. Han blev svensk medborgare av övertygelse. Hans syn på det samhälle som växte fram i efterkrigets Tyskland (BRD) var kritisk och ledde till att han alltmera släppte kontakten även med vännerna ur ungdomsrörelsen. Kritiska jämförelser med andra samtida arkitekter, som utgivaren gör, avslutar denna analys av Werner Taeslers liv och gärning under 1900-talet som av den brittiske historikern Eric Hobsbawm med all rätt har kallats extremernas tidsålder.

7 Kurzbiographien von wichtigen Personen im Text[429]

Åhrén, Uno (1897-1977), Prof., Studium an der Königlich Technischen Hochschule Stockholm (KTH). Als schwedischer Architekt einflussreicher Vertreter des Modernismus und besonders engagiert bei der Ausstellung Stockholm 1930 und bei der Erstellung der Programmschrift von „*acceptera.*" 1929-1932 Redakteur von „Byggmästaren", Gutachter in staatlichen Kommissionen zum sozialen Wohnungsbau 1933-1947, danach tätig für Raum- und Regionalplanung. Seit 1963 Prof. für Städtebau an der KTH; vgl. Architektur im 20. Jahrhundert. Schweden. München, New York 1998, S. 393-394.

Albers, Josef (1888-1976), Maler, Kunsttheoretiker und –pädagoge, seit 1920 am Bauhaus Weimar, ab 1930 stellvertretender Direktor. Nach Schließung des Bauhauses emigrierte er 1933 in die USA und lehrte am Black Mountain College, Ashville in North Carolina, später an der Yale und an der Harvard University. Zu seinen Schülern zählte u.a. Robert Rauschenberg: https://www.bauhaus100.de/das-bauhaus/koepfe/meister-und-lehrende/josef-albers/ (15.11.18).

Asplund, Gunnar (1885-1940), Prof., Studium an der Königlich Technischen Hochschule in Stockholm (KTH). Führender schwedischer Architekt seiner Generation, der den schwedischen Klassizismus der 1920er Jahre anregte, „bahnbrechend für den Funktionalismus" und die Einleitung eines nuancierten Modernismus in den späten 1930er Jahren wirkte, auch als Mitglied der Gruppe *acceptera.* Seit 1931 Prof. für Architektur an der KTH; vgl. Architektur im 20. Jahrhundert. Schweden. München, New York 1998, S. 372.

Assmann, Hilde (1907-1989), 1928 der KPD beigetreten, war befreundet mit WT. Tochter des Kreisleiters des Reichsbanners Schwarz-Rot-Gold, Richard Assmann (1875-1933), der im Juni 1933 von der SA ermordet wurde. Sie war seit 1931 mit dem späteren SED-Politiker Alexander Abusch verbunden, den sie 1942 im mexikanischen Exil offiziell heiratete; vgl. Danzer, Doris: Zwischen Vertrauen und Verrat. Deutschsprachige kommunistische Intellektuelle und ihrer sozialen Beziehungen (1918-1960). Göttingen 2012, S. 145-146.

Bakunin, Michail A. (1814-1876), praktischer und theoretischer Revolutionär und Anarchist, der aus altem russischen Adel stammte, studierte Philosophie und war – bis zur Trennung – in engem Kontakt mit Karl Marx, dessen „Kommunistisches Manifest" er ins Russische übersetzte, sowie mit Alexander Herzen, Georg Herwegh und Pierre-Joseph Proudhon. Er nahm 1848 an den Aufständen in Paris und Prag sowie 1849 in Dresden teil und wurde längere Zeit in Russland inhaftiert.

Barbusse, Henri (1873-1935) war französischer Schriftsteller, Journalist, Kommunist (seit 1918 bzw. 1923) und Pazifist. Freund u.a. von Albert Einstein. Bereits 1918 in Moskau und Mitglied der Bolschewiki. 1935 in der Sowjetunion gestorben. Neben dem Antikriegsroman „Le Feu" (1916) erschien u.a. „150 Millionen bauen eine neue Welt." (Berlin 1930; französischer Originaltitel: Voici ce qu'on a fait de la Géorgie). Seine Stalin-Biographie (1936) stammt dagegen von Alfred Kurella (1895-1975), dem Komintern-Mitarbeiter und späteren SED-Kulturpolitiker.

Bartning, Hans (1908-1943, gefallen), Architekt und Oberbaurat. Verheiratet mit der Schwedin Gunilla Nettelbladt, geb. 1909; vgl. Bartning, Holzhausbau in Schweden, 1932, S. 52-60; Akte Hans Bartning im Generallandesarchiv Karlsruhe: Signatur 635-2 Nr. 388 (freundliche Information des GLA Karlsruhe).

Baumeister, Willi (1889-1955), Prof., Maler, Graphiker und Kunsttheoretiker, war Schüler von Adolf Hölzel und u.a. mit Oskar Schlemmer befreundet. Bekannt mit Fernand Leger, Franz Marc, Oskar Kokoschka, Paul Klee, Le Corbusier. Mitglied der Berliner „Novembergruppe" (1919) und „Cercle et Carré." (1930). 1927 bis 1933 an der Frankfurter Kunstgewerbeschule (später: Städelschule), bis seine Professur von den Nationalsozialisten kassiert wurde. Ablehnung einer Berufung ans Bauhaus Dessau (1929). Gestalter der Zeitschrift „Neues Frankfurt" ab 1930. Anstellung bei der Lackfabrik Herberts. Seit 1946 an der Stuttgarter Kunstakademie tätig; AKL, Bd. 7, 1993, S. 599-600.

Becher, Johannes R. (1891-1958), anfangs expressionistischer Dichter und Schriftsteller. Seit 1919 in der KPD, ab 1933 in der Sowjetunion und dort wegen „trotzkistischer Schwankungen" kritisiert. In der DDR 1953-1956 Präsident der Deutschen Akademie der Künste, 1954-1958 erster Minister für Kultur. Wegen Kritik ab 1957 ohne politischen Einfluss: http://www.bundesstiftung-aufarbeitung. de/wer-war-wer-in-der-ddr-%2363%3B-1424.html?ID=161 (16.11.18).

Behrn, Johan (1870-1960), Unternehmer und Grundstücksbesitzer, kaufte 1907 sein erstes Grundstück in Örebro; vgl. Website der heutigen Immobilienfirma Esswege, die in Örebro und Umgebung ca. 110 Immobilien besitzt: http://www.esswege.se/ omesswege/historik.4.262d1caa12b0fa7e12c80005522.html (16.11.18).

Bellman, Carl Michael (1740-1795) gilt als der berühmteste Liederdichter Schwedens, Komponist und talentierter Schöpfer von Gelegenheitswerken.

Bendixon, Stig (ohne Daten), Notar in Stockholm, Philanthrop und nach Matilda Widegrens Tod Leiter des Internationalen Foyers (bis 1942), das sich der Flüchtlingsbetreuung widmete; vgl. das freundliche Porträt bei Peters, Exilland Schweden, 1984, S. 90.

Bernoulli, Hans (1876-1959), Prof., Schweizer Architekt aus alter Basler Familie, studierte in München und Karlsruhe Architektur. Seit 1901 in Berlin, wo er als

Architekt mit der deutschen Gartenstadtbewegung in Kontakt kam. Ab 1912 in Basel für den sozialen Wohnungsbau, 1912-1939 an der ETH Zürich auch als Dozent und Prof. tätig, wo er aus politischen Gründen (wegen satirischer Gedichte) entlassen wurde. Er forderte die Kommunalisierung des Bodens. Nach 1945 war er als Stadtplaner u.a. für Warschau aktiv.

Bertik/Bertig, (?), russischer Ingenieur, war in der Gruppe May am Generalbebauungsplan für Groß-Moskau 1931-1932 (nicht realisiert) beteiligt: http://ernst-may-gesellschaft. de/ernst-may/werkuebersicht/sowjetunion-1930-1933.html (16.11.18).

Böse, Otto, deutscher Bauleiter in der Sowjetunion um 1930.

Brink, Nils Gustav (geb. 1912 in Stockholm; gest. 1983 in Sydney, Australien), schwedischer Architekt. Nach Abschluss seines Studiums an der Königlich Technischen Hochschule Stockholm 1936 betrieb Brink ein eigenes Architektenbüro und war u.a. 1949-1955 Vorsitzender der Swedish Architects Association. Er plante Privathäuser, Schulen und Krankenhäuser u.a. in Karlskoga, Örebro, Falköping.

Bucharin, Nikolai (1888-1938; hingerichtet), russischer Revolutionär, bolschewistischer Politiker und Theoretiker. Bekannt mit Lenin und Trotzki. Nach der Oktoberrevolution war er Herausgeber der „Prawda", von 1926 bis 1929 Generalsekretär des Exekutivkommitees der Komintern [EKKI]. Als Vertreter der Neuen Ökonomischen Politik geriet er in Auseinandersetzungen mit Stalin über die Kollektivierung. Er wurde 1929 aus dem Politbüro ausgeschlossen. Bucharin wurde 1937 verhaftet und nach einem Schauprozess 1937 erschossen; s.a. „Liebling der Partei", 1989.

Cleve, Astrid (1875-1968), schwedische Botanikerin und Chemikerin, die als erste Frau in Schweden in Naturwissenschaften promovierte. Sie war eine Zeitlang mit dem Chemiker Hans von Euler-Chelpin (1873-1964; Nobelpreis 1929) verheiratet, der nach 1933 als führender Vertreter der pronazistischen Riksföreningen Sverige-Tyskland (1937-1958), die nationalsozialistische Politik unterstützte; Mitteilung von H. Müssener.

Delavilla, Franz Karl (1884-1967), Prof., österreichisch-deutscher Graphiker, Designer und Bühnenbildner, war Mitglied der Dresdner Sezession 1919. Er leitete die Frankfurter Städelschule als Professor und war als Bühnenbildner Wegbereiter des „Frankfurter Expressionismus." 1936 gestaltete er mit einer Klasse das Olympische Dorf in Berlin.

Dietrich, Marlene (1901-1992), Filmschauspielerin, Sängerin und Hauptdarstellerin u.a. in dem Film „Der blaue Engel", der 1929 in Berlin von Josef von Sternberg bei der UFA gedreht und 1930 uraufgeführt wurde. Kurz darauf verließ Dietrich Deutschland in Richtung USA, wo sie 1939 die amerikanische Staatsbürgerschaft erhielt. Im Zweiten Weltkrieg engagierte sie sich in der amerikanischen Truppenbetreuung.

Dix, Otto (1891-1969), Prof., sozialkritischer Graphiker und Maler der Neuen Sachlichkeit. Soldat im Ersten Weltkrieg. Er war Mitglied der Dada-Bewegung, 1927-1933 Prof. an der Kunstakademie Dresden. Er zog sich – wegen „entarteter Kunst" entlassen – in die innere Emigration zurück.

Dschingis Khan (1167-1227) war der gefürchtete mongolische Eroberer und erste Großkhan der Mongolen.

Dymke, Lonny (auch Dühmke, Tonny), Erzieherin und Freundin von WT; keine Details erhältlich.

Ebert, Friedrich (1871-1925), SPD-Politiker, war nach Ausrufung der Republik der Vorsitzende der Volksbeauftragten und von 1919 bis 1925 erster Reichspräsident.

Eckert, (?), um 1934 „Führer" der Gruppe deutscher Kommunisten in der Sowjetunion. Keine weiteren Details erhältlich.

Ehrenburg, Ilja (1891-1967), produktiver russisch-jüdischer Schriftsteller, Journalist und Propagandist, der mit N. Bucharin und vielen Intellektuellen in Paris befreundet war; vgl. Janssen, Karl-Heinz: Im Kampf mit sich selbst. „Ilja Ehrenburg und die Deutschen." In: ZEIT-Online, Nr. 51, 1997: http://www.zeit.de/1997/51/Im_ Kampf_mit_sich/komplettansicht (16.11.18).

Ende, Hans am (1864-1918), Maler und Bildhauer, Bekanntschaft mit Modersohn und Mitbegründer der Künstlerkolonie Worpswede (seit 1889); AKL, Bd. 3, 1992, S. 41.

Epe, Heinz, alias Walter Held (geb. 1910 in Remscheid; 1942 erschossen in Moskau), kommunistischer Journalist und ab etwa 1932 enger Mitarbeiter von Leo Trotzki. Zeitweise Zusammenarbeit mit Willi Brandt. Heftiger Kritiker der Verfolgung deutscher Kommunisten in der Sowjetunion während der Stalinschen Säuberungen: https://www.bundesstiftung-aufarbeitung.de/wer-war-wer-in-der-ddr-%2363%3b-1424.html?ID=4250 (16.11.18).

Feininger, Lyonel (1871-1956), deutsch-amerikanischer Maler und Graphiker. Seit 1909 Mitglied der Berliner Secession. Bekanntschaften mit Henri Matisse (1906), den Malern der „Brücke" (1912), des „Blauen Reiters" (1913) und der „Novembergruppe" um Max Pechstein (1918). 1919 von Gropius als Leiter der graphischen Werkstätten ans Bauhaus berufen. 1937 emigrierte er in die USA (New York): https://www.bauhaus100.de/das-bauhaus/koepfe/meister-und-lehrende/lyonel-feininger/ (16.11.18).

Flök, Sune (1888-1970), schwedischer Architekt. 1925-1958 maßgeblich im Architektenkontor des Kooperativa Förbundets im Sinne funktionalistischen Bauens – wie auch Eskil Sundahl – tätig.

Forbat, Fred (eigentlich Alfred Füchsl; geb. 1897 in Pecs, Ungarn, gest. 1972 in Stockholm), international tätiger Architekt, Stadtplaner, Graphiker. Er studierte Architektur in Budapest und wurde ein Pionier der funktionalistischen Architektur. 1920-1922 im Büro von Walter Gropius in Weimar, danach als Architekt für den Sommerfeld-Konzern bis 1928. Eigenes Architektenbüro in Berlin; 1929-1931 Lehrer für Städtebau an der Ittenschule Berlin. 1932-1933 mit Ernst May in der Sowjetunion, 1933-38 als Architekt in Pecs. 1938 Emigration nach Schweden (Lund und Stockholm als Stadtplaner), Mitarbeit im CIAM. Er erhielt zahlreiche Ehrungen in Schweden und Deutschland nach dem Zweiten Weltkrieg; AKL, Bd. 42, 2004, S. 246-249.

Froloff/Frolov, (?), russischer Mitarbeiter in der Gruppe May und beteiligt am Generalbebauungsplan für Groß-Moskau 1931-1932 (nicht realisiert): http://ernst-may-gesellschaft.de/ernst-may/werkuebersicht/sowjetunion-1930-1933.html (16.11.18). Keine biographischen Daten erhältlich.

Gahn, Wolter Barclay (1890-1985), Prof., schwedischer Architekt. Nach dem Studium an der Königl. Technischen Hochschule Stockholm (KTH) Studienreisen in Deutschland, Frankreich, Italien, Spanien. Assistent als Architekt bei Prof. Lallerstedt und an der KTH 1921-1926. Mitverfasser der Programmschrift *acceptera* der schwedischen Funktionalisten (Stockholm 1931). Redakteur von „Byggmästaren" 1925-1928. Prof. für Architektur an der Königlichen Kunsthochschule Stockholm 1935-1938.

Gantner, Joseph Dr. (1896-1988), Prof., Schweizer Kunsthistoriker und Schüler von Heinrich Wölfflin, lehrte von 1927 bis 1932 an der Kunstgewerbeschule Frankfurt/ Main. Er gab „Das Werk" sowie „Das Neue Frankfurt" heraus. 1933 ging er wegen seiner jüdischen Frau zurück in die Schweiz. Er wirkte ab 1938 als Prof. für Kunstgeschichte an der Universität Basel, zeitweise auch als deren Rektor.

Gasparian, (?), sowjetischer Verwaltungsdirektor und vermutlich politischer Kommissar in der „Brigade May"; Huber, Die Stadt des Neuen Bauens, 1993, S. 44/45. Keine weiteren Angaben erhältlich.

Ginsburg, Moisej (1892-1946), Prof., aus Weißrussland stammender Architekt. Theoretiker und Praktiker des sowjetischen Konstruktivismus. Ausbildung in Mailand und Riga. Er gründete zusammen mit Alexander Wesnin die Gruppe OSA (Organisation of Contemporary Architects), konzipierte als sozialistischer Architekt u.a. das Narkomfin-Kommune-Gebäude in Moskau (1929) und machte avantgardistische Planungen für die grüne Stadt. Er wurde jedoch ab 1932 ins

Abseits gedrängt; vgl. Dukhan, Igor: Typology and ideology: Moisei Ginzburg revisited [2013/2017; mit Abbildungen]: https://thecharnelhouse.org/2017/06/24/typology-and-ideology-moisei-ginzburg-revisited/(16.11.18).

Gorki, Maxim (1868-1936), Autodidakt, war ein russischer revolutionärer Schriftsteller (u.a. „Die Mutter"), der – auch in Auseinandersetzung mit Lenin – zuletzt den sowjetischen Staat unterstützte. Seine Geburtsstadt Nischni Nowgorod wurde 1932 in „Gorki" umbenannt.

Grabar, Igor (geb. 1871 in Budapest; gest. 1960 in Moskau), Prof., post-impressionistischer Maler und Historiker. Er war seit 1913 Direktor der Tretjakow-Galerie in Moskau und lehrte unbeschadet der Politik als Professor für Kunstrestaurierung in Moskau. 1943 machte er präzise Vorschläge, wo und wie die Sowjetunion durch Beutekunstwerke entschädigt werden konnte. Sein Hauptwerk ist die „Geschichte der russischen Kunst."

Gropius, Walter (1883-1969), Prof., Architekt und Gründer des Bauhauses. Seit 1908 im Architekturbüro von Peter Behrens, in dem u.a. auch Ludwig Mies van der Rohe und Le Corbusier tätig waren. Ab 1910 selbständig und Mitglied des Deutschen Werkbundes. Mit dem Fagus-Bau, Stahl- und Glasgebäude in Alfeld 1911, begann die Ära des „Neuen Bauens" bzw. der „Neuen Sachlichkeit. Seit 1919, auf Vorschlag von Henry van de Velde, war er Direktor des Bauhauses in Weimar, ab 1926 in Dessau. Ab 1926 Beschäftigung mit Massenwohnbau, u.a. im Projekt „Neues Frankfurt" und Siemensstadt in Berlin. 1934 Emigration nach England, später in die USA, wo er die Gruppe „The Architects Collaborative, Inc." gründete: https://www.bauhaus100.de/das-bauhaus/koepfe/direktoren/walter-gropius/ (16.11.18).

Grosz, George (1893-1959), zeitkritischer Maler und Zeichner. Studium an der Kunstgewerbeschule in Berlin. Als Soldat im Ersten Weltkrieg wurde er Pazifist und schloss sich der KPD an. Bekannt u.a. mit Otto Dix, gehörte er auch zur Dada-Bewegung. Mit John Heartfield arbeitete er u.a. für die Zeitschrift „Die Pleite." Er besuchte in den 1920er Jahren auch die Sowjetunion. 1933 ging er in die USA und wurde 1938 amerikanischer Staatsbürger. Er lehrte u.a. an der Columbia University New York. 1959 kehrte er nach Berlin zurück: http://www.theartstory.org/artist-grosz-george.htm (16.11.18).

Gutschow, Konstanty (1902-1978), Prof., Architekt mit Ausbildung an der Technischen Hochschule Stuttgart u.a. unter Paul Bonatz. SA-Mitglied und seit 1937 NSDAP-Mitglied wurde er im gleichen Jahr „Architekt des Elbufers" in Hamburg und erstellte im Auftrag Hitlers Generalbebauungspläne für die „Führerstadt" Hamburg. Seit 1943 leitendes Mitglied in Speers „Arbeitsstab für den Wiederaufbau bombenzerstörter Städte." Seit 1949 an Wiederaufbauplanungen für Hannover und Düsseldorf beteiligt; vgl. Necker, Konstanty Gutschow 1902-1978, 2012.

Hämer, Walter Heinrich Chr. (1899-1974), Prof., Architektenausbildung in Münster, Dortmund und Düsseldorf. Ab 1923 Tätigkeit als Architekt in Berlin, 1931-1933 als Konsultant im Komitee für Standardisierung in Moskau. Danach bei der Deutschen Reichspost und bei Wilhelm Kreis, Prof. und Architekt, tätig. Kriegsdienst 1939-1945. Anschließend städtischer Architekt in Berlin und Lünen. 1949-1950 Prof, für Gebäudelehre an der Hochschule in Weimar. Danach als Planer in Münster und Hannover. 1953-19734 als freier Architekt in Hannover; vgl. Hämer, Tagebücher der Russlandjahre, 2010, S. 252; https://fra.archinform. net/arch/2734.htm (16.11.18).

Haesler, Otto (1880-1962), Architekt und Vertreter des Neuen Bauens. Verfechter des sozialen Wohnungsbaus und bekannt u.a. mit Bruno Taut. Ab 1925 Mitglied im Deutschen Werkbund und ab 1926 in der Architektenvereinigung „Der Ring." Mehrfach ausgezeichneter Architekt. 1940/1941 stellvertretender Stadtbaurat in Lodz/Litzmannstadt. Nach 1945 in der DDR, wo er 1951 Mitglied der Deutschen Bauakademie wurde und sich für Typisierung und Normierung im Bauwesen engagierte; Barth und Hellberg, Otto Haesler und der Städtebau der DDR in den fünfziger Jahren, 1993, S. 43-51; AKL, Bd. 67, 2010, S. 326-327.

Hammar, Gillis (1887-1981), Rektor der Volkshochschule für Arbeiterjugend und einer der Hauptakteure der Stockholmer Flüchtlingshilfe – neben Notar Stig Bendixon und Matilda Widegren, die 1935 in Bendixons Haus ein klubähnliches „Internationales Foyer" begründeten. Die Schriftstellerin und Pazifistin Mia Leche Löfgren (1878-1966) engagierte sich für Spenden zugunsten des Hilfskomitees für Intellektuelle; Peters, Exilland Schweden, 1984, S. 79-87, 90-95.

Harlan, Peter (1898-1966), Multiinstrumentalist und Instrumentenbauer z. T. auf Burg Sternberg; Bruder des NS-Filmregisseurs Veit Harlan.

Hassenpflug, Gustav (1907-1977), Prof., Architekt und Hochschullehrer. Er studierte am Bauhaus und arbeitete danach bei Marcel Breuer, Fred Forbat und Walter Gropius in Berlin. Danach ging er mit Ernst May bis 1933 in die Sowjetunion und war dann als freier Architekt in Deutschland tätig. 1945 engagierte er sich bei der Wiederinstandsetzung der Charité in Berlin. Ab 1946 war er als Hochschullehrer in Weimar, Hamburg und Hannover aktiv.

Heartfield, John/Helmut Herzfeld (1891-1968), Bruder von Wieland Herzfeld(e), war Maler, Graphiker und Fotomontagekünstler; Mitglied der Dada-Bewegung. KPD-Anhänger. Er arbeitete u.a. mit George Grosz, Kurt Tucholsky und Erwin Piscator zusammen. 1931/32 besuchte er die Sowjetunion. Heartfield lebte ab 1933 im

Exil, seit 1950 in der DDR: http://www.heartfield.de/john-heartfield-1891-1968/ (16.11.18).

Hebebrand, Werner (1899-1966), Prof., deutscher Architekt und Stadtplaner. 1925-1929 Mitarbeiter Mays für das Neue Frankfurt. Befreundet u.a. mit El Lissitzky. Er ging 1930 mit May in die Sowjetunion und blieb dort bis zur Verhaftung und Ausweisung 1937. Danach im Architektenbüro Herbert Rimpl und 1944 im Arbeitsstab Albert Speers für den Wiederaufbau der Städte. Nach 1945 war er kurz freier Architekt, dann Leiter des Frankfurter Stadtplanungsamtes, Prof. an der TH Hannover und 1952-1964 Oberbaudirektor in Hamburg: http://daten.digitale-sammlungen.de/~db/ausgaben/ zweiseitenansicht.html?id=00016409&seite=181&image=bsb00016409_00181. jpg&fip=193.174.98.30 (16.11.18).

Hedin, Sven (1865-1952), viel gelesener und hoch geehrter, schwedischer Geograph und Reiseschriftsteller, der große Teile Zentralasiens auf Expeditionen erforschte. Mitglied der Schwedischen Akademie. Er äußerte sich gegen Bolschewismus und für den Nationalsozialismus. Nach 1945 wurde Hedin, ein Bewunderer Kaiser Wilhelms II. und Adolf Hitlers, in Schweden stark kritisiert; vgl. SPIEGEL-Online, 22.01.1949: http://www.spiegel.de/spiegel/print/d-44435379.html (16.11.18).

Heinig, Kurt (geb. 1886 in Leipzig; gest. 1956 in Stockholm), Lithograph, Publizist und sozialdemokratischer Politiker. 1927-1933 Mitglied der SPD-Fraktion im Deutschen Reichstag und Finanzexperte. Er flüchtete über Dänemark 1940 nach Schweden und wurde 1941 von Deutschland ausgebürgert. Heinig gehörte der SoPaDe, dem Vorstand der SPD im Ausland, während des Nationalsozialismus an. 1945 gründete er in Stockholm die „Deutsche Vereinigung von 1945" zur Verbesserung des Verhältnisses Deutschland-Schweden.

Heumann, Benny (1907-2000), deutscher Architekt. In Genf geboren, erlebte er noch Lenin und hielt sich 1920/1921 und 1933-1954 in der Sowjetunion auf. Er kämpfte im Krieg auf Seiten der Sowjetunion. Danach arbeitete er – wie Gerhard Kosel – als Architekt in hohen Funktionen in der DDR-Bauverwaltung; vgl. Molnár, Building the State, 2013, S. 59-60, 67; Heumann, Benny Heumann, 1997. Auszüge betr. Jugendzeit: http://www.trafoberlin.de/3-89626-081-2.html (08.11.18)].

Ilf, Ilja (1897-1937), eigentlich I.A. Faynzilberg. Sowjetischer Journalist. Zusammen mit Jewgenij Petrow (1903-1942) verfasste er in den 1920er und 1930er Jahren u.a. die beiden bekannten satirischen Romane „Zwölf Stühle" (1928) und „Das goldene Kalb" (1931).

Jöbchen, (geb. um 1902), enger Freund von WT. Fernmeldetechniker aus dem Rheinland und ehemaliger Teilnehmer eines Priesterseminars. Weitere Identifikation nicht möglich.

Kästner, Erich (1899-1974), erfolgreicher deutscher Schriftsteller und Kabarett-Texter, von dem u.a. das zeitkritische Gedicht „Jahrgang 1899." (1928 im Band „Herz auf Taille") und „Emil und die Detektive" (1929) stammen. Seine Werke wurden 1933 verbrannt und er selbst mehrfach inhaftiert: https://www.hdg.de/lemo/biografie/erich-kaestner.html (16.11.18).

Kaganowitsch, Lasar M. (1893-1991), hoher sowjetischer Politiker und enger Vertrauter Stalins, der aus der Ukraine stammte. Er war zeitweise Sekretär des ZK, ab 1930 Mitglied des Politbüros und u.a. Verkehrsminister. Er stellte sich gegen die Neue Ökonomische Politik, förderte mit Härte die Zwangskollektivierung und Eliminierung der Kulaken besonders während der Hungersnot 1932. Nach Stalins Tod 1953 wurde er von Chruchtschow entmachtet.

Kahle, (?), Dr., Rektor des Gymnasiums in Strausberg bei Berlin. Keine Details erhältlich.

Kahn, Albert (1869-1942), amerikanischer Architekt, bekannt als „Architekt von Detroit." Die von ihm und weiteren Teilhabern 1895/1896 gegründete Firma Albert Kahn Associates entwickelte eine neue industrielle Bauweise mit verstärktem Beton. Die Firma erhielt 1928 einen Vertrag im Volumen von 40 Millionen US-Dollar von der sowjetischen Regierung zum Bau eines Traktorenwerkes, bildete darüber hinaus im Rahmen des Fünfjahresplanes russische Architekten und Techniker aus und errichtete eine Vielzahl von Fabriken. In den USA plante die Firma bis 1939 19 % aller Industriegebäude; Melnikova-Raich, The Soviet Problem with Two „Unknowns", 2010, S. 57-80.

Kandinsky, Wassily (1866-1944), Schüler von Franz von Stuck. Expressionistischer, später abstrakter russischer Maler, Graphiker und Kunsttheoretiker, der auch in Deutschland und Frankreich lebte. Mit Franz Marc Begründer der Gemeinschaft „Der Blaue Reiter" (1911). 1922 nahm er den Ruf von Walter Gropius ans Bauhaus in Weimar an. Bekannt mit Paul Klee, Lyonel Feininger und Alexeij von Jawlensky. Nach 1933 war er in Paris: https://www.bauhaus100.de/das-bauhaus/koepfe/meister-und-lehrende/wassily-kandinsky/ (16.11.18).

Kirow, Sergej (1886-1934; ermordet), hochrangiger Mitarbeiter Stalins, u.a. Erster Sekretär der Leningrader Parteiorganisation (seit 1926) und Politbüromitglied (seit 1930) und starker Befürworter der Zwangskollektivierung. Er wurde am 01.12.1934 von einem Attentäter in Leningrad erschossen. Die Verwicklung Stalins in den Mord blieb bisher unbewiesen. Das Attentat hatte umfangreiche Verfolgungen von politischen Gegnern Stalins und Unschuldiger zur Folge; vgl. Fitzpatrick, Everyday Stalinism, 1999, S. 7, 124.

Klatt, Fritz (1888-1945), jugendbewegter Reformpädagoge, Schriftsteller und Zeichner, der seit 1921 am Volkshochschulheim Prerow/Darß, ab 1930 an der

Pädagogischen Akademie zu Hamburg wirkte und Berater von Kultusminister Carl Heinrich Becker war. Er engagierte sich für Freizeitpädagogik und gab 1930 bis 1933 mit Paul Tillich und Eduard Heimann die „Neuen Blätter für den Sozialismus" heraus: http://www.deutsche-biographie.de/pnd116205938.html (16.11.18).

Klee, Paul (1879-1940), Prof., deutscher Maler und Graphiker mit expressionistischen bis surrealistischen Werken sowie Verfasser von kunsttheoretischen Arbeiten. Befreundet u.a. mit Kandinsky („Blauer Reiter") und wie dieser seit 1920 als Lehrer am Bauhaus, seit 1931 als Professor an der Kunstakademie Düsseldorf. Nach 1933 entlassen, ging Klee nach Bern: https://www.bauhaus100.de/das-bauhaus/koepfe/meister-und-lehrende/wassily-kandinsky/ (16.11.18).

Kollwitz, Käthe (1867-1945), Malerin, Graphikerin und Bildhauerin, die vom Expressionismus und Realismus beeinflusst war. Mitglied der Berliner Secession. Sozialistin und Pazifistin, deren Kunst ab 1933 als „entartet" verfemt wurde.

Korn, Alfred (1891-1978), sozialistischer Architekt, Mitglied eines Kollektivs für sozialistisches Bauen in Berlin und Vertreter des Neuen Bauens (November-Gruppe und seit 1928 im CIAM); vgl. Zeese, Arthur Korn und das Kollektiv für sozialistisches Bauen, 2015, S. 48-49; Gegidze u.a., Moskau – Berlin – London, 2012, S. 30-31: http://www.archplus.net/home/archiv/artikel/46,3923,1,0.html (16.11.18).

Kosel, Gerhard (1909-2003), deutscher Architekt. Er studierte an der TH München und TH Berlin (bei Bruno Taut und Hans Poelzig), wo er Mitglied des Roten Studentenclubs und Mitglied der KPD wurde. 1932-1954 als Architekt und Planer in der Sowjetunion (u.a. in Magnitogorsk). 1938 wurde ihm die deutsche Staatsangehörigkeit aberkannt und er auf die Gestapo-Sonderfahndungsliste gesetzt. Ab 1954 in der DDR als führender Architekt und Planer des rationellen Bauens (Berlin-Mitte mit Fernsehturm) tätig mit vielen Auszeichnungen: 1958-1967 Mitglied des ZK der SED, 1961 Nachfolger von Kurt Liebknecht als Präsident der Bauakademie, 1967-1972 stellvertret. Minister für Bauwesen; https://www.bundesstiftung-aufarbeitung.de/wer-war-wer-in-der-ddr-%2363%3b-1424.html?ID=1857 (16.11.18).

Lagerlöf, Selma (1858-1940), eine der bekanntesten Schriftstellerinnen Schwedens, erhielt 1909 den Literaturnobelpreis, war in der Frauenbewegung aktiv und engagierte sich seit 1933 im Komitee zur Rettung jüdischer Flüchtlinge aus Deutschland (u.a. für die Lyrikerin Nelly Sachs): http://www.nobelprize.org/nobel_prizes/literature/laureates/1909/lagerlof-bio.html (16.11.18).

Lamartine, Alfonse de (1790-1869), romantischer französischer Lyriker und Politiker, der u.a. mit Victor Hugo bekannt war.

Last, Jef, Josephus Carel Franciscus (1898-1972), holländischer sozialistischer Dichter und Schriftsteller, der 1936 zusammen mit dem französischen Schriftsteller André Gide (1869-1951) die Sowjetunion bereiste und dies kritisch reflektierte. Anschließend nahm er in den Internationalen Brigaden am Spanischen Bürgerkrieg teil: https://socialhistory.org/bwsa/biografie/last (16.11.18).

Laszlo, Laslo (1902-1940; Pseudonyme: Richard Lengyel, A. Rudolf, L. Charles), ungarischer Kommunist und Schriftsteller. Er besuchte 1931 erstmals die Sowjetunion und berichtete bis 1933 begeistert darüber. Danach, insbesondere nach der Ermordung von Sergei Kirow und den folgenden Repressionen verstärkte er seine Kritik an den Zuständen und verließ die Sowjetunion. Die Diffamierungskampagne der Komintern führte 1937 zu Flucht und Internierung in Frankreich, wo er 1940 unter ungeklärten Umständen starb.

Leche Löfgren, Mia (1878-1966), schwedische Schriftstellerin und Pazifistin, Tochter des Zoologen Prof. Wilhelm Leche. Sie engagierte sich in der Friedensbewegung und in der Flüchtlingshilfe und wurde dafür in Schweden ausgezeichnet.

Le Corbusier (Charles Jeanneret; 1887-1965), avantgardistischer schweizerisch-französischer Architekt, Stadtplaner und Künstler. Er war u.a. Mitbegründer von CIAM, den internationalen Architektenkongressen, und Kosmopolitiker, der aber im Zweiten Weltkrieg mit der Vichy-Regierung verbunden war. Sein Werk, das sich in Europa, Asien und Amerika findet, ist UNESCO-Kulturerbe.

Legel, Hermann, Bäckergeselle und Freund von WT.

Lehmann, Karl/Carl, Verkehrsingenieur. Er war als Ingenieur an den General-bebauungsplänen der Gruppe May für Magnitogorsk (1931-1933) und Groß-Moskau (1931-1932; nicht realisiert) beteiligt: http://ernst-may-gesellschaft.de/ ernst-may/werkuebersicht/sowjetunion-1930-1933.html (17.11.18).

Leistikow, Hans (1892-1962), Graphiker mit Ausbildung an der Kunstakademie Breslau. Mit Ernst May, für den er ab 1925 am Projekt Neues Frankfurt arbeitete, ab 1930 in der Sowjetunion, wo er u.a. am Generalbebauungsplan 1931-1933 für Magnitogorsk beteiligt war. Zusammen mit seiner Schwester Grete Leistikow 1937 ausgewiesen und dann in Deutschland tätig. Mitbegründer der „Kasseler Schule": https://www.kultur-frankfurt.de/portal/de/ Design/Personen/589/1675/28593/mod864-details1/104.aspx; http://ernst-may-gesellschaft.de/ernst-may/werkuebersicht/sowjetunion-1930-1933.html (18.11.18).

Lenau, Nikolaus; eigentlich Nikolaus Franz Niembsch Edler von Strehlenau (1802-1850) war ein österreichischer Dichter der Spätromantik. Sein Aufbruch in die neue Welt Nordamerikas, 1832/1933, enttäuschte ihn wegen des dortigen Materialismus.

Lenné, Carl von (1707-1778), bedeutender schwedischer Naturforscher. Als Mitbegründer der Schwedischen Akademie der Wissenschaft war er deren erster Präsident sowie Professor und Rektor der Universität Uppsala. Er ist u.a. Schöpfer der historisch-wissenschaftlichen Nomenklatur in Botanik und Zoologie.

Lersch, Heinrich (1889-1936), deutscher Arbeiterdichter und Autodidakt, der anfangs Links-Katholik war und sich dann dem Nationalsozialismus zuwandte: https://www.deutsche-biographie.de/sfz50548.html#ndbcontent_portraits (18.11.18).

Liebknecht, Karl (1871-1919; ermordet), Rechtsanwalt und sozialistischer Politiker, der 1916 mit Rosa Luxemburg an die Spitze der marxistischen Spartakusgruppe trat und am 09.11.1918 die freie sozialistische Republik ausrief.

Liebknecht, Kurt (1905-1994), Prof., Architekt, Neffe von Karl Liebknecht. Er studierte Architektur an der TH Berlin bei Hans Poelzig und blieb unter Ernst May 1931-1948 trotz Verfolgung in der Sowjetunion. Liebknecht ging 1948 in die DDR und machte dort Karriere (u.a. Präsident der Deutschen Bauakademie); vgl. Molnár, Building the State, 2013, 59-60.

Lissitzky, Lazar M./El Lissitzky (1890-1941), Prof., avantgardistischer Grafiker, Maler, Architekt, in Russland geboren. Er studierte in Darmstadt und organisierte u.a. 1922 die Erste Russische Kunstausstellung Berlin mit. Lissitzky förderte „Proun", ein Projekt für die Behauptung des Neuen. Er propagierte zwischen 1919 und 1923 den Suprematismus (im Gegensatz zum Konstruktivismus) von Kasimir Malewitsch auch in Westeuropa und schlug eine intellektuelle Brücke zum Bauhaus: http://www.yivoencyclopedia.org/article.aspx/Lissitzky_El (18.11.18).

Lunatscharski, Anatoli (1875-1933), russisch-sowjetischer Politiker, Philosoph und Schriftsteller, war von 1917 bis 1929 Volkskommissar für Bildungswesen der Sowjetunion; vgl. Die Weltpartei aus Moskau. Der Gründungskongress der Kommunistischen Internationale 1919, 2008, S. 356-357.

Luxemburg, Rosa (geb. 1871 in Russisch-Polen, 1919 in Berlin ermordet), nach Studium der Rechts- und Geisteswissenschaften war sie sozialistische Politikerin und nach dem Ersten Weltkrieg Mitherausgeberin der Zeitschrift „Rote Fahne" tätig. 1918/1919 verfasste sie das Programm der von ihr mitbegründeten KPD: https://www.dhm.de/lemo/biografie/rosa-luxemburg (18.11.18).

Majakowskij, Wladimir (1893-1930; Selbstmord), russischer Dichter und Künstler der Futuristen-Bewegung. Er unterstützte die Bolschewiki im Bürgerkrieg u.a. durch Poster und war ein Anhänger Lenins, wandte sich aber gegen den aufkommenden Sozialistischen Realismus.

Malewitsch, Kasimir (1878-1935), Prof., avantgardistischer Maler aus Kiew, der als Hauptvertreter der philosophisch orientierten Suprematismus-Bewegung Einfluss nahm, mit El Lissitzky befreundet war und den Austausch mit der deutschen

Kunstszene (Bauhaus, Große Berliner Kunstausstellung von 1927) betrieb. Er lehrte auch in Witebsk und St. Petersburg; vgl. Milner, Kazimir Malevich, 2017, S. 149-179 (mit Abbildungen).

Marc, Franz (1880-1916, gefallen), nach Studium der Theologie und Philosophie wurde er zum einflussreichen deutschen Maler und Graphiker des Expressionismus, der mit Wassily Kandinsky zu den Mitbegründern der Gemeinschaft „Der Blaue Reiter" (1911) gehörte; http://www.franzmarc.org/biography.jsp (19.11.18).

Markelius, Sven (1889-1972), schwedischer Architekt. Nach Studium an der Königlich Technischen Hochschule in Stockholm (KTH) hatte er seit 1920 sein eigenes Büro, traf am Bauhaus Dessau u.a. Walter Gropius und nahm 1928 erstmals am CIAM teil, wo er die Vertreter der modernen Architektur kennenlernte (Le Corbusier u.a.). Seit Ende der 1920er Jahre war er einer der bedeutendsten Vertreter des schwedischen Funktionalismus und Mitglied der Gruppe *acceptera*. 1944-1954 als Leiter des Stockholmer Stadtplanungsbüros u.a. mit der Schaffung von Hötorgcity (5 aufgereihte Hochhausbauten in Stockholm) befasst; AKL, Bd. 87, 2015, S. 254; Architektur im 20. Jahrhundert. Schweden, 1998, S. 385-386.

Markelius, Viola/Wahlstedt, Viola (1901-1992), schwedische Kinderbuchautorin (auch unter dem Pseudonym Iva Vidskog), Ehefrau von Sven Markelius, seit 1938 getrennt.

Mattson, (?), Direktor der Limonadenfabrik Fructus. Gegründet 1919 in Stockholm, jetzt Teil von Carlsberg.

May, Ernst (1886-1970), Architekt und Stadtplaner in Deutschland und in der Sowjetunion. Theoretiker und Praktiker des (sozialen) Neuen Bauens von großen, vorgefertigten Wohnanlagen, insbesondere in Frankfurt/Main (1925-1930); gründete 1925 die Zeitschrift „Das Neue Frankfurt", 1925-1930 Mitglied in „Der Ring", 1928 zusammen mit Le Corbusier und Walter Gropius „CIAM" (Congrès International d'Architecture Moderne). 1930-1934 leitender Stadtplaner in der Sowjetunion, 1934-1938 Farmer in Tanganjika/Tansania, danach Architekt in Kenia und ab 1940 in britischer Internierung. 1954 Planungsleiter der gewerkschaftseigenen Wohnungsbaugesellschaft „Neue Heimat" in Hamburg und ab 1956 dort als freier Architekt, ab 1957 auch Prof. in Darmstadt; vgl. AKL, Bd. 88, 2016, S. 117-118; Standardstädte. Ernst May in der Sowjetunion 1930-1933, 2012. – Kritisch („deutscher ‚Haussmann'") u.a. Guratzsch, Architekt Ernst May, der Vater der Trabantenstädte. In: Die Welt, 09.08.2011: http://www.welt.de/kultur/article13533043/Architekt-Ernst-May-der-Vater-der-Trabantenstaedte.html (14.11.18).

Mendelsohn, Erich (geb. 1887 im ehem. ostpreußischen Allenstein; gest. 1953 in San Francisco), deutscher Architekt mit jüdischen Wurzeln, der in Berlin und München

Architektur studierte. Er war Mitglied der „November-Gruppe" und „Der Ring" (u.a. mit Walter Gropius) und sehr erfolgreich u.a. mit Gebäuden in Berlin. 1933 musste er über England in die USA emigrieren.

Mendelssohn, (?), Gymnasiallehrer von WT in Strausberg. Der vollständige Name und die Lebensdaten konnten nicht ermittelt werden.

Mergard/Menard, Freund von WT. Identifikation nicht möglich.

Merz, Anna, ehemalige Pianistin in Odessa, Schwiegermutter von WT. Ehefrau des Pfarrers Friedrich Fr. Merz.

Merz, Friedrich Franzewitsch, geboren 1884 im Dorf Michtental/Gouvernement Besarabien, Nationalität deutsch, Hochschulbildung, Pastor; lebte in Omsk, verhaftet am 17.11.1929, verurteilt am 23.03.1930 nach Paragraph 58, Absätze 3 [Beziehungen zu ausländischen Staaten in landesverräterischer Absicht], 6 [Spionage, Sammlung von Nachrichten], 10 [Propaganda oder Agitation] zu zehn Jahren GULAG [=sowjetisches Konzentrationslager], rehabilitiert am 27.06.1989 von der Staatsanwaltschaft des Omsker Gebiets; Datensatz in den Gedenklisten von Memorial; Mitteilung von Astrid Volpert am 06.02.2014. Das Todesdatum von Merz ist unbekannt. Friedrich Merz war der Stiefvater von Irene G. Wurster (s.u.), verheiratete Taesler.

Meyer, Hannes (1889-1954), Schweizer Architekt und Städtebauer. Seit 1927 als Meisterarchitekt am Bauhaus in Dessau, ab 1928 dort Nachfolger von Walter Gropius. Als Städtebauer an genossenschaftlichen Zielen orientiert: „Volksbedarf statt Luxusbedarf!" Aus politischen Gründen 1930 fristlos entlassen. Sein Nachfolger wurde Ludwig Mies van der Rohe. Meyer ging 1930 nach Moskau als Hochschullehrer zusammen mit Studenten und Mitarbeitern des Bauhauses. Seit 1933 fiel er bei den stalinistischen Behörden in Ungnade und kehrte 1936 in die Schweiz zurück. Über Spanien ging er 1939 nach Mexiko als Leiter eines Instituts für Städtebau und Städteplanung. Seit 1949 war er wieder in der Schweiz; vgl. „als bauhäusler sind wir suchende" Hannes Meyer (1889-1954), 2013; https://www. bauhaus100.de/das-bauhaus/koepfe/direktoren/hannes-meyer/ (19.11.18).

Miljutin, Nikolai Alexandrowitsch (1889-1942), russischer Gewerkschaftler und Bolschewik. Nach der Revolution von 1917 war er als Stadt- und Finanzplaner in hohen Positionen tätig, u.a. Kommissar für Finanzen 1924-1929, ab 1930 Vorsitzender der Wohnungsbaukommission in der Kommunistischen Akademie, 1931-1934 Herausgeber der Zeitschrift „Sovetskaya arkhitektura." Bekannt als Autor von: Sozgorod. Probleme des Planens sozialistischer Städte, 2008 [deutsche Faksimile-Ausgabe der russischen Ausgabe Moskau 1930 mit Miljutin-Biographie und Kommentar des Herausgebers Dimitrij Chmelznizki].

Modersohn-Becker, Paula (1876-1907), entwickelte sich als Malerin in Worpswede und Paris zur wichtigsten Vertreterin des frühen Expressionismus. Nach ihrem frühen Tod war es vor allem der befreundete Heinrich Vogeler (s.u.), der ihr Werk in die Öffentlichkeit trug; vgl. AKL, Bd. 90, 2016, S. 113-115.

Molotow, Wjatscheslaw M. (1890-1986), wie Kaganowitsch ein enger Vertrauter Stalins. Er bekleidete höchste Partei- und Regierungsposten in der Sowjetunion, u.a. 1926-1957 Mitglied des Politbüros des ZK, 1930-1941 Vorsitzender des Rates der Volkskommissare, 1939-1949 Volkskommissar für die auswärtigen Angelegenheiten und 1953-1956 Außenminister. Molotow, mitverantwortlich für die Zwangskollektivierung und das Massaker von Katyn 1940, unterstützte die politischen Säuberungen 1936-1939 und war als Volkskommissar bzw. Außenminister an allen wichtigen Verträgen (1939 deutsch-sowjetischer Nicht-Angriffspakt; 1941 Neutralitätspakt mit Japan) und Konferenzen während und nach dem Zweiten Weltkrieges beteiligt. Er wurde ab 1957 entmachtet.

Moritz, Albert, Bauingenieur (?), Freund und Schwager von WT. Annie Wurster heiratete 1932 Albert Moritz.

Myrdal, Alva (1902-1986), schwedische Sozialwissenschaftlerin, Friedenspolitikerin und Aktivistin der Frauenbewegung. Als Sozialdemokratin prägte sie stark das schwedische Modell vom Wohlfahrtsstaat. Mehrmals an US-Universitäten tätig. Als Diplomatin engagierte sie sich für weltweite Abrüstung und gründete 1964-1966 das Friedensforschungsinstitut SIPRI in Stockholm. Sie engagierte sich auch in der Flüchtlingspolitik. 1970 erhielt sie zusammen mit ihrem Ehemann Gunnar Myrdal den Friedenspreis des deutschen Buchhandels. 1982 bekam sie den Friedensnobelpreis; vgl. http://www.fembio.org/biographie.php/frau/biographie/alva-myrdal/ (19.11.18).

Natascha. Haushaltshilfe von WT aus der Gegend von Swerdlowsk.

Nebel, Kay H. (1888-1953), Prof., Maler der Neuen Sachlichkeit. Er studierte an der Schule des Kunstgewerbemuseums in Berlin und nahm am 1. Weltkrieg teil. Mitglied der Darmstädter Sezession. 1921-1953 lehrte er an der Kunstakademie Kassel, seit 1948 als deren Leiter; http://www.darmstadt-stadtlexikon.de/n/nebel-kay-h.html (19.11.18).

Neufert, Ernst (1900-1986), Prof., Architekt mit Ausbildung am Bauhaus, Bekanntschaft mit Antoni Gaudi, seit 1921 mit Walter Gropius. Prof. an Bauhochschule Weimar, dann an Kunstschule von Johannes Itten in Berlin. Reisen u.a. in die Sowjetunion, Schweden und USA. Experte für Rationalisierung des Bauens. 1939 von Albert Speer als Fachmann für Rationalisierung und Normierung bei Industrie- und Wohnbauten geholt, 1943 „Reichsbeauftragter für Baunormung" und 1944 im „Arbeitsstab für den Wiederaufbau bombenzerstörter Städte" tätig. Ab 1945 Prof.

an Technischer Hochschule Darmstadt und ab 1953 dort als Architekt; https://web.archive.org/web/20120309044941/http://www.stiftung.neufert.org/fileadmin/user_upload/Dokumente/ENLeben.pdf (19.11.18).

Nin, Andreu (1892-1937), Revolutionär aus Katalonien. 1921 Mitbegründer der spanischen Kommunistischen Partei, danach Mitarbeiter der Komintern in Moskau und Anschluss an Trotzki. 1935 Mitbegründer der POUM, Arbeiterpartei der marxistischen Einheit. 1936 kurz spanischer Justizminister und während des Bürgerkriegs 1937 vermutlich auf Anweisung aus Moskau gefoltert und ermordet.

Noske, Gustav (1868-1946), SPD-Politiker, schlug 1919 den Spartakus-Aufstand im Auftrag der Regierung nieder und wurde Reichswehrminister.

Olberg, Paul (geb. 1878 in Lettland; gest. 1960 in Schweden), war Mitglied der Menschewiki und des Jüdischen Arbeiterbundes, befreundet mit Karl Kautsky und führenden schwedischen Sozialdemokraten; Blomqvist, Lost Worlds of Labour. Paul Olberg, the Jewish Labour Bund, and Menshevik Socialism, 2014, S. 139-172. – Sein Sohn Valentin Olberg (1907-1936) war Mitglied der KPD und wurde 1936 im ersten Schauprozess in Moskau verurteilt und erschossen; http://www.bundesstiftung-aufarbeitung.de/wer-war-wer-in-der-ddr-%2363%3B-1424.html?ID=4855 (19.11.18).

Ossietzky-Palm, Rosalinda von (1919-2000), deutsch-schwedische Pazifistin, die 1933 nach England und dann nach Schweden emigrierte. Sie war die Tochter des deutschen Schriftstellers und Pazifisten Carl von Ossietzky („Die Weltbühne"), der 1935 den Friedensnobelpreis erhielt, jedoch 1938 an den Folgen der KZ-Haft starb.

Os(s)insky, Nikolai, alias Walerian Walerianowitsch Obolenski (1887-1938, erschossen), Prof., russischer Nationalökonom, anfangs Sozialdemokrat, dann Bolschewik, mit Bucharin und Smirnow bekannt. Seit Anfang 1926 Leiter der Zentralen Statistischen Verwaltung der UdSSR. Nach Studienaufenthalt in den USA stellvertret. Vorsitzender des Obersten Volkswirtschaftsrates und 1932-1935 Mitarbeiter der Staatlichen Plankommission (Gosplan); vgl. Die Weltpartei aus Moskau. Der Gründungskongress der Kommunistischen Internationale 1919, 2008, S. 360. – Ossinskys Aufsatz über „Die Stadt im Sozialismus" (1931) konnte nicht verifiziert werden. Zu seiner Theorie der demokratischen Gestaltung der Produktion im Sozialismus vgl. Gietinger, Die Organisation der Produktion im Sozialismus, Luxemburg, Lenin, Ossinski und Kollontai [Vortrags-MS von 2011]: http://www.internationale-rosa-luxemburg-gesellschaft.de/html/konferenzen.html (19.11.18).

Paetel, Karl Otto (geb. 1906 in Berlin, gest. 1975 in New York), Publizist und Sozialist (Fremdbezeichnung als „Nationalbolschewik"). Studium der Geschichte,

Germanistik und Philiosophie in Berlin. Engagierte sich im Bund der Köngener und war u.a. mit WT befreundet. Er arbeitete mit Ernst Jünger 1930 für die Zeitschrift „Die Kommenden." Paetel musste vor den Nationalsozialisten quer durch Europa fliehen, ging 1941 in die USA und wurde amerikanischer Staatsbürger; vgl. die Biographie im Anhang von Paetel, Jugend in der Entscheidung. 1913 – 1933 – 1945, 1963, S. 305-307; Mogge, Paetel, Karl Otto. In: Neue Deutsche Biographie 19 (1999), S. 757 f.: http://www.deutsche-biographie.de/pnd118591150.html (19.11.18).

Paulsson, Gregor (1889-1977), Prof., schwedischer Kunsthistoriker und –kritiker mit sozialem Engagement. Als Doktorand in Berlin vom Deutschen Werkbund stark beeinflusst. 1916-1920 Direktor des Nationalmuseums in Stockholm, 1931 Mitglied der Gruppe *acceptera*, 1934-1956 Prof. für Kunstgeschichte an der Universität Uppsala, Generalbeauftragter für die schwedischen Ausstellungen in Paris 1925, New York 1927, Stockholm 1930; Architektur im 20. Jahrhundert. Schweden, 1998, S. 387.

Petrow, Jewgenij (1903-1942; eigentlich J. P. Katajew), sowjetischer Journalist. Gemeinsam mit I. Ilf (s.o.) veröffentlichte er satirische Romane in den 19020er und 1930er Jahren.

Pieck, Wilhelm (1876-1960), deutscher kommunistischer Politiker, der ab 1895 Mitglied der SPD, ab 1917 der USPD und anschließend des Spartakusbundes war. Seit Gründung der KPD war er in dessen Zentralkomitee, seit 1925 Vorsitzender der Roten Hilfe, seit 1928 Mitglied des EKKI. Mitglied des Reichstages. Nach Thälmanns Verhaftung 1933 war Pieck Vorsitzender der KPD und wirkte im Exil, zumeist in Moskau. 1946 Mitbegründer der SED, wurde er nach Gründung der DDR von 1949 bis 1960 deren erster Präsident; vgl. Wer war Wer in der DDR, 1995, S. 568-569.

Piscator, Erwin (1893-1966), Intendant, Regisseur und Theaterpädagoge. Mitglied des Spartakusbundes. In der Weimarer Zeit trieb er das politische Theater (Zusammenarbeit u.a. mit Brecht und John Heartfield) voran. 1931 ging er in die Sowjetunion, musste sie aber wegen des Vorwurfs „Trotzkist" zu sein, wieder verlassen und emigrierte nach Frankreich und in die USA; http://erwin-piscator. de/piscators-biographie/ (19.11.18).

Plätke, (?), Malermeister in Berlin-Charlottenburg der 1920er Jahre und Lehrmeister von WT. Keine weiteren Details erhältlich.

Preobraschinski, Jewgeni A. (1886-1937, erschossen), sowjetischer Revolutionär und Politiker. Wechselnde politische Positionen, u.a. ab 1922 Mitglied des Rates der Volkskommissare der RSFSR. Als einer der führenden Ökonomen zwischen 1920 und 1930 befürwortete er die Industrialisierung und lehnte die Neue Ökonomische

Politik ab. Als Mitherausgeber der „Prawda" unterstützte er in den 1920er Jahren zeitweise Trotzki. 1927 und 1933 wurde er aus der Partei ausgeschlossen, 1936 verhaftet und nach Prozess 1937 erschossen. Er war mit N. Bucharin Autor von „Das ABC des Kommunismus" (1920/1921).

Putscher, Franz (1895-1937?), Mitglied der KPD in Jena, Mechaniker, der um 1937 die sowjetische Staatsbürgerschaft erworben hatte. Er arbeitete in Kusnezk sowie Magnitogorsk und wirkte wie Max Hoelz als Agitator unter den deutschen Arbeitern in der Sowjetunion. In der Verhaftungswelle um 1937 wurden er und seine Frau Ida verhaftet Putscher starb im Gefängnis; Vitzthum, Torn out by the roots, 1993, S. 52-54; Hoelz, „Ich grüße und küsse Dich – Rot Front", 2005, S. 252, 258, 273: http://edoc.vifapol.de/opus/volltexte/2009/835/pdf/Texte_20_ ohneBilder.pdf (19.11.18).

Reuter, Ernst (1889-1953), Prof., sozialdemokratischer Politiker und Sozialwissenschaftler. Er studierte Philosophie und Sozialwissenschaften in Marburg und München. Als deutscher Kriegsgefangener und Sozialdemokrat schloss er sich 1917 den Bolschewiki an und wurde von Lenin zum Volkskommissar der Wolgadeutschen Republik ernannt. Nach Kriegsende war er zeitweise Mitglied der KPD, bevor er sich wieder der SPD anschloss. Seit 1926 in der Berliner Stadtverwaltung für das Verkehrswesen (BVG-Gründung) tätig, war Reuter 1931-1933 Oberbürgermeister von Magdeburg. Er floh aus dem KZ und kam in die Türkei, wo ab 1938 als Prof. für Städtebau und Stadtplanung in Ankara arbeitete. 1946 Rückkehr nach Berlin und zunächst als Verkehrsdezernent, ab 1948 Oberbürgermeister von Berlin (West) erfolgreich tätig.

Rilke, Rainer Maria (1875-1926), in Prag geborener Lyriker und Schriftsteller, hielt sich 1900 längere Zeit bei Heinrich Vogeler in der Künstlerkolonie Worpswede auf, wo er u.a. Paula Modersohn-Becker und seine spätere Frau Clara Westhoff kennenlernte; vgl. seine Schrift „Worpswede" (1963) mit dem Bild von Paula Modersohn-Becker bei: http://gutenberg.spiegel.de/buch/worpswede-830/1 (19.11.18).

Rösler, Reinhold, Freund von WT. Keine weiteren Details erhältlich.

Roth, Alfred (1903-1998), Prof., Schweizer Architekt des Neuen Bauens. Nach dem Studium an der ETH Zürich arbeitete er bei Le Corbusier und plante u.a. mehrere Häuser in der Stuttgarter Weißenhofsiedlung um 1927. Er trat dem CIAM bei und erhielt als sozial engagierter moderner Architekt vor und nach dem Zweiten Weltkrieg zahlreiche Aufträge in Europa, den USA und im Nahen Osten. Seit 1951 war er Prof. an der ETH Zürich.

Rudolf, A., s.o. Laszlo

Rukeyser, Arnold Walter (geb. 1895), amerikanischer Ingenieur. Er war mit seiner Ehefrau auf Einladung der sowjetischen Regierung gekommen und bereits seit 1928 für den Asbest-Bergbau bei Swerdlowsk tätig; Rukeyser, Working for the Soviets, 1932, S. 12-13, 46. Vgl. die Verlagsanzeige zu Rukeysers Buch und die Rezension dazu in Princeton Alumni Weekly, 32, 1932, S. 540. Rukeyser hatte zuvor in Kanada sowie in Süd- und Mittelamerika auf dem Gebiet gearbeitet.

Sauckel, Fritz (1894-1946; hingerichtet in Nürnberg), NS-Generalbevollmächtigter für den Arbeitseinsatz. Seit 1922 Mitglied der SA, seit 1923 der NSDAP, seit 1927 Gauleiter von Thüringen, wo er 1932 (!) Ministerpräsident und Innenminister und im Folgejahr Reichsstatthalter wurde. Als Generalbevollmächtigter seit 1942 organisierte Sauckel die Verschleppung von Millionen Menschen zur Zwangsarbeit.

Scharoun, Hans (1893-1972), Prof., Architekt. Er studierte Architektur an der TH Berlin bis 1914, nahm am Ersten Weltkrieg teil und übernahm danach das Büro seines Mentors Paul Kruchen in Breslau. Dort 1925-1932 Prof. an der Akademie für Kunst und Kunstgewerbe. Mitglied der Architektenvereinigung „Der Ring." Von der Philosophie Hugo Härings beeinflusst (die Baugestalt aus dem Wesen der Bauaufgabe abzuleiten), schuf er eine Vielzahl bekannter Wohn- und Kulturbauten, insbesondere in Deutschland, u.a. Berlin-Siemensstadt (Ende der 1920er Jahre), Berliner Philharmonie, Theater in Wolfsburg. 1945 entwickelte er zu radikale Pläne für den Wiederaufbau Berlins als kurzzeitiger Stadtplaner, wechselte aber 1947 als Prof. an die TH Berlin. Er war 1955-1968 Präsident der (West-)Berliner Akademie der Künste.

Scheidemann, Philipp (1865-1939), SPD-Politiker, rief am 09.11.1918 die Republik aus und war Mitglied des Rates der Volksbeauftragten und 1919 kurzzeitig erster Ministerpräsident.

Scheringer, Richard (1904-1986), Reichswehroffizier, der sich 1923 am Aufstand der „Schwarzen Reichswehr" beteiligte und 1930 zu Festungshaft in Gollnow wegen NS-Aktivitäten in der Reichswehr verurteilt wurde. Am 18.03.1931 wandte er sich vom Nationalsozialismus ab und dem Kommunismus zu. Seit 1933 Landwirt in Bayern. 1939-1945 Offizier der Wehrmacht. Ab 1945 Mitglied der KPD, ab 1972 der DKP mit Ordensverleihung der DDR: http://www.bundesstiftung-aufarbeitung. de/wer-war-wer-in-der-ddr-%2363%3b-1424.html?ID=5064 (19.11.18).

Schmidt, Hans (1893-1972), Prof., Schweizer Architekt des Neuen Bauens. Er studierte an der TH München. Danach war er als Architekt in der Schweiz sowie als Begründer der avantgardistischen Zeitschrift „ABC" (1924-1928) zusammen mit Mart Stam und dem CIAM tätig. Von 1930 bis 1937 mit Ernst May in der Sowjetunion entwarf Schmidt u.a. den Generalplan für Omsk. Wieder in Basel engagierte er sich 1944-1955 für die Kommunistische Partei und war ab 1955 an der Deutschen Bauakademie in Ost-Berlin für Typisierung und Industrialisierung im Wohnungs- und Städtebau aktiv; https://archiv.gta.arch.ethz.ch/nachlaesse-vorlaesse/schmidt-hans (19.11.18).

Schütte-Lihotzky, Margarete (1897-2000), österreichische Architektin und kommunistische Widerstandskämpferin gegen den Nationalsozialismus. Nach dem Studium an der Kunstgewerbeschule in Wien und praktischer Tätigkeit war sie ab 1926 in Frankfurt unter Ernst May tätig und entwickelte die sogenannte „Frankfurter Küche." (Einbauküche). 1930-1937 plante sie unter Ernst May in Moskau und Magnitogorsk u.a. Kindergärten. Sie ging dann mit ihrem Mann über Paris nach Istanbul, trat 1939 in die KP Österreichs ein und war 1941-1945 wegen Widerstandsaktivitäten inhaftiert. Danach war sie wieder in Wien als engagierte Architektin tätig; http://www.museumderdinge.de/deutscher-werkbund/protagonisten/margarete-schuette-lihotzky (19.11.11.18)

Schwagenscheidt, Walter (1886-1968), deutscher Architekt und Städteplaner, der zu den Mitarbeitern Mays gehörte, die 1930-1933 in die Sowjetunion gingen. Mitglied des „Der Ring", dem u.a. Walter Gropius und Bruno Taut um 1930 angehörten. Er konzipierte für Frankfurt die Raumstadt mit parkähnlichen Grünanlagen. Seit 1952 freier Architekt mit Tassilo Sittmann: https://web.archive.org/web/20070928011524/http://www.uni-weimar.de/architektur/e+gel1/forschung/schwagen/leben.html/ (19.11.18).

Scott, John (1912-1976), amerikanischer Arbeiter und Sozialist in der Sowjetunion von 1931 bis 1942. Nach dem Studium an der Universität von Wisconsin ging Scott 1931 als Schweißer in die Sowjetunion. Von 1932 bis 1937 arbeitete er in Magnitogorsk und heiratete eine Russin, mit der er allerdings erst 1942 in die USA ausreisen durfte; vgl. Keller, How one Russian dream went awry. In: The New York Times, 24.09.1989: http://www.nytimes.com/1989/09/24/books/university-presses-how-one-russian-dream-went-awry.html?pagewanted=all (19.11.18).

Silone, Ignazio (1900-1978), Pseudonym für Secondino Tranquilli, kritischer italienischer Schriftsteller und lange Zeit – zunächst als Sozialist, dann als Kommunist – zusammen mit Antonio Gramsci und Palmiro Togliatti engagiert. Wovon WT noch nichts wissen konnte: Er fungierte eine Zeitlang als möglicherweise gepresster Spitzel der Faschisten, die er aber auch bekämpfte. Seit 1930 im Schweizer Exil, nahm Silone an Komintern-Sitzungen in Moskau teil, brach aber dann und trat 1931 aus der KPI aus; vgl. auch Kamber, Die Masken des Ignazio Silone. In: ZEIT-Online, 27.04.2000: http://www.zeit.de/2000/18/Die_Masken_des_Ignazio_Silone/komplettansicht (19.11.18).

Singer, Kurt, alias Kurt Deutsch (geb. 1911 in Wien, gest. 2005 in Santa Barbara, USA), Schriftsteller, Sozialdemokrat und Agent des schwedischen, norwegischen und britischen Geheimdienstes, 1934 über Prag nach Schweden geflohen. Er engagierte sich für die Verleihung des Friedensnobelpreises 1935 an Carl von Ossietzky: http://www.stolpersteine-berlin.de/de/biografie/7354; Nachruf auf Hilde Singer in: Der Tagesspiegel, 13.06.2014: http://www.tagesspiegel.de/berlin/nachruf-auf-hilde-singer-geb-1911-nie-wieder-deutsch/10033684.html (19.11.18).

Soeder, Hans (1891-1962), Prof., Architekt und Hochschullehrer, Mitglied der Architektenbewegung „Der Ring" und des „Deutschen Werkbundes", seit 1928 Mitglied der Darmstädter Sezession, 1923-1931 an der Kunstakademie Kassel, ab 1933 Berufsverbot, 1944 Prof. an der TH Breslau: https://deu.archinform.net/arch/22984.htm (19.11.18).

Sohn-Rethel, Alfred (1875-1958), Maler, aus großbürgerlicher Düsseldorfer Familie und mit einer jüdischen Frau verheiratet. Seine Kinder mussten deshalb 1936 emigrieren. Maler der klassischen Moderne und Mitbegründer der Gruppe Sonderbund (1909) mit engen Kontakten zu dem Galeristen Alfred Flechtheim. 1918 nahm Rethel mit anderen Düsseldorfer Künstlern an der Großen Berliner Kunstausstellung in Düsseldorf teil. 1939 wurde er aus der Reichskammer der Bildenden Künste ausgeschlossen.

Speer, Albert (1905-1981), Architekt. Studium an der TH Karlsruhe, München und Berlin, wo er Assistent von Heinrich Tessenow war. Befreundet u.a. mit Rudolf Wolters. 1931 trat Speer in die NSDAP ein, wurde später zum Vertrauten Hitlers und 1937 dessen Generalbauinspektor. Speer plante u.a. die Neue Reichskanzlei in Berlin: Larsson, Die Neugestaltung der Reichshauptstadt, 1978, S. 27. – Ab 1942 Reichsminister für Rüstung und Kriegsproduktion. 1946 in Nürnberg verurteilt und bis 1966 inhaftiert.

Stam, Mart (1899-1986), niederländischer Architekt und Designer. Nach der Ausbildung in Amsterdam arbeitete er in den 1920er Jahren u.a. mit Max Taut und El Lissitzky zusammen und gründete mit Letzterem sowie Hannes Meyer 1923 in Zürich die Zeitschrift „ABC." Stam war 1927 mit einem Haus in der Weißenhof-Siedlung in Stuttgart vertreten. Er erfand u.a. den Freischwinger Marcel Breuers. 1928/1929 Gastdozent am Bauhaus Dessau. Stam war mit May 1930-1934 in der Sowjetunion, danach in den Niederlanden, 1948-1952 Direktor der Akademie der bildenden Künste Dresden bzw. in Berlin-Weißensee (DDR), 1953 wegen „Formalismus" suspendiert und später in der Schweiz als Architekt tätig; vgl. Buekschmitt, Ernst May, Stuttgart 1963, S. 158; Möller, Mart Stam 1899-1986, 1997.

Stephan, Hans (1902-1973), Architekt mit Ausbildung an der TH Berlin. Seit 1937 als Abteilungsleiter unter dem Generalbauinspektor Albert Speer an der Neugestaltung Berlins beteiligt und ab 1943 in dessen „Arbeitsstab für den Wiederaufbau bombenzerstörter Städte." Trotz NSDAP-Mitgliedschaft war er ab 1948 in der Berliner Bauverwaltung und von 1956 bis 1960 als Senatsbaudirektor tätig.

Stin(t)zing, Roderich (geb. 1885 in München, gest. 1964 in Uppsala), Prediger und Anthroposoph in Schweden, Sohn des deutschen Mediziners Georg H. Roderich Stintzing (1854-1933).

Stolpe, Sven (1905-1996), schwedischer Schriftsteller und Literaturkritiker, der sich gegen Nationalsozialismus und Stalinismus engagierte. Er heiratete 1931 Karin von Euler-Chelpin, Tochter von Astrid Cleve.

Strange, (?), Sekretär des schwedischen Ausländeramts in Stockholm.

Sullivan, Louis (1856-1924), amerikanischer Architekt der Moderne. Er studierte am Massachusetts Institute of Technology und in Paris Architektur und wurde mit der Entwicklung der Stahlskelettbauweise in Chicago nach dem Brand von 1871 sehr bekannt als „Vater der Wolkenkratzer" und „Vater des Modernismus." Sullivan war Mentor vieler Architekten, darunter Frank Lloyd Wright.

Sundahl, Eskil (1890-1974), Prof., schwedischer Architekt, der an der Technischen Hochschule Stockholm studierte. Er war Mitglied der Funktionalisten-Gruppe *acceptera* (u.a. mit Sven Markelius und Wolter Gahn), plante und baute Zweck- und Industriebauten in Schweden als Leiter des Architekten-Büros der Kooperativen-Gesellschaft (Kooperativen Förbundets); vgl. (Das) Werk, 24, 1937, Sh. Schweden, S. 9; Architektur im 20. Jahrhundert. Schweden, 1998, S. 389.

Taesler, Bert, Sohn von Werner und Irene Taesler, geb. am 04.07.1933, gest. 07.04.1934 in der Sowjetunion.

Taesler, Roger, Prof., Metereologe, Sohn von WT (1939-2018).

Taut, Bruno (geb. 1880 in Königsberg, gest. 1938 in Istanbul), Prof., Architekt und Stadtplaner. Nach Ausbildung an der Baugewerkschule in Königsberg Tätigkeit bei Architekten. Seit 1909 hatte er ein eigenes Büro Taut & Hoffmann – z.T. mit seinem Bruder Max Taut – und entwarf Gebäude des Neuen Bauens. 1919 Gründung des „Arbeitsrates Kunst" und geheime Briefkontakte mit Walther Gropius und Hans Scharoun. 1921-1924 Stadtplaner in Magdeburg. Seit 1930 Honorarprofessor der TH Berlin. Mitglied der Preußischen Akademie der Künste. 1932/1933 kurz für die Moskauer Stadtverwaltung tätig, ging er enttäuscht wieder zurück. 1933 als „Kulturbolschewist" von den Nationalsozialisten verfemt, ging Taut über die Schweiz nach Japan und später nach Istanbul: http://www.tautes-heim.de/bruno-taut.php (19.11.18).

Thälmann, Ernst (1886-1944; ermordet im KZ Buchenwald), kommunistischer Politiker und Gewerkschaftler. Seit 1919 Vorsitzender der USPD, 1921 in Moskau mit Lenin bekanntgeworden, übernahm er 1925 die Leitung des paramilitärischen Roten Frontkämpferbundes und bis zur Verhaftung durch die Gestapo 1933 die Leitung der KPD. 1924-1933 im EKKI-Präsidium der Komintern. Seit 1933 in KZ-Haft.

Timur Lenk, auch Tamerlan genannt (1336-1405), brutaler zentralasiatischer Militärführer und Kunstförderer. Er wurde in Samarkand im Mausoleum Gur-e Amir bestattet. Um die riesige, z.T. ruinöse Bibi-Chanum-Moschee in Samarkand, erbaut 1399-1404 unter Timur Lenk, rankt sich eine Legende um dessen Lieblingsfrau.

Tolziner, Philipp (geb. 1906 in München, gest. 1996 in Moskau), deutsch-sowjetischer Architekt, Zionist und Sozialist. 1927-1930 studierte er am Bauhaus Dessau bei Hannes Meyer und Hans Wittwer. 1931 arbeitete er kurz bei Fred Forbat in Berlin und ging dann mit Hannes Meyer in die Sowjetunion als Mitglied der Bauhäusler-Brigade „Rotfront." Er blieb dort und wurde wie Kurt Liebknecht 1937 sowjetischer Bürger. Tolziner wurde nach Folter 10 Jahre lang inhaftiert. Danach arbeitete er hauptsächlich als Restaurator von altrussischen Sakralbauten; vgl. Muschler, Das rote Bauhaus, 2016, S. 115, 119-120,157.

Trotzki, Leo Davidowitsch (Pseudonym für Lew Bronstein; geb. 1879 in der Ukraine; ermordet 1940 in Mexiko), russischer Revolutionär und marxistischer Theoretiker. Nach anfänglichen Auseinandersetzungen mit Lenin wurde er Volkskommissar für Auswärtiges und leitete die Friedensverhandlungen von Brest-Litowsk 1918, organisierte er die Rote Armee, mit der er die Gegner der Bolschewiki im Bürgerkrieg bekämpfte. Nach Lenins Tod 1924 geriet er immer stärker in Gegensatz zu Stalin. 1927 entmachtet, ging Trotzki 1929 ins Exil und gründete 1938 gegen Stalins Dritte Internationale die Vierte Internationale. Er kritisierte die Moskauer Schauprozesse und fiel 1940 dem Attentat eines Agenten Stalins zum Opfer.

Tucholsky, Kurt (1890-1935), Jurastudium in Genf und Promotion in Jena. In der Weimarer Republik einer der kritischsten Journalisten, Kabarettautoren und Schriftsteller sowie Mitarbeiter der „Weltbühne." Als Sozialist und Pazifist von den Nationalsozialisten bedroht, lebte Tucholsky seit 1929 überwiegend in Schweden.

Vogeler, Heinrich (1872-1942), Maler und Sozialist. Vogeler entwickelte sich vom Maler des Jugendstils zum Propagandisten des sozialistischen Realismus. Seit 1894 lebte er in der Künstlervereinigung Worpswede mit Fritz Mackensen, Fritz Overbeck, Carl Vinnen, Hans am Ende, Paula (Modersohn-)Becker, Otto Modersohn. Mit den beiden Letzten war er eng befreundet. Bekanntschaft u.a. auch mit Rainer Maria Rilke. Seit 1918 engagierter Kommunist und 1919 Gründer der kurzzeitigen Künstlerkommune in Worpswede machte er ab 1923 Reisen in die Sowjetunion und engagierte sich für die Rote Hilfe. 1925 wurde er Mitglied der KPD. Seit 1931 lebte er in der Sowjetunion und wurde als Deutscher dort 1941 nach Kasachstan deportiert, wo er 1942 in einem Krankenhaus bei Karaganda starb: Nachwort von Joachim Priewe in: Vogeler, Werden. Erinnerungen. Mit Lebenszeugnissen aus den Jahren 1923-1942, 1989, S. 505-540 (Chronik). Die ersten Auflagen von 1952 und 1962 wurden von dem befreundeten Erich Weinert herausgegeben.

Wagner, Martin (1885-1957), Prof. Dr., studierte Architektur und Städtebau in Berlin und Dresden. Er nahm als Vertreter des Neuen Bauens und als sozialdemokratischer, leitender Baubeamter in Berlin zusammen mit Architekten wie Bruno Taut, Walter Gropius und Mies von der Rohe starken Einfluss auf den sozialen Wohnungsbau, bevor er 1935 von den Nationalsozialisten in die Emigration nach Istanbul und Cambridge, USA, gezwungen wurde; http://kg.ikb.kit.edu/arch-exil/482.php (19.11.18).

Wahlstedt, Viola s. Markelius, Viola

Walden, Herwarth (geb. 1878 als Georg Levin in Berlin; gest. 1941 im sowjetischen Straflager Saratow) war als wohlhabender Schriftsteller, Verleger, Galerist und Musiker auch mit seiner Zeitschrift „Der Sturm" wichtiger Förderer der literarischen und künstlerischen Avantgarde. 1903-1912 mit Else Lasker-Schüler verheiratet. Seit 1918 KPD-Mitglied und Umzug 1932 nach Moskau, wo er 1941 verhaftet wurde: https://www.arthistoricum.net/themen/portale/gkg/quellen/walden/ (19.11.18).

Wehner, Herbert (1906-1990), deutscher Sozialist und Politiker, war von 1927 bis 1942 (Ausschluss) Mitglied der KPD und zeitweise auch Mitglied des ZK der KPD sowie Mitarbeiter der Komintern. Seit 1935 im Exil in Moskau, entkam er den stalinistischen Säuberungen vermutlich durch Denunziation anderer deutscher Kommunisten. 1941 nach Schweden gesandt, wurde Wehner 1942 dort wegen Spionage inhaftiert. Seit 1946 Mitglied der SPD, stieg er zum Fraktionsvorsitzenden und zeitweise zum Bundesminister auf; Müller, Herbert Wehner – Moskau 1937, 2004; Scholz, Herbert Wehner in Schweden 1941-1946, 1995.

Weinert, Erich (1890-1953), Schriftsteller und Maler. Nach dem Kunststudium in Magdeburg und Berlin Militärdienst im Ersten Weltkrieg. Danach Veröffentlichungen von Gedichten und Kabarettauftritte sowie Mitarbeit bei „Weltbühne", „Simplizissimus" und ab 1924 „Rote Fahne." Seit 1929 KPD-Mitglied. 1933 Emigration und seit 1935 in der Sowjetunion. 1937 Teilnehmer am Spanischen Bürgerkrieg und nach Internierung wieder in der Sowjetunion. Dort 1943 Präsident des Nationalkomitees Freies Deutschland. Seit 1946 in Deutschland und in der DDR-Kulturpolitik aktiv (u.a. Gründungsmitglied der Deutschen Akademie der Künste): http://www.bundesstiftung-aufarbeitung.de/wer-war-wer-in-der-ddr-%2363%3B-1424.html?ID=3738 (19.11.18).

Weiss, Peter (geb. 1916 bei Potsdam; gest. 1982 in Stockholm), Schriftsteller, Graphiker, Filmemacher. Er studierte Fotografie in London und lebte seit 1939 im schwedischen Exil, davor in der Tschechoslowakei und stellte deshalb für die CSR aus. Sein monumentales Hauptwerk „Die Ästhetik des Widerstands" (neue Ausgabe Frankfurt/Main 2016) entstand in den 1970er Jahren. Darin geht es auch um Herbert Wehner, dessen Verhaftung 1942 als Kominternagent in Schweden sowie um Fragen der Wahrheit; Madsen, Widerstand als Ästhetik, 2003, S. 86-88. – Über Weiss' Freundschaft mit Hermann Hesse und die Zeit ab 1940 in Schweden vgl. Dünzelmann, Stockholmer Spaziergänge, 2016, S. 199-216.

Wennerholm, Ture (1892-1957), schwedischer Architekt, der auch mit seinen Industriebauten dem schwedischen Funktionalismus verbunden war, z. B. das Tennisstadion in Stockholm; Rudberg, Der frühe Funktionalismus. 1930-40. In: Architektur im 20. Jahrhundert. Schweden, 1998, S. 101.

Wesnin, Brüder. Russische Architekten. Von den drei Brüdern war Viktor Wesnin (1880-1950), ausgebildet am Institut für Zivilinengieurwesen in St. Petersburg der radikalste und politischste. Leonid Wesnin (1901-1937), der an der Akademie der Künste in St. Petersburg studierte, formulierte die neuromantische Bauweise vor dem Ersten Weltkrieg (z.B. das heutige Gorki-Museum in Nishni Nowgorod). Alexander Wesnin (1883-1959), der ebenfalls am Institut für Zivilingenieurwesen in St. Petersburg studierte, war sowohl Architekt als auch Maler und Bühnenbildner. Er befürwortete die Bauten von Le Corbusier. In den 1920er Jahren wandten sich die Wesnin-Brüder dem Konstruktivismus zu. 1924 entstand derart z.B. das Gebäude der „Prawda" in Leningrad (zuvor St. Petersburg). Zusammen mit seinem Bruder Viktor und Moisei Ginsburg gründete Alexander Wesnin 1925 die OSA-Gruppe russischer konstruktivistischer Architekten. In den 1930er Jahren wandten sich die Wesnin-Brüder dem sozialistischen Realismus zu; Frampton, Vesnin Family. In: Macmillan Encyclopedia of Architects, 1982, S. 309-310.

Widegren, Matilda, geb. Söderköping (1863-1938), schwedische Pazifistin und Aktivistin in der Friedenserziehung und von 1915 bis 1937 erste Vorsitzende von WILPF (Women's International League for Peace & Freedom) in Schweden. Befreundet mit Selma Lagerlöf. Sie gründete 1935 das International Foyer for Refugees.

Witkin, Zara (1900-1940), amerikanischer Ingenieur aus russisch-jüdischer Emigrantenfamilie. Nach dem Studium an der Universität von Kalifornien wurde Witkin 1923 Chefingenieur einer Baufirma in Los Angeles.1932-1934 arbeitete er als Bauingenieur in der Sowjetunion, wo er sich unglücklich in eine sowjetische Filmschauspielerin verliebte. Nach der Rückkehr gründete Witkin eine eigene Firma, die vorgefertigte Bauteile herstellte; vgl. Einführung von Michael Gelb in: Witkin, An American Engineer in Stalin's Russia, 1991; S. 1-13: http://publishing. cdlib.org/ucpressebooks/view?docId=ft18700465&chunk.id=d0e41&toc. depth=1&toc.id=&brand=ucpress (19.11.18).

Witte, Curt (1882-1959), Prof., Maler des realistischen Impressionismus. Studium an der Kunstakademie München. Seit 1925 Direktor der Kunstakademie Kassel. Wegen seiner jüdischen Frau Clara Pelz-Witte nach 1933 ins Abseits gedrängt.

Wolf, Ulrich (1902-1967), Gartengestalter und Hochschullehrer 1902-1967. Ab 1930 unter Ernst May in der Sowjetunion und insbesondere an der Grünplanung in den Generalbebauungsplänen beteiligt, u.a. ab 1931 für Moskau (nicht realisiert), Kusnezk, Magnitogorsk, Kemerowo: https://ernst-may-gesellschaft.de/en/ernst-may/catalogue-raisonne/soviet-union-1930-1933.html (19.11.18).

Wolff, Karl (1900-1984), SS-Obergruppenführer und General der Waffen-SS. Er war ab 1935 Chef von Himmlers persönlichem Stab und führte 1945 zuletzt als SS-General Waffenstillstandsverhandlungen in Italien. 1964 wurde er wegen Beihilfe zum Mord an 300.000 Juden verurteilt und erhielt 1971 Haftverschonung.

Wolters, Rudolf (1903-1983), promovierter Architekt. Studierte in München und an der TH Berlin Architektur (bei Hermann Jansen und Heinrich Tessenow), wo er sich mit Albert Speer anfreundete. 1932-1933 als Spezialist in der Sowjetunion, danach auch im Architekturbüro Speers tätig. Für Stadtplanungsaufgaben reiste Wolters nach Chicago und Washington. 1938 als Abteilungsleiter in der Generalbauinspektion unter Speer, dessen Stellvertreter er wurde. Nach 1945 arbeitete Wolters als Architekt in Westfalen und unterstützte auch politisch den inhaftierten Speer. Mit diesem überwarf er sich nach dessen Entlassung; Deschan, Im Schatten von Albert Speer. Der Architekt Rudolf Wolters, 2016.

Wurster, Irene Georgine (geb. 21.09.1913 in Odessa, Russland; gest. 30.03.1968 in Örebro, Schweden), Dolmetscherin. Zusammen mit ihrer Schwester Anni wurde sie in Moskau als Dolmetscherin ausgebildet. Sie heiratete Werner Taesler am 14.07.1932 in der Sowjetunion. Aus der Ehe gingen die Kinder Bert (1933-1934), Roger (1939-2018) und Lore (1944-1999) hervor.

Wyss, Lor/Laure Elisabeth (1939-2002), Schweizer Schriftstellerin und Journalistin. Französisch- und Philosophie-Studium an den Universitäten Paris, Zürich und Berlin. 1937 heiratete sie den Architekten Ernst Zietzschmann, mit dem sie bis 1942 in Stockholm, danach wieder in der Schweiz lebte. Nach der Scheidung 1945 war sie als Redakteurin und später als freie Journalistin, z.T. für das Schweizer Fernsehen, tätig.

Zetkin, Clara Josephine (geb. 1857 in Wiederau; gest.1933 bei Moskau), deutsche sozialistische Politikerin und Publizistin. Seit 1918 war sie als Freundin Rosa Luxemburgs Mitglied des Spartakusbundes und danach der KPD, auch Mitglied des Reichstages. Seit 1925 war sie Vorsitzende der Roten Hilfe und bis 1933 Mitglied des Exekutivkomitees der Kommunistischen Internationale (EKKI). Sie war seit 1929 fast dauerhaft in der Sowjetunion, wo sie eng mit Lenins Witwe befreundet war.

Zietzschmann, Ernst (1907-1991), Prof., Schweizer Architekt und Redakteur. Studierte in Dresden, München, Hannover und Zürich. 1937 heiratete er die Publizistin Laure Wyss, mit der er bis 1942 in Stockholm, danach in der Schweiz lebte (dort 1945 geschieden). Das Ehepaar traf sich 1940 mit dem befreundeten Ehepaar Werner und Irene Taesler in Schweden; vgl. Kopp, Bildergeschichten II, 14. Oktober 2013: https://www.laurewyss.ch/wp-content/uploads/wp-post-to-pdf-cache/1/bildergeschichten-ii.pdf (19.11.18). Nach 1945 war Zietzschmann als freier Architekt in Davos und seit den 1950er Jahren als Chefredakteur von „Bauen und Wohnen" tätig, ab 1958 als Direktor der Werkkunstschule in Hannover, Gestalter von Ausstellungen und Vorlesungen an der TH Hannover; Ernst Zietzschmann zum 75. Geburtstag. [o. Verf.] In: Schweizer Ingenieur und Architekt, 100, 1982, H. 20, S. 436.

Zille, Heinrich (1858-1929), Prof., sozialkritischer Zeichner und Fotograf in Berlin. Mitarbeiter des „Simplicissimus", Freund von Max Liebermann (1847-1935), Mitglied der Freien Secession und der Preußischen Akademie der Künste.

Zola, Emile (1840-1902), französischer Schriftsteller und Journalist. Er war mit zahlreichen Künstlern befreundet und schrieb sozialkritische Werke, u.a. „Thérèse Raquin", den Roman-Zyklus „Die Rougon-Macquart." Zola brachte die Dreyfus-Affäre in die Öffentlichkeit.

8   Anmerkungen

1   Teupitz, ehemalige slawische Siedlung, heute Stadt im Landkreis Dahme-Spreewald mit 1.800 Einwohnern.

2   Werder, Stadt bei Berlin mit heute 25.000 Einwohnern, wurde 1317 erstmals erwähnt. Die Stadt ist durch den Obstanbau und das Baumblütenfest bekannt.

3   Die Gartenlaube – Illustrirtes Familienblatt, 1853 in Leipzig gegründetes unterhaltsames Massenblatt, das wöchentlich erschien und seit 1871 pro-preußisch orientiert war. 1876 hatte die Zeitschrift eine Auflage von 382.000 Exemplaren.

4   Zuvor war WT verboten worden, sich mit dem Sammeln und Präparieren von Kleintieren zu befassen.

5   Der Vater war Paul Taesler, Bauingenieur; die Mutter war Gertrud Taesler, geborene Keue, die 1918 starb.

6   Die Stadt Strausberg, der Wohnort der Familie Taesler und östlich von Berlin gelegen, wurde 1240 gegründet und später vom preußischen Militär geprägt. Bemerkenswert ist der Generalstreik in Strausberg, der sich 1922 gegen die Ermordung des liberalen Außenministers Walther Rathenau richtete. Die Stadt hat heute 26.000 Einwohner.

7   Zur Geschichte vgl. Wehler, Hans-Ulrich: Deutsche Gesellschaftsgeschichte. München 2003, Bd. 4, 2. Aufl., S. 231-593; Peukert, Detlev J.K.: Die Weimarer Republik. Frankfurt/Main 1987.

8   Richtig: 11. Februar 1919 Zusammentritt der Nationalversammlung in Weimar nach den Wahlen vom 19. Januar; vgl. auch Peukert, Weimarer Republik, 1987, S. 34-52.

9   Der schnelle Währungsverfall setzte im August 1922 ein und wurde erst durch die Einführung der Rentenmark im November 1923 beendet; vgl. dazu und zu den sozialpolitischen Folgen Wehler, Deutsche Gesellschaftsgeschichte, 2003, 4, S. 241-251.

10 Zu den „Wandervögeln" und zur Jugendbewegung allgemein vgl. Aufbruch der Jugend. Deutsche Jugendbewegung zwischen Selbstbestimmung und Verführung. Hrsg. von Claudia Selheim und Barbara Stambolis. Nürnberg 2013 [Katalog der gleichnamigen Ausstellung in Nürnberg mit Beiträgen und weiteren Literatur- und Quellenangaben]; Laqueur, Walter: Young Germany. A History of the German Youth Movement. New Brunswick, London 1984.

11 WT hatte vermutlich in der Hand: Modersohn-Becker: Paula: Briefe und Tagebuchblätter. Hrsg. u. eingeleitet von S.D. Gallwitz. München 1920, 3. wes. erw. Auflage.

12 WT-Tagebucheintrag von Pfingstsonntag 1928.

13 Rote Hilfe-Komitees wurden auf Beschluss der KPD 1921 gegründet und dann 1924 die Rote Hilfe Deutschland. Zu den Gründungsmitgliedern gehörte Heinrich Vogeler. Nach Wilhelm Pieck übernahm Clara Zetkin 1925 den Vorsitz der Roten Hilfe, die inhaftierte linke Aktivisten unterstützte, insbesondere durch den Rechtsanwalt Hans Litten. Verbot 1933.

14 Kunstakademie Berlin: Die heutige Universität der Künste Berlin geht auf die 1696 von Friedrich III. von Brandenburg gestiftete kurfürstliche „Academie der Mahler-, Bildhauer- und Architectur-Kunst" (später Preußische Akademie der Künste) zurück.

15 Die Märkische Spielgemeinde wurde von Georg Götsch (1895-1956), einem Alt-Wandervogel, 1921 in Berlin gegründet. Götsch war befreundet mit dem Engländer Rolf Gardiner, der sich bei einem Besuch in Deutschland begeistert über die Jugendbewegung äußerte; vgl. Laqueur, Young Germany, 1984, S. 241-242.

16 Der „Bund Entschiedener Schulreformer" wurde 1919 in Berlin von Reformpädagogen u.a. von dem Sozialdemokraten Paul Oestreich und ehemaligen Mitgliedern des Philologenvereins gegründet und 1933 von den Nationalsozialisten verboten. Der Bund, der humanistische und demokratische Ziele hatte, wandte sich gegen Militarismus und soziale Privilegierung.

17 WT-Tagebucheintrag vom 29.04.1928.

18 Hesse, Hermann: Knulp. Drei Geschichten aus dem Leben Knulps. Frankfurt 1915.

19 WT-Tagebucheintrag vom 21.01.1928.

20 WT-Tagebucheintrag vom 25.11.1928.

21 Dieser Jugendbund war 1920 durch Zusammenschluss gegründet worden und nahm Jugendliche beiderlei Geschlechts auf.

22 WT-Tagebucheintrag von Pfingsten 1929.

23 Die „interdisziplinär arbeitende und international ausgerichtete Hochschule für Gestaltung" wurde 1919 von Walter Gropius in Weimar gegründet; vgl. dazu u.a. die Website des Bauhaus-Archivs: https://www.bauhaus100.de/de/damals/ueberblick/ (02.11.18). Angesichts der Fülle der Literatur vgl. die Auswahl bei Wikipedia: https://de.wikipedia.org/wiki/Bauhaus (02.11.18).

24 Auszug eines Briefes an Kahle im WT-Tagebucheintrag von Pfingsten 1929.

25 Nehls, Werner: Bauhaus und Marxismus. München 2010, S. 9.– Angesichts der vielen Literatur zum Bauhaus vgl. nur den Aufsatzband: Mythos Bauhaus.

Zwischen Selbsterfindung und Enthistorisierung. Hrsg. von Anja Baumhoff und Magdalena Droste. Berlin 2009. Darin untersucht der Politikwissenschaftler Klaus von Beyme in dem Aufsatz „Die Bauhausmoderne und ihre Mythen" (S. 337-356) die internen ideologischen und künstlerischen Kämpfe, die sich zwischen „reinen Künstlern" und „Nützlichkeitsfunktionalisten" bis zum Ende im Jahre 1932/1933 abspielten.

26 Die Kunstakademie ging aus der „Académie de Peinture et de Sculpture de Cassel" hervor, die der hessische Landgraf Friedrich II. 1777 gründete. Sie schloss 1931.

27 WT-Tagebucheintrag vom 27.02.1928.

28 WT-Tagebucheintrag vom 04.03.1928 (?).

29 WT-Tagebucheintrag vom 12.07.1928.

30 Rilke, Rainer Maria: Worpswede. Monographie einer Landschaft und ihrer Maler. Bremen 1951.

31 WT-Tagebucheintrag vom 13.07.1928.

32 WT-Tagebucheintrag: Dessau, im April 1929. Die Handschrift stammt aus späterer Zeit, vermutlich Umschrift zwischen 1984 und 1994.

33 WT-Tagebucheintrag vom 01.05.1929 mit Handschrift aus späterer Zeit.

34 WT-Tagebucheintrag vom 01.11.1929.– Die Kunstgewerbeschule Frankfurt a.M. wurde 1878 gegründet und in den 1920er Jahren in die Städelschule/Staatliche Hochschule für Bildende Künste integriert.

35 Das Drama „Cyankali" des Arztes und kommunistischen Schriftstellers Friedrich Wolf (1888-1953) löste 1929 eine heftige Diskussion zum Abtreibungsparagraphen 218 aus.

36 Das Drama „Brülle China" des kommunistischen Schriftstellers und Aktivisten Sergei M. Tretjakow (1892-1937 hingerichtet), der u.a. mit Wladimir Majakowski, Sergei Eisenstein und Bert Brecht zusammenarbeitete und in den 1920er Jahren China bereiste, schildert den Widerstand der Chinesen gegen ausländische Erpressungsversuche. Brecht hatte 1930 „Brülle China" in Berlin gesehen; vgl. Kesting, Marianne: Künstler im Granitblock des Kollektivs. Sergei Tretjakow: „Die Arbeit des Schriftstellers" und ein „Bio-Interview". In: DIE ZEIT vom 01.11.1974: http://www.zeit.de/1974/45/kuenstler-im-granitblock-des-kollektivs/ komplettansicht?print=true (02.11.18).

37 Der Roman „Die andere Seite" (Leipzig 1909) des Graphikers und Schriftstellers Alfred Kubin (1877-1959), der in einem vielschichtigen Traumreich spielt, wurde auch in jüngster Zeit adaptiert für das Theater (Schauspiel Frankfurt 2011), Oper (Michael Obst 2010) und Film („Traumstadt" von Johannes Schaaf, 1973).

38 Die Kleinschreibung in seinem Tagebuch begann WT 1929 und hielt sie bis 1940 mit Ausnahmen bei. Er begründete dies: „ich zweifle also bin ich". behauptung: „in zweifelsfällen schreibe klein". „ich zweifle, also bin ich (nach voraus). In der schrift offenbart sich das wesen eines menschen. zu dem wesen gehört der zweifel (nach vor). folglich: zweifle ich, so lange ich mensch bin. folglich: muß ich stets klein schreiben."; WT-Tagebucheintrag von Pfingsten 1929. – Zur Kleinschreibung und Vereinheitlichung siehe Einführung.

39 WT-Tagebucheintrag vom 18.11.1929.

40 WT-Tagebucheintrag vom 31.11.1929.

41 WT-Tagebucheintrag vom 16.06.1930.

42 1880 wurde das im Stil der Neorenaissance gebaute Frankfurter Opernhaus eröffnet und 1944 im Krieg stark zerstört. Nach heftigen Diskussionen um den Wiederaufbau wurde es 1981 als Konzert- und Veranstaltungsgebäude wieder eröffnet.

43 WT-Tagebucheintrag vom 19.10.1929.

44 WT-Tagebucheintrag vom 24.10.1929.

45 Breitkopf & Härtel, 1719 in Leipzig gegründet, ist der älteste Musikverlag der Welt.

46 Eine Ironisierung des Begriffes „Neue Sachlichkeit", mit dem Kunst und Literatur der Zwischenkriegszeit nach dem Expressionismus bezeichnet wurden.

47 WT meinte den sogenannten Wiener Kreis des Logischen Empirismus (oder Logischer Positivismus) um den Naturphilosophen Moritz Schlick (1882-1936; ermordet) einem Freund Albert Einsteins. Der Kreis, der den Austrofaschisten ein Dorn im Auge war, traf sich zwischen 1924 und 1936 regelmäßig in Wien; vgl. Sigmund, Karl, u. Stadler, Friedrich: Schmähwort „Positivist". In: ZEIT-Online vom 22.06.2015: http://www.zeit.de/2015/25/wiener-kreis-ausstellung/komplettansicht (02.11.18).

48 WT-Tagebucheintragung vom 01.11.1929.

49 Gropius, Walter: Die soziologischen Grundlagen der Minimalwohnung. Zusammenfassung [vorgetragen auf dem 2. Kongress, Oktober 1929 in Frankfurt]. In: CIAM. Internationale Kongresse für Neues Bauen. Dokumente 1928-1939. Hrsg. von Martin Steinmann. Basel, Stuttgart 1979, S. 49.

50 Frei stehender Schulgebäudekomplex mit zwei dreigeschossigen Teilen, die einen mittleren, niedrigeren einschließen; vgl. dazu Abbildungen der Volksschule in Celle. https://www.google.fr/search?q=otto+haesler+volksschule+celle&rlz =1C1EJFA_enDE795DE795&tbm=isch&tbo=u&source=univ&sa

=X&ved=2ahUKEwjCs7STl7beAhVPXhoKHTJUBPUQsAR6BAgFEAE&biw
=1536&bih=754 (02.11.18)

51 Emile Zola (1840-1902), französischer Schriftsteller und Journalist, war mit
zahlreichen Künstlern befreundet, schrieb sozialkritische Werke, u.a. „Thérèse
Raquin", den Roman-Zyklus „Die Rougon-Macquart", und brachte die Dreyfus-
Affäre in die Öffentlichkeit.

52 Die Technische Hochschule Berlin geht auf Vorgängereinrichtungen im 18.
Jahrhundert zurück, die 1879 zur TH zusammengelegt wurden. Seit 1946 firmiert
sie als Technische Universität Berlin; vgl. Technische Universität Berlin: http://
www.tu-berlin.de/menue/ueber_die_tu_berlin/profil_geschichte/geschichte
(02.11.18).

53 Der genaue Todeszeitpunkt von Richard Assmann wird bei Wikipedia, wo
auch die innerdeutsche Polemik von 1950 um die „Köpenicker Blutwoche"
dokumentiert wird, mit dem 20. Juni 1933 angegeben: https://de.wikipedia.org/
wiki/Richard_A%C3%9Fmann_(Betriebsrat) (02.11.18). – Laut Tagebucheintrag
vom 06.04.1933 (aus dem russischen Kemerowo) war WT vom 15.03. bis
30.04.1933 im Urlaub in Deutschland und Schweden. WTs Itinerar für 1933
enthält Ungereimtheiten, die sich nicht aufklären lassen.

54 Das „Reichsbanner Schwarz-Rot-Gold, Bund Deutscher Kriegsteilnehmer und
Republikaner" wurde 1924 gegründet als „überparteiliche Schutzorganisation der
Republik und der Demokratie im Kampf gegen Hakenkreuz und Sowjetstern"
(1. Bundesvorsitzender Otto Hörsing, 1931), SPD dominiert, und hatte 1932 drei
Millionen Mitglieder.

55 Baganz, Carina: Diskriminierung, Ausgrenzung, Vertreibung. Die Technische
Hochschule Berlin während des Nationalsozialismus. Berlin 2013, S. 155.

56 Vgl. WT-Tagebucheintrag vom 25.11.1928.

57 Einschub 1 im WT-Tagebucheintrag von November 1930: „War vorher auf einem
kath[olischen] Priesterseminar und ist dort wegen einer Frau geschasst worden".

58 Telegraphen Union war 1913 bis 1933 eine deutsche Nachrichtenagentur, die dem
reaktionären Pressemann und Politiker Alfred Hugenberg (1865-1951) gehörte.

59 Analog zu „Fähnlein der sieben Aufrechten", Novelle des Schweizer Dichters
Gottfried Keller (1819-1890), die 1861 in Leipzig erschienen war.

60 WT-Tagebucheintrag von November 1930.– Abdruck des zeitkritischen
Gedichts von Erich Kästner in ZEIT-ONLINE vom 02.08.1974: http://www.zeit.
de/1974/32/erich-kaestner-jahrgang-1899/komplettansicht (02.11.18).

61 Das Dorf Alt Lietzegöricke (Stare Lysogorski, heute in der polnischen Woiwodschaft Westpommern nahe der Grenze zur Bundesrepublik) lag 74 km südlich von Stettin und gehörte vor 1945 zur Provinz Brandenburg.

62 Aus der Sammlung „Méditations poètiques" stammt das Gedicht „Le Lac" von Alphonse de Lamartine: „Un soir t'en souviens-tu? Nous voguions en silence/ On n'entendait au loin, sur l'onde et sous les cieux/ Que le bruit des rameurs qui frappaient en cadence/ Tes flots harmonieux.": https://www.etudes-litteraires. com/Lamartine.php (02.11.18).

63 Bonsels, Waldemar: Indienfahrt. Frankfurt 1930 (bis dahin bereits 350.000 Exemplare gedruckt).

64 WT-Tagebucheintrag vom 16.06.1930 (s.o.).

65 Neuer Deutscher Verlag, Berlin, ab 1923 unter dem deutschen Kommunisten und Verleger Willi Münzenberg (1889-1940), gab u.a. „Arbeiter Illustrierte Zeitung", „Der Eulenspiegel" und die Boulevardzeitung „Welt am Abend" heraus.

66 Auszug aus seinem Brief an Reinhold Röder im Tagebucheintrag vom 27.01.1931.– Ein Jahr später publizierte Ernst May seinen Plan für Moskau; vgl. May, Ernst: Neuer Generalbebauungsplan für Groß-Moskau. In: Bauwelt vom 22.09.1932. In: Standardstädte. Ernst May in der Sowjetunion 1930-1933, 2012, S. 331-337.

67 Die „Proletarische Bauausstellung", die 1931 in Berlin stattfand, war von einem Kollektiv für sozialistisches Bauen entwickelt worden als Kontrast zur Deutschen Bauausstellung; vgl. Kollektiv für sozialistisches Bauen. Proletarische Bauausstellung. Wohnungsfrage. Mitarbeit von Jesko Fezer u.a. Leipzig 2015.

68 Flierl, Thomas: Planstädte für ein planloses Land. Ernst May in der Sowjetunion 1930-1933. In: Standardstädte. Ernst May in der Sowjetunion 1930-1933, 2012, S. 47.

69 Nehls, Bauhaus und Marxismus, 2010, S. 92.

70 May, Ernst: Warum ich Frankfurt verlasse. In: Frankfurter Zeitung vom 01.08.1930; abgedruckt in Standardstädte. Ernst May in der Sowjetunion 1930-1933, 2012, S. 192.

71 Die vier Grundsätze der 1. Ausstellung in 1928, die von Le Corbusier initiiert worden war, lauteten: Bauen ist eine elementare Tätigkeit des Menschen; Architektur soll den Geist einer Epoche ausdrücken; die Umwandlung der sozialen und wirtschaftlichen Struktur benötigt eine entsprechende Umwandlung der Architektur; Architektur hat eine wirtschaftliche und soziale Aufgabe im Dienste des Menschen. 1929 hieß das Thema „Die Wohnung für das Existenzminimum" und 1930 „Rationelle Bebauungsweisen"; vgl. Die Wohnung

für das Existenzminimum. Auf Grund der Ergebnisse des 2. Internationalen Kongresses für Neues Bauen, sowie der vom Städtischen Hochbauamt in Frankfurt a.M. veranstalteten Wander-Ausstellung. Hrsg.: Internat. Kongress f. Neues Bauen, Zürich. Frankfurt/Main 1930; Kohlrausch, Martin: Die CIAM und die Internationalisierung der Architektur. Das Beispiel Polen. In: Themenportal Europäische Geschichte (2007): http://www.europa.clio-online.de/site/lang__de/ItemID__258/mid__11428/40208214/default.aspx (05.11.18).

72 Vgl. Standardstädte. Ernst May in der Sowjetunion 1930-1933, 2012, S. 268, Anm. 1.– Die bereinigte Version des Vortrags in May, Ernst: Der Bau neuer Städte in der U.D.S.S.R. In: Das neue Frankfurt, 5, 1931, H. 7, S. 117-135.

73 Das fast wörtlich notierte Zitat in dessen abgedrucktem Berliner Redetext: May, Ernst: Der Bau neuer Städte in der U.d.S.S.R. In: Das Neue Frankfurt, Juli 1931; abgedruckt in: Standardstädte. Ernst May in der Sowjetunion 1930-1933, 2012, S. 287.

74 Knie, heutiger Ernst-Reuter-Platz.

75 Vgl. dazu die Einzelbeiträge in: Stürmische Aufbrüche und enttäuschte Hoffnungen. Russen und Deutsche in der Zwischenkriegszeit. Hrsg. von Karl Eimermacher u. Astrid Volpert. Unter Mitarb. von Gennadij Bordjugow. München 2006 (= West-östliche Spiegelungen; N.F. 2).

76 Kusnezk (heute: Nowokusnezk), russische Großstadt im Steinkohlerevier im Oblast Kemerowo im Südwesten Sibiriens. 1618 von Kosaken gegründet als Kusnezk, 1929 Beginn der Errichtung eines Metallurgiekombinats. 1932 zu Ehren Stalins in Stalinsk umgetauft; seit 1961 Nowokusnezk. 1939: 169.393, 2010: 547.904 Einwohner.

77 WT-Tagebucheintrag vom 05.11.1932.

78 Stadtsowjet; etwa: Stadtverwaltung.

79 WT-Tagebucheintrag vom 01.01.1933.

80 1921/1922 wurden in der Sowjetunion bereits „mehr als sieben Millionen ausgesetzte, verwahrloste, verwaiste oder von zu Hause ausgerissene Kinder" gezählt, die sich in Städten oder auf dem Land herumtrieben und häufig kriminell wurden. Die Probleme daraus führten dazu, dass bereits 1935 für Zwölfjährige das Erwachsenenstrafrecht (einschließlich Todesstrafe) eingeführt wurde; vgl. Handbuch des Kommunismus. Geschichte – Ideen – Köpfe. Hrsg. von Stéphane Courtois. München, Zürich 2010, S. 402-403; Heeke, Matthias: Reisen zu den Sowjets. Der ausländische Tourismus in Russland 1921-1941. Münster, Hamburg 2003, S. 464-465.

81 Über Entstehung, radikale Durchsetzung und Folgen der forcierten Industrialisierung im Rahmen des 1. Fünfjahresplans inmitten der Kollektivierung der russischen Landwirtschaft vgl. u.a. Service, Robert: Stalin. A biography. London, Basingstoke, Oxford 2004, S. 271-275; Osokina, Elena: Our Daily Bread. Socialist Distribution and the Art of Survival in Stalin's Russia, 1927-1941. Ed. by Kate Transchel. New York 2015.

82 EKKI = Exekutivkomitee der Kommunistischen Internationale, 1919 von Lenin in Moskau gegründet.

83 Magnitogorsk, heute Großstadt am Süd-Ural mit 411.000 Einwohnern, entstand im Rahmen des 1. Fünfjahresplan 1929 nach stark veränderten Plänen von Ernst May und wurde 1931 Industrie- und Arbeiterstadt. Über die starke Beteiligung seines niederländischen Mitarbeiters Mart Stam vgl. Möller, Werner: Mart Stam 1899-1986. Architekt-Visionär-Gestalter. Sein Weg zum Erfolg 1919-1930. Tübingen, Berlin 1997 (= Schriftenreihe zur Plan- und Modellsammlung des Deutschen Architektur-Museums in Frankfurt am Main; Bd. 2), S. 101-109.

84 Mit Magnitogorsk wurde unter May versucht, nach Vorstellungen von Nikolai A. Miljutin (1889-1940), dem Präsidenten der Staatlichen Studienkommission für den Bau neuer Städte, die Anlage von Bandstädten entlang von langen Transportwegen zu realisieren. Siehe Miljutin, Nikolai A.: Sozgorod. Probleme des Planens sozialistischer Städte. Grundlegende Prinzipien bei der Planung und beim Bau von Siedlungen in der UdSSR. Berlin 2008 [deutsche Faksimile-Ausgabe der russischen Ausgabe Moskau 1930 mit Miljutin-Biographie und Kommentar des Herausgebers Dimitrij Chmelznizki). Darin war die Vision einer marxistisch geprägten Stadt- und Lebensgestaltung entwickelt worden; vgl. dazu Drahomanow, S.: Neuer russischer Städtebau. In: Das neue Frankfurt, Jgg. 5, 1931, S. 53-56.

85 Kemerowo am Tom, 1918 gegründete, große Industriestadt (heute 532.981 Einwohner) und Hauptstadt des gleichnamigen Verwaltungsbezirks in Westsibirien (Kusbass).

86 Leningrad, seit 1991 St. Petersburg, wurde 1703 von Zar Peter dem Großen gegründet und war vom 18. bis ins 20. Jahrhundert Hauptstadt des russischen Kaiserreichs. Heute mit 5 Millionen Einwohnern zweitgrößte Stadt nach Moskau.

87 Archangelsk, 1584 gegründete, nordrussische Hafenstadt an der Mündung des Flusses Dwina, mit heute 350.000 Einwohnern.

88 Kirowsk, 1929 gegründete Bergbaustadt mit heute 29.000 Einwohnern, 175 km südlich von Murmansk. Sie wurde 1934 nach dem hohen sowjetischen Politiker und Anhänger Stalins Sergej Kirow benannt, der 1934 einem Attentat zum Opfer gefallen war.

89 Nishni Nowgorod, 400 km östlich von Moskau gelegen, ist heute mit 1,26 Millionen Einwohnern die fünftgrößte Stadt Russlands. 1221 gegründet, erlebte sie seit dem 17. Jahrhundert eine wirtschaftliche Blüte. In den 1930er Jahren hatte sie wegen der Rüstungsbetriebe den Status einer (für Ausländer) „geschlossenen Stadt". 1932 bis 1990 hieß sie Gorki (nach dem revolutionären Schriftsteller).

90 Im Rahmen des Neuen Frankfurt entstanden zwischen 1929 und 1932 nach Plänen Mart Stams 1.200 Wohnungen in der neueren Hellerhof-Siedlung.

91 Ort im Osten der heutigen Ukraine.

92 WT-Tagebuch-Eintrag Moskau vom 17.10.1934.

93 Karikatur (ohne Quellenangabe), eingeklebt in das WT-Tagebuch mit dem Eintrag vom 09.05.1933. Der handschriftliche Hinweis von WT weist auf Stalinsk, allerdings ohne Zeilenbauten.

94 Tscheljabinsk, russische Groß- und Industriestadt mit heute 1,5 Millionen Einwohnern, wurde 1736 erstmals erwähnt. Sie wurde durch die Transsibirische Eisenbahn zum wichtigen Verkehrsknotenpunkt.

95 Als Kulakenenteignung oder Entkulakisierung wird die Enteignung, Deportation und ggf. Vernichtung besitzender Bauern in der Sowjetunion verstanden, die 1929-1933 im Rahmen der Zwangskollektivierung der Landwirtschaft unter der Diktatur Stalins erfolgte und zu einer fatalen Hungersnot beitrug. Die Gesamtzahl der Toten wird auf fast 600.000 geschätzt; vgl. prämierten Wikipedia-Artikel: https://de.wikipedia.org/wiki/Entkulakisierung (06.11.18).

96 Die Karakum ist eine Wüste, die 90 % von Turkmenistan einnimmt. Die alte Seidenstraße führte hindurch mit der Oase Merw als Zwischenstation.

97 Tomsk am Tom, 1604 gegründet durch Zar Boris Godunow, heute Großstadt im Westen Sibiriens (524.669 Einwohner) und 3.500 km östlich von Moskau gelegen.

98 Späterer Einschub.

99 Die Objedinjonnoje gossudarstwennoje polititscheskoje uprawlenije (russisch: Объединённое государственное политическое управление): Vereinigte staatliche politische Verwaltung, OGPU), üblicherweise abgekürzt zu GPU, war seit 1922 die Bezeichnung der Geheimpolizei der Sowjetunion. Sie ging 1934 im Volkskommissariat für innere Angelegenheiten auf. Die GPU war die Nachfolgeorganisation der Tscheka und eine Vorläuferin des KGB.

100 Odessa, wichtige Hafenstadt am Schwarzen Meer mit heute 1 Millionen Einwohnern. 1794 von der Zarin Katharina der Großen gegründet. U.a. starke jüdische Minorität. Unter wechselnder russischer/sowjetischer oder ukrainischer Herrschaft.

101 Einschub aus späterer Zeit.

102 1908 gegründet als „Verein für das Deutschtum im Ausland. Schulverein e.V.". Der konservativ-nationalistische Verein geriet nach 1933 zunehmend unter den Einfluss der SS und wurde 1938 gleichgeschaltet.

103 1832 gegründetes Hilfswerk der Evangelischen Kirche für die in und außerhalb Deutschlands lebenden Gläubigen; Gustav-Adolf-Werke: http://www.gaw-wue. de/ueber-uns/geschichte-gaw/ (06.11.18).

104 Nowosibirsk, heute mit 1,5 Millionen Einwohnern größte Stadt Sibiriens und drittgrößte Russlands, wurde 1893 im Zusammenhang mit dem Bau der Transsibirischen Eisenbahn gegründet.

105 Murmansk, 1916 gegründete Hafenstadt nördlich des Polarkreises mit heute 308.000 Einwohnern.

106 Späterer Einschub.

107 Siehe dazu unten die nähere Schilderung des Zwischenfalls mit dem GPU-Mann.

108 Späterer Einschub.

109 Späterer Einschub.

110 WT-Tagebucheintrag vom Dezember 1940.

111 Nichtverifiziertes Zitat. Vermutlich las WT das Buch erst in Schweden, bei dem es sich um einen Titel von 1938 (!) handelt: Schubart, Walter: Europa und die Seele des Ostens. Luzern 1938. Das Buch des Kultur- und Religionsphilosophen erschien in mehreren Auflagen bis 1979. – Schubart, geboren 1897, emigrierte vor dem Nationalsozialismus mit seiner russisch-jüdischen Frau nach Riga, wurde 1941 von der GPU deportiert und starb 1942 in einem Lager in Kasachstan; vgl. Heymel, Michael: Der Kulturphilosoph Walter Schubart (1897-1942). Eine Spurensuche. Berlin 2015, S. 15-23.

112 Hier irrt WT, der 1930-1931 an der TH Berlin studierte, während Albert Speer dies 1925-1927 tat; vgl. Speer, Albert: Erinnerungen. München 2003, S. 27-28.

113 WT-Tagebucheintrag vom 07.11.1933.

114 Stadt im östlichen Donezkbecken mit heute ca. 64.000 Einwohnern. Früher Jekaterinburg.

115 WT-Tagebucheintrag von [vor dem] 17.10.1934. – In einem Brief (Abschrift ohne Datierung in den späteren Aufzeichnungen) an den Jugendfreund Jöbchen schilderte WT die Symptome einer „Darmvergiftung": „Als unser Bert schon gar nichts mehr im Magen behalten konnte, empfahl unsre Babuschka, ihm KLUGGVA [KLUKVA = Moosbeere; pflanzliches Heilmittel; vgl. http:// russische-volksmedizin.info/moosbeere-vaccinium/ (06.11.18)] zu geben. Sie hätte 9 Kinder damit groß gezogen und gesund erhalten. Wir wagten nicht, ihm

von diese[n] in Sibirien so dominierenden Waldbeeren zu geben. – 25 Jahre später [1959] erkrankte unser zweites Kind (Tochter) im gleichen Alter und gleichen Symptomen. Unser Kinderarzt in Schweden sagte uns, dass man erst seit 1945 ein Mittel dagegen gefunden hätte, und das war intervenös [richtig: intravenös] eingespritzte Fruchtsäure! Was hatte Babuschka gesagt?"

116 WT machte keine genauen Angaben. Die reinen Bezüge von Ernst Mays Fachleuten schwankten zwischen monatlich 400 US-$ plus 800 Rubel und 50 US-$ plus 400 Rubel pro Person; vgl. Arbeitsvertrag von Ernst May mit der Cekombank vom 15. Juli 1930 in: Standardstädte. Ernst May in der Sowjetunion 1930-1933, 2012, S. 422.

117 Alma Ata, seit 1993 Almaty (Stadt der Äpfel), lag jahrhundertelang an der Seidenstraße; heute mit 1,7 Millionen Einwohnern größte Stadt Kasachstans. Alma Ata war bereits im 10. Jahrhundert v. Chr. besiedelt. Im 14. Jahrhundert von den Mongolen zerstört, wurde 1854 dort die russische Festung Wernoje errichtet, 1867 das Stadtrecht an den Ort Werny gegeben. 1887 Zerstörung durch ein Erdbeben.

118 Taschkent, Hauptstadt Usbekistans mit heute 2 Millionen Einwohnern, im 3. Jahrhundert v. Chr. erstmals erwähnt, war seit 751 unter arabischem Einfluss. Im 13. Jahrhundert nahm Dschingis Khan die Stadt ein. Erst im 14. Jahrhundert erlebte sie eine neue Blütezeit.

119 Semey (früher: Semipalatinsk), Stadt in Ost-Kasachstan mit heute 300.000 Einwohnern; 1718 von Russen besiedelt. Semipalatinsk seit 1949 als Atomwaffentestgelände genutzt.

120 Turkestan-Sibirische Eisenbahn, 1927-1931 gebaut, war die 2.351 km lange Anbindung von Turkestan an die Transsibirische Eisenbahn, d.h. von Nowosibirsk (Russland) bis Arys (Kasachstan).

121 Samarkand bzw. Samarqand, usbekische Großstadt mit heute 361.000 Einwohnern, war schon 2.750 v.Chr. als Oasenstadt des persischen Reiches bekannt. Als Handelsstadt an der Seidenstraße erlebte sie auch unter islamischen Herrschern eine Blüte, bis sie 1220 durch Dschingis Khan zerstört wurde. Der Mongole Tamerlan machte sie dann zur Hauptstadt. 1868 kam die Stadt unter russische Herrschaft.

122 Buchara oder Buxoro, usbekische Großstadt (heute: 237.000 Einwohner) mit wichtigen Kulturbauten, war schon in antiker Zeit eine Oasenstadt. Als Schauplatz von Kriegen islamischer Herrscher wurde sie 1220 von Dschingis Khan weitgehend zerstört. Das Emirat Buchara behauptete sich auch unter der russischen Herrschaft (seit 1868). Die Madrasa/Medresse (Schule für islamische

Wissenschaften) war seit 1945 die einzige islamische Bildungseinrichtung in der Sowjetunion.

123 Merv bzw. Merw, Ruinenstadt, war in der Antike bereits eine blühende Oasenstadt im Südosten des heutigen Turkmenistan. An der Seidenstraße gelegen, war Merv wiederholt Kriegsschauplatz, aber in persisch-islamischer Zeit auch Hauptstadt. 1221 wurde sie unter dem Sohn von Dschingis Khan zerstört und die Bevölkerung ermordet. Merv kam 1883 unter russische Herrschaft.

124 Asjabad bzw. Aschgabat, die Hauptstadt Turkmenistans mit heute 407.000 Einwohnern, entwickelte sich aus einer Oasenstadt in der Wüste Karakum aus einem russischen Militärstützpunkt seit 1881. Die Stadt lag an der Kreuzung mehrerer Karawanenstraßen.

125 Krasnodwodsk, seit 1993 Türkmenbasy, Hafenstadt in Turkmenistan (heute mit 74.000 Einwohnern), die 1717 als russische Siedlung gegründet wurde. Die Hafenstadt ist Endpunkt der Transkaspischen Eisenbahn.

126 Baku, Hauptstadt von Aserbaidschan mit heute 2,2 Millionen Einwohnern, entstand aus einer Siedlung 8.000 Jahre v. Chr. und entwickelte sich später zu einem wichtigen Handelsort an der Seidenstraße. Im 19. Jahrhundert gewann Baku durch die Erdölförderung große Bedeutung.

127 Nach der „Machtergreifung" Hitlers am 30.01.1933 nutzten die Nationalsozialisten die Reichstagsbrandstiftung (27./28.02.1933) zu massiven Repressionen gegen ihre Gegner, insbesondere durch die Verordnung des Reichspräsidenten „zum Schutz von Volk und Staat"; vgl. Herbert, Ulrich: Geschichte Deutschlands im 20. Jahrhundert. München 2014, S. 305ff.

128 WT-Tagebucheintrag vom 06.04.1933 (Nachschrift aus späterer Zeit). Der Inhalt seines Koffers war für seine Frau und den kleinen Sohn gedacht.

129 Zu Alva Myrdal (1902-1986), der schwedischen Wissenschaftlerin, Friedenspolitikerin und Aktivistin der Frauenbewegung vgl. die Biographie: http://www.fembio.org/biographie.php/frau/biographie/alva-myrdal/ (07.11.18).

130 WT-Tagebucheintrag vom 06.04.1933 (Nachschrift aus späterer Zeit).

131 Vgl. WT-Tagebucheintrag von Dezember 1940 mit weiteren Details.

132 Kotlas, 1899/1917 entstanden als nordrussischer Verkehrsknotenpunkt und dann Stadt, war in den 1930er Jahren Deportationsort für Kulaken. Heute mit 61.000 Einwohnern.

133 Nishni Tagil, seit 1919 Stadt, heute Großstadt im Ural mit 361.811 Einwohnern.

134 WT erklärt nicht, ob sein Arbeitsvertrag auslief oder ob er ausgewiesen wurde.

135 Politruk, d.h. politischer Offizier oder – polemisch – politischer Beamter.

136 Muschik: Russisches Wort für (leibeigenen) Bauern bzw. umgangssprachlich für „alter Kerl".

137 Zar Iwan IV. ließ die prächtige Basilius-Kathedrale in Moskau 1555 anstelle der Holzkirche errichten, die an den Sieg über die Tataren erinnern sollte.

138 Die Lubjanka ist der inoffizielle Name des Gebäudes in Moskau (errichtet 1897/1898), in dem sich seit 1917 das Hauptquartier, Gefängnis und Archiv des sowjetischen Geheimdienstes und heute des russischen Inlandgeheimdienstes FSB befindet.

139 Mündliche Mitteilung von Roger Taesler.

140 1930 hatte Schweden 6,142 Millionen Einwohner. Die Zahl stieg bis 1950 auf 7,042 Millionen, insbesondere durch Einwanderung am Ende und nach dem Zweiten Weltkrieg. 2017 zählte das Land 10,120 Millionen; vgl. Population and Population Changes 1749-2017. SCB Statistiska Centralbyran: https://www. scb.se/en/finding-statistics/statistics-by-subject-area/population/population-composition/population-statistics/pong/tables-and-graphs/yearly-statistics--the-whole-country/population-and-population-changes/ (07.11.18).

141 Trondheim, gegründet 997 als Nidaros, ist eine Hafenstadt in Norwegen mit heute 188.000 Einwohnern.

142 Sylmassiv/Sylarna (schwedisch) ist ein Gebirge auf der Grenze zwischen Norwegen und Schweden.

143 Örebro, 200 km westlich von Stockholm und bereits eine im Mittelalter bekannte Stadt, war Zentrum der Schuhproduktion in Schweden im 19. Jahrhundert. 2010 wurden 107.000 Einwohner gezählt.

144 Flatruet ist eine Hochebene und Gebirgsstraße in Mittelschweden, die bis auf fast 1.000 m Höhe führt.

145 In Clarté versammelten sich in den 1930er Jahren linkssozialistische, kommunistische und antifaschistische Intellektuelle und Studenten wie der spätere, langjährige schwedische Ministerpräsident Tage Erlander (1901-1985), die Schriftstellerin Karin Boye (1900-1941) und die Schauspielerin und Agentin Karin Lannby (1916-2007), die zeitweise zweite Vorsitzende von Clarté war. Clarté existiert bis heute; Mitteilung von H. Müssener.

146 Dalarna ist die historische Provinz im Herzen Schwedens.

147 Västerås, Stadt in der schwedischen Provinz Vastmanland, seit 1120 Bischofssitz, liegt 100 km westlich von Stockholm und hat 111.000 Einwohner.

148 „Drei Zigeuner fand ich einmal/liegen an einer Weide,/als mein Fuhrwerk mit müder Qual/schlich durch die sandige Heide". Vgl. den Text von 1838 des

österreichischen Schriftstellers Nikolaus Lenau und die Melodie im Lieder-Archiv: http://www.lieder-archiv.de/drei_zigeuner_fand_ich_einmal-notenblatt_300542.html (07.11.18).

149 Messmör ist ein bräunlicher Streichkäse, vor allem hergestellt aus Ziegenkäse und nur in Skandinavien bekannt; Mitteilung von H. Müssener.

150 1 skandinavische Meile = 10 km.

151 Kooperativa Förbundet (KF), nach britischem Vorbild 1899 gegründete Einkaufsgesellschaft schwedischer Konsumgenossenschaften, die der Arbeiterbewegung nahestand und Monopoltendenzen im Handel abwehren sollte.

152 WT-Tagebucheintrag vom 26.04.1935.

153 Helsinki (schwedisch: Helsingfors), Hauptstadt Finnlands mit heute 700.000 Einwohnern.

154 Skeppsbron war der Kai der Altstadt von Stockholm, Schwedens Hauptstadt mit heute 868.000 Einwohnern (ohne Außengemeinden). Die Stadt geht auf eine Siedlung des 12. Jahrhunderts zurück.

155 Viggbyholm Skola, erste freie schwedische Internatsschule, 1928 gegründet in Stockholm.

156 Mälarhöjden ist ein südlicher Vorortsbezirk Stockholms.

157 Als Carta Caritatis wird das Verfassungsdokument des Zisterzienserordens aus dem 12. Jahrhundert verstanden, dem Bernhard von Clairvaux 1112 beitrat.

158 WT meinte die Schauprozesse, die im Januar 1937 in Moskau gegen führende sowjetische Kommunisten begannen; vgl. Fitzpatrick, Sheila: Everyday Stalinism. Ordinary Life in Extraordinary Times: Soviet Russia in the 1930s. Oxford 1999, S. 194-199.

159 Guldsmedshyttan ist ein frühneuzeitlicher Bergbauort in der Region Bergslagen und Limnäs eine ländliche Siedlung, beide bei Örebro.

160 WT-Tagebucheintrag vom Herbst 1939. Den Eintrag mit seinen Anmerkungen fügte er in seine späteren Aufzeichnungen ein. – Das Herbert Wehner zugeschriebene Dokument „Die deutschen Trotzkisten und die Gestapo" ist abgedruckt in: Die Internationale, Sondernummer, 1937, S. 14-26, zit. in Müller, Reinhard: Herbert Wehner – Moskau 1937. Hamburg 2004, S. 430-448. Die „Todesliste" ist abgedruckt bei Lindorm, Erik: Röda Listen. In: Vecko-Journalen, Nr. 51, vom 19.12.1937. Außer WT wurden darin genannt: Kurt Deutsch, Sell, Frau Paul, Reinhold und Olberg; vgl. Abdruck und Übersetzung in Anlage 2.

161 WT dürfte mindestens eines der Bücher Silones gelesen haben: „Der Fascismus" (1934), „Brot und Wein" (1937), „Schule der Diktatoren" (1938).

162 WT-Tagebucheintrag vom Herbst 1939.

163 Österdalälven ist ein nordschwedischer Fluss.

164 Bongbro/Bangbro ist heute ein Teil des Bergbauortes Kopparberg in der Provinz Örebro.

165 Nicht verifiziertes Zitat.

166 WT-Tagebucheintrag Örebro 1942.

167 Siehe Anm. 197 und 198

168 Heumann, Benny Heumann. Jahrgang 1907, 1997, S. 90.

169 Vgl. Zeese, Andreas: Arthur Korn und das Kollektiv für sozialistisches Bauen. In: Kollektiv für sozialistisches Bauen. Proletarische Bauausstellung, 2015, S. 48-49. – Benny Heumann und Gerhard Kosel waren seit den 1950er Jahren in hohen politischen Positionen für die Durchsetzung des industrialisierten Wohnungsbaus in der DDR tätig; vgl. Heumann, Benny Heumann. Jahrgang 1907, S. 76-89.

170 Dazu Wilhelm, Karin: Anmerkungen zur Rekonstruktion eines (Schein)Konflikts: Die Proletarische Bauausstellung und die Deutsche Bauausstellung in Berlin 1931. In: Kollektiv für sozialistisches Bauen. Proletarische Bauausstellung, 2015, S. 11-18. – Zum „Programm der proletarischen Bauausstellung" vgl. Faksimile ebenda, S. 27-45.

171 Punkt 7 der Erklärung der Münchener USPD vom Februar 1919, in der in 12 Punkten „eine wirkliche Räterepublik" u.a. mit der „Diktatur des klassenbewussten Proletariats" gefordert wurde; zit. bei Nehls, Bauhaus und Marxismus, 2010, S. 7-10.

172 Gropius, Die soziologischen Grundlagen der Minimalwohnung. Dokumente 1928-1939, 1979, S. 49.

173 Vgl. Poppelreuter, Tanja: Das Neue Bauen für den Neuen Menschen. Zur Wandlung und Wirkung des Menschenbildes in der Architektur der 1920er Jahre in Deutschland. Hildesheim 2007 (= Studien zur Kunstgeschichte; Bd. 171), S.78-79. – Sehr informativ ist die Filmdokumentation zu den Themen Bauteilfertigung, Montage, Frankfurter Siedlungen mit Kleinstwohnungen und Frankfurter Küche und den Architekten um Ernst May seit 1925 in „Das Neue Frankfurt. The New Frankfurt". Filme von/Films by Paul Wolff, Jonas Geist und Joachim Krausse. Herausgeber/Publisher Christian Hiller, Joachim Krausse, Philipp Oswalt. Absolut Medien/WDR 2015 [DVD]: https://absolutmedien.de/film/454/Das+Neue+Frankfurt (07.11.18).

174 Saldern, Adelheid von: ‚Neues Wohnen'. Housing and reform. In: Weimar Germany. Ed. by Anthony McElligott. Oxford 2009, S. 210-211.

175 Congrès Internationaux d'Architecture Moderne (CIAM) ab 1928 unter Beteiligung namhafter Architekten und Städteplaner; mitbegründet von Ernst May; Standardstädte. Ernst May in der Sowjetunion 1930-1933, 2012, S. 497.

176 Poppelreuter, Das Neue Bauen für den Neuen Menschen, 2007, S.144-146.

177 Vgl. Hobsbawm, Eric: The Age of Extremes. 1914-1991. London 2003, S. 178-198, bes. 178-179.

178 Siehe den Überblick von Cohen, Jean-Louis: Schwierige Begegnung. Die Architektur der russischen Avantgarde zwischen Ost und West. In: Baumeister der Revolution. Sowjetische Kunst und Architektur 1915-1935. Aus dem Englischen von Peter Sondershausen. Essen 2011 [Ausstellungskatalog der gleichnamigen Ausstellung in Berlin 2012], S. 13-21. – Vgl. auch den engagierten Überblick mit vielen Namen aus West- und Osteuropa von Wolfe, Ross: „The Graveyard of Utopia: Soviet Urbanism and the Fate of the International Avant-Garde" [Blog vom 11.08.2011 mit Teilen seiner Examensarbeit: https://thecharnelhouse.org/2011/08/11/the-graveyard-of-utopia-soviet-urbanism-and-the-fate-of-the-international-avant-garde-by-ross-wolfe-section-1/ (07.11.18)]. Fotos von Gebäuden in der Sowjetunion der 1920er und 1930er Jahre bei Wolfe, Ross: Moscow constructivism [Blog vom 20.05.2016: https://thecharnelhouse.org/2016/05/20/moscow-constructivism/ (07.11.18).

179 Hobsbawm, The Age of Extremes, 2003, S. 178-198.

180 Rilke, Worpswede. In: Sämtliche Werke. Bd. 5, 1965, S. 27. Darin auch die literarischen Porträts von Fritz Mackensen, Otto Modersohn, Fritz Overbeck, Hans am Ende und Heinrich Vogeler aus dem Jahre 1902. – Siehe auch den bis zur Gegenwart führenden Essai von Jürgs, Michael: Staffeleien im Moor. In: Der Tagesspiegel vom 15.07.2018.

181 Kommunistische Allunionspartei; später KPdSU.

182 So der kritische handschriftliche Bericht Gerhard Kosels vom 18.07.1934 aus Stalinsk an „DV EKKI Moskau" in: RGASPI (Kominternarchiv Moskau, Deutsche Sektion): f. 495, op. 205, d. 4448, I, 11-13. – Insgesamt handelt es sich bei Werner Taeslers Parteiakte um 24 Blätter, beginnend 1931 (nicht erfolgte Überführung als KPD-Mitglied in die WKP (B)) und endend 1937 (Spitzelbericht aus Kopenhagen vom 04.01. an die deutsche EKKI-Vertretung, wonach WT mit dem Trotzkisten Raoul Laszlo in Verbindung stand); s.a. dazu „Todesliste"/Rote Liste unten Anlage 2; freundliche Mitteilung von Astrid Volpert.

183 Ebenda.

184 Vgl. die umfangreiche Darstellung von Bois, Marcel: Kommunisten gegen Hitler und Stalin. Die linke Opposition der KPD in der Weimarer Republik. Eine

Gesamtdarstellung. Essen 2014, S. 525-531 (Fazit). In einem Glossar (S. 535-541) führt Bois 33 dieser Gruppen einzeln auf.

185 Siehe dazu Teile der Moskauer Kaderakte Herbert Wehners in: Müller, Reinhard: Die Akte Wehner. Moskau 1937 bis 1941. Berlin 1993; Müller, Herbert Wehner – Moskau 1937, 2004; Scholz, Herbert Wehner in Schweden 1941-1946, 1995; Fitzpatrick, Everyday Stalinism, 1999, S. 194-199.

186 WT-Tagebucheintrag vom Herbst 1939 (Auszug im Anhang). Den Eintrag mit seinen Anmerkungen fügte er in seine späteren Aufzeichnungen ein. – Das Herbert Wehner zugeschriebene Dokument „Die deutschen Trotzkisten und die Gestapo" ist abgedruckt in: Die Internationale. Sondernummer, 1937, S. 14-26, zit. in Müller, Herbert Wehner – Moskau 1937, 2004, S. 430-448. Darin auch über die angebliche Verbindung von WT mit dem „Antikomintern-Agenten" A. Rudolf alias Laszlo alias Richard Lengyel; s.a. Anlage 1. Die Liste ist abgedruckt im Artikel „Röda Listen" in: Vecko-Journalen, Nr. 51, vom 19. Dezember 1937 (s. Anlage 2 mit deutscher Übersetzung). Außer WT wurden darin genannt: Kurt Deutsch, Sell, Frau Paul, Reinhold und [Paul] Olberg.

187 Rudolf, A.: G.P.U. über Europa. In: Neue Zürcher Zeitung vom 11.09.1937, Bl. 3.

188 Nin wurde nach neueren Erkenntnissen 1937 vom sowjetischen Geheimdienst ermordet. Zu den Auseinandersetzungen unter den Anhängern der Republik vgl. Seidel, Carlos Collado: Der Spanische Bürgerkrieg. München 2016, 3. Aufl., S. 131-133.

189 Zu Jef Last, seinem Besuch der Sowjetunion mit André Gide, seiner kritischen Sicht sowie über die Erfahrungen im Spanischen Bürgerkrieg als Mitglied der Internationalen Brigaden siehe Wester, Rudi: Last, Josephus Carel Franciscus. In: BWSA: https://socialhistory.org/bwsa/biografie/last (07.11.18).

190 In der umfangreichen Akte zu Taeslers Einbürgerungsantrag wurde in dem Schreiben von Georg Nilsson, Justitiedepartementet, vom 20.03.1940 der Verdacht diskutiert, WT arbeitete mit schwedischen Nationalsozialisten zusammen, und die Befragung von Weinreich am 08.03.38 festgehalten, wonach WT Trotzkist gewesen wäre; Reichsarchiv Stockholm: Justitiedep Konseljakt 1947-06-06 Nr. 27. – Zu dem bewegten Lebenslauf von [Brun]Hilde Weinreich, geb. Rubinstein, die auch unter dem Pseudonym Katarina Brendel politisch und künstlerisch aktiv war, vgl. Schoppmann, Claudia: Rubinstein, Hilde in: Neue Deutsche Biographie, Bd. 22, 2005, S. 157-158.
http://daten.digitale-sammlungen.de/~db/0001/bsb00016410/images/index. html?id=00016410&groesser=&fip=yztsewqxdsydxdsydenewqeayaeayax dsydyzts&no=&seite=172 (07.11.18).

191 „I oktober 1937 uppgav han inför polisen i Stockholm, att han under sina omkring
två år i Ryssland blivit botad för sin „kommunistiska sjukdom““; vgl. den als
„Hemlig“ (Geheim) gekennzeichneten Bericht von J.W. Lönnerstam, Staatspolizei
Stockholm, vom 12.02.1947 im Reichsarchiv Stockholm: Justitiedep Konseljakt
1947-06-06 Nr. 27.

192 In dem darin aufgeführten Polizeibericht von 1943 wurde WT als Anti-Nazi
bezeichnet; vgl. ebenda. – Astrid Cleve war kurz mit dem deutsch-schwedischen
Nobelpreisträger Hans von Euler-Chelpin (1873-1964) verheiratet gewesen, der
laut Wikipedia während des Zweiten Weltkriegs in diplomatischer Mission für die
Deutschen tätig war.

193 In der Zeitung „Nedrikes Allehanda“ (Örebro) vom 18./19.07. 2017 schrieb der
Journalist Pelle Råssjö zwei Artikel über das Leben seines Großvaters Roderich
Stintzing (1885-1964); freundliche Mitteilung von Roger Taesler vom 07.08.2017.

194 Stintzing, der Atheist (!) gewesen sein soll, und seine Familie waren seitdem
befreundet mit der Familie Taesler; Mitteilung von Roger Taesler vom 07.08.2017.

195 Vgl. Rapport von Ragnar Ekval, Kriminalpolizei Stockholm, vom 13.08.1945
und Hj. Lidström, Kriminalpolizei Stockholm, vom 30.01.1947; Reichsarchiv
Stockholm: Justitiedep Konseljakt 1947-06-06 Nr. 27.

196 Müssener, Helmut: Exil in Schweden. Politische und kulturelle Emigration nach
1933. München 1974 (=Stockholmer germanistische Forschungen; Bd. 14),
S. 140, 177-178.

197 In den nachgelassenen Einbürgerungsunterlagen (im Besitz seines Sohnes Roger
Taesler) befindet sich Taeslers erster Antrag vom 07.04.1945 (!) sowie sein
zweiter, erfolgreicher vom 15.10.1946, eingegangen am 21.10.1946.

198 Vgl. in den Einbürgerungsunterlagen den Brief von Kurt Heinig. Als Bürgen für
WT fungierten die bekannten schwedischen Architekten Uno Åhrén (1897-1977)
und Ebbe Borg (1908-1987).

199 Freundliche Mitteilung des Bundesarchivs Berlin vom 15.02.2017: Taesler war
Nr. 295 im „Verzeichnis der flüchtig gegangenen Kommunisten“ des Geheimen
Staatspolizeiamts vom 31.05.1935 (Bundesarchiv Berlin: R 58/2294, Bl. 15) und
Nr. 3 der Fahndungsliste des Chefs der Sicherheitspolizei o. D. (Bundesarchiv
Berlin: BA 38162-1, S. 183). Als letzter Aufenthaltsort war Russland angegeben.

200 Mit dem Auftrag der GPU im Jahre 1933, während seines Deutschlandaufenthaltes
die Verbindungen des deutschen „Gustav-Adolf-Werkes“ und des „Vereins für
das Deutschtums im Ausland“ zur Sowjetunion zu recherchieren, erklären sich
vermutlich unterschiedliche Zeitangaben in WTs Aufzeichnungen. Laut WT-
Tagebucheintrag vom 06.04.1933 (aus dem russischen Kemerowo) war er vom

15.03. bis 30.04.1933 im Urlaub in Schweden und Deutschland. Laut seinem Tagebucheintrag vom Dezember 1940 hatte die GPU ihm 1933 den Auftrag für die Recherchen in Deutschland gegeben.

201 Im Sommer 1931 war der Tiefpunkt der Depression. Auch WT wäre angesichts einer Arbeitslosenquote von geschätzten 37 % (8 Millionen) im Jahre 1932 davon betroffen gewesen; vgl. dazu Wehler, Deutsche Gesellschaftsgeschichte, 2003, 4, S. 260-261.

202 Spannend und wertvoll wegen der Auswertung vieler Autobiographien und Nachlässe, die im Text jedoch sehr spärlich belegt werden: Muscheler, Ursula: Das rote Bauhaus. Eine Geschichte von Hoffnung und Scheitern. Berlin 2016. – Siehe z. B. Bruno Tauts Kritik an Ernst May und Hannes Meyer in der Sowjetunion; ebenda, S. 73-75.

203 Vgl. Russische Baukunst. Hrsg. u. ausgew. von Alexander Eliasberg. München 1922, S. 1. – Über die Strömungen in der modernen sowjetischen Kunst und Architektur vgl. den Überblick bei Kruft, Hanno-Walter: Geschichte der Architekturtheorie. Von der Antike bis zur Gegenwart. München 2013, 6. Aufl., S. 481-491.

204 Grabar, Igor: Istorija russkawo Iskusstwa [Geschichte der russischen Kunst]. Moskau 1911-1914, Bd. 1-3.

205 Der größte Teil der noch nicht veröffentlichten Unterlagen Grabars, die sich im Hause des deutschen Verlegers in Moskau befanden, wurden bei dem Deutschen-Progrom von 1914 vernichtet; vgl. dazu Russische Baukunst, 1922, S. 2. Nach der 33-seitigen Einleitung von Eliasberg folgen 161 meist ganzseitige Schwarzweiß-Abbildungen von Kirchen, Palästen und anderen öffentlichen Gebäuden.

206 May, Der Bau neuer Städte, 1931, S. 130.

207 Ebenda, S. 133.

208 Muscheler, Das Rote Bauhaus, 2016, S. 20-21.

209 Siehe dazu ausführlich Dücker, Burckhard: Reisen in die UdSSR 1933-1945. In: Reisekultur in Deutschland. Von der Weimarer Republik zum „Dritten Reich". Hrsg. von Peter J. Brenner. Tübingen 1997, S. 253-283. – Es ist ungewiss, wie umfangreich WT über die Strömungen in der modernen sowjetischen Kunst und Architektur informiert war; vgl. dazu den Überblick bei Kruft, Geschichte der Architekturtheorie, 2013, S. 481-491.

210 Vgl. das herzliche Vorwort von Werner Hebebrand zur deutschen Neuausgabe in: Lissitzky, [Lazar M.]: 1929. Russland. Architektur für eine Weltrevolution. Hrsg. von Ulrich Conrads. Berlin 1965 (= Bauwelt Fundamente; Bd. 14), S. 6. – Zu dem fragwürdigen Schlagwort „Funktionalismus" vgl. Michl, Jan: Form follows

WHAT? The modernist notion of function as a carte blanche. [MS 1995/2007: http://janmichl.com/eng.fff-hai.html (08.11.18)]

211 Miljutin, Sozgorod, 2008 [deutsche Faksimile-Ausgabe der russischen Ausgabe Moskau 1930 mit Miljutin-Biographie und Kommentar des Herausgebers Dimitrij Chmelznizki].

212 Tagebucheintrag vom 05.11.1932.

213 Vgl. dazu Heeke, Reisen zu den Sowjets, 2003, S. 70-79; Stürmische Aufbrüche und enttäuschte Hoffnungen, 2006.

214 Melnikova-Raich, Sonia The Soviet Problem with Two „Unknowns": How an American Architect and a Soviet Negotiator Jump-Started the Industrialization of Russia. Part I: Albert Kahn. In: The Journal of the Society for Industrial Archeology, 36 (2), 2010, S. 57-80, 59 (Zitat). – Die Verfasserin schildert detailliert die Anfänge der Industrialisierung der Sowjetunion und zugleich die Karrieren und Leben des Amerikaners Albert Kahn, eines gebürtigen deutschen Juden, und des sowjetischen Finanzpolitikers Saul G. Bron (1887-1938; erschossen) aufgrund amerikanischer und russischer Archivalien.

215 Cohen, Schwierige Begegnung, 2011, S. 18.

216 Vgl. die Dokumentation über May in: Standardstädte. Ernst May in der Sowjetunion 1930-1933, 2012.

217 Zitat und kurzer Überblick über die Bauhäusler im Ural bei Volpert, Astrid: „Bauhaus im Ural" – Geschichtsfelder im Spiegel des Erhalts von Gemeinschaftsbauten der Moderne im postsowjetischen Raum. In: ICOMOS – Hefte des Deutschen Nationalkomitees, Bd. 48, 2010, S. 60-65 [https://journals. ub.uni-heidelberg.de/index.php/icomoshefte/issue/view/2185 (08.11.18)]. – Siehe auch den Bericht eines ehemaligen Mitarbeiters Meyers: Püschel, Konrad: Die Tätigkeit der Gruppe Hannes Meyer in der UdSSR in den Jahren 1930 bis 1937. In: 1. Bauhaus-Kolloquium Weimar vom 27. – 29. Oktober 1976, S. 468-472 [https://e-pub.uni-weimar.de/opus4/frontdoor/index/index/docId/878 (08.11.18)].

218 Schicht der landbesitzenden, d.h. relativ wohlhabenden Bauern. – Den Wirkungszusammenhang von Entkulakisierung und massenhafter Freisetzung von ca. 3 Millionen (ungelernten) Arbeitskräften, die für die Industriearbeit nur sehr bedingt geeignet waren, und Kollektivierung erläutert Fitzpatrick, Sheila: The Great Departure. Rural-urban migration in the Soviet Union, 1929-33. In: Social Dimensions of Soviet Industrialization. Ed. by William Rosenberg and Lewis H. Siegelbaum. Bloomington 1993, S. 15-40, bes. 18 u. 24.

219 Dazu mit statistischen Nachweisen Hildermeier, Manfred: Geschichte der Sowjetunion 1917-1991. Entstehung und Niedergang des ersten sozialistischen Staates. München 1998, S. 368-434.

220 Vgl. im Folgenden ebenda, S. 370-377.

221 Kühne, Karl: Bucharin – Theoretiker und Skeptiker des Wachstumsprozesses. In: „Liebling der Partei". Bucharin – Theoretiker des Sozialismus. Hrsg. von Theodor Bergmann und Gert Schäfer. Hamburg 1989, S. 204 -217, bes. 210.

222 Stalin: „Wenn der Kopf abgeschnitten ist, vergießt niemand eine Träne auf das Haar"; laut Prawda vom 29.11.1929 zit. in Service, Stalin, 2004, S. 266-267, 633.

223 Im Jahre 1936 erklärte der Staat diesen Prozess als beendet, als 90 % der bäuerlichen Haushalte und 94 % des bebaubaren Landes zu Kolchosen gehörten; vgl. Osokina, Our Daily Bread, 2015, S. 43.

224 Vgl. u.a. die Angabe der unterschiedlichen Lebensmittelportionen ebenda, S. 88-101.

225 Vgl. Keller, Bill: University Presses; How one Russian dream went awry. In: The NewYorkTimes,24.09.1989(Books)http://www.nytimes.com/1989/09/24/books/university-presses-how-one-russian-dream-went-awry.html?pagewanted=all (08.11.18). Über seine Schilderungen des Alltags: Scott, John: Behind the Urals. An American Worker in Russia's City of Steel. Bloomington 1989, enlarged ed. [deutsche Ausgabe: „Jenseits des Ural. Die Kraftquellen der Sowjetunion." Stockholm 1944].

226 Die Bevölkerung der Sowjetunion (in den Grenzen von 1939) wuchs zwischen 1926 (148,5 Millionen) und 1937 auf 162,7 Millionen; vgl. Hildermeier, Geschichte der Sowjetunion 1917-1991, 1998, S. 1172 u. 1173, Tabellen A-1 u. A-2/1.

227 Ebenfalls zeitgleich wurde die Zwangskollektivierung und die Vernichtung der Kulaken durchgesetzt und damit eine schlimme Hungersnot ausgelöst; ebenda, S. 370-400.

228 Ebenda, S. 481.

229 Dazu Kühne, Bucharin – Theoretiker und Skeptiker des Wachstumsprozesses, 1989, S. 212.

230 Zit. in: Düwel, Jörn: Neue Städte für Stalin. Ein deutscher Architekt in der Sowjetunion 1932-1933. Berlin 2015 (=Grundlagen; Bd. 41), S. 26.

231 May, Ernst: Warum ich Frankfurt verlasse. In: Frankfurter Zeitung vom 01.08.1930; abgedruckt in Standardstädte. Ernst May in der Sowjetunion 1930-1933, 2012, S. 192-192.

232 Dazu Muscheler, Das rote Bauhaus, 2016, S. 11-16. Zu Mendelsohns kritisierten Plänen 1925-1927 vgl. ausführlich Grigorieva, Irina: Erich Mendelsohns Wirken als Architekt in der Sowjetunion [Magisterarbeit, Fakultät für Geschichts- und Kunstwissenschaften, Ludwig-Maximilians-Universität München 2003: https:// epub.ub.uni-muenchen.de/421/1/Grigorieva_Irina_Mendelsohn.pdf (08.11.18)].

233 Standardstädte. Ernst May in der Sowjetunion 1930-1933, 2012, S. 52-53 (Einleitung Fliers), 417-423 (Vertragstext). Lt. Vertrag sollte May im 1. und 2. Jahr $ 1.750, im 3. Jahr $ 2.000 und im 4. und 5. Jahr $ 2.250 sowie 2.000 Rubel monatlich erhalten. Daneben wurde ihm eine Vierzimmer-Wohnung kostenlos zugesichert; ebenda, S. 420.

234 Ebenda, S. 43.

235 Buekschmitt, Justus: Ernst May. Stuttgart 1963 (= Bauten und Planungen; Bd. 1), S. 60 – Zu Kurt Liebknecht vgl. Molnár, Virág: Building the State. Architecture, politics, and state formation in post-war Central Europe. London 2013, 59-60.

236 Buekschmitt, Ernst May, 1963, S. 60 – Fred Forbat war für Architektur, Werner Hebebrand für Krankenhausbau, Mart Stam für Wohnungsbau zuständig. Der Schweizer Sozialist Hans Schmidt, der später als Architekturgutachter in der DDR eine wichtige Rolle spielte, war ebenfalls für Wohnungsbau zuständig; Huber, Benedikt: Die Stadt des Neuen Bauens. Projekte und Theorien von Hans Schmidt. Zürich, Stuttgart 1993 (= ORL-Schriften; Bd. 45), S. 7 u. 44/45.

237 May, Ernst: Der Bau neuer Städte in der U.d.S.S.R. In: Das Neue Frankfurt, Juli 1931; abgedruckt in Standardstädte. Ernst May in der Sowjetunion 1930-1933, 2012, S. 268-288, bes. 269.

238 Standardstädte. Ernst May in der Sowjetunion 1930-1933, 2012.

239 Zitat aus „Wohnungen für 1 400 000 Menschen. Der frühere Frankfurter Stadtrat May über seine russischen Pläne" in Neueste Zeitung vom 08.08.1932, in: Standardstädte. Ernst May in der Sowjetunion 1930-1933, 2012, S. 328-329 u. S. 118-120 (über Kritik an May).

240 Vgl. dazu Hildermeier, Geschichte der Sowjetunion 1917-1991,1998, S. 480-487; Flierl, Planstädte für ein planloses Land, 2012, S. 55.

241 May selbst sprach von der „Kollektivisierung [!] des Wohnungswesens"; vgl. Friedmann, Werner: Ein deutscher Baumeister baut Städte in Russland. In: Neue Leipziger Zeitung vom 29.08.1930; abgedruckt in: Standardstädte. Ernst May in der Sowjetunion 1930-1933, 2012, S. 202-203 – Architekt May in Magnitogorsk. In: Moskauer Rundschau vom 21.12.1930; abgedruckt ebenda, S. 220-222.

242 Vgl. Ernst May. Neuer Generalbebauungsplan für Groß-Moskau. In: Bauwelt, 22.09.1932; abgedruckt ebenda, S. 332-334.

243 Vgl. Abdruck des Briefes vom 07.09.1931 ebenda, S. 425-426.

244 Flierl, Thomas: „Vielleicht die größte Aufgabe, die je einem Architekten gestellt wurde." Ernst May in der Sowjetunion (1930-1933), MS mit Karte von 2011, ohne Seitenangabe: https://www.exzellenzcluster.uni-konstanz.de/uploads/ media/Arbeitsgespraech-Flierl-Ernst-May-121108.pdf (12.11.18). – Siehe auch die Dokumentation der ernst-may-gesellschaft „Catalogue Raisonné. Soviet Union 1930-1933": https://ernst-may-gesellschaft.de/en/ernst-may/catalogue-raisonne/soviet-union-1930-1933.html (16.11.18).

245 Quiring, Claudia: Vom ‚Karpfenteich' zur ‚Kaviargewöhnungskur' – Einblicke in das Leben von Mays Mitarbeitern in Schlesien, Frankfurt und der Sowjetunion. In: Ernst May 1886-1970. Hrsg. von Claudia Quiring, Peter Schmal, Eckhard Herrel. München, London, New York 2011, S. 144.

246 Positive Schilderungen ebenda, S. 131-156.

247 Wörtlich zitiert bei Flierl, Planstädte für ein planloses Land, 2012, S. 114.

248 Vgl. Einführung zu Miljutin, Sozgorod, 2008, S. 3, 28-29.

249 Zit. in Anmerkungen zur Einführung ebenda, S. 39.

250 Buekschmitt, Ernst May, 1963, S. 61 u. 62.

251 Standardstädte. Ernst May in der Sowjetunion 1930-1933, 2012, S. 104-113.

252 Dazu Cohen, Schwierige Begegnung, 2011, S. 13-21. - Einen Überblick als Einleitung zur großen Londoner Ausstellung „Revolution: Russian Art 1917-1932" in der Royal Academy of Arts vom 11.02. bis 17.04.2017 bietet Sixsmith, Martin: The story of art in the Russian Revolution. [Text vom 20.12.2016: https:// www.royalacademy.org.uk/article/art-and-the-russian-revolution (12.11.18)].

253 Zu der Diskussion vgl. Kruft, Geschichte der Architekturtheorie, 2013, S. 488-491.

254 Siehe Miljutin, Sozgorod, 2008, S. 1-41, bes. 15-17 (Biographie), 62-63 (Zitat).

255 Vgl. dazu Sohn, Elke: Zum Begriff der Natur in Stadtkonzepten. Anhand der Beiträge von Hans Bernhard Reichow, Walter Schwagenscheidt und Hans Scharoun zum Wiederaufbau nach 1945. Hamburg 2008 (= Schriftenreihe der Stipendiatinnen und Stipendiaten der Friedrich-Ebert-Stiftung; Bd. 30), S. 178.

256 Zu El Lissitzky, seinen Aufenthalten in Deutschland und anderen sowjetischen Künstlern vgl. mit der Betonung auf der Kunstgeschichte: Sarabjanow, Dmitri: An der Spitze der internationalen Avantgarde. Russische und deutsche Kunst von

1910 bis in die zwanziger Jahre. In: Berlin – Moskau 1900-1950. [Katalog der Ausstellung „Berlin – Moskau", 03.09.1995 – 07.01. 1996 im Martin-Gropius-Bau Berlin]. Hrsg. von Irina Antonowa und Jörn Merkert. München, New York 1995, S. 97-103.

257 Vgl. dazu mit Fotos von errichteten modernen Gebäuden in der UdSSR den zeitgenössischen Bericht einer jungen Architektin: Pilewski, Leonie: Neue Bauaufgaben in der Sowjet-Union. In: Die Form. Zeitschrift für gestaltende Arbeit, Jg. 5, 1930, H. 9, S. 231-237.

258 Lissitzky, El: Russland. Die Rekonstruktion der Architektur in der Sowjetunion. Wien 1930 (= Neues Bauen in der Welt; Bd. 1). - Vgl. auch Cohen, Schwierige Begegnung, 2011, S. 16-17.

259 Lissitzky, Russland, 1930, S. 15.

260 Lodder, Christina: Building for Socialism. In: Revolution. Russian Art 1917-1932. [Katalog der Ausstellung in der Royal Academy of Arts London 2017. Hrsg. von Tim Marlow, John Milner, Natalia Murray und Ann Dumas] London 2017, S. 257-269, bes. 258. Den heutigen desolaten Zustand eines von zwei tatsächlich gebauten Wohnblöcken dokumentieren Fotos bei Wikipedia: https://en.wikipedia.org/wiki/Narkomfin_building#/media/File:Narkomfin_Building_Moscow_2007_01.jpg (12.11.18)

261 Siehe Foto ebenda, S. 267.

262 Die Menschen richteten sich stattdessen u.a. eigene Küchen ein, und der Volkskommissar N. Miljutin ließ sich sogar ein eigenes Penthaus auf dem Dach des Narkomfinhauses bauen; vgl. Cathcart-Keays, Athlyn: Moscow's Narkomfin building: Soviet blueprint for collective living – a history of cities in 50 buildings, day 29. In: The Guardian, 05.05.2015: https://www.theguardian.com/cities/2015/may/05/moscow-narkomfin-soviet-collective-living-history-cities-50-buildings (12.11.18).

263 Zit. bei Muscheler, Das rote Bauhaus, 2016, S. 73. Die Erzählung erschien 1928 auf Russisch. Ilf (1897-1937) und Petrow (1903-1942) waren die Autoren u.a. der beiden bekannten satirischen Romane „Zwölf Stühle" (1928) und „Das goldene Kalb" (1931).

264 An die Leningrader Ausstellung von 1932 erinnerte 2017 mit Bildern, Postern, Modellen und Filmsequenzen die große Ausstellung in London; vgl. den Katalog: Revolution. Russian Art 1917-1932, 2017. Darin insbesondere die Aufsätze von John Milner und Christina Lodder mit den entsprechenden Abbildungen.

265 Über die Auseinandersetzungen und die Beschlüsse von 1932, mit denen die Kommunistische Partei die Kontrolle über die Kunstschaffenden durchsetzte,

siehe aus russischer Sicht Chan-Magomedow, Selim: Moskauer Architektur von der Avantgarde bis zum stalinistischen Empire. In: Berlin – Moskau 1900-1950. [Katalog der Ausstellung „Berlin – Moskau", 03.09.1995 – 07.01. 1996 im Martin-Gropius-Bau Berlin]. Hrsg. von Irina Antonowa und Jörn Merkert. München, New York 1995, S. 205-209, bes. 206. – Der Plan für das heute größte Theater Russlands, das 1944 fertig wurde und am 12. Mai 1945 eröffnet wurde (Abbildung 20), ging auf Ideen des avantgardistischen Regisseurs und Schauspielers Wsewolod E. Meyerhold (1874-1940; erschossen) zurück; siehe Website des Theaters: https://novat.nsk.ru/en/theatre/theatre/history/ (01.12.18).

266 Chan-Magomedow, Moskauer Architektur von der Avantgarde bis zum stalinistischen Empire, 1995, S. 206.

267 Zitat von Kurt Liebknecht; in seinem Bericht 30 Jahre später schrieb May versöhnlich über die Entwicklung in der sowjetischen Architektur seit 1930; vgl. Standardstädte. Ernst May in der Sowjetunion 1930-1933, 2012, S. 132-139 (Einführung Fliers), 477-478 (May in 1960); Witkin, Zara: An American Engineer in Stalin's Russia. The Memoirs of Zara Witkin, 1932-1934. Ed. by Michael Gelb. Berkeley, Los Angeles, Oxford 1991, S. 234.

268 Zit. bei Muscheler, Das rote Bauhaus, 2016, S. 84.

269 Flierl, Planstädte für ein planloses Land, 2012, S. 139-140.

270 Melnikova-Raich, The Soviet Problem with Two „Unknowns", Part I: Albert Kahn, 2011, S. 19-20.

271 Gropius im Vorwort zu Buekschmitt, Ernst May,1963, S. 9.

272 Ebenda.

273 Vgl. dazu ausführlich Flierl, Planstädte für ein planloses Land, 2012, S. 52-58, 67.

274 Fotos und folgende Zitate in: Pistorius, Elke: Fachbeitrag: May in Magnitogorsk. In: moderneRegional, 16/2, 2016 [http://www.moderne-regional.de/fachbeitrag-may-in-magnitogorsk/ (12.11.18)].

275 Vgl. Gelb, Michael: Editor's Introduction in: Witkin, An American Engineer in Stalin's Russia, 1991, S. 2-6 (darin u.a. Gelbs Bericht über die Zehntausende von Begeisterten und deren Berichte),16.

276 Ebenda, S. 7-10.

277 Witkin, An American Engineer in Stalin's Russia, 1991, S. 49.

278 Ebenda, S. 82-83.

279 Zur Durchsetzung seines angemeldeten Patents ("Interlocking Blocks") schrieb Witkin noch einen weiteren Brief an Stalin, in dem er sich erneut über die

Hemmnisse der sowjetischen Bürokratie beschwerte; ebenda, S. 8-9 (Gelbs Einführung), 153-178,189, 266.

280 Ebenda, S.232-235; Düwel, Neue Städte für Stalin, 2015, S. 26.

281 Figes, Orlando: Die Flüsterer. Leben in Stalins Russland. Berlin 2008, 4. Aufl., S. 269-270.

282 Der Ingenieur Rukeyser, war mit seiner Ehefrau gekommen und auf Einladung der sowjetischen Regierung bereits seit 1928 für den Asbest-Bergbau bei Swerdlowsk tätig; Rukeyser, Walter Arnold: Working for the Soviets. An American Engineer in Russia. London 1932, S. 12-13, 46..

283 Rukeyser, Working for the Soviets, 1932, S. 118.

284 Ebenda, S. 119-120, 140-150 (über die Strukturen des Sowjetischen Staatstrusts, dessen Aktien allerdings bei der Staatsbank lagen, sowie über die Besonderheiten des allumfassenden Fünfjahresplans: „"Production, to be sure, is the ratio existendi").

285 Vgl. insbesondere seine Schilderungen des Alltags; Scott, Behind the Urals, 1989, S. 63, 89-92.

286 In dem Werk bei Quebec wurden ca. 3.100 Mitarbeiter insgesamt für die Förderung von ca. 275.000 Tonnen; im sowjetischen Asbest wurden rund 12.000 Arbeiter für die Förderung von lediglich 30.000 Tonnen im Jahre 1927 eingesetzt; Rukeyser, Working for the Soviets, 1932, S. 132-133.

287 Ebenda, S. 89; Dukes, Paul: A History of the Urals. Russia's Crucible from Early Empire to the Post-Soviet Era. London, New York 2015, S. 134-135. – Über die frühen Pläne zur Umstellung von Traktoren- auf Panzerproduktion in den 1930er Jahren vgl. Melnikova-Raich, The Soviet Problem with Two „Unknowns", Part I: Albert Kahn, 2010, S. 59 mit Stalinzitat.

288 Vgl. mit Zitaten Düwel, Neue Städte für Stalin, 2015, S. 7-10. – Wolters hatte verwandtschaftliche Beziehungen zur Industriellenfamilie Klöckner. Über seine freundschaftlichen Kontakte und die enge Zusammenarbeit mit dem späteren NS-Rüstungsminister Albert Speer vgl. Deschan, André: Im Schatten von Albert Speer. Der Architekt Rudolf Wolters. Berlin 2016.

289 Deschan, Rudolf Wolters, 2016, S. 66-67.

290 Der Vertrag der Cekom-Bank mit der Gruppe May mit anderer Bezeichnung ab 1932; vgl. Huber, Die Stadt des Neuen Bauens, 1993, S. 44/45.

291 Sehr wahrscheinlich meinte Wolters die Industriestadt Kusnezk, damals Stalinsk (heute: Nowokusnezk); s.o. Anm. 76. Leninsk ist dagegen eine Kleinstadt von heute 15.504 Einwohnern in Südrussland.

292 Wolters in: Düwel, Neue Städte für Stalin, 2015, S. 147-148.

293 Meyer wirkte nach seiner Entlassung in Dessau 1930 bis 1936 als Städteplaner und Dozent der Hochschule für Architektur in der Sowjetunion. 1936 ging er wegen Repressionen wieder in die Schweiz und war zehn Jahre in Mexiko als Architekt tätig; http://cms.bauhaus100.de/de/damals/koepfe/direktoren/hannes-meyer/ (12.11.18).Über seine städteplanerischen und politischen Differenzen mit Ernst May in der Sowjetunion vgl. Flierl, Thomas: Die Proletarische Bauausstellung: Kontexte und Bruchlinien in Berlin und Moskau. In: Kollektiv für sozialistisches Bauen. Proletarische Bauausstellung, 2015, S. 107-112.

294 Zitate bei Düwel, Neue Städte für Stalin, 2015, S. 7-10

295 Vgl. Deschan, Rudolf Wolters, 2016, S. 91-94.

296 Walter Hämer, ein meist freischaffender deutscher Architekt, hielt sich von 1931 bis 1933 in der Sowjetunion auf; Hämer, Walter: Tagebücher der Russlandjahre - Kunstgeschichtliches. Hrsg. von Hardt-Waltherr Hämer und Peter Hämer. Bearb. von Karl-Robert Schütze. Berlin 2010 (= Schriften aus dem Archiv der Universität der Künste Berlin; Bd. 14); S. 12 (zu Mays Vortrag), 252.

297 Heinrich Vogeler, ehemaliges Mitglied der Worpsweder Künstlerkolonie, vermittelte auch den Besuch Hämers in die UdSSR; ebenda, S. 12; Vogeler, Heinrich: Werden. Erinnerungen. Mit Lebenszeugnissen aus den Jahren 1923-1942. Neu hrsg. von Joachim Priewe u. Paul-Gerhard Wenzlaff. Berlin 1989 [1. Ausgabe: Vogeler, Heinrich: Erinnerungen. Hrsg. von Erich Weinert. Berlin 1952], S. 533 (Chronik).

298 In Nord-Süd-Richtung hatte das Unternehmen 1931 eine Ausdehnung von 73 km, in Ost-West-Richtung von 40 km; Hämer, Tagebücher der Russlandjahre – Kunstgeschichtliches, 2010, S. 51-61.

299 Ebenda.

300 Vgl. die Kurzcharakterisierungen ebenda, S. 40, 94-95.

301 Hämer, Tagebücher der Russlandjahre – Kunstgeschichtliches, 2010, S. 96-97.

302 Über die Begegnung Hämers mit Bucharin siehe ebenda, 2010, S. 13-23. Zu Bucharin vgl. „Liebling der Partei". Bucharin - Theoretiker des Sozialismus. Beiträge zum Internationalen Bucharin-Symposium, Wuppertal 1988. Hrsg. von Theodor Bergmann und Gert Schäfer. Hamburg 1989.

303 Hildermeier, Geschichte der Sowjetunion 1917-1991, 1998, S. 371.

304 Bucharin, Nikolai, und Preobraschenski, Jewegeni Alexejewitsch: Das ABC des Kommunismus. Populäre Erläuterung des Programms der Kommunistischen Partei Russlands (Bolschewiki). 1920/1921 [zahlreiche Ausgaben des Textes in Deutsch].

305 Poppelreuter, Das Neue Bauen für den Neuen Menschen, 2007, S.186.

306 Ebenda, S. 186-187. Auch Gropius' Planung einer Großsiedlung, die er 1929 für 20.000 Einwohner auf genossenschaftlicher Basis kalkulierte, war laut Poppelreuter von der Entwicklung des Neuen Menschen ausgegangen.

307 Rukeyser, Working for the Soviets, 1932, S. 39-48.

308 Vgl. dazu Vatlin, Alexander: Das Russlandbild der deutschen Emigranten in der stalinistischen Sowjetunion. In: Forum für osteuropäische Ideen- und Zeitgeschichte, 12, 2008, S. 47-64.

309 Witkin, An American Engineer in Stalin's Russia,1991, S. 26. – Es bleibt offen, ob sein privates Rückkehrmotiv, die verlorene Liebe zu der russischen Schauspielerin, den Ausschlag gab.

310 Siehe dazu den Brief Witkins an seine Mutter in den USA, den er am 06.02.1934 aus Moskau kurz vor seiner Ausreise schrieb; Witkin, An American Engineer in Stalin's Russia, 1991, S. 302.

311 Ebenda, S. 313.

312 Vgl. die scharfsinnige Analyse von Politik und Gesellschaft im letzten Kapitel; ebenda, S. 308.

313 Bonwetsch, Bernd: Der „Große Terror" – 70 Jahre danach. In: Zeitschrift für Weltgeschichte, 9. Jg., 2008, H. 1, S. 128. Aus der Vielzahl der Publikationen zum „Großen Terror" vgl. Fitzpatrick, Everyday Stalinism, 1999; Rybakow, Anatolij: Jahre des Terrors. München 1992 (halbdokumentarischer Roman). – Figes bezeichnet den Großen Terror als „eine durchdachte Strategie des Massenmordes"; Figes, Die Flüsterer, 2008, S. 350.

314 Deutsche Übersetzung aus Friedrich, Carl J., und Brzezinski, Zbigniew K.: Totalitarian Dictatorship and Democracy. Cambridge MA, 1965, S. 169, zit. in Primoratz, Igor: Staats-Terrorismus und Gegen-Terrorismus. In: Terror & der Krieg gegen ihn. Öffentliche Reflexionen. Hrsg. von Georg Meggle. Paderborn 2003, S. 58.

315 Vatlin, Alexander: „Was für ein Teufelspack": die Deutsche Operation des NKWD in Moskau und im Moskauer Gebiet 1936 bis 1941. Berlin 2012, S. 62, 91, 249-256 (unter Betonung der Auswirkungen der Wendungen der sowjetischen Außenpolitik, insbesondere gegenüber Hitler-Deutschland) .

316 Ausführlich ebenda. – Dokumentation von Einzelschicksalen in „Ich kam als Gast in euer Land gereist …". Deutsche Hitlergegner als Opfer des Stalinterrors. Familienschicksale 1933-1956. Hrsg. von Wladislaw Hedeler u. Inge Münz-Koenen. Berlin 2013.

317 Vatlin, der entsprechende Strafakten in russischen Archiven auswertete, nennt neben Philipp Tolziner Isaak Butkow, Gerhard Moser, Leo Wassermann und Michael Kowarski; Vatlin, „Was für ein Teufelspack", 2012, S. 62. – Zu Tolziner insbesondere als Restaurator in der Sowjetunion, vgl. Volpert, Astrid: Perm erinnert an seinen Bauhaus-Architekten. Zum 100. Geburtstag von Philipp Tolziner am 16. Oktober 2006 http://www.astrid-volpert.de/aktuell.de.htm (12.11.18).

318 Weinert ehrte 1952 seinen Freund Vogeler mit der Herausgabe von dessen autobiographischen Schriften; vgl. Vogeler, Werden. Erinnerungen, 1989, S. 548-549 (Nachwort der Herausgeber); s.a. http://www.bundesstiftung-aufarbeitung. de/wer-war-wer-in-der-ddr-%2363%3B-1424.html?ID=3738 (12.11.18).

319 Er wurde aus Moskau evakuiert und dort bei einem Kolchosbauern einquartiert; Vogeler, Werden, 1989, S. 356-364 u. 501-503, 533-540 (Erläuterungen der Herausgeber).

320 Vogeler war zeitweise bei der KPD-Opposition um August Thalheimer engagiert und deswegen 1929 aus der KPD ausgeschlossen worden. Seine zweite Ehefrau war Zofia (Sonja) Marchlewska, die Tochter eines Weggenossen Lenins und Freundes von Dserschinski; Bergmann, Theodor: „Gegen den Strom". Die Geschichte der Kommunistischen –Partei-Opposition. Hamburg 1987, S. 342.

321 Vgl. Taesler, Werner: Jordbrukarnas bostäder och arbetsplatser i Sovjetunionen [Wohnungen und Arbeitsplätze der Bauern in der Sowjetunion]. In: Byggmästaren, 1935, Nr. 20, S. 112-120; Taesler, Werner: Sjukhusbyggandet i Sovjetunionen [Krankenhausbau in der Sowjetunion]. In: Arkitektur och samhälle. Nr. 1, Jg. 4, 1935, S. 33-52; Taesler, Werner: Bostadsbyggandet i Sovjetunionen [Wohnungsbau in der Sowjetunion]. In: Byggmästaren, 1936, S. 213-226. – Dank an Prof. Lars Olof Larsson für die Übersetzungen aus dem Schwedischen.

322 Die Zuverlässigkeit der statistischen Daten konnte nicht überprüft werden.

323 Zur Architekturausbildung in der Sowjetunion, dem Stadtplaner Nikolai A. Miljutin und seiner Vision einer marxistischen Stadt „Sozgorod vgl. Lippert, Hans-Georg: Visionen von Architektur. 9. Vorlesung. Sozgorod und die sowjetische Avantgarde der 1920er Jahre. MS TU Dresden, Wintersemester 2017/2018 [https://tu-dresden.de/bu/architektur/ibad/bg/ressourcen/dateien/ lehre/lehrmaterialien/vorlesungen-archiv/visionen_wise1718/VL-Visionen-2017-09-Texte.pdf?lang=de (12.11.18)]; Miljutin, Sozgorod, 2008, S. 1-41 (Einführung von Dimitrij Chmelnizki).

324 Über die Theorien zur Ansiedlung entlang von Verkehrswegen, den Bandstädten, sowie Gartenstädten und Cités Industrielles und deren ökologischen und sozialen Aspekten vgl. den Überblick bei Fürst, Franz; Himmelbach, Ursus; Port, Petra:

Leitbilder der räumlichen Stadtentwicklung im 20. Jahrhundert – Wege zur Nachhaltigkeit? Dortmund, Januar 1999. Fakultät für Raumplanung (= Berichte aus dem Institut für Raumplanung; H. 41): http://www.raumplanung.tu-dortmund.de/irpud/pro/struktur/ber41.pdf (12.11.18).

325 Vgl. Ausgabe von Miljutin, Sozgorod, 2008.

326 Siehe oben die Schilderungen im Oktober 1934.

327 Tagebucheintrag vom 26.04.1935.

328 WT-Tagebucheintrag vom Herbst 1939.

329 Amark, Klas: Sweden and the refugees, 1933-45. In: Reaching a state of hope. Refugees, immigrants and the Swedish welfare state 1930-2000. Ed. by Mikael Byström and Pär Frohnert. Lund 2013 S. 39-53. – Zur Arbeitsmarktentwicklung in den 1930er und 1940er Jahren siehe Nordlund, Sven: Belastung oder Gewinn? In: Ein sehr trübes Kapitel? Hitlerflüchtlinge im nordeuropäischen Exil 1933 bis 1950. Hrsg. von Einhart Lorenz, Klaus Misgeld, Helmut Müssener, Hans Uwe Petersen. Hamburg 1998 (= IZRG-Schriftenreihe; Bd. 2), S. 87-113.

330 4,2 Millionen wohnten noch auf dem Lande; vgl. Statistisk Arsbok for Sverige 1930. Stockholm 1930, S. 4 http://www.scb.se/Grupp/Hitta_statistik/Historisk_statistik/_Dokument/Statistisk%20%C3%A5rsbok%201914-2001/Statistisk%20arsbok%20for%20Sverige%201930.pdf. (12.11.18). - Zur Industrialisierung vgl. Sejersted, Francis: The Age of Social Democracy. Norway and Sweden in the Twentieth Century. Princeton, Oxford 2011, S. 19-21.

331 Sejersted, The Age of Social Democracy, 2011, S. 4-8.

332 Vgl. Peters, Exilland Schweden, 1984, S. 2-4. Die aus marxistischer Sicht geschriebene, fundierte Arbeit ging aus einer Greifswalder Dissertation von 1975 hervor.

333 Gilmour, John: Sweden, the Swastika and Stalin. The Swedish Experience in the Second World War. Edinburgh 2010, S. 22ff.

334 Die 1921 in Lübeck gegründete Nordische Gesellschaft sollte die deutsch-nordischen Kulturbeziehungen pflegen. Erst mit Hitlers Machtergreifung geriet sie unter den Einfluss der Nationalsozialisten. Die Nordische Gesellschaft war dann de facto dem Außenpolitischen Amt von Hitlers Chefideologen Alfred Rosenberg unterstellt; vgl. Piper, Ernst: Alfred Rosenberg. München 2005, S. 275-284.

335 Gilmour, Sweden, the Swastika and Stalin, 2010, S. 170ff.

336 Ebenda, S. 158ff.

337 Myrdal, Alva und Gunnar: Kris i befolkningsfragan [Die Bevölkerungskrise]. Stockholm 1934 [engl. Ausgabe: Nation and Family. New York, London 1941].

338 Vgl. dazu Byström, Mikael, u. Frohnert, Pär: Acknowledgements and general background. In: Reaching a state of hope. Refugees, immigrants and the Swedish welfare state 1930-2000. Ed. by Mikael Byström and Pär Frohnert. Lund 2013, S. 10-20.

339 Darunter waren Werke von Markelius, Sundahl und Åhrén; Bartning, Hans: Schwedisches Bauen. In: Die Form. Zeitschrift für gestaltende Arbeit, Jg. 5, 1930, H. 17, S. 447-459 mit Zitaten. – Sowohl der zweite CIAM-Kongress als auch Ernst May benutzten die Terminologie; May, Ernst: Die Wohnung für das Existenzminimum. In: Das neue Frankfurt, 3, 1929, H. 11, S. 209-212.

340 Dazu ausführlich Kuchenbuch, David:Architecture and Urban Planning as Social Engineering: Selective Transfers between Germany and Sweden in the 1930s and 1940s. In: Journal of Contemporary History, 5 (1), 2016, S. 22-39.

341 Neufert, Ernst: Bau-Entwurfslehre. Grundlagen, Normen und Vorschriften über Anlage, Bau, Gestaltung, Raumbedarf, Raumbeziehungen, Maße für Gebäude, Räume, Einrichtungen und Geräte mit dem Menschen als Maß und Ziel. Handbuch für den Baufachmann, Bauherrn, Lehrenden und Lernenden, Berlin 1936. – Das Werk erscheint 2019 in der 42. (!) Auflage.

342 Über die Sorge in Schweden und Dänemark, dass sich 1938 und 1939 ein Massenexodus jüdischer Flüchtlinge ereignen würde, und dessen Auswirkungen auch auf den Arbeitsmarkt vgl. Lindberg, Hans: Svensk flyktingpolitik under internationellt tryck, 1936-1941. Stockholm 1973, S. 294-301 (Summary).

343 Dünzelmann hat dafür umfangreiches, ungedrucktes, biographisches Material (darunter zu dem Schriftsteller und Künstler Peter Weiss) ausgeschöpft; vgl. Dünzelmann, Anne E.: Stockholmer Spaziergänge. Auf den Spuren deutschsprachiger Exilierter 1933-1945. Bremen 2016.

344 Müssener, Exil in Schweden, 1974. Darin u.a. ein „Who is who in der deutschsprachigen Emigration in Schweden?"; S. 495-525.

345 Byström und Frohnert, Acknowledgements and general background, 2013, S. 18. – Lt. Sejersted kamen zwischen 1933 und 1940 7.200 deutsche Flüchtlinge nach Schweden (2.680 gingen nach Norwegen); Sejersted, The Age of Social Democracy, 2011, S. S. 95-97.

346 Nicht unproblematische Berechnungen bei Peters, Exilland Schweden, 1984, S. 28-31. S.a. Byström/ Frohnert, Acknowledgements and general background, 2013, S. 18.

347 Zum „small-state-realism" siehe Gilmour, Sweden, the Swastika and Stalin, 2010, S. 270ff.

348 Ebenda, S. 274ff.

349 Vgl. Rudberg, Pontus: The Swedish Jews and the Holocaust. London, New York 2017, S. 37 (Gesetz von 1937), 48 (Flüchtlingszahlen 1933-1938), 253. – Lt. Rudberg, der mir freundlicherweise sein im Druck befindliches Werk zur Verfügung stellte, ist die staatliche Politik in Schweden zwischen 1933 und 1945 gegenüber jüdischer Einwanderung viel restriktiver gewesen ist, als dies bisher bekannt war.

350 Zu „Gustav Möller's secret police" (nach dem schwedischen Sozialminister) vgl. Gilmour, Sweden, the Swastika and Stalin, 2010, S.134-136, 145-147 u. 152-153 (über deutsche Geheimdienste), 133 (über Stalins Geheimdienst).

351 Zur Neutralität Schwedens, die Haltung zum benachbarten Norwegen und zu Finnland vgl. auch Sejersted, The Age of Social Democracy, 2011, S. 185-188.

352 Hierzu im Folgenden Gilmour, Sweden, the Swastika and Stalin, 2010, S. 35ff. - Zur Problematik einer teilweisen Zusammenarbeit Schwedens mit dem Dritten Reich siehe Ertel, Manfred: Braunes Netzwerk im Norden. In: Der Spiegel, Special, 2, 2005, S. 40-41.

353 Gilmour, Sweden, the Swastika and Stalin, 2010, S.158.

354 Ebenda, S. 115ff.

355 Ebenda, S. 67, 77, 283.

356 Ebenda, S. 202.

357 Dazu gehörte auch der deutsche Komintern-Agent und spätere Stasi-Chef Ernst Wollweber; ebenda, S. 146-147.

358 Ebenda, S. 150-151.

359 Amark, Sweden and the refugees, 2013, S. 41-42.

360 Eine Auflistung der schwedischen Flüchtlingshilfsorganisationen mit Betonung der Flüchtlingshilfe der Arbeiterbewegung (Arbetarrörelsens flyktingshjälp) und der internen Auseinandersetzungen der politischen Gruppierungen gibt Müssener, Exil in Schweden, 1974, S. 77-91.

361 Peters, Exilland Schweden, 1984, S. 54-57.
Siehe dazu auch den Augenzeugen-bericht von Theodor Bergmann (1916-2017), der als jüdischer Kommunist (KP-Opposition), nach Schweden emigrierte, vom 02.04.2015: Von Emigranten und Landstreichern: www.youtube.com/watch?v=JDQaPNAgTgI&list=PL6i8ItscgHTvhi5vLKhAkl71cuGno5UqJ&index=9 (13.11.18).

362 Gillis Hammar (1887-1981), Stig Bendixon (vermutlich identisch mit Stig Benediktsson) und Matilda Widegren, die 1935 in Bendixons Haus ein klubähnliches „Internationales Foyer" begründeten. Die Schriftstellerin und Pazifistin Mia Leche

Löfgren engagierte sich für Spenden zugunsten des Hilfskomitees für Intellektuelle; Peters, Exilland Schweden, 1984, S. 79-87, 90-95.

363 Vgl. den Überblick bei Müssener, Exil in Schweden, 1974, S. 77-91.

364 Vgl. dazu Mays, Christin: For the Sake of Democracy. Samarbetskommitteén för demokratiskt uppbyggnadsarbete. Master thesis, Fall 2011. Uppsala University, Dep. of History; Dep. of History [http://uu.diva-portal.org/smash/get/diva2:752780/FULLTEXT01.pdf (13.11.18)] Müssener, Exil in Schweden, 1974, S. 262-270.

365 Vgl. dazu Rudberg, Der frühe Funktionalismus. 1930-40, 1998, S. 81-109.

366 Siehe das Foto der Gruppe acceptera von 1931, zu der neben Markelius und Sundahl noch Wolter Gahn, Uno Åhrén, Gunnar Asplund und Gregor Paulsson gehörten: https://commons.wikimedia.org/wiki/Category:Eskil_Sundahl#/media/File:Acceptera_1931a.jpg (13.11.18).

367 Dazu mit Fotos von frühen funktionalistischen Gebäuden u.a. von Markelius: Rudberg, Der frühe Funktionalismus. 1930-40, S. 82-89. – Das Jahr 1925, als Le Corbusiers Pavillon auf der Pariser Ausstellung gezeigt und von den skandinavischen Besuchern erlebt wurde, wird als das Durchbruchsjahr für die neue Architektur in Schweden bezeichnet. – In der Folge wurde der sogenannte schwedische Funktionalismus in der Architektur als schlichte (kritisch auch: armselige) Eleganz gesehen.

368 Vgl. die Einzelbeiträge und den Abdruck der englischen Übersetzung von acceptera in: Modern Swedish design. Three founding texts. Ed. and with an introduction by Lucy Creagh. New York 2008.

369 Englischer Text: acceptera. Uno Åhrén, Gunnar Asplund, Wolter Gahn, Sven Markelius, Gregor Paulson, Eskil Sundahl. In: Modern Swedish design. Three founding texts, 2008, S. 140-339 mit zahlreichen Abbildungen. Vgl. dazu Creagh, Lucy: An Introduction to acceptera. In: Ebenda, S. 126-339.

370 Ebenda, S. 338.

371 Vgl. deutsche Übersetzung im Katalog der Stockholmer Ausstellung von 1978 mit Fotos von entsprechenden Werken der acceptera-Mitglieder ab 1931: Aufbruch und Krise des Funktionalismus. Bauen und Wohnen in Schweden 1930-80. [Hrsg.] Bengt O.H. Johansson. Stockholm 1976, S. 75.

372 Ebenda, S. 22.

373 Die Plakette in dem sechsgeschossigen Gebäude in John Ericssonsgatan, Stockholm: „Built in 1935 to a design by Sven Markelius, Sweden's first service apartments aimed to make life easier for professional women with families. There

was a progressive children's nursery, meals could be supplied from the restaurant via a kitchen lift and there were laundry chutes on each floor". – Die Idee dazu war als „Family hotel" in dem acceptera-Manifest skizziert worden; vgl. englischen Text von acceptera in: Modern Swedish design. Three founding texts, 2008, S. 212-218. Diese Idee wurde – im Gegensatz zu anderen acceptera-Ideen - jedoch nicht massenhaft umgesetzt; vgl. Creagh, An Introduction to acceptera. In: Ebenda, S. 135.

374 Siehe oben.

375 Vgl. englische Übersetzung der Markelius-Biographie: http://www.wikiwand. com/en/Sven_Markelius (13.11.18).

376 Zitat und theoretische Debatte bei Wieser, Christoph: Erweiterung des Funktionalismus 1930-1950. Lausanne 2005 (Thèse No 3204 École Polytechnique Fédérale de Lausanne), S. 160 u. 165 [https://infoscience.epfl.ch/record/33672/ files/EPFL_TH3204.pdf (13.11.18)]. – Original dazu Taesler, Werner: Idee und Form. Zur Frage der Monumentalität. In: (Das) Werk, 29, 1942, H. 2/3, S. 67-71.

377 Taesler, Idee und Form, 1942, S. 67-70.

378 Vgl. Aufbruch und Krise des Funktionalismus, 1976, S. 104; Rudberg, Der frühe Funktionalismus. 1930-40, 1998, S. 93-94 (mit Abbildungen) u. 382.

379 So im Vorwort die Herausgeber von Architektur im 20. Jahrhundert. Schweden. [Katalog zur Ausstellung „Architektur im 20. Jahrhundert: Schweden im Deutschen Architektur-Museum, Frankfurt am Main (4. Mai 1998 – 28. Juni 1998)] Hrsg. von Claes Caldenby, Jöran Lindvall u. Wilfried Wang. München, New York 1998, S. 8.

380 Siehe oben S. 139-144.

381 Vgl. dazu Müssener, Exil in Schweden, 1974, S. 115-117; Vorträge, gehalten auf der ersten Tagung der „Internationalen Architektengruppe zum Studium von Wiederaufbauproblemen" in Stockholm, den 8.-9. Oktober 1944. Stockholm 1944.

382 Siehe dazu die auf statistischem Material aufbauende Arbeit von Metzger, Martina: Bewältigung, Auswirkungen und Nachwirkungen des Bombenkrieges in Berlin und London 1940-1955. Zerstörung und Wiederaufbau zweier europäischer Hauptstädte. Stuttgart 2013 (= Historia Altera; Bd. 1), und die Rezension von Henschke, Ekkehard in: Archiv für Sozialgeschichte, 14.10.2014: http://library. fes.de/pdf-files/afs/81594.pdf (13.11.18).

383 Taesler, Werner: Hitlerdeutsche Gedanken und Pläne zum Wiederaufbau der deutschen Städte. In: Vorträge, gehalten auf der ersten Tagung der „Internationalen

Architektengruppe zum Studium von Wiederaufbauproblemen" in Stockholm, den 8.-9. Oktober 1944. Stockholm 1944, S. 21-24

384 Im September 1942 legte A.A. Uthwatt, Vorsitzender des „Expert Committee on Compensation and Betterment" des britischen Ministeriums für Arbeit und Planung dem Parlament einen Bericht vor. Darin wurden kurz- und langfristige Empfehlungen für den Wiederaufbau nach dem Krieg sowie für die Landnutzung und Kompensationen beim Wohnungsbau und bei der Ansiedlung von Industrie. Wegen der vorgeschlagenen Planungspolitik wurde dies auch in den USA als eine ideologische Wende in der britischen Wirtschaftspolitik betrachtet; vgl. Spengler, Edwin H.: American and English Comment on the Uthwatt Report: Committee on Urban Land Policies. In: Journal of the American Institute of Planners, Vol. 8, 1942, 4, S. 16-26: http://www.tandfonline.com/doi/abs/10.1080/01944364208979035?journalCode=rjpa19 (13.11.18).

385 Taesler, Werner: Der Umfang der Zerstörung in Deutschland und die Aufgabenstellung des zivilen Wiederaufbaus. In: Vorträge, gehalten auf der ersten Tagung der „Internationalen Architektengruppe zum Studium von Wiederaufbauproblemen" in Stockholm, 1944, S.4.

386 Forbat, Fred: Der Wiederaufbau des deutschen Wohnungsbestandes. Die Ökonomie seiner Durchführung. In: Vorträge, gehalten auf der ersten Tagung der „Internationalen Architektengruppe zum Studium von Wiederaufbauproblemen" in Stockholm, 1944, S. 25-31.

387 Die Weimarer Verfassung von 1919 legte in Artikel 155 fest: „3) Die Bearbeitung und Ausnutzung des Bodens ist eine Pflicht des Grundbesitzers gegenüber der Gemeinschaft. Die Wertsteigerung des Bodens, die ohne eine Arbeits- oder Kapitalaufwendung auf das Grundstück entsteht, ist für die Gesamtheit nutzbar zu machen."

388 Ebenda. – Siehe auch Vorträge, gehalten auf der ersten Tagung der „Internationalen Architektengruppe zum Studium von Wiederaufbauproblemen" in Stockholm, 1944.

389 Müssener, Exil in Schweden, 1974, S. 271-272; Dünzelmann, Stockholmer Spaziergänge, 2016, S. 71-72.

390 WT in einem Brief an den Architekten und Stadtplaner Uno Åhrén (1897-1977), einem wichtigen Vertreter des schwedischen Funktionalismus und Mitglied der Gruppe acceptera, vom 20.10.1945; Kuchenbuch, David: Geordnete Gemeinschaft. Architekten als Sozialingenieure – Deutschland und Schweden im 20. Jahrhundert. Bielefeld 2010, S. 139 Anm. 71.

391 Vgl. dazu Le Corbusier: La guerre de cent ans. In: (Das) Werk, Jgg. 31, 1944, S. 1-2; Roth, Alfred: Planen und Bauen nach dem Kriege von der Schweiz aus gesehen, ebenda, S. 2-5; Bernoulli, Hans: Der Wiederaufbau in England, ebenda, S. 6-9; Roth, Alfred: Der Wiederaufbau und die Probleme der Notsiedlung. In: (Das) Werk, Jgg. 32, 1945, H. 6, S. 167-176.

392 Zu den Zweckbauten, die WT in den 1950er und 1960er Jahren als selbständiger Architekt realisierte, gehörten u.a. das Gebäude der Fabrik „Bandindustri" von Alfred Ortweiler in Kumla sowie dessen Villa in Örebro, die Berufsschulgebäude in Hallsberg und Karlskoga; vgl. WT „Personl. Data", Örebro, 01.05.1962 [maschinenschriftl. MS]; Mitteilung von Roger Taesler. WT nahm auch an mehreren Wettbewerben teil.

393 WT hatte ihn 1940 in Stockholm kennengelernt; vgl. das Foto der beiden Ehepaare von 1940 in Schweden bei Kopp, Barbara: Bildergeschichten II. 14. Oktober 2013: http://www.laurewyss.ch/wp-content/uploads/wp-post-to-pdf-cache/1/bildergeschichten-ii.pdf (14.11.18); Zietzschmann, Ernst, und Taesler, Werner: Vom schwedischen Holzbau. In: (Das) Werk, 31,1944, H. 2, S. 58-67: http://www.e-periodica.ch/cntmng?pid=wbw-002:1944:31::805 (14.11.18).

394 Siehe die Beschreibung mit Abbildungen in: Taesler, Werner, und Robertson, Jerker: Ingenjörs- och yrkesskoleanläggningen i Karlskoga: redogörelse för skolans tillkomst och utformning / utg i samband med invigningen 1966 [Ingenieurs- und Berufsschuleinrichtung in Karlskoga: Erklärung der Schule, Herkunft und Design. Bei der Eröffnung der UTG]. [av/von] Byggnadskommittén för ingenjörs- och yrkesskoleanläggningen i Karlskoga; [teckningar; Werner Taesler]. Karlskoga 1966.

395 Mitteilung von Roger Taesler.

396 Taesler, Werner: Vom Siedlungsbau zum Städtebau. Stockholms bauliche Entwicklung während 25 Jahren. In: Bauen + Wohnen, 11, 1959, H. 9, S. 308.

397 Zu dieser Stadt, die bis in die 1970er Jahre als Arbeiterstadt (besonders Schuhindustrie) eine besondere Rolle in der Stadtplanung einnahm, vgl. Rudberg, Eva: Der Aufbau der Wohlfahrtsgesellschaft im „Volksheim". 1940-60. In: Architektur im 20. Jahrhundert. Schweden, 1998, S. 122-124.

398 Müssener, Exil in Schweden, 1974, S. 296. – Peter Weiss lebte seit 1939 im schwedischen Exil, davor in der Tschechoslowakei und stellte als Tscheche für die CSR aus; vgl. Madsen, Hvidtfeldt Karen: Widerstand als Ästhetik. Peter Weiss und die Ästhetik des Widerstands. Wiesbaden 2003, S. 86-88.

399 Brief Werner Taeslers an Karl Otto Paetel vom 11.03.1949 im Archiv der deutschen Jugendbewegung, Nachlass Paetel. – Über Paetels abenteuerlichen

Lebensweg vgl. die Biographie im Anhang von Paetel, Karl Otto: Jugend in der Entscheidung. 1913 – 1933 - 1945. Bad Godesberg 1963, 2. stark erw. Aufl., S. 305-307.

400 Vgl. die Korrespondenz im Archiv der deutschen Jugendbewegung: Nachlass Paetel. Zu dem Publizisten und „Nationalbolschewisten" Karl Otto Paetel; Ahrens, Rüdiger: Bündische Jugend. Eine neue Geschichte 1918-1933. Göttingen 2015 (=Moderne Zeit; Bd. 26), S. 264-269; Paetel, Jugend in der Entscheidung.1913 -1933 – 1945, S. 305-307. – Paetel setzte sich später als Publizist für die deutsche Exilliteratur ein; Müssener, Exil in Schweden, 1974, S. 21, 443, 515.

401 Vgl. die umfangreiche Liste, die Irene Taesler 1946-1949 für versandte Pakete mit Lebensmitteln führte (Besitz Inger Taesler).

402 Auch nachfolgende Zitate aus dem Brief WTs vom 02.02.1967 an Trude Gundelach.

403 Zu dem umfangreichen gedruckten Werk von Peter Weiss vgl. die Nennungen der Deutschen Nationalbibliothek. https://portal.dnb.de/opac.htm?method=simpleSearch&query =118630539&sortOrderIndex=&cqlMode=false&hitnumber= (14.11.18).

404 In WTs Brief vom 02.02.1967 an Trude Gundelach.

405 Taesler, Werner: Schweden – eine Ferienalternative. Masch.-schriftl. MS von ca. 1965.

406 Taesler, Werner: Das Wandern ist des Lappen Kunst. Masch.-schriftl. MS von ca. 1965.

407 Taesler, Werner: Hur land blev landskap. Malmö 1985.

408 Rune, Alf: Tar ut stegen mot hundra. In: Allehanda vom 03.11.1982; Viktorson, Bengt: Fran Stalins Sibirien till Behrens biograf. In: Kuriren [Örebro] vom 04.11.1987, S. 16-17.

409 Dogramaci, Burcu: Kulturtransfer und nationale Identität. Deutschsprachige Architekten, Stadtplaner und Bildhauer in der Türkei nach 1927. Berlin 2008.

410 Ebenda, S. 23.

411 Pistorius, May in Magnitogorsk, 2016.

412 Dazu siehe Gabriele Grawe in: Göckede, Regina, u. Grawe, Gabriele D.: „Neues Bauen in der Fremde". In: Netzwerke des Exils. Künstlerische Verflechtungen, Austausch und Patronage nach 1933. Hrsg. von Burcu Dogramaci und Karin Wimmer.Berlin 2011, S. 98-108. Der aus Ungarn stammende Forbat erwarb im Laufe seines Lebens drei (!) Staatsbürgerschaften.

413 Vgl. auch den unterschiedlichen biographischen Hintergrund bei Deschan, Rudolf Wolters, 2016, S. 81-133. – Zu dessen Ausstellung siehe die Dokumentation von Düwel, Jörn, und Gutschow, Niels: Baukunst und Nationalsozialismus. Demonstration von Macht in Europa, 1940-1943. Die Ausstellung Neue Deutsche Baukunst von Rudolf Wolters. Berlin 2015 (Grundlagen; Bd. 42).

414 Necker, Sylvia: Konstanty Gutschow 1902-1978. Modernes Denken und volksgemeinschaftliche Utopie eines Architekten. München, Hamburg 2012, S. 37-38.

415 Vgl. die Karikatur von Hans Stephan mit dem Vermerk „zum Aushang genehmigt. Speer" in: Larsson, Lars Olof und Sabine, Lamprecht, Ingolf: „Fröhliche Neugestaltung" oder die Gigantoplanie von Berlin 1937-1943. Albert Speers Generalbebauungsplan im Spiegel satirischer Zeichnungen von Hans Stephan. Kiel 2008, S. 90.

416 Über Hitlers sowie Speers persönlichen Baustil und den klassischen nationalsozialistischen Architekturstil mit griechischer Säulenornamentik berichtete erstmals – unter Nutzung privater und staatlicher Materialien - Larsson, Lars Olof: Die Neugestaltung der Reichshauptstadt. Albert Speers Generalbebauungsplan für Berlin. Stockholm 1978 (= Stockholm studies in history of art; Bd. 29); vgl. die Abbildungen in: derselbe, Albert Speer. Le Plan de Berlin 1937-1943. Brüssel 1983.

417 Zur gleichen Zeit formulierte der Hamburger Architekt Konstanty Gutschow die exkludierende und nicht-egalisierende, gebaute „Volksgemeinschaft" und schlug u.a. die „[NSDAP-]Ortsgruppe als Siedlungszelle" vor. In der geplanten Ordnung der „Volksgemeinschaft" störten im Krieg allerdings die Baracken der verschleppten Zwangsarbeiter – von den „verschwundenen" Juden ganz zu schweigen; vgl. ausführlich Necker, Sylvia, Von der Hoffnung auf die neue Ordnung der Stadt. Architekten planen (für) die NS-Volksgemeinschaft. In:„Volksgemeinschaft" als soziale Praxis. Neue Forschungen zur NS-Gesellschaft vor Ort. Hrsg. von Dietmar von Recken u. Malte Thießen, Malte. Paderborn, München, Wien, Zürich 2013 (= Nationalsozialistische Volksgemeinschaft; Bd. 4), S. 145-156.

418 Deschan, Rudolf Wolters, 2016, S. 144-145. – Wolters engagierte sich in der Nachkriegszeit als Architekt am Wiederaufbau seiner zerstörten Heimatstadt Coesfeld; ebenda, S. 167-168.

419 Vgl. den Brieftext bei Durth, Werner: Deutsche Architekten. Biographische Verflechtungen 1900-1970, Braunschweig, Wiesbaden 1987. 2., durchges. Aufl., S. 334-335. – Zu dem„fehlenden Unrechtsbewusstsein einer ganzen Generation von Planern" (Generation 1895-1915), die sich u.a. im Rahmen des „Generalplans

Ost" für den „Abbau der Polenstadt" und den „Aufbau der deutschen Stadt Warschau" engagierte, siehe Gutschow, Niels: Ordnungswahn. Architekten planen im „eingedeutschten Osten" 1939-1945. Gütersloh, Berlin u.a. 2001 (= Bauwelt-Fundamente; Bd. 115), S. 11-16 (mit Bezug zu Wolters).

420 Zu diesen deutschen Architekten – Walter Gropius ging in die USA - siehe z.B. Muscheler, Das rote Bauhaus, 2016, und Göckede, Regina, u. Grawe, Gabriele D.: „Neues Bauen in der Fremde". In: Netzwerke des Exils. Künstlerische Verflechtungen, Austausch und Patronage nach 1933. Hrsg. von Burcu Dogramaci und Karin Wimmer.Berlin 2011, S. 91-108.

421 Durth, Deutsche Architekten, 1987, S. 340.

422 Zu dem „fehlenden Unrechtsbewusstsein einer ganzen Generation von Planern" (Generation 1895-1915), die sich u.a. im Rahmen des „Generalplans Ost" für den „Abbau der Polenstadt" und den „Aufbau der deutschen Stadt Warschau" engagierte, siehe Gutschow, Ordnungswahn, 2001, S. 11-16 (mit Bezug zu Wolters). Der Verfasser ist der Sohn Konstanty Gutschows.

423 Deschan, Rudolf Wolters, 2016, S. 156. – Über Wolters Engagement für Speer und dessen Familie sowie über den Bruch der Freundschaft (Wolters warf Speer u.a. „Bußfertigkeit" vor) vgl. ebenda, S. 204-215. – Unter Fritz Sauckel wurden viele Zwangsarbeiter vom Rüstungsministerium Speer eingesetzt.

424 Stern, Fritz: Die politischen Folgen des unpolitischen Deutschen. In: Das kaiserliche Deutschland. Politik und Gesellschaft 1870-1918. Hrsg. von Michael Stürmer. Düsseldorf 1970, S. 168-186. – Zur politischen Bedeutung von Stern für die Gegenwart siehe Sommer, Theo: Von der Zerbrechlichkeit der Freiheit. In: ZEIT-online vom 07.02.2017: http://www.zeit.de/politik/2017-02/fritz-stern-historiker-usa-nationalismus-donald-trump-5vor8/komplettansicht (14.11.18).

425 Vecko-Journalen, eine bürgerliche schwedische Wochenzeitschrift, erschien zwischen 1910 und 1980 in Stockholm. Chefredakteurin war von 1928 bis 1943 Elsa Nyblom. Der Autor des o.a. Artikels, Erik Lindorm (1889-1941), war ein schwedischer Schriftsteller, Publizist und Dichter, der in jungen Jahren der jungsozialistischen Bewegung angehörte; Lexikon der Weltliteratur. Hrsg. von Gero von Wilpert. München 1997, Bd. 2, S. 911. – Die gedruckte Liste mit den Namen hatte Werner Taesler in sein Tagebuch vom Herbst 1939 eingeklebt.

426 Übersetzung des Artikels in Vecko-Journalen, Nr. 51, vom 19.12.1937, durch Roger Taesler und Herausgeber (auch Kommentar).

427 Vermutlich handelte es sich um den polnischen Kommunisten Wladyslaw Stein (alias Antoni Krajewski; 1886-1937), der 1935-1936 Leiter der EKKI-Kaderabteilung war, oder um seinen Bruder Henryk Stein (alias Leon Domski;

1883-1937), Mitglied des Politbüros der polnischen KP. Beide wurden 1937 in Moskau hingerichtet; vgl. neben Wikipedia auch Deutschland, Russland, Komintern. II. Dokumente (1918-1943). Hrsg. von Hermann Weber, Jakov Drabin, Bernhard H. Bayerlein. Berlin, München 2015 (= Archive des Kommunismus – Pfade des XX. Jahrhunderts; Bd. 6/1), S. 491; ebenda, Bd. 6/2, S. 1201.

428 Karte in: Flierl, Thomas: „Vielleicht die größte Aufgabe, die je einem Architekten gestellt wurde." Ernst May in der Sowjetunion (1930-1933), S. 158 (Arbeitsorte): https://www.exzellenzcluster.uni-konstanz.de/uploads/media/Arbeitsgespraech-Flierl-Ernst-May-121108.pdf (05.11.18) mit freundlicher Genehmigung des Verfassers.

429 Wenn nichts anderes angegeben ist, stammen die Informationen von Wikipedia; AKL (= Allgemeines Künstler-Lexikon. Leipzig 1969-1991; München 1991 ff.); CIAM: Congrès Internationaux d'Architecture Moderne (an wechselnden Orten 1928-1959).

9 Personenregister

Edition Amici

Essay

Alf Hermann: Doch alle Kunst will Ewigkeit.
Essays mit einer neuen Sicht auf alte Meister

Alf Hermann: Noch einmal nachgedacht.
Ein Essay über sieben letzte Fragen

Prosa

Herwarth Röttgen: Erleben – Erinnern – Erzählen.
Eine Jugend in Weimar 1931-1950

Marion Röttgen: Kindheiten – Kurzgeschichten

Marion Röttgen: Schlimme Geschichten

Rolf Jeblick: Tunakler.
Geschichte eines Besatzungskindes

Studien

Hanns Frericks: Kant und seine Relevanz für
ethische Probleme der Gegenwart

Hanns Frericks: Was ist ein guter Roman?

Hermann-Röttgen, Marion; Kerig, Gero (Hrsg.):
Besser hören – besser zuhören – besser lernen

Denny Paulicke: Was ist Gesundheit?

Reinhard Steiner (Hrsg.): Ornament und Klang.
Festschrift für Herwarth Röttgen

Bambini

Marion Röttgen: Tolga hat's nicht leicht.
Eine deutsch-türkische Kinderfreundschaft.